Um Caminho de Paz

Um Guia das Tradições das Artes Marciais para os Jovens

Claudio Iedwab
Roxanne Standefer

Tradução
Marcelo Brandão Cipolla

Ilustrações
Claudio Iedwab

EDITORA CULTRIX
São Paulo

Título do original: *The Peaceful Way — A Children's Guide to the Traditions of the Martial Arts.*

Foto da capa: Corbis.

Publicado originalmente nos Estados Unidos pela Destiny Books, uma divisão da Inner Traditions International, Rochester, Vermont.
Publicado mediante acordo com Inner Traditions International.

O primeiro número à esquerda indica a edição, ou reedição, desta obra. A primeira dezena à direita indica o ano em que esta edição, ou reedição, foi publicada.

Edição	Ano
1-2-3-4-5-6-7-8-9-10-11	04-05-06-07-08-09-10-11

Direitos de tradução para a língua portuguesa
adquiridos com exclusividade pela
EDITORA PENSAMENTO-CULTRIX LTDA.
Rua Dr. Mário Vicente, 368 — 04270-000 — São Paulo, SP
Fone: 6166-9000 — Fax: 6166-9008
E-mail: pensamento@cultrix.com.br
http://www.pensamento-cultrix.com.br
que se reserva a propriedade literária desta tradução.

Impresso em nossas oficinas gráficas.

A todos quantos participam
do dojô global da askSensei.com

Sumário

Agradecimentos 9

Introdução 11

1. Por que praticamos as artes marciais 13
2. Como é o dojô 19
3. O que acontece numa aula de artes marciais 31
4. A tradição do sistema de faixas 37
5. Torneios e campeonatos 47
6. A responsabilidade de ser um artista marcial 53
7. O que é a autodefesa? 71
8. Como aplicar o que você aprendeu 81
9. De onde vieram as artes marciais 91
10. As grandes idéias nas artes marciais 99

Agradecimentos

Agradecemos pela inspiração que nos foi dada pelos jovens do GORINDÔ, "a Arte Marcial da Amizade", especialmente Hamish, Kim, Taylor, Trevor, Gillian, Scott, Ross e Daniel, de quem nos lembramos constantemente enquanto escrevíamos este livro.

Somos profundamente gratos aos nossos vizinhos pela ajuda que nos dão: Elson, Joan e Bill; John, o "sensei das árvores"; Tom e Laura da L'Amable Variety; à Industry Canada pelo CAP; a Richard, do The Great Escape; ao Roy, o "cara da UPS"; ao sensei Vaughn; e ao Senhor da família.

Gostaríamos de agradecer também a Rosemary Morrison e Raymond Standefer por não nos deixar passar fome; e a Bernardo e Linda Iedwab, por "uma maçã por dia".

Claudio se lembra com carinho dos seus primeiros mestres: sensei Hipólito Elías, Norberto "Toto" Moscovich e sensei Manuel Nieves Cao, que não o trataram como "criança", mas como um ser humano. Agradece também a Samanta e Esteban, que muitos anos atrás, quando ele era ainda muito novo, lhe deram as primeiras diretrizes de como ensinar alunos jovens.

Introdução

Seja bem-vindo ao mundo das artes marciais! Você está começando a fazer parte de uma tradição toda especial, cuja história é muito longa. No decorrer dessa história, você vai encontrar mistérios, feitos sobre-humanos, mestres sábios e discípulos cheios de energia, como você.

Há muitas histórias a ouvir e muitas trilhas a explorar. Se você tiver a sorte de encontrar um mestre de artes marciais, ele há de transmitir-lhe conhecimentos novos e interessantes. Se você ouvir com cuidado e estiver disposto a treinar com toda a sua energia, há de se divertir bastante.

Este livro o ajudará a compreender muitas coisas que você ainda vai aprender. No começo, tudo será novidade: pessoas novas, uma língua estranha, costumes estranhos e um grande número de novos movimentos para praticar. Isso não se parece com o que aconteceria se você fosse explorar uma terra desconhecida? Se nos imaginarmos numa missão de aprendizado e investigação, não vamos nos preocupar se, no começo, nós não entendermos quase nada nem soubermos o que fazer e como fazê-lo. Nas artes marciais, é para isso que servem o mestre e os companheiros — para nos ajudar no caminho.

Juntos, neste livro, vamos aprender o significado que está por trás das tradições das artes marciais. Boa aventura para você!

1 Por que praticamos as artes marciais

A coisa mais importante que você deve saber a respeito das artes marciais é que elas são atividades saudáveis e pacíficas. Quando você aprender um pouco mais sobre a história dessas artes, verá que os verdadeiros artistas marciais não querem machucar ninguém nem ter violência em sua vida. Esforçam-se para viver sem entrar em conflito com ninguém. Praticam muito para não ter de lutar, para poder demonstrar de maneira artística a força e a beleza de sua técnica. É por isso que não falamos de lutas, mas de ARTES marciais.

Se você ficar brincando de socar e chutar, não estará praticando artes marciais; só estará fingindo. Para ser um verdadeiro artista marcial, você precisa prestar atenção a certas idéias. O aprendizado dessas idéias só depende de você. As coisas que acontecem dentro da sua cabeça são mais importantes do que as que você é capaz de fazer com o corpo. Seu modo de pensar e a sinceridade do sorriso estampado em seu rosto são fatores tão importantes quanto a velocidade dos seus músculos e a sua capacidade de reter a respiração. Todos os artistas marciais experientes sabem disso.

O que é um dojô?

Muitos de vocês já estão praticando artes marciais, talvez já há alguns anos. A maioria dos praticantes freqüenta uma academia de artes marciais ou toma aulas num centro comunitário. Alguns praticam num parque, e muitos treinam no quintal ou na sala de casa. O lugar onde você costuma estudar a sua arte marcial, seja ele qual for, pode ser transformado num local especial. O *dojô* é o lugar onde você se determina não só a brincar, mas a aprender e praticar. Em japonês, a palavra dojô significa "lugar de aprender e realizar". Os artistas marciais coreanos dão a esse lugar o nome de *dojang*, e os chineses, de *kwon*. Você pode chamá-lo também de centro de recreação ou de *ginásio*, que é uma palavra grega.

ginásio

Na Grécia antiga, o ginásio era um grupo de edifícios e espaços abertos destinados aos estudantes, para que praticassem natação, pugilismo e luta livre. No ginásio, eles também praticavam outras modalidades de atletismo e estudavam matemática, poesia, história e idéias importantes.

Certas pessoas preferem praticar sua arte marcial ao ar livre. Pode-se criar um dojô na floresta ou na praia, num gramado ou numa saliência de rocha. Os lugares silenciosos, onde o ar é limpo e o ambiente é tranqüilo, são especialmente propícios ao aprendizado. Você pode usar o sótão ou o porão de uma casa. O lugar pode ser muito simples, e às vezes pode ser necessário que você mesmo imagine as fronteiras que o separam de outros lugares.

No dojô, a atitude mais importante é uma atitude de *respeito*. É esse respeito que faz do dojô um lugar especial. Para que o espaço seja importante para você, é preciso, antes de mais nada, que você tenha respeito por ele. Se o seu dojô for dentro de casa, será importante mantê-lo limpo e arrumado. Se for ao ar livre, você tomará cuidado para não estragar a natureza nem deixar vestígios de sua passagem por ali. Deve, além disso, respeitar as outras pessoas que treinam com você no dojô.

Lembre-se de que os seus mestres se esforçam para lhe ensinar tudo o que sabem e não deixar que você se machuque. Respeite-os, pois eles cuidam de você e querem o seu bem. Tenha respeito pelo que você está aprendendo, pois muitas pessoas inteligentes e talentosas aprenderam com seus mestres e colaboraram para que esse mesmo conhecimento chegasse até você. Agradeça aos que percorreram o caminho antes de você, aos que o percorrem ao seu lado e, como não poderia deixar de ser, aos que o hão de percorrer no futuro.

Não fique confuso se por acaso você conhecer outras pessoas que dão nomes diferentes para as mesmas coisas, têm costumes diferentes e usam roupas diferentes. Pode ser que a escola delas tenha uma história diferente da sua. Há muita variedade nas artes marciais, e esse é um dos fatores que as tornam tão interessantes. Todas as artes marciais têm algo a oferecer. Trabalhe com afinco para ser um bom representante da sua escola ou do seu estilo, para que, assim como você respeita os outros, eles respeitem você.

Por que tantas pessoas estudam as artes marciais?

As pessoas treinam artes marciais por diversas razões. Muitas o fazem por diversão ou para permanecer em forma. Outras dizem que o aprendizado da concentração teve o efeito de mudar toda a sua vida.

Boa forma para todos

A arte marcial é um excelente exercício. Ajuda a nos deixar saudáveis e vigorosos. Quando praticamos regularmente, sentimo-nos melhor, ficamos mais contentes e quase não ficamos doentes. É importante freqüentar as aulas toda semana num horário regular, mesmo que às vezes pareça mais fácil brincar com os amigos ou ficar assistindo à televisão.

Todos sabem que os artistas marciais são fortes e ágeis. Alguns deles são capazes de dar saltos mortais sem apoiar as mãos no chão, abrir as pernas em 180 graus e quebrar tábuas e tijolos com as mãos nuas. Esses praticantes dedicaram-se ardorosamente à arte para ser capazes de demonstrar essas habilidades à frente de uma platéia ou no cinema. É claro que eles aprendem muitas outras coisas além disso, mas as pessoas em geral gostam do espetáculo. Trata-se de um meio rápido e fácil de mostrar a todos que, pela prática, os artistas marciais foram capazes de treinar o corpo e levá-lo a realizar feitos incríveis.

Os artistas marciais não têm poderes mágicos. Simplesmente aprenderam a aplicar as leis do peso e do movimento e adquiriram um conhecimento profundo de como o corpo funciona e de como pode ser aperfeiçoado pelo treinamento. A execução dessas habilidades é divertida, e é gostoso ter um público que aprecie o nosso esforço. A maioria das pessoas, quando assistem à demonstração de um artista marcial, sentem vontade de fazer aquelas mesmas coisas. Talvez você mesmo já tenha assistido a uma demonstração; talvez algum amigo seu lhe tenha falado de alguém, na academia dele, que consegue fazer coisas incríveis.

Todos os que estudam as artes marciais aprendem a fazer coisas que antes não conseguiam. Mesmo que a sua academia não organize demonstrações de chutes voadores ou de quebrar tijolos, não há dúvida de que você ficará mais forte e o seu corpo ficará mais flexível. Com o tempo, você verá que sua coordenação motora estará melhor do que no começo do treinamento. Sentirá também mais facilidade para praticar outros esportes e jogos.

Em foco ou fora de foco?

Se você alguma vez já olhou pelo visor de uma máquina fotográfica, de um telescópio ou de um microscópio de foco variável, provavelmente já sabe o que é o foco. No começo, as coisas que você vê ficam embaçadas; mas, girando-se um determinado anel ou botão, chega um momento em que tudo fica nítido — fica em foco. Nas artes marciais, precisamos fazer com a nossa mente algo parecido: precisamos concentrá-la. Só assim faremos o que temos de fazer. Se você praticar de um determinado modo, se concentrar no que estiver fazendo e procurar se sentir bem, sem preocupações, poderá unir a mente e o corpo para compor uma única imagem bem focada. Tanto faz que a sua prática seja simples ou pareça quase impossível de início. Se você pensar da mesma maneira sobre todas as suas tarefas e concentrar em cada uma delas toda a sua energia, chegará o dia — mais cedo ou mais tarde — em que será capaz de fazer praticamente o que quiser. Se aprender a praticar certas habilidades de artes marciais que de início pareciam complicadas, você poderá aplicar esse mesmo método para aprender outras coisas.

O gosto de aprender

A capacidade de praticar as artes marciais não se desenvolve de uma vez, e você provavelmente não nasceu com ela. Certas pessoas aprendem mais devagar do que outras, e todos são diferentes. Alguns têm dificuldade com o português, outros com a matemática. Alguns sabem desenhar uma árvore numa folha de papel; outros sabem dançar como uma árvore balançando ao vento. Nas artes marciais acontece a mesma coisa. Cada qual aprende no seu próprio ritmo. Haverá dias em que a prática lhe parecerá fácil, e dias em que você terá de treinar o mesmo movimento várias vezes até conseguir acertar. Quando for capaz de executar perfeitamente uma técnica, você se sentirá bem; e, se aprender a não se levar muito a sério quando as coisas não estiverem dando certo, até isso lhe parecerá divertido.

Pouco importa que você demore um pouco mais do que os outros para aprender. Eles terão os seus próprios desafios e problemas. O artista marcial busca concentrar-se no seu próprio progresso e aperfeiçoamento — sem se comparar aos seus amigos e sem comparar suas realizações às deles. Muitas coisas podem afetar a velocidade e a facilidade do seu aprendizado. A freqüência de treinamento ou a participação em outros esportes e atividades pode afetar o que acontece dentro do dojô. Mas não se preocupe; seu caminho é só seu e você há de completá-lo no seu próprio ritmo.

Numa boa turma de artes marciais, os outros vão ajudar você a caminhar. Embora todos sejam amistosos e prestativos, é importante que você preste atenção às palavras do seu mestre e dos alunos mais antigos.

O que é um sensei?

Numa academia de artes marciais, o mestre é freqüentemente chamado de *sensei*. Trata-se de uma palavra japonesa que significa "aquele que veio antes". O sensei é como o líder de uma expedição, que vai à frente e diz: "Venham comigo, eu sei o caminho!" Na qualidade de aluno, especialmente se estiver começando a praticar agora, você tem o dever de confiar nessa pessoa e ouvir cuidadosamente as instruções dela. Se você não prestar atenção no começo, facilmente poderá se perder. Mais adiante no caminho, quando você for capaz de trilhá-lo com segurança, poderá transformar-se num mestre para ajudar os outros a caminhar. Certas pessoas partem para territórios completamente inexplorados e abrem novos caminhos e trilhas. É assim que nascem os novos estilos e escolas de artes marciais.

O sensei, portanto, é alguém que praticou por muito tempo, estudou as artes marciais a sério e decidiu transmitir a novos alunos as tradições que aprendeu. Na língua coreana, o sensei é chamado *sabonim*, e os praticantes de artes marciais chinesas chamam seu mestre de *sifu*. Os mestres têm diferentes nomes dependendo da sua história de vida e da escola da qual fazem parte. Atribuímos-lhes esses títulos para manifestar nosso respeito pelo que eles aprenderam e pelo esforço que empenham para ensinar as artes marciais a outros como você.

Quando você encontrar o seu sensei pela primeira vez, será importante sorrir, olhá-lo nos olhos, curvar-se e, se ele lhe estender a mão, cumprimentá-lo. Seja amistoso e educado como seria se estivesse conhecendo qualquer outra pessoa. Na maioria das vezes, o mestre fará com que você se sinta à vontade e será igualmente amistoso com você.

Isso é especialmente importante quando se entra num dojô pela primeira vez. Vamos ver o que mais você deve saber a esse respeito.

2 Como é o dojô

Visitar um dojô é como visitar a casa de alguém. Se você pensar que o dojô é a casa do sensei, uma pessoa que você respeita muito, isso o ajudará a saber como se comportar. Você já deve ter percebido que, na casa dos seus amigos, dos amigos dos seus pais e dos seus parentes, vigoram outros costumes e regras. Como quer que você se comporte em sua própria casa, deve procurar seguir as práticas da pessoa que está visitando e ser tão educado quanto possível.

observação

Observar é olhar as coisas e pensar sobre o que você está vendo; é reparar nos detalhes e lembrar-se deles; é perceber mais do que os olhos podem ver.

E se você não souber o que fazer? Para começar, parta do princípio de que o seu jeito de se comportar em casa não é adequado para todos os lugares e situações. Em segundo lugar, tente ver e ouvir o que os outros estão fazendo para saber o que se deve fazer. Por fim, se você realmente precisar saber algo, faça uma pergunta educada ao sensei ou a outra pessoa qualificada.

Você encontrará escolas de artes marciais em muitos lugares diferentes. Qualquer que seja a tradição seguida pela escola, o lugar de treinamento sempre será especial. Na tradição japonesa, você tem de começar a prestar atenção ainda antes de entrar no dojô. Enquanto estiver indo para lá, a pé, de carro ou de bicicleta, pense na aula que você vai ter e na energia que vai dedicar ao seu aprendizado. Por mais que você esteja animado com a prática, sempre procure abrir a porta do dojô com a postura de um praticante sério de artes marciais. Mesmo que esteja só de visita, demonstre que você sabe o quanto aquele lugar é especial.

Perto da porta há um lugar onde se devem deixar os sapatos, a fim de manter limpo o dojô. Os sapatos podem ser deixados em prateleiras, dentro de caixas ou simplesmente enfileirados lado a lado, no chão. Em alguns casos, haverá pequenas plataformas ou tapetes nos quais você poderá pisar depois de tirar os sapatos. Procure *observar* os lugares que estão secos e os que estão úmidos, os que estão sujos e os que estão limpos, e deixe-os do jeito que estão. As pessoas que visitam um dojô também devem, por uma questão de respeito, tirar os sapatos.

Tradicionalmente, o *samurai* sempre tirava os sapatos ou as sandálias ao entrar em qualquer casa ou edifício. Ele deixava os calçados bem arrumados do lado de fora da porta, um pé ao lado do outro e ambos voltados para fora. O samurai estava sempre preparado a sair para fazer o que quer que fosse necessário. Embora nem todas as escolas de artes marciais sigam o caminho dos samurais, sempre convém deixar os sapatos arrumados, com os cordões prontos para ser amarrados. Diz-se que o bom sensei é capaz de saber como o aluno está se sentindo só pelo jeito como ele deixa os sapatos.

Para demonstrar respeito pela academia e pelos colegas, não devemos deixar os sapatos no meio do caminho, nem de modo a sujar ou molhar os sapatos de outra pessoa. Não deixe as meias enroladas dentro dos sapatos; leve-as com você para o vestiário. Assim, os sapatos poderão secar melhor, caso estejam molhados de chuva. Quando muitos alunos estão entrando e saindo ao mesmo tempo, o espaço perto da porta pode ficar apertado. Não se apresse — espere até que chegue a sua vez. Deixe que os alunos mais velhos tirem ou ponham os sapatos primeiro. Tente chegar um pouco mais cedo para não ter de fazer as coisas com pressa.

Por que tudo isso é tão importante? Porque os seus sentimentos e o seu jeito de agir ao chegar no dojô afetam o seu treinamento, e afetam também o sentimento que o mestre e os colegas têm por você.

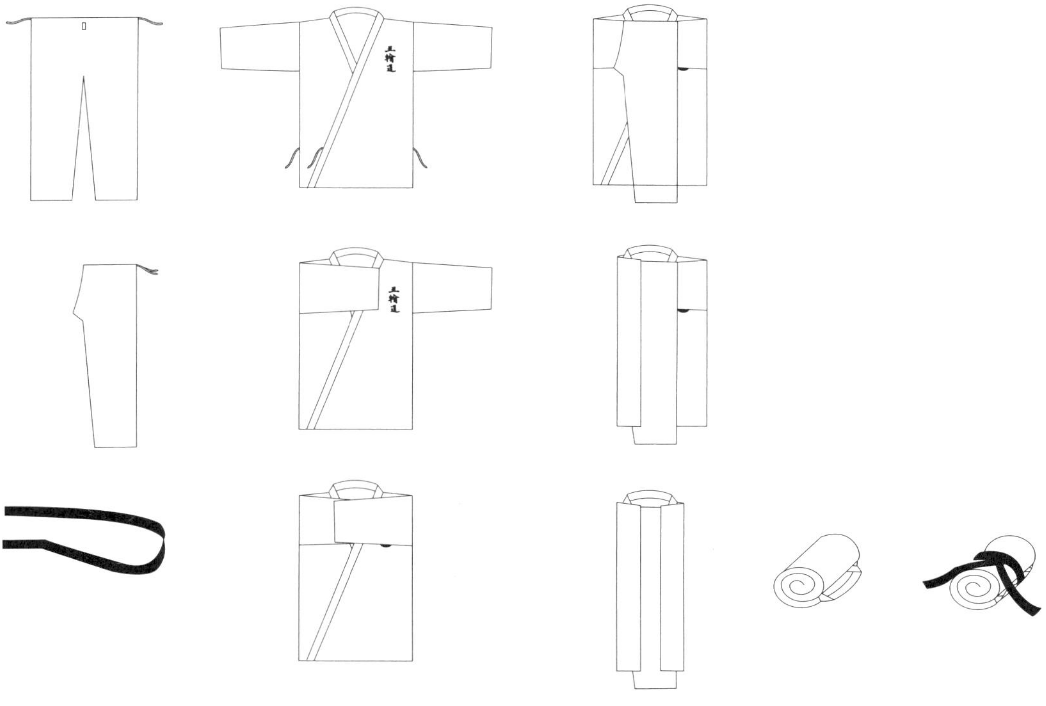

Todos nós sabemos que há dias em que não estamos com disposição para fazer tudo do jeito certo. São dias em que estamos cansados, atrasados ou simplesmente aborrecidos. Qualquer artista marcial há de lhe dizer que são esses os momentos em que é mais importante prestar atenção às pequenas tradições, como a de deixar os sapatos arrumados ao lado da porta de entrada.

Procure imaginar que, ao tirar os sapatos, você deixa de lado todos os seus problemas. As coisas que o incomodam, que o deixam triste ou irritado, não precisam entrar com você dentro do dojô. Respire fundo e entre, sentindo-se como se o dia estivesse nascendo de novo. No dojô, as práticas o farão sentir-se melhor; você tem agora a oportunidade de transformar sua aula num tempo especial passado num lugar especial. Mexa os dedos dos pés e estampe um sorriso no rosto.

Fique pensando nessas mesmas coisas boas enquanto troca de roupa, cumprimenta os amigos e entra na área de treinamento. Não se esqueça de amarrar cuidadosamente a sua faixa e arrumar o uniforme antes de sair do vestiário. E lave as mãos!

Quando você estiver pronto e obtiver a autorização do mestre ou de um dos alunos mais velhos, entre na área de treinamento. Logo que você passar pela porta, ou imediatamente antes disso (dependendo da escola), será a hora de se curvar. Geralmente, você se curva perante o sensei ou o instrutor-chefe, se ele já estiver na sala; ou se curva em direção à frente do dojô. Em certas escolas há uma pintura, um escrito ou algum tipo de sinal marcando a frente do dojô, que lhe mostra para onde se voltar quando entra em forma. Se estiver indo à aula pela primeira vez, pergunte a alguém o que fazer.

Por que nos curvamos?

Curvamo-nos, antes de tudo, para nos lembrar de que estamos entrando num lugar especial. O dojô, *dojang* ou *kwon*, seja onde for, é um lugar de estudo e prática das artes marciais; e, se quisermos ser artistas marciais, teremos de ter por ele um carinho especial. O segundo motivo pelo qual nos curvamos é o de comunicar a todos (inclusive a nós mesmos) que estamos prontos para treinar. Deixamos na porta os nossos aborrecimentos, preparamos a mente enquanto trocávamos de roupa e agora estamos nos sentindo calmos e contentes. Estamos ansiosos para saber o que vamos aprender hoje. O terceiro motivo, que talvez seja o mais importante, é que a reverência manifesta o respeito que temos pelo mestre, pela escola e sua história e pelos nossos colegas. Ficamos satisfeitos de tê-los todos ali, ao nosso lado, para nos ajudar a praticar as artes marciais. Nunca se esqueça de que, quando você faz a reverência, é uma pequena parte de um todo muito maior.

No decorrer da história, muitos homens e mulheres estudaram e praticaram as artes marciais por anos e anos e curvaram-se como você se curva agora. As diversas escolas têm jeitos diversos de fazer a reverência: com as mãos do lado do corpo ou unidas à frente deste, com o olhar dirigido para o chão ou para a pessoa perante a qual nos curvamos. Essas diferenças estão ligadas à cultura ou à história da escola, mas o sentido de todas as reverências é o mesmo. A tranqüilidade e o cuidado com que faz a reverência é uma das marcas do verdadeiro artista marcial. Mesmo que a reverência dele seja um pouquinho diferente da sua, você verá que ele a faz de coração.

Se você encontrar o sensei ou um aluno mais velho fora da área de treinamento, curve-se perante ele (se for esse o costume em sua escola). Quando fizer a reverência, seja para o dojô, seja para o mestre, seja para um amigo, seja para uma pessoa que estiver conhecendo naquela hora, você deve fazê-lo de coração, deve fazê-lo porque a reverência expressa algo que você quer que eles saibam. Em vez de dizê-lo em palavras, você comunica esse algo através de suas ações. Na qualidade de artista marcial, você terá de se curvar em reverência nos momentos apropriados; mas não encare a reverência como uma simples obrigação. Pense no porquê de você estar se curvando.

No mundo das artes marciais, a reverência não tem um sentido religioso; também não tem um sentido de servidão, como já teve em determinadas épocas e lugares. Embora o nosso objetivo seja o de demonstrar respeito e consciência das nossas responsabilidades, nós não estamos dizendo que alguém é melhor do que nós; simplesmente manifestamos nosso contentamento e nossa gratidão pela presença daquela pessoa. Muitos animais curvam-se uns perante os outros quando querem brincar.

Quando você se curva perante um sensei, curva-se diante da experiência dele, grato pelo fato de ele estar disposto a ensinar algo do que sabe. Os artistas marciais se curvam porque querem aprender. Curvam-se perante os que tornam possível esse aprendizado. A reverência pela inclinação do tronco é uma expressão universal de saudação, que independe das culturas e das línguas. Quem se curva mostra que está disposto a dar o melhor de si em gratidão por algo que recebeu.

Entrar em forma

Na maioria das aulas, os alunos têm de ficar enfileirados ou em círculo. A disposição deles chama-se "formação". Muitas vezes eles ficam em fileiras, com o aluno mais antigo num dos cantos ou na frente. Os outros alunos dispõem-se em ordem, do mais antigo para o mais novo. Se você for aluno novo ou estiver de visita, coloque-se em último lugar, a menos que alguém o convide a ocupar outro lugar. Não importa que você já tenha treinado antes ou que já não use a faixa branca do principiante. É importante reconhecer que você é novo nesse grupo.

Muitas vezes, os alunos de faixa preta formam uma fileira separada da formação. Se estiverem de visita, pedirão ao mestre para juntar-se à formação na qualidade de alunos novos. O mestre pode até, por cortesia, atribuir um lugar de honra ao visitante, mas sempre fará questão de pô-lo num local onde ele possa observar os outros alunos executando as técnicas ou esquemas que ele não conhece.

Os alunos mais velhos

Já dissemos que os alunos de uma classe entram em formação de acordo com a sua categoria, dos mais antigos para os mais novos. Os alunos mais antigos são, em geral, os que estão na academia há mais tempo. Podem ser faixas-pretas, ou faixas de uma cor mais avançada do que a sua. Podem ser jovens ou velhos, homens ou mulheres. Em geral, os que praticam há mais tempo aprenderam mais. É claro que o tempo de prática não se mede em meses ou anos, mas sim pelo tempo que você passa treinando de fato e esforçando-se para aprender. Certas pessoas têm condições de passar mais tempo estudando e praticando as artes marciais; por isso, é compreensível que elas subam na hierarquia mais rápido do que outras que não praticam tanto.

Os alunos mais velhos merecem a sua atenção e o seu respeito. Podem ser-lhe de grande ajuda no treinamento, respondendo às suas perguntas e mostrando-lhe o caminho. Às vezes ajudam o sensei a dar aulas. Esses auxiliares são os melhores alunos e costumam ser chamados *sempai*, para dar a entender que trabalham junto com o sensei para fazer a academia crescer e melhorar. Vez por outra, um discípulo dotado de muita experiência de treino recebe o título de sensei. Em relação ao mestre que o ensinou, porém, ainda será considerado um sempai. Em certas escolas, qualquer um que use uma faixa preta é automaticamente chamado de sempai ou sensei; em outras, porém, eles têm de ser instrutores formados para poder merecer esse título.

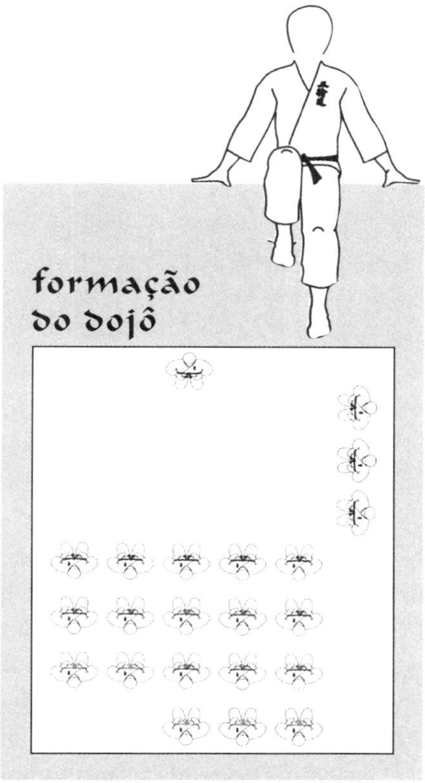
formação do dojô

Sempre faça uma reverência ao cumprimentar um sensei, um sempai ou um aluno mais antigo; se eles lhe estenderem a mão, aperte-a firme, com um sorriso no rosto. Ninguém gosta de cumprimentar uma pessoa cuja mão é mole como um pedaço de pano, mas também não convém apertar demais a mão do outro. Pelo mundo afora, muitas pessoas cumprimentam-se com um aperto de mãos; outras curvam-se em reverência; outras ainda curvam-se e apertam-se as mãos. Você pode observar os outros ou fazer-lhes perguntas para saber como proceder.

Vez por outra, quando tentamos seguir costumes e tradições estranhos, nós fazemos algo errado ou inconveniente. Porém, na maioria das vezes, se por trás do seu sorriso você estiver com o sentimento correto ou a intenção correta, a outra pessoa compreenderá seu objetivo e não haverá problema algum.

No estudo das artes marciais, você provavelmente conhecerá muitas pessoas novas, e esse é um dos aspectos mais estimulantes da prática. No decorrer do caminho você fará novos amigos, mais jovens e mais

sinceridade

Sincera é a pessoa que expressa pensamentos e sentimentos verdadeiros, honrados e positivos.

velhos, que residem em bairros diferentes, estudam em outras escolas, trabalham em outros ramos e têm interesses diferentes dos seus. Com isso, será divertido aprender com eles e partilhar com eles suas próprias experiências.

As pessoas que treinam com você na mesma academia tornar-se-ão pessoas importantes na sua vida. Serão os seus parceiros de treinamento, que trabalharão junto com você durante o aprendizado. Você praticará as técnicas de artes marciais *com* eles e, às vezes, *em cima* deles; por isso, caberá a você zelar pela segurança e pelo bem-estar físico deles. Se alguém se machucar porque você não estava prestando atenção, será difícil encontrar quem queira ser seu parceiro da próxima vez.

Trate igualmente bem a todos os que freqüentam o seu dojô. Mesmo que haja pessoas que sejam mais amigas e com quem você goste mais de passar o tempo fora do dojô, não siga suas preferências pessoais quando estiver treinando artes marciais. Pouco importa a nacionalidade da pessoa, as roupas que ela usa, o tamanho da casa em que ela mora. Dentro do dojô, o que conta é o quanto se aprende e o quanto se tenta aprender. Você há de surpreender-se quando, num momento de revelação, perceber o verdadeiro espírito de uma pessoa. Se prestar muita atenção ao exterior e às coisas superficiais, vai se arrepender de não ter percebido quem era aquela pessoa e de ter, assim, perdido a oportunidade de tê-la como amiga.

Quando tiver pleno conhecimento dessas coisas, você vai se esforçar para que a pessoa que você é dentro do dojô seja o seu eu verdadeiro. Lembre-se que o dojô é o lugar onde a gente trabalha para ser uma pessoa melhor sob todos os aspectos, não só nos aspectos físicos da arte marcial. Seus pensamentos e sentimentos sobre as outras pessoas fazem parte da sua prática. Nem todos serão excelentes amigos, mas você pode aprender a tratar a todos com respeito e cortesia e pode ser cuidadoso nos trabalhos feitos em conjunto.

Se você estudar as artes marciais e gostar delas, se tentar ser cordato e sincero com todos, as coisas em geral darão certo para você. Tente praticar com o maior número possível de parceiros diferentes. Você aprenderá mais sobre as artes marciais e sobre as pessoas. Aprenderá mais, inclusive, sobre você mesmo. Se o costume, na sua academia, for escolher os parceiros, cuide de não escolher sempre o mesmo parceiro. Não deixe ninguém de fora. Tenha a coragem de treinar com todos igualmente. Se um aluno novo se juntar à turma, apresente-se e faça com que ele se sinta à vontade.

Faça uma reverência para cada parceiro com quem você treinar. Mostre que você o respeita e respeita a disposição dele de treinar com você. Ouça cuidadosamente as instruções do mestre ou do instrutor e, na prática a dois, permaneça *sempre* numa posição segura e a uma distância segura do parceiro. Nunca dê chutes ou socos que passem perto demais do rosto ou da cabeça dele. Não faça isso nem por brincadeira, pois, se você cometer um erro, alguém poderá ficar machucado. Lembre-se: a responsabilidade de zelar pela segurança do parceiro e de fazê-lo gostar de treinar com você é *sua*.

Lembre-se também de que cada momento passado no dojô deve ser um momento de plena atenção. Mesmo que a aula ainda não tenha começado ou que o mestre tenha saído por alguns instantes, seu comportamento deve ser impecável. Não se espera menos do que isso de um praticante de artes marciais. O mestre lhe dirá o que você pode praticar fora dos horários de aula.

O momento entre duas aulas é importante para o artista marcial. É nesse momento que ele se prepara para o período de intenso aprendizado que tem pela frente, ou relaxa depois de um forte esforço. Não é um momento para brincadeiras, e, embora você possa conversar baixinho com seus colegas, nunca faça nada que possa distrair alguém. Se o mestre ou o instrutor lhe tiver dado ins-

disciplina

O exercício de controle sobre os pensamentos e as ações, em vista da saúde, da segurança e do bem-estar seu e das outras pessoas. A disciplina é, além disso, a prática da capacidade mental de seguir os costumes do seu dojô e prestar silenciosa atenção aos ensinamentos do sensei.

truções específicas, siga-as. Nunca pratique suas técnicas de artes marciais sem a supervisão de um superior. Você pode ficar quieto, sentado, até a aula começar, ou pode, se tiver permissão, fazer alguns exercícios leves de aquecimento. Procedendo desse modo, você exercita a disciplina e fica longe dos acidentes e ferimentos.

Espera-se que todos os seus parceiros tenham o mesmo cuidado quando forem praticar com você. Vez por outra, alguém perde a concentração ou não está de muito bom humor naquele dia; então, você tem de tomar um cuidado duplicado. Se você percebe que a sua segurança ou a de seu parceiro estão em perigo, é importante falar sobre o assunto. Às vezes, a pessoa sinceramente não sabe que está usando muita força ou movimentando-se muito rápido ou muito devagar. Se você se sentir ameaçado, converse com o parceiro imediatamente. Diga-lhe o que está acontecendo e peça-lhe para mudar de atitude. Em geral, isso basta para pôr as coisas nos eixos. Se não bastar, discuta o problema com seu sensei e seus parceiros. Será possível chegar a uma solução. Nunca procure usar sua força para endireitar as coisas. Se você se sentir incomodado, procure saber o que está realmente acontecendo.

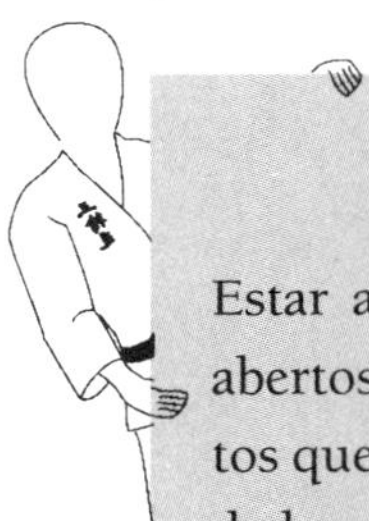

atenção

Estar atento é estar desperto, vivo, com todos os sentidos plenamente abertos. É estar alerta para todas as possíveis conseqüências dos movimentos que você está praticando ou ainda vai praticar no dojô. É observar cuidadosamente os movimentos dos seus parceiros a cada momento.

Como devo me comportar no dojô?

Já dissemos que o dojô deve ser um lugar especial. Sabemos também que as artes marciais têm uma longa história. São as herdeiras de toda uma tradição de respeito às pessoas que vêm ao dojô para treinar, desde as mais novas até as mais experientes. Quando estamos no dojô, todos nós agimos de um determinado modo para não nos machucarmos e podermos nos divertir. Sabemos que praticar artes marciais não é o mesmo que brincar no parque, no quintal ou no mato. Pode ser que, com seus amigos e colegas de escola, você se comporte de maneira diferente do que se comporta com os camaradas do dojô.

Pense no seguinte: em vez de se comportar no dojô da mesma maneira que você se comporta normalmente em casa ou na rua, por que não começar a tratar seus amigos, familiares e professores com o mesmo respeito e cortesia que você demonstra às pessoas que freqüentam o dojô?

Suas palavras e ações determinam a opinião que as outras pessoas têm de você. Se você se comportar mal, as pessoas vão pensar que você não é um bom artista marcial. De nada lhes importará que você consiga chutar a cabeça de um adversário ou se movimentar com rapidez. O que elas vêem é o modo pelo qual você se comporta fora do dojô; é isso o mais importante. Seu mestre espera que a atenção que você presta ao treino seja honesta e sincera, e quer que você pratique esse mesmo tipo de atenção todos os dias, em todo lugar, e não só durante as aulas. Se você encontrar um sensei na rua ou em outra atividade qualquer, ele geralmente será capaz de saber, só pelo seu comportamento, se você é um bom praticante de artes marciais ou não.

Talvez você queira levar ao dojô ou à academia um amigo ou um membro da sua família. Eles podem ir só para assistir a uma aula, ou talvez para um acontecimento especial, como uma festa, um torneio ou uma entrega de faixa. Antes de levá-los, diga-lhes exatamente o que vai acontecer e como eles devem se comportar. Lembra-se da primeira vez em que você passou por aquela porta? Diga-lhes onde eles devem deixar os sapatos, onde devem pendurar o casaco e onde sentar-se ou permanecer. Mostre-lhes onde ficam os banheiros. Não deixe de obter do mestre a permissão para levá-los, ou mesmo um convite formal, e apresente-os ao mestre quando chegarem. Se muitas pessoas forem ao mesmo tempo ao dojô para assistir a um evento, pode ser que o sensei não tenha tempo para conversar com cada um dos visitantes; nesse caso, apresente-os aos alunos mais antigos e aos seus companheiros de treino. Se os visitantes tiverem perguntas a fazer, vão se sentir mais à vontade se estiverem conversando com alguém que já conhecem. Seja um bom cicerone para que seus convidados se divirtam e não fiquem constrangidos. Lembre-se de que você é responsável por eles e pelo bom comportamento deles. Não fique à espera de que outras pessoas lhes dêem instruções.

Talvez lhe pareça que a vida no dojô tem um excesso de regras. Não encare a coisa dessa maneira. Pense no quanto você se diverte e nas coisas boas que aprende em troca de seguir essas diretrizes. Na verdade, elas servem para protegê-lo. A disciplina e o autocontrole exercidos no dojô fazem com que todos tenham mais liberdade para praticar as artes marciais.

3 O que acontece numa aula de artes marciais

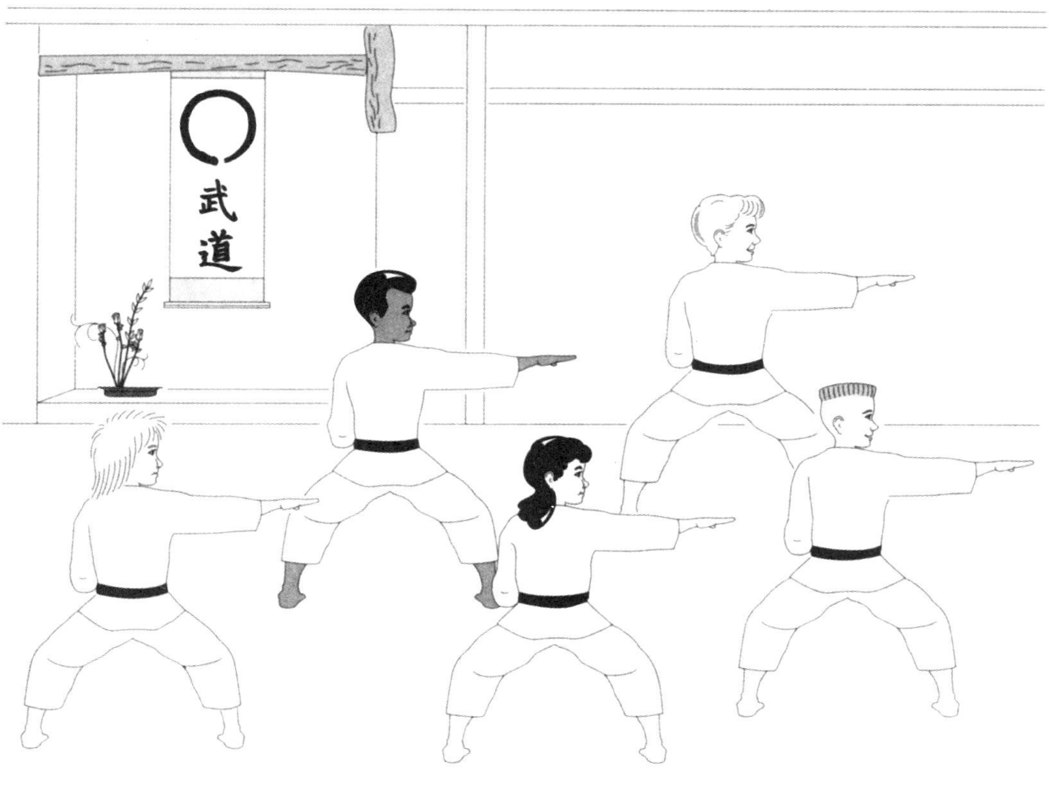

Embora haja diferenças entre uma aula e outra e entre um professor e outro, a maioria das aulas de artes marciais segue o mesmo padrão básico.

É importante fazer um bom aquecimento antes de um treino forte. Alguns mestres dizem que é melhor fazer o aquecimento e não fazer a aula do que fazer a aula sem fazer o aquecimento! Os jovens tendem a ser mais ativos durante o dia do que os adultos, mas seus músculos e articulações

intensidade

O treino intenso, ou forte, é aquele em que você usa toda a sua energia, agindo com vigor e concentração.

precisam, mesmo assim, ser preparados pelo aquecimento. As técnicas de artes marciais fazem uso de músculos e partes do corpo que não são usados nas brincadeiras cotidianas e nos outros esportes; por isso, faça o aquecimento. Os atletas profissionais e olímpicos e os artistas marciais sempre levam o aquecimento a sério. Sabem que, com isso, estão fazendo o possível para não sofrer lesões e levar o corpo ao seu melhor estado. O bom desempenho depende de um bom aquecimento.

Em seguida, o professor faz, junto com os alunos, uma recapitulação dos movimentos básicos, ou *kihon*. Ajuda você a corrigir sua postura, o posicionamento do corpo e dos braços e o movimento dos pés. Às vezes, os principiantes não compreendem por que se passa tanto tempo aprendendo a simplesmente ficar parado em pé, quando os chutes e saltos são muito mais divertidos. Para explicar este ponto, vamos fazer uma analogia com a construção de edifícios. No local onde se vai construir um prédio bem grande, é preciso escavar no chão um buraco extremamente fundo e largo, tão largo que vários caminhões basculantes podem passear dentro dele ao mesmo tempo. Esse buraco existe para que se possa construir uma fundação bem forte para o edifício. Os construtores usam grande quantidade de concreto e aço e, às vezes, perfuram ou explodem a rocha sólida para ancorar os alicerces do edifício. Talvez alguém olhe para isso e pense: "Mas por que se preocupar tanto com algo que ninguém vai ver?" Sem esses fundamentos, porém, o edifício não duraria muito tempo. Suas paredes rachariam e seus pisos se inclinariam. Quanto maior o edifício, maior e mais forte deve ser a fundação.

A postura é o fundamento de todas as técnicas de artes marciais. Seu equilíbrio, sua força, sua velocidade, tudo isso depende de uma boa postura. A colocação dos pés, os joelhos flexionados, o fato de seus dedos estarem ou não firmemente encostados no chão, são fatores que afetam até mesmo a execução das técnicas mais simples. Se suas posturas básicas não forem quase perfeitas, você jamais será capaz de executar os movimentos avançados, que chamam a atenção. Se você não estiver bem equilibrado, qualquer oponente poderá derrubá-lo com facilidade. E o pior problema é que, praticando com uma postura incorreta, você pode se machucar. Os quadris, os joelhos e os tornozelos só funcionam perfeitamente quando estão posicionados de uma determinada maneira. Se os músculos e os ossos forem forçados para o lado errado, você pode sofrer uma lesão.

postura

A posição do seu corpo quando você fica parado durante a luta ou quando passa de uma posição a outra.

Segundo as tradições das artes marciais, seu jeito de ficar em pé reflete o seu caráter, a sua dedicação ao treinamento e a sua habilidade adquirida. Os antigos nos contam que alguns dos samurais mais corajosos recusaram-se a lutar com uma certa pessoa devido à postura superior desta — mesmo antes de desembainhar a espada.

O mestre se esforça para lhe transmitir os ensinamentos na ordem correta, mesmo que não seja a ordem da sua preferência. Seja paciente. Você não é o primeiro que se sente assim. Nossos predecessores, quando progrediam no caminho, agradeciam aos mestres por terem passado bastante tempo exigindo deles uma postura correta. Como uma criança pequena, o principiante nas artes marciais — seja ele jovem ou velho — tem de aprender a ficar em pé e a andar antes de aprender a correr e pular. Seu mestre há de fazer com que esse processo de aprendizado seja divertido e interessante, além de seguro; e vai se esforçar para que todos os ensinamentos sejam transmitidos num clima de camaradagem.

Depois de aprender algumas posições e passos básicos, pode ser que seu mestre o considere preparado para aprender um *katá*. Nem todos os estilos de artes marciais têm seus katás, mas muitos têm. O katá é um conjunto organizado de movimentos que os alunos aprendem para poder praticar certas combinações de técnicas e desenvolver a força, a velocidade e a fluidez da movimentação. Em certas escolas, os katás são a modalidade mais elevada de treinamento. Seus movimentos são belos e cheios de energia, e diz-se que o verdadeiro espírito do artista marcial se expressa num bom katá. O katá é uma oportunidade que você tem para dar o melhor de si, e é tão gostoso de praticar que, às vezes, nos esquecemos completamente de toda a nossa vida quando estamos executando um katá.

Em certas escolas, os katás são executados pelos praticantes isoladamente, ao passo que em outras são executados a dois ou em grupos maiores. Neste caso, as pessoas tentam se mover todas juntas, ao mesmo tempo, e com o mesmo espírito em cada movimento. Como numa dança, os participantes não competem entre si. Tentam, isto sim, unir suas energias para criar algo maior, algo muito bonito, capaz de nos deixar boquiabertos.

Aliás, quando os artistas marciais sincronizam-se entre si na mente, no corpo e no espírito, acontece às vezes de todos eles inspirarem e expirarem o ar ao mesmo tempo! O mesmo tipo de união das energias acontece com os bons músicos e dançarinos quando praticam e executam juntos a sua arte.

sincronia

É a qualidade que se manifesta quando duas ou mais pessoas fazem a mesma coisa ao mesmo tempo, com a mesma energia e o mesmo espírito; quando se movem como se fossem uma só.

As artes de agarramento, com o *judô*, o *aikidô* e o *jiu-jitsu*, não têm esquemas de movimento semelhantes aos katás do *karatê* e do *taekwondô*, pois não fazem tanto uso de socos e chutes. Entretanto, nessas escolas também se executam exercícios a dois segundo uma *forma* (palavra que tem o mesmo significado que katá) ensaiada. Cada um dos praticantes sabe exatamente o que deve fazer, e essas formas são praticadas repetidamente, como os katás.

Os katás também podem ser praticados fora do horário de aula, embora geralmente precisem de muito espaço. É por isso que muita gente pratica nos parques. Um dos katás mais comuns de se ver ao ar livre é o do *tai chi*. Embora seja geralmente muito mais comprido e mais lento do que os outros katás das artes marciais, é o mesmo tipo de exercício. Muita gente pratica seus movimentos lentos e fluentes para ganhar força e flexibilidade e melhorar a saúde. Na China, país de origem do tai chi, é comum se ver, toda manhã, centenas de pessoas praticando essa arte nos parques e praças públicas. Os movimentos do tai chi são inteligentes e belos, e, se você os acelerar um pouco, verá que cada um deles tem uma aplicação para a autodefesa.

Depois do aquecimento, do kihon e do katá, o mestre pode ensinar uma técnica nova. A aula pode incluir, assim, a repetição de alguma das milhares de combinações diferentes de movimentos das mãos, dos pés e do corpo que podem ser executadas nas artes marciais. Não há fim para as coisas novas a fazer e as novas maneiras de aprender. Com diversos mestres, você há de encontrar uma variedade ainda maior de maneiras de proceder nas artes marciais. O aprendizado pode, a princípio, parecer lento e elementar; mas, se você praticar com afinco as técnicas básicas e manter abertos os olhos, os ouvidos e a mente, há de ser recompensado com muitos anos de alegria e entusiasmo nas artes marciais. O trabalho do artista marcial nunca é fácil, mas sempre vale a pena.

4 A tradição do sistema de faixas

Muitas escolas de artes marciais usam um sistema de faixas coloridas para organizar o aprendizado. Os alunos ficam à espera do momento em que mudarão de faixa para uma cor mais adiantada. É como passar de ano na escola ou mudar de categoria na natação. Os outros esportes e atividades têm outros sistemas de graduação, como iniciante, júnior, intermediário e sênior, ou básico e avançado. O fundamento de todos esses métodos é o reconhecimento de que não é possível aprender tudo de uma vez. Os artistas marciais percebem que, se fizerem uma coisa de cada vez, poderão caminhar lentamente, mas irão longe.

A ordem das cores não é a mesma em todas as escolas, mas a maioria delas começa com a faixa branca. Uma folha de papel recém-tirada do maço é branquinha e cheia de possibilidades. Pode-se desenhar, escrever ou pintar qualquer coisa numa folha em branco. O período em que se é faixa-branca é muito especial no processo de treinamento do artista marcial, pois é nessa época que todas as coisas são novas.

Em geral, da faixa branca passa-se para a amarela e desta para a laranja, a verde, a azul (às vezes, roxa), a marrom (às vezes, vermelha) e, por fim, quando o aluno está pronto, a faixa preta. Às vezes, costuram-se pequenas listras nas faixas para marcar as graduações entre as cores. Certas escolas explicitam o significado das cores: comparam-nas às cores do arco-íris, à semente que se transforma em planta com a ajuda da luz do sol e da chuva, e a outras imagens que nos ajudam a meditar sobre nosso progresso no estudo das artes marciais. Diz-se que, à medida que a faixa fica mais escura, a mente fica mais clara!

Em certas escolas mais tradicionais, o aluno permanece por bastante tempo na faixa branca. Depois de praticar com afinco e mostrar-se pronto a aceitar mais responsabilidades e exigências de treinamento, pode receber a faixa marrom. Isso significa que se encontra agora apto a trabalhar num nível superior e dedicar boa parte de seu tempo ao aprendizado, à prática e ao auxílio na transmissão dos conhecimentos a alunos mais novos. Tem de levar a sério seu estudo, pois começa a preparar-se para fazer o exame que lhe permitirá envergar a faixa preta.

O que significa a faixa preta?

Se você fizer a luz branca passar por um vidro especial chamado "prisma", verá que ela se dividirá em várias faixas, cada qual com uma das cores do arco-íris. Na verdade, é isso que é o arco-íris: a luz branca brilhando através de milhões de gotículas de água que funcionam como prismas suspensos no céu. O branco, que na verdade não é uma cor, contém em si todas as cores. O preto é interessante porque também não é uma cor. Preto é a ausência de luz. Dentro de uma caixa fechada, de uma máqui-

Nem sempre as coisas saem conforme o planejado

Isso pode acontecer a qualquer momento. O discípulo esperançoso pergunta ao mestre: "Quando vou ganhar a minha faixa preta?"

O mestre o olha nos olhos e diz: "Daqui a cinco anos."

"Minha nossa!", diz o aluno, decepcionado. "É muito tempo. Mas e se eu praticar com o dobro de esforço, quanto tempo vai levar?"

"Dez anos", responde rapidamente o mestre.

"O senhor não compreende!", diz o aluno. "Vou me esforçar mais do que qualquer outra pessoa e ser o melhor em tudo. E vou ser o mais rápido também, o senhor vai ver!"

O mestre, que já ouviu essa conversa antes, balança lentamente a cabeça de um lado para o outro e explica: "Nesse caso, você vai levar vinte anos, ou talvez nunca venha a ganhar sua faixa preta." Contemplando a decepção no rosto do discípulo, ele acrescenta: "Sua cabeça está cheia de pensamentos sobre o que você pode significar para as artes marciais, e não está levando em conta o que as artes marciais podem representar para você. Esvazie a mente e o espírito; deixe que eles sigam o curso do aprendizado, como uma folha flutuando na água de um rio."

O aluno, admirado com a profundidade do ensinamento do mestre, tinha ainda uma pergunta a fazer: "Por quanto tempo vou poder estudar as artes marciais?"

"Até morrer", diz o mestre, com um sorriso nos lábios.

na fotográfica, de um quarto escuro, ou no espaço intermediário entre as estrelas, tudo é preto e escuro.

E por que será que, no sistema de faixas, a branca significa o principiante e a preta, o avançado? No passado, os alunos de artes marciais geralmente praticavam com o mestre na casa dele, numa fazenda, na praia, no campo ou numa praça. Originalmente, no Japão, o *gi* — o uniforme de prática que se usa até hoje — eram as roupas de baixo que se usavam sob o *quimono* ou vestimentas externas. Também na China, camisas e calças soltas e macias eram usadas durante a prática. Essas roupas soltas eram presas na cintura com uma faixa ou um cinto. Naquela época não se usavam botões, e o zíper e o velcro ainda não tinham sido inventados.

A faixa era um tecido dobrado muitas vezes e costurado para ficar forte e não encolher nem esticar. Às vezes, os alunos usavam a própria faixa para executar certas técnicas de autodefesa. À medida que o aluno ia praticando, a faixa ia ficando encardida e passava de branca a marrom, mesmo sendo lavada; e, depois de muito tempo, ficava quase preta. Quem visse todos os discípulos de um sensei alinhados em fila seria capaz de saber pela cor da faixa quais eram os mais avançados. Foi assim que nasceu a faixa preta — na verdade, uma faixa branca muito encardida.

A faixa preta hoje

As faixas pretas de hoje em dia são feitas, em geral, de um tecido tingido e costurado sobre várias camadas de tecido branco. Quando os artistas marciais praticam intensamente a sua arte por bastante tempo, a faixa começa a esgarçar-se nos cantos, deixando à mostra o tecido branco. Quanto mais praticam, mais branca se torna a faixa preta. Segundo a tradição das artes marciais, esse é um bom sinal, pois significa que uma pessoa que já aprendeu muito ainda tem a disposição de aprender mais. Em algumas escolas, os praticantes costuram listras ou tiras de pano sobre a faixa preta para evidenciar o seu nível de conhecimento, o seu *dan*.

único

Algo muito especial, singular, único no seu gênero. A pessoa que desenvolve suas próprias potencialidades.

A faixa preta passou assim a representar um nível avançado de treinamento nas artes marciais. Não é o fim do treinamento, mas sim um novo começo, como terminar o terceiro colegial e ir para a faculdade. Como a faculdade, a faixa preta tem graus progressivos pelos quais a pessoa pode avançar por tanto tempo quanto estiver disposta a estudar. Certas pessoas dedicam a vida inteira às artes marciais e, quando se tornam mestres ou fundam sua própria escola, podem chegar ao 7º, 8º ou 9º *dan* da faixa preta.

Os sistemas de artes marciais nem sempre se organizaram em torno da idéia de mudança de faixas. Há quem pense que, hoje, a faixa se tenha tornado demasiado importante. A faixa nunca foi concebida como uma espécie de prêmio. Mas, como é preciso muito aprendizado e muito esforço para mudar de faixa, essa mudança, quando finalmente acontece, assume os ares de uma recompensa.

Você verá que muitas tradições marciais se organizam em ciclos. Não se trata de ir aprendendo e afastar-se cada vez mais do ponto de partida. Por mais longe que você vá, é importante voltar ao ponto de onde saiu. Quando começa de novo a trilhar o mesmo caminho, desta vez com mais conhecimento, você vê com novos olhos tudo quanto já aprendeu. Torna-se também mais capacitado a ajudar os outros a percorrer o mesmo caminho que você. Pode até ser que, desta vez, você percorra um caminho diferente; mas o fato é que estará mais preparado para lidar com novos desafios e novas aventuras.

É por isso, entre outras coisas, que o seu treinamento de artes marciais é tão único e tão especial. Muito embora milhões de pessoas já tenham percorrido esse mesmo caminho, não há duas caminhadas iguais; cada qual tem as suas próprias experiências e os seus próprios problemas. O seu aprendizado é feito sob medida para você e se torna só *seu*. Isso não significa que outras pessoas não possam ter um aprendizado semelhante. Mas tudo o que você deixa entrar em sua mente e em seu espírito torna-se parte de você, do mesmo modo que as mudanças sofridas pelo seu corpo são somente suas.

gratidão

A gratidão é o contentamento do coração por todos os dons, lições e oportunidades que você já recebeu, e pela existência de coisas boas, de pessoas boas e de épocas boas na sua vida.

Nós nos sentimos ligados às outras pessoas que estudam as artes marciais porque temos o mesmo gosto e o mesmo interesse pelas coisas que aprendemos. Ajudamos uns aos outros e demonstramos nossa gratidão pela parte que cada um desempenha no círculo total.

realizar

Alcançar uma meta ou conseguir fazer alguma coisa especial através do trabalho, do estudo, da prática e do esforço, desenvolvendo o gosto e o interesse pelas sucessivas etapas do caminho.

desafio

Uma dificuldade especial a ser superada, ou o estabelecimento de um objetivo difícil de ser alcançado.

Como aprendemos?

Para aprender, é preciso fazer; é preciso pensar; é preciso tentar com todas as nossas forças, errar e depois tentar de novo. Se você cometer um erro, aprenda com ele. Da próxima vez, você se dará um pouco melhor. Imagine o que vai acontecer e compare sua imaginação com o que efetivamente acontece.

Acima de tudo, você tem de se lembrar de não entrar em pânico se algo não correr como você planejou. Se alguém der risada de você, é porque não compreende o que você está fazendo. Um verdadeiro artista marcial nunca dá risada nem faz comentários maldosos a respeito de alguém que está tentando fazer uma coisa nova, mesmo que esse alguém precise de muitas tentativas para alcançar os bons resultados da prática.

Nem mesmo o melhor artista marcial que você conhece nasceu sabendo fazer tudo o que sabe fazer agora. Seu próprio mestre já foi um principiante, já envergou a faixa branca e teve de aprender tudo o que você está aprendendo agora. Se você estiver disposto a se esforçar, poderá chegar até onde o seu mestre chegou.

Será que o mestre sabe tudo?

Muito embora ele dê a impressão de saber tudo, seu mestre será o primeiro a lhe dizer que não conhece tudo o que existe para se conhecer. Que graça teria a vida se não tivéssemos nada mais para aprender? É bom ser inteligente, mas não é bom pensar que não há ninguém que ainda tenha algo a lhe ensinar.

Esse fato pode constituir um desafio para alguns faixas-pretas, especialmente os que se dedicam ao ensino. Não é justo esperar que um faixa-preta não cometa erros. Se o seu mestre cometer um erro, você deve acaso deixar de respeitá-lo? É claro que não! Para aprender algo, é preciso cometer erros. Um faixa-preta, por melhor que seja em sua arte, ainda é um estudante. Tem muito o que aprender e muito o que praticar.

Às vezes, os mestres mudam o seu modo de treinar, a fim de fazer com que seus alunos sejam artistas marciais melhores. Assim como você, os alunos mais velhos não gostam de se exibir e mostrar o que já sabem. Quando vêm ao dojô, vêm para aprender e melhorar. Nós os respeitamos e damos-lhes o espaço de que precisam para fazer isso. É com esse mesmo respeito que queremos que eles nos tratem.

Faixas e títulos

Nem sempre a faixa ou o título de um artista marcial nos dizem quão avançado ele é. Os requisitos e exigências das diversas escolas são diferentes. Isso significa que um faixa-azul de uma determinada escola pode ter estudado coisas diferentes de um faixa-azul de outra escola; em alguns casos, a faixa azul representa um outro grau do percurso. Em japonês, as faixas coloridas são chamadas *kyu* e começam a ser contadas pelo número mais alto — em geral, nove —, progredindo aos poucos de volta ao primeiro kyu, o nível que precede imediatamente a faixa preta. Um faixa-azul pode ser quarto kyu num sistema e sexto kyu no outro.

É por isso, entre outras coisas, que você não deve se preocupar muito com a cor da faixa das pessoas, nem deve se comparar aos outros. Dentro da sua própria escola, é mais fácil saber o quanto você está progredindo, pois você já sabe o que precisa fazer em cada nível. Se você vir uma pessoa de outra escola e pensar que sabe mais do que ela, cuidado — você pode estar errado. Não se apresse em julgar outra pessoa quando você não conhece de perto o caminho que ela está trilhando.

O que fazer quando outra pessoa muda de faixa antes de você? Pode ser que ela tenha mais tempo para treinar. Pode também estar mais preparada, mental e fisicamente, para as práticas do nível seguinte. Se você conceber a faixa como um prêmio, e não como um meio de manter o *gi* fechado, poderá ficar confuso. A faixa colorida não significa que você já dominou totalmente as habilidades que aprendeu, mas que já está pronto para começar a praticar as habilidades referentes ao próximo nível. Mesmo aprendendo coisas novas, terá ainda de praticar e aperfeiçoar as habilidades já aprendidas.

Às vezes o mestre decide deixar um aluno por muito tempo numa determinada faixa, até que esteja preparado para a faixa seguinte. O aluno pode estar avançado em alguns aspectos, mas atrasado em outros. Pode ser que seu comportamento não esteja correto, ou ele ainda não tenha compreendido perfeitamente as responsabilidades do artista marcial. Pode dar chutes altos ou fazer o katá com vigor, mas pode ser que não esteja prestando atenção às aulas nem dando auxílio aos alunos menores e mais novos, por exemplo. Num caso desses, o mestre não tem por objetivo punir o aluno; mas, para o bem da classe e do próprio aluno, não pode deixar que ele avance para o nível seguinte. Lembre-se que o seu mestre fica ainda mais contente do que você quando você muda de faixa. Isso significa que ele lhe ensinou bem e agora pode ensinar mais ainda!

Pode acontecer de uma pessoa que começou a treinar na mesma época que você mudar de faixa antes de você. Pode acontecer também de alguém que começou depois mudar antes. Não se preocupe com isso. Amanhã, pode acontecer de você ir adiante e outros ficarem para trás. Fique tranqüilo e concentre-se no seu próprio caminho. Por outro lado, se você mudar antes de outra pessoa, não fique pensando que é melhor do que ela. No decorrer do tempo, o que importa não é a cor da faixa, mas sim a sua dedicação ao treinamento. Se você se concentrar no treino, vai melhorar sempre. Lembre-se que a faixa preta não é outra coisa senão uma faixa branca que passou por muito treinamento e foi submetida a um árduo esforço. As faixas coloridas existem para ajudar você a aprender artes marciais, não para ser penduradas na parede como troféus.

"Curta" o que você está aprendendo hoje e dedique-se a esse aprendizado de todo o seu coração. As mesmas diferenças existem entre os diversos graus da faixa preta. O segundo dan de uma escola pode ser equivalente ao quarto dan de outra. As expectativas e o trabalho a ser feito podem ser muito diferentes. As pessoas mais adiantadas recebem diversos nomes e títulos. Aquele que aqui se chama sensei pode chamar-se *renshi* noutra escola. Muitos instrutores são chamados de mestres, mas nem todos o são verdadeiramente. Para ter uma idéia do grau que a pessoa atingiu, devemos procurar saber não em que faixa ela está, mas sim quanto tempo treinou e quais foram seus professores.

É por isso que devemos respeitar a todos igualmente por dedicar-se às artes marciais, e devemos trabalhar duro para atingir os padrões estabelecidos pelos melhores mestres. Para os verdadeiros conhecedores das artes marciais, o seu comportamento em relação às outras pessoas e a sua dedicação ao treino têm muito mais importância do que a cor da sua faixa.

5 Torneios e campeonatos

Quantos esportes você conhece? Desses, quantos você já praticou? Se você tem o costume de praticar esportes na escola, no acampamento de verão, no centro comunitário ou num parque público com os amigos, é muito provável que sua lista seja bastante longa. Em muitos esportes, as pessoas praticam e jogam para se recrear, não para competir. Você pode nadar na piscina para espantar o calor ou pode apostar corrida com um amigo para ver quem chega mais rápido ao outro lado. Pode também competir em nome de uma escola ou de um clube. Tudo isso é divertido, mas cada uma dessas atividades tem um significado diferente.

As artes marciais podem ter as mesmas funções dos esportes: recreação e competição. Certas pessoas fizeram uso de determinados aspectos das artes marciais e criaram regras para que os praticantes pudessem se reunir e competir entre si. Os torneios e demonstrações são excelentes meios de popularização das artes marciais, pois os espectadores tomam interesse pelo que vêem. São acontecimentos que podem servir para levantar dinheiro para atividades escolares ou comunitárias. Os melhores campeonatos são muito bem organizados e seguem diretrizes rigorosas para garantir a segurança e a diversão de todos os presentes. O objetivo desses campeonatos é o de reunir pessoas para partilhar seus conhecimentos e comemorar a atividade a que todas se dedicam.

As artes marciais podem ser consideradas esportes?

Muitas escolas de artes marciais não admitem que seus praticantes participem de torneios ou competições de qualquer tipo. No tai chi chuan e no aikidô esses eventos praticamente não existem, mas são populares, por outro lado, em certas escolas de taekwondô. O taekwondô e o judô são esportes olímpicos, ou seja, organizam-se em competições de altíssimo nível. Porém, isso não significa que todos os praticantes de judô e taekwondô dediquem-se à competição. Alguns mestres e alunos de karatê incluem os campeonatos em seus programas, e outros, não.

O que significa ganhar?

A maioria dos esportes e jogos se organizam em torno da idéia de vitória. De acordo com as regras, há uma pessoa ou uma equipe que marca mais pontos, corre mais rápido ou executa seus movimentos com mais elegância e *ganha*. Os outros participantes (os que não ganham) *perdem*. As pessoas talentosas e que se dedicam intensamente à prática podem ganhar muitas vezes. Algumas ganham campeonatos como o Superbowl (campeonato norte-americano de futebol americano), as Olimpíadas ou campeonatos mundiais, e ficam famosas.

Você não acha interessante que quase nunca aconteça de a mesma pessoa ganhar sempre? Mesmo os melhores têm dias em que estão cansados, doentes, machucados ou em que são vítimas do azar. Muito embora dêem o melhor de si, outra pessoa tem um dia excepcional ou faz uma apresentação fora do comum e ganha. Todos os campeões já perderam o campeonato alguma vez, e nem por isso deixaram de ficar contentes e orgulhosos, pois fizeram tudo o que podiam ou tiveram uma experiência que lhes ensinou uma importante lição. A maioria deles, quer ganhe, quer perca, gosta mesmo é de fazer bem o seu trabalho.

Todos os que participam de esportes ou campeonatos sabem que a vitória significa que, naquele dia, com aquele conjunto de regras e dentro daquele quadro de competidores, alguém chegou em primeiro lugar. Alguém tem de ganhar. É esse o objetivo do jogo. No dia seguinte, o vencedor provavelmente será outro. Ter espírito esportivo é conhecer a importância de praticar bem o seu esporte, seguir as regras e se divertir, seja quem for o vencedor. Todos já ouviram a frase "O que importa não é ganhar, mas sim competir." Essa idéia é especialmente verdadeira nas artes marciais.

O que é o espírito esportivo?

Se a sua academia pedir que você participe de um torneio, será importante que você se porte bem e com verdadeiro espírito esportivo. Na qualidade de artista marcial, você tem o dever de demonstrar o máximo respeito pelos outros competidores, por seus mestres e por todos os árbitros e autoridades. O respeito pelos outros é o fundamento do espírito esportivo. Lembre-se que você está lá para aprender a dar o melhor de si sob pressão. Nem sempre os troféus e medalhas cabem a quem executa os melhores katás, a quem luta mais rápido, a quem chuta mais alto ou tem o *kiai* mais poderoso. Em geral, o vencedor de um torneio de artes marciais é aquele que consegue manter sua concentração ao longo da competição. O público, as luzes e o barulho têm o incrível poder de nos distrair. É claro que, para começar, você precisa estar bem fisicamente; mas provavelmente há de constatar que um campeonato disputado em frente ao público é também um grande desafio para a mente.

O respeito pelos outros estilos e escolas

Se você for a um torneio, especialmente a um torneio grande, vai encontrar artistas marciais de muitas escolas diferentes. Nos torneios abertos, pode ser que você encontre pessoas vindas de muito longe. Verá diferentes uniformes e diferentes maneiras de executar a reverência. Já falamos da variedade de estilos nas artes marciais, que se assemelham à variedade das flores num jardim ou das árvores numa floresta. Nenhuma das variedades é melhor do que as outras.

Na execução dos katás, você provavelmente verá formas tradicionais, que vêm sendo praticadas há muitos anos, e formas novas, executadas com uma roupa especial e ao som de uma música. Geralmente, esses dois tipos de katás são julgados em categorias diversas; mas, às vezes, um grande campeão será escolhido dentre as diferentes apresentações. Isso pode ser difícil para os juízes, que podem então ser influenciados pela reação do público. Os artistas marciais responsáveis, especialmente os que já estudaram estilos tradicionais, sabem quanta dedicação e quanto treino são necessários para preparar um katá para um torneio. Outros, que talvez não estejam familiarizados com esse tipo de prática, podem se deixar impressionar mais por uma execução menos difícil, mas mais vistosa.

Nas competições de luta e demonstrações de técnicas de autodefesa, é igualmente difícil decidir quem são os vencedores. As regras variam de torneio para torneio, e nem sempre os juízes têm perfeita consciência de quais devem ser as habilidades avaliadas para a atribuição dos pontos. Certas escolas usam mais o contato físico, ao passo que outras não permitem contato de espécie alguma, máxime entre os jovens e crianças. Você, seus pais e seu professor devem conhecer perfeitamente as regras a ser seguidas, para que saibam o que esperar caso você decida participar.

Vencer o torneio não deve ter tanta importância quanto a inspiração e a alegria de estar junto a outros artistas marciais para partilhar e conhecer os diferentes caminhos. A escolha de um vencedor freqüentemente faz com que os outros participantes se sintam perdedores, e o objetivo dos torneios não é esse.

Nem todas as escolas pensam do mesmo modo sobre as competições e campeonatos. Se você for chamado a competir, será orientado por seu técnico ou seu sensei. Entretanto, como sempre, você continua responsável pelo seu comportamento individual. Tenha espírito esportivo e não se deixe levar pelo pensamento de que "Minha escola é a melhor de todas e não há nada fora dela que mereça a minha atenção". Eis aí uma forma de desrespeito, que nada tem a ver com o verdadeiro modo de pensar de um artista marcial. Observe os outros e veja o que você pode aprender. Faça perguntas e esteja aberto às novas experiências.

Não cometa o erro de dizer ao seu mestre que você viu algo sendo feito de maneira melhor do que se faz na sua academia. O que você viu é, na verdade, algo diferente; em geral, sua escola e seu mestre têm bons motivos para fazer as coisas do jeito que fazem. Alimentando na mente o respeito por todos os artistas marciais, você encontrará o perfeito equilíbrio entre a lealdade à sua escola e o interesse por outras escolas.

O respeito pelas autoridades, técnicos e competidores

Quando você tiver respeito por si mesmo e pelas tradições das artes marciais, não terá dificuldade alguma para saber como se comportar num torneio. No mínimo, você deve manter a mesma atitude cuidadosa, calma e educada que conserva dentro do seu dojô.

Com o entusiasmo e a confusão que reinam no campeonato, o melhor é que você seja ainda mais formal do que é em sua academia. Isso o ajudará a permanecer tranqüilo e concentrado. Fará, além disso, com que você se lembre de que, embora esteja participando de uma competição, não deixou de ser um artista marcial. Você não está lá para torcer para o seu time de futebol. Não se deixe influenciar pelo comportamento desrespeitoso ou desregrado dos outros.

Antes de entrar no ringue ou no tablado, não deixe jamais de fazer uma reverência idêntica à que faz antes de entrar no dojô. Curve-se mesmo que ninguém mais o faça. Você não faz isso para que os outros vejam; curva-se para se lembrar dos aspectos mais importantes do treinamento e do respeito que tem pelas tradições das artes marciais. Dê um bom exemplo, pois talvez os outros venham a segui-lo. Na qualidade de artista marcial, você deve ter coragem de agir segundo suas crenças, mesmo que esteja sozinho.

Faça sempre uma reverência às autoridades que comandam o evento. Elas podem ser chamadas de árbitros, juízes ou senseis. Pouco importa a titulação dos juízes ou a cor de suas faixas. Devem ser tratados com o mesmo respeito que você dedica ao seu mestre. Agradeça-lhes pelo tempo que dedicaram à organização do torneio, para que você e os outros se divertissem e não se machucassem. Cumprimente-os com um aperto de mão, olhando-os nos olhos e levando no rosto um sorriso amigo. Mesmo que você não ganhe o torneio e não concorde com o modo pelo qual a autoridade o julgou, não deixe de agir com toda a educação e faça uma reverência ao sair. Você vai precisar de coragem para esconder sua decepção, mas é para isso que você está treinando: para ter esse tipo de coragem.

Lembre-se de que a pessoa chamada de adversária no campeonato deve ser considerada sua amiga em todos os outros lugares. Não se esqueça de que o torneio é apenas um jogo; e, embora você deva se dedicar e participar a sério, não pode deixar de respeitar e ajudar seus colegas de torneio.

O treinamento de artes marciais o fará aprender que suas atitudes e objetivos têm o poder de influenciar as coisas que lhe acontecem em qualquer situação. Você deve conversar com seus pais e seu mestre acerca dos sentimentos que a competição evoca em você. Os pais e o mestre o ajudarão a se lembrar da coisa mais importante da vida: estar saudável e contente.

6 A responsabilidade de ser um artista marcial

Responsabilidade

Nas artes marciais, nós acreditamos que podemos treinar para ser pessoas melhores. Você, que é jovem, ainda está aprendendo muitas coisas novas. Quando era pequeno, teve de aprender a falar, a comer sozinho, a escovar os dentes e a brincar com os amigos. Aprendeu a ser generoso com seus pertences, a dizer "por favor" e "obrigado" e a ser gentil com as crianças mais novas e com os bichos. Com isso, as outras pessoas passaram a gostar de ter você como amigo. Agora, elas o convidam para ir à casa delas, participam de atividades junto com você e ensinam-lhe coisas novas.

caráter

Aquilo que o torna especial como pessoa. Em específico, o seu modo de pensar, de sentir e de agir, e as coisas que você considera importantes.

comunidade

Um grupo de pessoas que trabalham ou se divertem juntas porque moram no mesmo bairro ou compartilham dos mesmos interesses e que, assim, põem em comum as informações e os recursos que podem ajudar a todos os membros do grupo.

Já falamos sobre a importância de se comportar corretamente dentro do dojô. Vamos falar agora das capacidades pessoais, das idéias e das atitudes que devemos cultivar dentro de nós para sermos bons artistas marciais. Esses fatores interiores são tão importantes quanto as posturas, os katás e as técnicas de chute e agarramento. Sem elas, nossa prática será vazia, mero artigo de vitrine. Não será uma arte marcial, mas uma simples diversão sem sentido.

Você e você mesmo

As artes marciais nos ajudam a aprender mais a respeito de nós mesmos. Quando você nasceu, recebeu um nome que o identificasse. Tem um dia de aniversário, uma família, uma escola e uma comunidade da qual faz parte. Talvez pertença a um clube ou a um grupo de amigos que sempre se reúnem. Todas essas coisas colaboram para fazer de você a pessoa que você é hoje. Os passatempos, os esportes e os interesses também fazem parte do seu ser.

Nosso modo de pensar, as coisas sobre as quais pensamos e o modo pelo qual nos comunicamos com os outros criam para nós uma *imagem de nós mesmos*. Se o seu nome é Joel, quem é Joel? Quem é essa pessoa que você vê no espelho? Se você fecha os olhos e pensa "Eu sou Rute" (ou seja lá qual for o seu nome), está pensando sobre você mesma. Se você diz "Eu gosto de sorvete", está falando sobre você mesmo. Se está contente, ou cansado, ou com vontade de fazer alguma coisa, esses sentimentos fazem parte do modo pelo qual você percebe a si mesmo.

Você é uma pessoa. Você tem o direito de existir neste planeta. Muito embora ainda seja jovem, já é dotado de vontade livre e tem suas próprias idéias e opiniões. À medida que você for crescendo, suas idéias e opiniões irão mudando. Seus familiares, amigos e professores vão ajudar você a encontrar o caminho. Querem que você seja saudável e feliz e seja capaz de dar sua contribuição à sociedade.

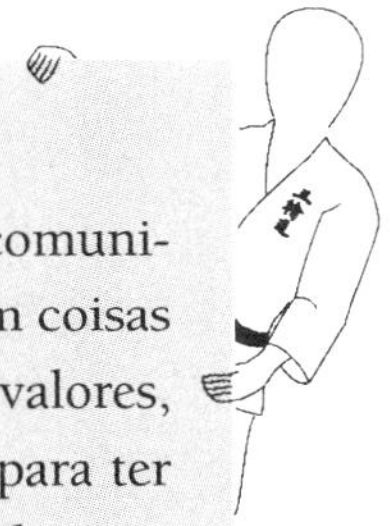

sociedade

Um grande grupo de pessoas, possivelmente constituído de muitas comunidades. Embora se trate de um grupo maior, seus membros ainda têm coisas em comum: um lugar, uma história, um conjunto de idéias, regras, valores, etc. A sociedade é também o modo pelo qual o grupo se organiza para ter alimentação, abrigo, arte, comércio e proteger os direitos dos indivíduos.

Você e os outros

Não há duas pessoas iguais. Isso é muito bom, pois, se assim não fosse, a vida seria muito aborrecida. As pessoas têm cabelos diferentes, cores de pele diferentes e corpos diferentes, falam línguas diferentes e comem alimentos diferentes. Do mesmo modo, os pensamentos delas também são diferentes. Seguem diferentes religiões ou, às vezes, não seguem religião alguma. Muitas moram nas cidades, mas algumas moram no campo ou mesmo no deserto ou na selva. Certas pessoas assistem à televisão o dia inteiro, ao passo que outras não têm o mínimo interesse pela programação televisiva. Preferem ler ou passear no campo. Certas pessoas se dedicam de corpo e alma ao estudo e à prática das artes marciais, ao passo que outras nem sequer ouviram falar dessas artes.

As pessoas se juntam em grupos para partilhar de bons momentos e trabalhar juntas. Apesar das diferenças e discordâncias, as pessoas precisam da família e dos amigos, como precisam de alimento suficiente para comer, de vestuário e de um lugar para morar. As regras e leis foram elaboradas para que as pessoas possam viver juntas em paz. Nós não roubamos, não mentimos, não trapaceamos nem infligimos dano às outras pessoas porque queremos que a justiça predomine e todos se beneficiem. Porém, ainda temos muito trabalho a fazer para que todos possam viver sem medo, sem fome e sem doenças.

O respeito pelos outros

A prática das artes marciais é um dos modos pelos quais podemos caminhar nessa direção, e a ajuda depende de cada artista marcial em particular. Se cada um fizer o possível para melhorar a própria vida e ajudar os outros, a união desses pequenos fragmentos poderá constituir um grande todo.

Respeite as outras pessoas pelo que elas são. Nossos pais, professores, familiares, amigos, colegas de escola, vizinhos e até mesmo os estranhos — todos merecem respeito, mesmo quando não compreendemos seus pontos de vista ou não concordamos com eles. Queremos que também os outros nos respeitem quando tivermos opiniões diferentes acerca das mesmas coisas.

Respeite seus pais por tudo quanto fizeram por você. Lembre-se que eles só querem proteger você e garantir o seu futuro. Se você se dispuser a ouvi-los e a aprender o que eles querem lhe ensinar, terá mais informações à sua disposição quando chegar a hora de tomar suas próprias decisões. Além disso, seus familiares hão de respeitá-lo quando virem a dedicação com que você treina; perceberão que podem ter confiança na sua capacidade de decisão. Seus amigos também são pessoas importantes. Respeite-os e seja leal com eles, e esteja aberto para fazer amizade com outras pessoas.

respeito

Ver ou conceber algo ou alguém como uma coisa ou um ser especial, dotado de qualidades únicas. Lembre-se: respeito nunca é demais!

O respeito por si mesmo

E o que dizer do respeito por você mesmo? Esse respeito consiste, em parte, em saber quem você é e em gostar disso que você sabe. Isso não significa pensar que você é melhor do que os outros. Tampouco significa pensar que você pode ter tudo o que quer. Há uma grande diferença entre ter respeito por si mesmo e ser egoísta. O egoísta só pensa nele mesmo, e pergunta a todas as outras pessoas: "O que vocês podem fazer para mim?" A pessoa que respeita a si mesma vive contente consigo mesma, com o que tem e com o que é capaz de fazer. Pode, além disso, dizer às outras pessoas: "O que posso lhes dar? O que posso fazer para ajudar?"

O artista marcial que respeita a si mesmo conserva sua saúde e evita os ferimentos e lesões. Sabe que não pode só comer doces, pois nesse caso não terá força nem vigor para treinar. Lava as mãos antes de comer para não ficar doente. Não assiste em demasia à televisão nem passa o dia jogando video game, para evitar que seu cérebro se transforme em titica de galinha.

O respeito por si mesmo o ensina a ouvir a sua própria voz, e não a daqueles que gostariam de levá-lo a fazer algo que você sabe que é errado. Além disso, você não deve ouvir aqueles que querem levá-lo a perder a saúde e os que querem que você se sinta mal consigo mesmo. Você sabe que é uma pessoa especial, mas admite que ainda tem muito em que se aperfeiçoar. Ao mesmo tempo que se diverte com os próprios erros, se orgulha das coisas que sabe fazer. E o mais importante: para se sentir bem, não precisa fazer com que outras pessoas se sintam mal. Sabe que, quando ajuda outra pessoa a se sentir bem, vocês dois se sentem melhor. Conservando uma atitude positiva e procurando sempre o lado bom das outras pessoas, você se torna uma pessoa melhor.

Humildade

É ótimo ficar contente com tudo o que você aprende e realiza nas artes marciais, mas também é importante não se encher de orgulho. É natural que você queira partilhar suas experiências com outras pessoas, especialmente os familiares e os amigos. Mas você não precisa se gabar das suas realizações, pois não deve inferiorizar as outras pessoas. Fique contente, mas seja humilde. Não há necessidade de se gabar. E fique igualmente contente com as realizações de seus amigos. Seja justo.

O artista marcial é humilde porque nunca se esquece do quanto ainda tem de aprender. Você vai aprender muito, especialmente no início; e vai continuar aprendendo à medida que for progredindo no treinamento. Quando receber a faixa preta, já será um grande conhecedor das artes marciais. Porém, mesmo nesse estado, você deve ser o primeiro a dizer: "Ainda tenho muito o que aprender." Quando você souber isso, será realmente um sábio.

Essa humildade é um dos aspectos do respeito que você deve dedicar ao mestre e aos alunos mais velhos. Felicite-os pelo quanto já trabalharam e pelas capacidades que adquiriram. Seja grato pela ajuda que eles lhe dão.

Não podemos chegar à perfeição. Se isso acontecesse, o que faríamos então? A vida seria um tédio sem fim! O artista marcial não pratica para ser perfeito; busca, isso sim, tornar a sua prática perfeita.

Integridade

A integridade é uma das qualidades tradicionais do artista marcial. Ser íntegro é ter uma estrutura e um fundamento fortes, é defender com força o que você considera ser correto, é ser você mesmo.

Tanto o samurai guerreiro, ou *bushi*, quanto o pacífico mestre zen apresentam essas qualidades. Sendo um artista marcial, você terá decisões difíceis a tomar; mas treina para ter coragem de tomar a decisão correta, mesmo que não seja a mais fácil.

Na juventude, a família e os professores o protegem para que você não tenha de tomar decisões desde a mais tenra idade. Sendo você um jovem artista marcial, deve estar sempre atento para aprender o jeito correto de agir e fazer as coisas. Ao se deparar com uma escolha ou uma decisão, procure ser justo. Quan-

integridade

Ser íntegro é ter a força e a sabedoria necessárias para ser fiel ao que você acredita; é não ser cego para os seus erros e a sua necessidade de melhorar; é sustentar suas opções individuais com base na razão e na crença, e não em função das opiniões de um grupo ou de outras pessoas que talvez queiram influenciá-lo.

do a justiça o deixar mais contente do que a vitória, você estará exercendo corretamente a sua integridade de artista marcial. Todo o seu modo de pensar e de sentir vai mudar. Do mesmo modo que praticamos com o corpo, praticamos também com a mente e o espírito.

Às vezes, os outros não vão concordar com você. Haverá ocasiões em que quase todos, ou mesmo todos, terão uma opinião diferente da sua. Nessas ocasiões, você terá de ter integridade para falar a *sua* verdade. Porém, mantenha a mente aberta, pois nem sempre você está certo. O artista marcial não tem medo de admitir que cometeu um erro.

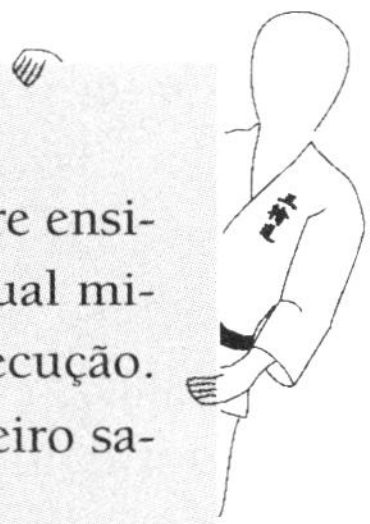

Dê um pouquinho de si

O discípulo desce até a sala de chá para visitar seu mestre. O mestre ensina a seus discípulos a arte do chadô, a cerimônia do chá. Esse ritual minucioso é conhecido pela sua elegância, ordem e dificuldade de execução. A sala de chá tradicional é um dos únicos lugares em que o guerreiro samurai se separa de sua espada.

Enquanto o mestre zen realiza seus movimentos silenciosos, o discípulo faz muitas perguntas. Pergunta sobre o verdadeiro sentido da vida, quer saber o que fazer para se tornar um mestre, indaga de por que os mestres respondem às perguntas com outras perguntas, por que a sala de chá não tem janelas, qual é o som de uma mão batendo palmas, por que a porta da sala de chá é tão baixa e, por fim, se pode pôr açúcar no chá.

O discípulo não percebe que não está dando ao mestre o tempo necessário para responder, mas percebe que, de repente, o mestre serve chá em sua xícara e o chá começa a transbordar da xícara, espalhando-se pela mesa e pelo chão de tatame [tapetes acolchoados de palha]. Chocado pelo fato de ver um mestre experiente derramar o chá, o discípulo pergunta, em voz alta: "O que o senhor está fazendo?!"

O mestre do chá responde: "Sua mente é como esta xícara: está cheia demais, transbordante, de modo que as respostas não podem entrar nela. Esvazie a sua xícara e deixe um espaço dentro dela. Deixe a mente aberta, para que as coisas que você aprender possam assumir a forma da sua xícara. Incline a cabeça e faça-se pequenino, como a porta pela qual você acabou de passar. Assim, seu espírito estará aberto para poder crescer."

O discípulo bebeu o chá, girou a xícara, depositou-a silenciosamente sobre a mesa baixa e fez uma reverência.

Sinceridade

Seja sincero consigo mesmo para poder ser honesto com os outros. Seus sentimentos, na maioria das vezes, são reações automáticas aos acontecimentos. Não são nem os sentimentos que você *deve* ter nem os que você *quer* ter. Se você os examinar de perto, verá talvez que eles não são sequer os sentimentos que você *realmente* tem. Ser sincero é olhar bem fundo para a sua própria pessoa e não acreditar em todos os seus pensamentos. A sinceridade não está em divulgar em alto e bom som todos os seus pensamentos e sentimentos. Por outro lado, quando falamos, temos de ter o cuidado de dizer aquilo em que realmente acreditamos.

Isso não nos exime, por outro lado, de levar em conta os sentimentos das outras pessoas quando falamos a verdade. Se você acha que uma determinada pessoa é feia, não deve dizer isso. Mas pode dizer: "Eu não estaria sendo sincero se dissesse que a acho bonita." Temos de examinar detidamente o *porquê* de acharmos feia aquela pessoa. Será porque ela não tem a aparência de uma modelo de revista? Será porque ela não se parece nem com você nem com seus amigos, porque faz um penteado diferente, usa roupas diferentes, tem um corpo diferente? Pode ser que a idéia de beleza dela seja diferente da sua, e pode ser que você ainda não tenha a experiência e o conhecimento necessários para entender isso.

Sendo você um artista marcial, comece por fazer essas perguntas a respeito de você mesmo. Nisso está a sinceridade. Depois de olhar bem para si mesmo, a verdade que você disser será mais forte e mais firme. Na vida, haverá muitas ocasiões em que você terá de meditar a fundo no verdadeiro sentido da sinceridade.

A disposição de aprender

O melhor meio de que o artista marcial dispõe para conservar o equilíbrio entre o orgulho e a humildade é a permanente disposição de aprender. Quando o mestre exige que você volte a praticar algo que já praticou antes, não é porque estava fazendo o movimento errado, mas porque chegou a hora de fazê-lo melhor ainda. Muitas técnicas avançadas são construídas sobre movimentos mais simples. Às vezes é preciso voltar às coisas que já aprendemos a modificá-las ligeiramente para que funcionem melhor, combinadas desta vez de forma mais complexa.

Pode ser que, durante um certo tempo, você se sinta desajeitado ou frustrado por ter de mudar uma técnica que já executava com desenvoltura. Essa mudança pode afetar também sua percepção de outras técnicas. Esse efeito é natural e temporário. Depois de terminado o trabalho, tudo será muito melhor e os resultados terão valido a pena. O processo será mais fácil se, durante esse período, você tiver a disposição de aprender e não se preocupar com o que os outros estiverem pensando.

A capacidade de praticar e melhorar é um aspecto importantíssimo do aprendizado de artes marciais. É por isso que você deve se lembrar de não julgar os outros nem competir com eles. Pode ser que, neste momento, eles estejam se esforçando para corrigir um movimento ou incluir um novo golpe em seu repertório. Pense no quanto você mesmo há de se sentir mais livre se não tiver de proteger sua imagem ou seu orgulho. Fique contente e esteja aberto para aprender e melhorar.

valor

Palavra que se refere às coisas importantes e preciosas, embora o valor nem sempre se meça em dinheiro. Uma coisa de valor também pode ser uma coisa correta e boa.

A dedicação e o esforço

Nas artes marciais, nós damos valor às coisas que não são fáceis nem rápidas de se aprender. Já falamos que certas pessoas progridem mais rápido do que outras. Todos os que estudam as artes marciais hão de se deparar, um dia, com uma técnica, uma idéia ou um método que, a princípio, não vão conseguir captar. Para a maioria dos artistas marciais, isso é coisa que acontece sempre, e é aí que entram em cena qualidades como a paciência e a atenção. Trata-se de um problema que não pode ser resolvido com chutes mais altos ou socos mais fortes. É preciso sorrir, respirar fundo, soltar o ar e voltar à prática. O mestre e os alunos mais velhos o ajudarão; se você fizer a sua parte, eles estarão dispostos a esperar o tempo que for preciso. Dia virá em que você terá de ajudá-los.

E qual é a sua parte? "Faça o melhor possível": eis aí uma frase que você já ouviu até dizer chega dos seus pais e professores. Eles querem que você saiba que o que importa não é o resultado, mas a tentativa. Mas talvez você diga: "E se o melhor possível não for suficiente? Tentei, tentei e não consegui!" Chegará um momento em que você não vai querer tentar de novo. É natural que você se sinta assim, e você não será o primeiro a querer desistir quando as coisas não estiverem dando certo. A maioria dos artistas marciais já se sentiu assim, e mais de uma vez. Quando você for um praticante avançado, terá tido a oportunidade de perceber que as dificuldades na prática não são motivo para que você se sinta mal.

O trabalho da mente

Tudo depende do seu jeito de pensar. É por isso que muitos artistas marciais insistem tanto no treinamento da mente quanto no do corpo. É fácil compreender que o pé ou o joelho têm de estar numa certa posição para o chute sair correto. É difícil, por outro lado, saber o que fazer quando o mestre lhe diz que você deve posicionar a mente de um determinado modo.

Se você decide parar de praticar algo porque acha que não vai conseguir, esse seu medo se torna realidade. Você pára antes de conseguir; e, se não tentar de novo mais tarde, nunca vai conseguir. Os artistas marciais experientes vão lhe contar que, tentando fazer um determinado movimento, caíram dezenove vezes e conseguiram na vigésima. De repente foram capazes de fazer algo que não haviam conseguido nas dezenove vezes anteriores. Mas continuaram tentando, mas sabiam que cedo ou tarde conseguiriam. Depois que isso acontecer com você algumas vezes, você saberá que tem de crer na sua capacidade de aprender, por mais que demore. Quando, na mente, você se determina a conseguir, aproxima-se muito mais do objetivo, mesmo que ainda não o tenha atingido.

Pensamentos positivos

No passado, um famoso mestre de artes marciais disse a seu discípulo: "Não tente, faça!" Queria ele dizer que a mente deve abrigar pensamentos positivos. Muito embora seu discípulo estivesse bem intencionado quando dizia que ia *tentar* fazer alguma coisa, o mestre achou que essa palavra dava muita margem a que a idéia de fracasso penetrasse na mente do discípulo. Para treinar a mente, é muito melhor crer que você *vai conseguir*, mesmo que leve a vida inteira. O corpo compreenderá isso mais rápido do que você imagina.

Às vezes, isso não é fácil. Queremos que nossa prática seja rápida, perfeita e sem sobressaltos. Lembre-se que muita gente insiste em lhe dizer que tudo o que é rápido e barato é bom. A publicidade, especialmente na televisão, quer levar você a crer na existência de uma felicidade instantânea. Os publicitários querem por toda lei convencê-lo de que, se você simplesmente "acrescentar água e mexer", terá em suas mãos algo muito melhor do que um preparado feito por você mesmo. Mas será que o gosto é melhor? Os alimentos instantâneos podem ser divertidos, mas não devem ser comidos em toda refeição.

Não busque esse tipo de facilidade ou "praticidade" nas artes marciais. Seu aprendizado perderia assim boa parte do quanto tem de especial e valioso. Examine cuidadosamente as coisas que você decidiu fazer sozinho. Aproveite e saboreie cada passo do processo. Sua experiência será só sua; ninguém terá outra igual.

Dedicar-se significa decidir praticar e perseverar na prática mesmo em face das dificuldades. Às vezes, você tem de fazer mais esforço do que fazia antes. O processo é comparável a subir uma ladeira de bicicleta. À medida que se aproxima do topo, você tem de respirar mais fundo e fazer mais força. Porém, quando finalmente chega ao alto da colina, tem a recompensa da vista da paisagem. Aliás, é por causa dessa recompensa que você decidiu que o esforço da escalada valia a pena.

Compreender os outros

O treinamento de artes marciais ensina-lhe a centrar-se dentro do seu próprio universo. Isso não significa, porém, que você seja o centro do universo de todas as outras pessoas. Existe, além disso, um universo comum a todos, que temos o dever de respeitar e proteger.

Se você compreender as outras pessoas e os outros seres vivos, e se compreender especialmente que o mundo é feito de infinitas combinações de moléculas e forças de energia, poderá ver as coisas com certa

Sem ter para onde fugir

O sensei pendurou no canto do dojô uma bola inflável para que os discípulos pudessem praticar seus reflexos com um alvo móvel. Um dos discípulos, pulando para cá e para lá, tentava atingir a bola, mas não conseguia. Acertava as paredes, isso sim, e no fim do dia resmungou: "Esta sala é muito pequena. Precisamos de um lugar maior para treinar."

O sensei ouviu a queixa e, no dia seguinte, pendurou num outro canto do dojô um saco de pancadas, feito de lona firme e recheado de areia, para que os discípulos pudessem praticar com um alvo imóvel. Outro discípulo corria e chutava, tentando fazer balançar o saco de pancadas. "Preciso de mais espaço para pegar impulso", disse por fim. "É difícil mexer essa coisa."

No dia seguinte, o sensei pendurou um terceiro saco num outro canto do dojô. Um dos discípulos reclamou: "Com toda essa atividade de correr e chutar, está ficando muito quente aqui. Estamos muito perto uns dos outros, precisamos de mais espaço." Depois do fim de semana, quando os discípulos chegaram para treinar, encontraram dentro do dojô uma geladeira repleta de suco e água. Embora tivessem de tomar cuidado na hora de abrir a porta da geladeira, para não atrapalhar os colegas que estavam correndo, a maioria deles tomou das bebidas geladas. Outro discípulo ainda reclamou: "Fico batendo os cotovelos quando tento beber água. Não temos nem espaço para sentar e descansar!" Nos dias seguintes, o dojô foi ficando cada vez mais cheio de cadeiras, algumas dobráveis, que ficavam encostadas na parede, e outras estofadas. Todos agora tinham de ficar sentados olhando os poucos alunos que se levantavam para treinar com a bola e os sacos de pancada. Foi então que um dos alunos mais velhos disse: "Quem nos dera ter mais espaço para fazer katá!"

No dia seguinte (depois de todos terem concordado que não havia mais espaço para praticar), o sensei pediu aos discípulos que tirassem do dojô a bola, os sacos de pancada, a geladeira e as cadeiras. De repente, o dojô pareceu amplo e cheio de possibilidades. "Quanto espaço temos aqui!", disseram os discípulos, contentes. "Nunca tínhamos percebido quanto espaço o mestre nos dá para treinar. Será fácil praticar dentro desta sala."

E o mestre só olhava, bebendo um copo d'água.

isenção. Você é uma partícula singular do universo. Ao manter contato com outras pessoas, lembre-se de que também elas têm um papel específico a desempenhar, e que não necessariamente é igual ao seu.

Tradicionalmente, os artistas marciais sempre procuraram compreender as outras pessoas, quer para ajudá-las, quer para saber como agir quando as opiniões são divergentes. Para saber como um adversário ou um parceiro de treinamento vai reagir, precisamos começar por compreender as coisas que ele faz. Para praticar junto com outros alunos e com os mestres, procure respeitar as metas e os desafios deles e trabalhar para atingir suas próprias metas e vencer seus desafios. Ouça o que as outras pessoas têm a dizer; procure conhecer os pontos de vista delas. Se quiser, mude o seu ponto de vista para abarcar as coisas novas que você aprendeu. Explique aos outros as suas opiniões, na esperança de que também eles as ouçam e compreendam. Você é o responsável pelo que pensa e sente a respeito das outras pessoas.

ponto de vista

O seu modo de ver uma coisa, um lugar ou uma pessoa, ou a aparência que eles assumem para você. Às vezes, suas expectativas ou quereres podem afetar a sua compreensão do que você está vendo. As coisas parecem diferentes, dependendo do tamanho, da distância e dos objetos que se interpõem entre você e elas.

Pôr mãos à obra para ajudar

Além das responsabilidades que o artista marcial tem como indivíduo, ele tem de levar em conta sua participação no grupo. Já falamos do respeito por si mesmo e da integridade, qualidades essas que você, sozinho, pode gerar dentro do seu ser. Quando treina artes marciais, você cuida do seu próprio progresso e procura não competir com os outros. Na maioria dos casos, porém, você não estará treinando sozinho. Terá os seus colegas de treino, dos quais você precisa para praticar, para se divertir e para partilhar com eles toda a sua energia e o seu entusiasmo.

Muitas pessoas trabalham para que você possa apreciar seu aprendizado de artes marciais. Seus mestres se esforçam para atender aos horários de aulas; outras pessoas limpam a academia ou o centro comunitário para que você possa treinar num lugar limpo e seguro. Alguém tem de cuidar da papelada — tem de pagar impostos, fazer um seguro, cuidar da participação em associações ou federações, fazer propaganda nas Páginas Amarelas, mandar imprimir folhetos e anunciar na Internet. Talvez você ache que nada disso tem a ver diretamente com você, mas a verdade é que essas coisas precisam ser feitas para que você tenha um lugar para treinar, um mestre que lhe ensine e colegas que pratiquem junto com você.

Na maioria das academias, pede-se aos alunos que colaborem com pequenas tarefas. Em geral, os alunos mais velhos cuidam da organização de eventos e atividades. Se alguém pedir a sua ajuda para alguma coisa, agradeça pela oportunidade de ajudar. Não espere um pagamento nem qualquer outra recompensa. A ajuda faz parte do seu treinamento de artista marcial.

No passado, eram os discípulos de um mestre que faziam todo o trabalho no dojô: cozinhavam, limpavam, varriam, consertavam, e assim por diante. Até hoje, nas escolas tradicionais, existem os *uchi deshi*, os discípulos que moram na academia e partilham das responsabilidades do dojô como fariam os membros de uma família. Muito embora seja pequeno o número de pessoas dispostas a dedicar-se totalmente ao treinamento, todos nós devemos nos munir desse mesmo espírito quando vamos ao dojô.

Há muitas maneiras de ajudar, mas não devemos esperar até que os outros nos peçam ajuda. Se você vê algo que precisa ser feito, pergunte se você pode se incumbir do serviço: organizar os tatames e equipamentos, limpar os vestiários e pôr o lixo na rua, por exemplo. Quanto menos tempo o mestre e os alunos mais velhos tiverem de dedicar a esses serviços, tanto mais tempo terão para ensinar e ajudar os alunos. Quando todos põem mãos à obra para ajudar, todos se beneficiam igualmente.

Ajudar também fora do dojô

O artista marcial não vai se contentar em prestar ajuda somente dentro do dojô. Os clubes e academias de artes marciais, na medida em que participam de diversas atividades, procuram ser um exemplo para a comunidade. O clube pode, por exemplo, organizar uma coleta de alimentos ou de dinheiro para uma causa importante. Individualmente, você pode ajudar uma associação, um amigo ou qualquer pessoa de sua vizinhança que esteja precisando de uma mão amiga. Certas pessoas podem pagar por pequenos serviços, mas outras não podem. Quando o artista marcial presta ajuda, sua motivação não é o dinheiro.

Quando você ficar mais velho, poderá participar de mais atividades e contribuir decisivamente para com a sua comunidade e a sociedade. Trata-se de uma grande responsabilidade, mas também de uma excelente oportunidade para mudar para melhor a vida das pessoas. Suas atividades, além disso, tornarão a sua própria vida mais completa e mais feliz.

Se você pensar um pouquinho, identificará facilmente várias maneiras de ajudar sua família. É importante que você faça a sua parte, tomando para si alguns dos pequenos serviços que sempre têm de ser feitos para que a casa fique em ordem e tudo corra bem. Se você ajudar seus familiares nas pequenas tarefas cotidianas, é possível que elas o ajudem com as suas. Vocês terão mais tempo para conversar e desfrutar da companhia uns dos outros. Quando as tarefas estiverem terminadas, você terá mais tempo para brincar e se dedicar a outras atividades.

Estar disponível

Na época medieval, os guerreiros às vezes tinham de ajudar a comunidade, afugentando os invasores ou bandoleiros que queriam fazer mal ao povo. Os samurais costumavam viajar grandes distâncias para lutar em guerras movidas por outras pessoas, a quem seus senhores haviam prometido ajuda. Até hoje temos os militares, que procuram pôr fim à guerra e levar a paz a muitas regiões do mundo.

Os guerreiros de hoje em dia também ajudam a defender a saúde e a segurança de pessoas que não podem se defender sozinhas. Quando um desastre

pequenas tarefas

São os servicinhos que têm de ser feitos regularmente para ajudar a conservar a ordem, a beleza, a saúde ou a eficiência cotidiana de uma residência. São as tarefas feitas em casa ou perto dela, bem como as idas ao comércio e ao banco.

natural — como um furacão ou um terremoto, por exemplo — se abate sobre uma comunidade, equipes de militares e voluntários se organizam para dar apoio e assistência a milhares de pessoas. Por serem pessoas treinadas que se põem à disposição, eles podem chegar rapidamente à cena do desastre levando consigo alimentos, roupas, remédios e água. Os médicos e enfermeiros especializados em emergências assemelham-se também a guerreiros, pois trabalham duro, treinam incessantemente e põem sua vida em risco para ajudar os outros.

O conceito de disponibilidade ou prontidão, para o artista marcial, é ligeiramente diferente. Estar pronto e disponível não significa ter uma arma à mão e mal poder esperar para entrar em batalha. Significa ser saudável, forte e organizado; estar disposto a abrir mão do seu tempo pessoal e sofrer alguns incômodos para melhorar a vida de outra pessoa; estar alerta e desperto, olhando em volta para ver o que pode ser feito. O artista marcial está sempre disposto a sair do estado de letargia, cheio de energia positiva e com uma atitude favorável. Os cuidados com a saúde, que nos propiciam agir com o máximo vigor possível, constituem uma das mais preciosas tradições das artes marciais, que têm sido transmitidas pelos mestres desde há muitas gerações.

A prontidão envolve, entre outras coisas, o planejamento. O treinamento nos ensina a saber de antemão o que vamos fazer e a concentrar nossa energia nessa direção. Também os salva-vidas, pilotos de avião, capitães de navios e organizadores de grandes eventos têm de planejar o futuro e pensar nas coisas que podem acontecer. Os acidentes acontecem, e uma boa preparação pode garantir que a ajuda já esteja pronta para melhorar a situação na hora do perigo.

A obediência e a liberdade pessoal

A esta altura, você deve estar pensando que o artista marcial tem de tomar decisões e fazer escolhas a todo instante. Talvez esteja pensando também que o número de regras a serem seguidas é muito grande: regras de comportamento, de pensamento, de sentimento e de ação. Sendo você um jovem, ainda não tem autoridade para decidir por si mesmo a sua vida. Os pais, os professores e as regras que lhe são impostas controlam quase toda a sua vida, e nem sempre as coisas são como você gostaria que elas fossem. Você já está cansado de ouvir que tem de crescer mais, que ainda tem muito o que aprender para ter o direito ou a capacidade de fazer uma determinada coisa. Mas também os adultos, às vezes, se sentem como você. Os velhos às vezes pensam que são velhos *demais* para fazer certas coisas, e sentem o desejo de voltar a ser jovens como você é agora.

Já dissemos que os pais, os guardiães e os professores só querem proteger e ajudar você enquanto você cresce. Há também outras pessoas — médicos, enfermeiros, bombeiros, policiais, trabalhadores em serviços de resgate — que cuidam de nós. Nossa sociedade tem muitas regras, cuja finalidade é a de proteger as pessoas e seus bens e impedir que sofram qualquer tipo de dano. Temos, além disso, leis que protegem nosso meio ambiente da poluição, dos abusos e dos desastres que podem acontecer por acidente ou por dolo.

Nós decidimos acatar e obedecer essas leis, não só porque podemos sofrer castigos e punições se não as obedecermos, mas também porque temos bons motivos para obedecê-las. Acatando os limites que nos são impostos pelas regras boas, nós não perdemos nossa liberdade; pelo contrário, ganhamos uma liberdade nova. Se cuidarmos uns dos outros e da natureza, e se tivermos mais tolerância com as diferenças, nosso mundo será um lugar melhor. O artista marcial está sempre procurando o melhor equilíbrio possível entre o bem para o indivíduo e o benefício do grupo.

Em geral, à medida que você aprende mais e vai se tornando mais responsável, pode começar a tomar mais decisões sobre o seu próprio caminho. Quando você se dedica ao aprendizado, tanto na escola quanto nas artes marciais, os programas estabelecidos existem para ajudar você a desenvolver suas capacidades. Existem critérios e níveis que você tem de completar antes de passar para os níveis seguintes. Pode ser que você queira seguir um outro caminho; mas só vai poder fazê-lo quando seus superiores souberem que você foi capaz de seguir o caminho já demarcado. Depois disso, se você partir sozinho por territórios inexplorados, estará mais preparado e terá mais possibilidades de ter sucesso na sua própria empreitada.

Quando fazer perguntas

As tradições e as leis são diretrizes de comportamento que se desenvolvem na sociedade ao longo do tempo. Embora essas diretrizes sejam necessárias, chega uma hora em que é preciso fazer mudanças. Quando você é jovem, tem muitas dúvidas acerca de por que e como as coisas acontecem. É seu dever procurar resolver essas dúvidas. O artista marcial fará suas perguntas com todo o respeito, ouvirá as respostas com atenção e meditará cuidadosamente no sentido dessas respostas antes de fazer mais perguntas ou formar uma opinião.

Em determinados momentos, suas perguntas o levarão a crer que algo não está correto. Quando você falar sobre isso, esteja preparado para defender sua opinião com fatos e argumentos sólidos, baseados no raciocínio lógico. O conhecimento e a consciência mudam ao longo do tempo; às vezes, precisamos de alguém para nos ajudar a abrir os olhos. Lembre-se que já houve época em que a escravidão era legalizada, mas nem por isso era correta. As pessoas tiveram de lutar para mudar essa lei; foram tempos difíceis para todos. Há pouco tempo, ainda usávamos muitos produtos químicos que pareciam facilitar a nossa vida, e na época ainda não sabíamos que eles fazem mal à nossa saúde e ao meio ambiente. Agora as coisas estão mudando, pois certas pessoas estudaram o problema, tiveram coragem de levantar a voz e nos ensinaram uma nova maneira de ver o mundo, trabalhar e viver.

Nas artes marciais, os praticantes aprendem que têm um lugar na sociedade e que devem assumir a responsabilidade pelas próprias ações. Aprendem a pensar e põem em prática diversas capacidades e diversos caminhos de vida. Aprendem a permanecer abertos às pessoas que os rodeiam e a alegrar-se com as diferenças entre as pessoas. Ficamos sabendo que, por baixo da superfície do nosso ser, todos nós temos muito em comum.

Você, que é um jovem artista marcial, fará o que puder no mundo em que estiver vivendo. Não alimente a expectativa de ser capaz de fazer tudo, mas também não se conforme com não fazer nada; se você for capaz de ajudar e de fazer a sua parte, estará à altura das suas responsabilidades. Quando muitas pessoas agem desse modo, coisas grandes acontecem. O mundo pode mudar se as pessoas se unirem. Devemos estar permanentemente dispostos a batalhar pelo bem, pela justiça e pela beleza; do mesmo modo, temos de estar prontos a lutar contra as forças que drenam a nossa energia. Os artistas marciais praticam para ser pessoas melhores e para fazer deste mundo um lugar melhor e mais positivo.

7 O que é a autodefesa?

A esta altura, você já sabe que as artes marciais não se resumem a chutar e socar. É fácil imitar um artista marcial: basta levantar um pouco de poeira e soltar alguns gritos, mexendo os pés de maneira vistosa. É coisa que fazemos muitas vezes, por brincadeira. Porém, se você leu todos os capítulos anteriores ou já treina artes marciais há algum tempo, sabe que as artes marciais de verdade não são assim. Na próxima vez em que alguém lhe pedir para fazer uma

seiza

A maioria das artes marciais dispõe de exercícios para que o praticante acalme sua mente e se prepare para o treinamento. Em geral, a aula começa com um curto período de silêncio durante o qual os alunos ficam sentados, e termina dessa mesma maneira. Os praticantes da meditação zen têm nesse exercício a sua principal atividade. Num zendô, o praticante pode passar várias horas sentado em seiza. "Sentar-se em seiza" significa sentar-se de forma correta, com a coluna reta, a cabeça ereta, as mãos e os ombros relaxados. O praticante começa o exercício concentrando-se em sua respiração, particularmente na exalação do ar, que deve ser lenta e prolongada.

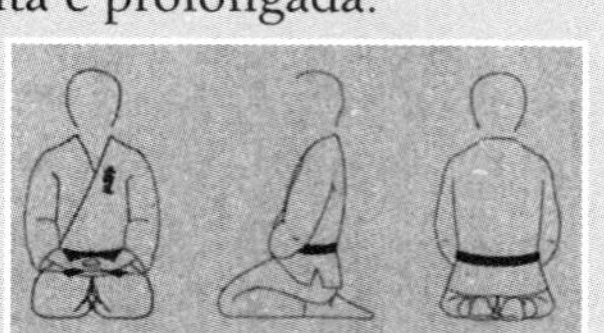

demonstração de artes marciais, você pode, por exemplo, simplesmente sentar-se em *seiza* de olhos fechados ou tirar os sapatos e fazer uma reverência. Trata-se de uma atitude mais verdadeira, embora não impressione tanto o público. Por outro lado, se um verdadeiro especialista em artes marciais assistisse à sua demonstração, ele ficaria impressionado com o seu conhecimento.

Por outro lado, é verdade que, na prática efetiva das artes marciais, você tem de dar chutes e socos ou, em alguns estilos, tem de agarrar o adversário e lançá-lo ao chão. Quando você estiver mais adiantado, essas técnicas serão executadas com um parceiro. Será que, quando faz isso, você está brigando? De modo algum. A maioria dos artistas marciais não usa a palavra *briga* para se referir ao que fazem no dojô ou mesmo num campeonato. Esses exercícios de treinamento podem ser chamados de "provas" ou "sessões de luta simulada". À distância, podem parecer uma simples briga, mas na realidade são outras coisas muito diferentes.

O que é uma briga?

Uma briga acontece quando duas ou mais pessoas entram numa situação sobre a qual perdem o controle. As emoções predominantes são a raiva, o medo e a frustração, e, em geral, pelo menos uma das pessoas quer machucar a outra.

A briga pode ocorrer pelos mais diversos motivos, mas, na maioria das vezes, pode ser evitada.

Às vezes, a briga acontece porque as duas partes — ou mais de duas — não conseguem resolver seus conflitos. São tão distantes uma da outra e vêem as coisas de modo tão diferente que parecem não ter nada em comum. Em geral, ambas as partes sentem que foram terrivelmente injustiçadas ou insultadas — tudo por culpa da outra parte. Muitas vezes, infelizmente, as pessoas brigam sem nenhum motivo. São simplesmente arrebatadas pelo orgulho, pelo medo e pela raiva. Certas pessoas aprenderam a se comportar assim desde pequenas e não vêem nisso nenhum problema. Outras simplesmente estão tão infelizes ou aborrecidas que não conseguem se controlar e acabam machucando outras pessoas.

Existem também brigas nas quais só uma das partes é culpada. Vez por outra, um sujeito ataca uma pessoa desconhecida porque perde o controle e por acaso a pessoa está ao seu lado. Às vezes, uma pessoa ataca outra para roubá-la ou forçá-la a fazer o que não quer. Felizmente, na maioria dos bairros, isso não acontece com freqüência, e provavelmente não vai acontecer com você. É ainda menos provável que você venha a se tornar uma pessoa capaz de machucar outro ser humano. Para a maioria das pessoas, essas coisas só acontecem nos livros e filmes.

As guerras e batalhas entre diferentes países e comunidades acontecem dessa mesma maneira. O conflito de necessidades ou de idéias faz com que os sentimentos de medo e raiva cresçam em demasia, e assim começa a briga. Quando as duas partes começam a infligir danos uma à outra, o processo se torna um círculo vicioso e a situação piora cada vez mais. O melhor meio de pôr fim a uma briga é impedi-la de começar.

Quando duas pessoas estão brigando, é preciso que uma terceira força entre no meio e ponha fim à briga. Se os dois oponentes forem postos a uma distância segura um do outro, suas idéias aos poucos voltarão ao normal. Quando dois gatos ou dois cachorros brigam, basta um banho de água fria para separá-los. Quando grandes grupos de seres humanos entram em guerra, pôr fim ao conflito é mais difícil, mas não é impossível. As forças militares de paz e os negociadores podem ajudar os países litigantes a entrar em trégua por tempo suficiente para buscar um caminho alternativo. Às vezes, como os seres humanos individuais, os países também precisam querer parar de ferir uns aos outros. Com o tempo, eles ficam mais dispostos a compreender as razões da outra parte. A história nos mostra que vale a pena fazer todo o possível para evitar que as hostilidades cheguem às vias de fato. Quando a briga começa, é difícil terminar.

Dê uma oportunidade à paz

Em geral, as duas partes têm de fazer concessões para que a paz aconteça. Infelizmente, neste nosso mundo, ainda há lugares em que as lutas e os sofrimentos passados foram muito grandes e onde a injustiça ainda prevalece a tal ponto que a paz torna-se um sonho distante. Apesar disso, muitas pessoas corajosas e cheias de determinação ainda trabalham para pôr fim às hostilidades, na firme crença de que a paz é possível.

Boa parte das técnicas das artes marciais desenvolveram-se em tempos de guerra. No Capítulo 9, vamos falar um pouco mais sobre a história das artes marciais. Estas artes só eram usadas em legítima defesa, quando uma pessoa ou um grupo de pessoas não tinham outra alternativa senão lutar para sobreviver ou proteger suas famílias e propriedades. Algumas das tradições das artes marciais, como os conceitos de lealdade, coragem e resistência à dor e ao sofrimento, nasceram em tempos de guerra. A maior parte dos exercícios e caminhos tradicionais das artes marciais surgiu quando essas antigas sociedades adotaram um modo de vida mais pacífico. As pessoas se organizaram e desenvolveram códigos de comportamento para impor limites às brigas e levar a paz à vida cotidiana das pessoas.

injustiça

Uma situação errada ou desequilibrada, em que uma pessoa ou um grupo não são tratados com eqüidade nem de acordo com as leis ou regras reconhecidas.

Felizmente, hoje em dia, a maioria das pessoas vive em paz a maior parte do tempo. Os estudantes e praticantes de artes marciais devem saber, porém, que não é esse o estado em que vive a imensa maioria dos habitantes do nosso planeta. Mesmo em nossa sociedade relativamente pacífica, crimes são cometidos e pessoas são feridas. Você mesmo já deve ter presenciado brigas no pátio da escola ou mesmo na sua casa.

Os praticantes de artes marciais não brigam durante a prática. Por trás dos seus movimentos não há ódio, nem ira, nem medo, nem frustração. Aliás, quase todos os artistas marciais são excelentes amigos dos seus colegas de treinamento. Divertem-se junto com eles no dojô e gostam de aprender tudo o que puderem sobre as artes marciais.

A autodefesa

Na maioria das academias, os alunos aprendem que algumas de suas técnicas podem e devem ser usadas em legítima defesa, caso alguém tente machucá-los. Se um estranho tentasse forçar você a ir para onde você não quer, ou se alguém decidisse bater em você na rua ou no pátio da escola, você usaria uma técnica de autodefesa para evitar isso. Exercer a autodefesa significa evitar, redirecionar, bloquear ou controlar um ataque para impedir que o agressor o machuque. Defender-se *não é* ganhar uma briga, vingar-se de alguém ou ferir mais a outra pessoa do que ela feriu ou tem a intenção de ferir você.

É possível que, às vezes, você tenha sentimentos violentos. Sendo um artista marcial, você tem o dever de controlá-los. No treino, você aprende o que fazer para pôr fim a esses sentimentos, ou mesmo para evitar que eles surjam. Os mais fortes e os mais experientes dentre os artistas marciais não gostam de brigar e só usam suas técnicas de autodefesa quando é inevitável. Sabem que essas situações vão tender a criar sentimentos maléficos dentro deles.

Se você passa boa parte do tempo irritado ou aborrecido, ou se não consegue controlar seus sentimentos por mais que tente, converse com o seu pai, com a sua mãe ou com um professor. Esses sentimentos não significam que você seja uma pessoa ruim ou que não tenha condições de se tornar um artista marcial. Significam apenas que você está precisando de ajuda para aprender a trabalhar os sentimentos. Do mesmo modo que existem professores particulares de matemática, de leitura ou de basquete, existem pessoas aptas a ajudar você a lidar com suas emoções.

As regras e tradições das artes marciais ajudam os artistas marciais e conservar a mente e as emoções em bom estado. Os praticantes se lembram do gosto que têm em trabalhar *com* as pessoas, não *contra* as pessoas. Quando você estiver praticando com um parceiro ou um saco de pancadas, por exemplo, nunca imagine que está batendo em alguém de quem você não gosta. Mesmo que não esteja batendo de verdade nessa pessoa, está permitindo que entrem em sua mente e seu espírito certos pensamentos e sentimentos cuja entrada deveria ser totalmente proibida. No caso, você está praticando com seu corpo, mas não está nem treinando a mente nem captando os verdadeiros sentimentos do seu espírito. Não está praticando artes marciais.

Nem sempre é fácil ser um artista marcial perfeito. Aliás, isso é provavelmente impossível. Por outro lado, o artista marcial sabe que o treinamento lhe dará os meios necessários para construir o seu caráter e a sua integridade individual. Pondo em prática as tradições e os ensinamentos de artistas marciais experientes, ele pode se tornar uma pessoa melhor e mais saudável.

O jovem pode ter dificuldades para compreender por que as pessoas brigam, como evitar as brigas e como fazê-las parar depois que começam. Às vezes, não há nada que você possa fazer a respeito, e não por culpa sua. Você é novo e talvez se sinta fraco e desamparado por não ter a força física e a autoridade moral de um adulto. Se você estiver numa situação ruim, faça o possível para se proteger mental e fisicamente. Não tome sobre si o dever de impedir ou pôr fim às atitudes agressivas de outras pessoas, especialmente se forem adultas. Elas são responsáveis por isso, não você.

Na qualidade de artista marcial, você nunca vai usar o que aprendeu para sobrepujar, humilhar ou ferir outra pessoa. Você é o responsável pelas suas próprias atitudes. Em raras circunstâncias, você poderá fazer uso dos seus conhecimentos para fugir ou impedir que alguém o ataque. Converse com seus familiares e com seu mestre sobre as possibilidades de isso acontecer e sobre o que você deve fazer. É bom pensar sobre o assunto de antemão por precaução, caso alguma coisa desse tipo venha a acontecer; ou, melhor ainda, para que você possa evitar essas situações.

Se alguém o machucar, o humilhar ou o colocar numa situação desfavorável, é importante que você fale sobre o incidente com outra pessoa. Um amigo mais velho, um dos seus pais, um parente, um professor ou um policial poderá ajudá-lo. Mesmo que o agressor o mande ficar quieto ou o ameace, é importante que você fale com alguém. Mesmo sendo um corajoso artista marcial, você não pode lutar sozinho nessa guerra. Quanto mais medo você tiver, tanto mais é importante que você procure ajuda.

Violência de verdade e de mentira

Assistimos a um sem-número de atos de violência diariamente, na televisão, nos jogos de computador, nas revistas em quadrinhos e nos jornais. Algumas dessas coisas acontecem realmente, e outras são inventadas. Às vezes, os jovens e até os adultos têm dificuldade para reconhecer a diferença entre as duas modalidades de violência. Por um lado, você vê pessoas morrendo nos filmes exibidos na televisão. O sangue é de mentira e tudo foi feito para levar você a acreditar que aquilo aconteceu realmente. Mas, quando você vê uma pessoa sangrando no noticiário das oito, percebe que essa cena *é* real e que a pessoa mostrada na tela vive a vida dela como você vive a sua.

Em suas brincadeiras você pode apontar um revólver de plástico para o seu amigo e dizer: "Pá, você morreu!" Seu amigo não morre, nem você quer que ele morra. Mesmo que você mate todos os monstros de um video game e consiga escapar das masmorras à custa de muitos socos, chutes e saltos mortais, isso não significa que você seja uma pessoa violenta ou cheia de ódio. Por outro lado, também não significa que você seja um herói ou um grande artista marcial.

Em muitas histórias, filmes e jogos, os artistas marciais passam a maior parte do tempo brigando e quase não têm tempo para treinar e viver uma vida normal. Às vezes, quando conhecemos um artista marcial de verdade, esquecemo-nos de que ele é diferente dos artistas marciais de fantasia. Mesmo que sua habilidade seja enorme, podemos ficar decepcionados pelo fato de ele não sair demonstrando seus poderes mágicos.

O que há de verdadeiro nos filmes de artes marciais?

Apesar do sangue de mentira e dos efeitos especiais, alguns filmes de artes marciais têm enredos interessantes: o aprendizado da coragem, a luta contra o mal, o reconhecimento da verdade que existe dentro de cada um. No mundo das artes marciais, existe a tradição de se contar histórias que ensinem aos alunos como se comportar, como praticar e como tomar boas decisões na vida. Incluímos algumas das histórias mais populares em diversos capítulos deste livro.

Os filmes de artes marciais também têm a sua própria tradição. Boa parte deles são filmados na Ásia, onde são extremamente populares e costumam ter como personagens certas figuras históricas ou lendárias desse continente. Têm um estilo próprio e uma qualidade particular de efeitos sonoros, e seus atores muitas vezes fazem uso de cordinhas, camas elásticas e trampolins ocultos para voar pelo ar. Alguns dos atores, diretores e produtores asiáticos estão fazendo filmes nos Estados Unidos, e conseguiram exercer uma influência profunda sobre as expectativas do público quanto aos heróis cinematográficos das artes marciais.

A edição cuidadosa e os efeitos especiais habilitam os atores a executar feitos sobre-humanos de força e agilidade, mas o fato é que os atores que fazem esses papéis são, muitas vezes, artistas marciais extremamente habilidosos. Os melhores dentre eles são realmente capazes de executar a maior parte das técnicas que aparecem nos filmes. É claro que, por trás das câmeras, eles dão continuidade ao seu treinamento.

É natural que o jovem artista marcial, em suas brincadeiras, queira imitar essas pessoas. Contudo, tome cuidado para não confundir a fantasia com a realidade *durante o treinamento*. Você vai perceber que as pessoas que não conhecem artes marciais pouco compreendem as coisas que você faz durante a prática.. De artes marciais, elas só conhecem o que viram em filme. Seu exemplo vai colaborar para que seus amigos e familiares tenham mais conhecimento sobre o assunto. Se você, na frente do mestre, fingir que vai chutar um outro aluno, mesmo que seja por pura brincadeira, o mestre pode interpretar mal suas intenções e achar que você está pondo em risco a segurança do colega. Quando você pratica no dojô, exercita-se de forma controlada e presta muita atenção em tudo o que faz. Fora do dojô, as distrações do ambiente podem levá-lo a machucar alguém ou a se machucar. O melhor é só praticar as suas técnicas de artes marciais dentro do dojô.

Se alguém lhe pedir uma demonstração ou você mesmo quiser mostrar para os outros o que sabe fazer, execute um katá. Converse com seu mestre acerca dos pedidos de demonstrações e veja quais são as opiniões dele a respeito do assunto.

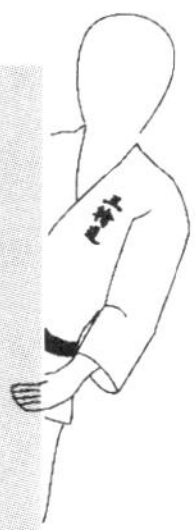

Névoa sobre a água

O discípulo perguntou ao mestre: "Em que estado deve estar minha mente quando pratico artes marciais?"

O mestre respondeu: "Sua mente deve ser como o reflexo da Lua na água. Não é a Lua, a qual está longe, muito longe. É a luz do Sol que se reflete na Lua e brilha na água. Também não é a água; mas, quando bate o vento, a imagem se move e depois pára."

O discípulo fez nova pergunta: "Durante o dia, quando o Sol e as nuvens se refletem na água, posso mergulhar no Sol. Qual é outro Sol em que posso mergulhar?

"Você mesmo", respondeu o mestre.

Uma maneira suave de se defender

Esperamos sinceramente que você nunca tenha de se defender de ladrões e malfeitores na sua vida. Sendo você um artista marcial, deve tentar evitar situações desse tipo. Porém, há muitas outras maneiras pelas quais você pode usar o treinamento em artes marciais para se proteger. Lembre-se que o principal objetivo dos socos, chutes e agarramentos é o de ensinar você a usar o corpo e a mente juntos, de forma harmônica. Os exercícios o ajudam a se tornar forte e flexível. À medida que a sua forma física melhora, você fica mais saudável e consegue se defender melhor dos germes e das doenças. À medida que os seus reflexos se tornam mais rápidos, você se torna capaz de evitar ferimentos e lesões na prática de esportes ou quando tem de dar uma corrida para pegar o ônibus. À medida que você aprende a relaxar e concentrar a mente, torna-se capaz de lidar melhor com os sentimentos e fica mais contente consigo mesmo e com as pessoas que o rodeiam. Essas técnicas de autodefesa são muito importantes na sua vida cotidiana.

No decorrer do treinamento, a maioria dos artistas marciais percebe que eles não precisam de muitas coisas para ser felizes. Para viver, os seres humanos precisam somente de alimento, de abrigo, de um corpo saudável e da companhia dos amigos e familiares. Aprendemos a apreciar a beleza natural do nosso meio ambiente e tomamos gosto pela arte e pela boa música. Ficamos com vontade de aprender mais coisas sobre nós mesmos, as outras pessoas e o mundo que nos rodeia. São essas coisas, e não os bens materiais, que nós queremos proteger com a nossa arte.

É gostoso se imaginar dono de um carro esporte, ter roupas caras e muito dinheiro, mas esses bens materiais não nos tornam mais felizes nem mais especiais. Os comerciais da televisão nos dizem que, se não comprarmos tal ou qual produto, seremos seres infelizes e desprezados por todos. Lembre-se que o único objetivo dos publicitários é levar você a comprar o produto que eles anunciam. Amanhã, eles estarão anunciando um outro produto sem o qual a vida é impossível.

A lembrança das coisas importantes nos ajuda a levantar a guarda e permanecer concentrados nos nossos objetivos. Dia virá em que você terá de lutar para se proteger ou proteger algo em que acredita. Não terá de lutar com os punhos e os pés, mas com a mente e o espírito. O corpo saudável lhe dará a energia de que você precisa para seguir em frente, mas pode ser que você tenha de se defender emocional e espiritualmente. Se você levantar a voz para enfrentar a discordância alheia; se falar a verdade mesmo quando os outros quiserem que você minta; se ajudar os outros a aprender; se permanecer centrado e for sincero consigo mesmo — se fizer tudo isso, será capaz de derrotar exércitos enormes. Essa é a verdadeira autodefesa.

8 Como aplicar o que você aprendeu

Uma das lições mais importantes que as artes marciais nos dão é a de dar um passo de cada vez. É impossível comer uma maçã de uma vez, enfiando-a inteira na boca; precisamos dar várias mordidas para comer a fruta.

As artes marciais também nos ensinam a permanecer concentrados e calmos. Ensinam-nos, além disso, a não perder tempo. Você aprende que, se direcionar toda a sua energia para uma determinada coisa, será capaz de executá-la bem e com eficiência e depois terá mais tempo para fazer outras coisas.

As coisas que você aprende nas artes marciais podem ser aplicadas a muitos aspectos da sua vida. Você pode chegar a aprender qualquer coisa que quiser. Pode usar suas capacidades para melhorar o seu desempenho na escola e nos esportes. As técnicas marciais podem ainda ajudá-lo na vida cotidiana. Podem levá-lo a se acalmar quando estiver bravo ou triste, podem ajudá-lo a se concentrar num problema — podem até ajudá-lo a levantar um objeto pesado!

Calmo, frio e concentrado

Os artistas marciais fazem uso de diversas técnicas para permanecer calmos e concentrados. Nessas técnicas, eles usam a respiração e os sons para concentrar a mente.

Meditação

Os modernos artistas marciais praticam a meditação para permanecer calmos. Sentam-se em silêncio antes e depois da sessão de treino para acalmar a mente e isolar do restante do dia o tempo de treinamento. Fecham os olhos e respiram lentamente; concentram-se na respiração e na posição sentada, com as costas retas e os ombros relaxados.

Há diversas maneiras de meditar. Certas pessoas cantam uma nota musical ou repetem uma determinada palavra ou expressão até que sua mente se imobilize. Outras imaginam lugares onde se sintam bem, calmas, especiais ou fortes.

Os artistas marciais também fazem isso; mas em geral, quando meditam, procuram esvaziar a mente para se sentir lúcidos e relaxados. Se você tentar fazer isso, vai ver que, a princípio, sua mente se enche de pensamentos sobre os dias de hoje, ontem ou amanhã. Esses pensamentos se assemelham aos pedaços aleatórios de música e de narração que você escuta quando procura uma boa estação de rádio para ouvir. Isso é normal, mas os pensamentos devem diminuir à medida que você permanecer em silêncio e ouvir a sua própria respiração.

Essa é uma técnica importante nas artes marciais, e você deve usá-la para se acalmar quando estiver excessivamente eufórico, nervoso ou triste. O aprendizado dessa técnica é demorado, mas ela sempre dá resul-

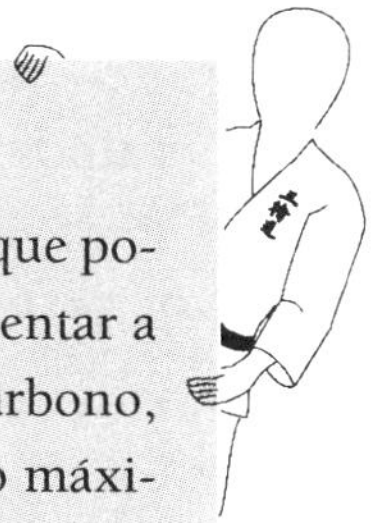

A respiração

Os artistas marciais sabem que a boa respiração é a melhor técnica que podem aprender. O corpo absorve o oxigênio do ar e usa-o para alimentar a energia interna. Esse processo de respiração produz dióxido de carbono, o qual volta para a atmosfera quando o exalamos. A fim de obter o máximo benefício dessa reação, temos de encher completamente nossos pulmões. Quando isso se faz corretamente, o abdômen se expande um pouco mais do que o peito. Isso se chama respirar com o abdômen ou o diafragma (o músculo que separa do abdômen os órgãos internos do peito). É esse o tipo de respiração utilizado pelos cantores, nadadores e tocadores de instrumentos de sopro.

tado, mesmo depois de umas poucas respirações. Se você se sentir bravo ou aborrecido com alguma coisa, respire fundo, solte o ar bem devagar e depois respire mais uma vez antes de dizer ou fazer alguma coisa desagradável. É satisfatório praticar as artes marciais deste modo e saber que você está aprendendo algo muito importante e útil. Você verá que pode usar essa técnica nas mais diversas situações de vida.

Concentração

Os artistas marciais fazem uso de uma técnica semelhante para aprender a se concentrar. Começa-se por prestar muita atenção à expiração. Exalando o ar lenta e suavemente, você adquire controle sobre o modo pelo qual o corpo reage às solicitações da mente. Os efeitos disso se fazem sentir nos movimentos que você procura realizar com o corpo. A técnica é praticada primeiro na posição sentada; depois, de pé; depois, em caminhada. Ao cabo de algum tempo, você utilizará a técnica o tempo todo. Exalando o ar no mesmo momento em que fizer um movimento, como um bloqueio, um chute ou um lançamento, você concentrará sua energia nesse movimento. Poderá usar a mesma técnica para pular, rolar no chão, levantar ou empurrar um objeto.

Quando você exala o ar, é mais forte do que quando inala. Se, na mente, você imaginar que a expiração é como a água que sai em alta pressão de um cano ou como a eletricidade que corre por um fio, vai se sentir ainda mais forte.

Use a mesma técnica para se concentrar fora do dojô. Digamos que você esteja tentando desenhar uma linha reta, ou passar um fio pelo buraco de uma agulha, ou resolver um problema de matemática, ou se lembrar do nome de uma capital. Se você relaxar e se concentrar na respiração, seus sentidos ficarão mais lúcidos e as respostas virão com mais facilidade. Se você precisar de mais energia ou estiver se sentindo cansado ou com sono, poderá também usar a técnica de respiração.

kiai

Kiai é uma palavra japonesa composta de duas palavras menores: *Ki* e *Ai*. *Ki* significa energia e *Ai* significa união ou harmonia. Quando os artistas marciais soltam um kiai, unem sua energia à ação à qual vão se dedicar. O grito que acompanha a ação é uma expressão audível do verdadeiro kiai, que ocorre no interior da pessoa.

氣

合

Kiai

O *kiai* consiste em exalar o ar rápida e completamente, com um grito. O grito ajuda você a concentrar toda a sua energia num instante. É útil quando você precisa levantar um objeto pesado, abrir uma porta emperrada ou quebrar um pedaço de pau para fazer lenha. Se você estiver esbaforido depois de uma corrida, um bom kiai pode ajudá-lo a recuperar o fôlego e tornar o seu espírito mais forte e mais leve. Quando você estiver se dedicando a uma tarefa difícil, sorria, assobie ou cante uma canção; isso também ajuda.

Os artistas marciais se utilizam desses mesmos métodos para lidar com sentimentos de raiva, medo ou preocupação. Às vezes, não podemos mudar a situação que nos aborrece, mas, com um pouquinho de esforço, podemos mudar nossos sentimentos em relação a ela. Você não muda o canal de televisão ou troca a estação de rádio quando não gosta de um programa? Pois é: os artistas marciais mudam de atitude para se sentir melhor. Isso faz parte das técnicas de autodefesa e, como todas as outras técnicas, é preciso praticá-la para dominá-la perfeitamente.

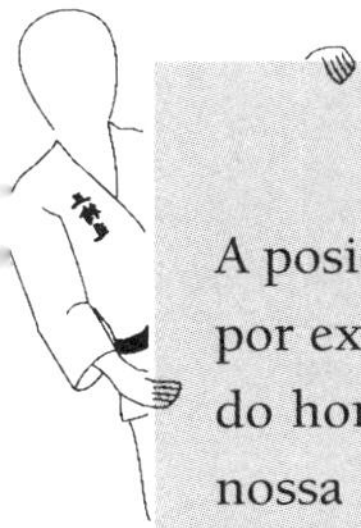

Atitude

A posição de um objeto no espaço em relação a uma referência fixa, como, por exemplo, a posição das asas de um avião em vôo em relação ao plano do horizonte. A palavra "atitude" é mais usada para denotar o estado da nossa mente e dos nossos sentimentos em relação a uma pessoa ou uma questão. Quando mudamos de atitude, continuamos caminhando na mesma direção, mas de modo diferente e com outro espírito.

A escola, os esportes e as artes

As técnicas de concentração que você aprende nas artes marciais podem ajudar você a aprender coisas novas em outras áreas da sua vida. Você pode usá-las nos trabalhos de escola — quer para aprender uma matéria nova, quer para melhorar suas notas em matérias já aprendidas. Pode usá-las, ainda, nos esportes e nas artes.

Na escola

Sua escola comum talvez pareça muito diferente da sua escola de artes marciais. Ambos são locais de aprendizado, mas seu tamanho e suas tradições são diferentes. Por outro lado, sua experiência de artes marciais já lhe ensinou a respeitar todos os seus professores pelo esforço que envidam para expandir seus horizontes mentais e guiá-lo em seu caminho. Se você prestar atenção, estudar bastante e puser em ação a sua energia, poderá se sair bem em matérias que já lhe deram trabalho no passado. Lembre-se que, quando você começou a treinar, havia coisas que lhe pareciam quase impossíveis e que hoje você faz com facilidade. A mesma regra se aplica a outros aspectos de sua vida.

Às vezes, para começar a compreender um problema, você tem de olhá-lo sob um ângulo diferente. Quando você faz uma pergunta sensata ou pede a ajuda de alguém, acontece às vezes de as coisas começarem a se encaixar umas nas outras. Não tenha medo de explorar novos caminhos ou enfrentar desafios aparentemente difíceis. Não é absolutamente necessário que você tenha talento natural, desde que esteja disposto a se aplicar e praticar.

Mais adiante em sua vida, você vai usar essas mesmas capacidades para obter um emprego e fazer uma carreira. Poderá também ensinar aos outros tudo o que você sabe sobre a arte de aprender.

Os esportes

Você vai encontrar meios de aplicar sua prática de artes marciais para melhorar seu desempenho nos esportes. Muitos atletas profissionais e olímpicos treinam um ou outro estilo de arte marcial. Sabem que esse treinamento é excelente para lhes dar equilíbrio e coordenação motora, força muscular e flexibilidade nas articulações. Sabem também que as artes

Caminhando entre as gotas de chuva

Disse o mestre: "Dois indivíduos saíram para caminhar e estava nevando. Uma pessoa não se molhou. Como isso é possível?"

Um dos discípulos respondeu: "Uma delas estava usando uma capa impermeável."

Outro disse: "Estava tão frio que a neve congelava sobre os casacos."

Outro ainda sugeriu: "Pode ser que uma delas estivesse caminhando ao ar livre, e a outra, debaixo das árvores."

O mestre meneou a cabeça e disse: "Vocês estão pensando somente na afirmação de que uma delas não se molhou, e por isso a verdade se esconde aos olhos de vocês. Se eu disse que uma pessoa não se molhou, não quer dizer que as duas pessoas mencionadas não se molharam.

"Quando pensamos demais nas palavras e não na realidade à qual elas se referem, ficamos confusos e não apreendemos a verdade. Afinal de contas, os flocos de neve sempre caem no lugar devido."

marciais contribuem para mantê-los concentrados nas competições. Aprendem a se concentrar e a permanecer tranqüilos em meio à pressão. À semelhança dos artistas marciais, eles têm por objetivo atingir a excelência e criar momentos especiais.

Você vai aprender a respeitar seus adversários e companheiros de equipe, pois eles têm muito a lhe ensinar e lhe dão inclusive a oportunidade de poder praticar esse esporte. Muitos esportistas de primeiro time são amigos entre si, embora sejam adversários no campo, no tablado ou no ringue. O treinamento o ajudará a se lembrar de que o modo como se joga é mais importante do que a vitória. Vencer é gostoso, mas não é um requisito imprescindível para a diversão. Dependendo da sua atitude e dos seus objetivos, a vitória pode não ter importância alguma para você. Quando nos esquecemos do placar, passamos a prestar atenção na qualidade do jogo, na alegria e no entusiasmo do esporte.

Atividades artísticas

Quando você treina com uma energia boa e a mente lúcida, descobre em si um novo potencial de criatividade. Tem novas idéias e vê no mundo ao seu redor coisas de cuja existência você não suspeitava. Nas artes marciais, você aprende, entre outras coisas, a tirar de sua mente todas as coisas inúteis, como fazemos quando limpamos um armário. Em vez de só pensar em si mesmo, você olha para fora para ver o que está acontecendo. Adquire novas capacidades e as usa para expressar suas idéias. Sente-se mais à vontade e não tem medo de dizer aos outros o que está pensando.

Tradicionalmente, os artistas marciais se interessam pelos elementos artísticos da cultura à qual pertencem. Os samurais do Japão antigo gostavam de pintura, poesia, arranjos florais e caligrafia. Costumavam praticar essas artes para acalmar a mente antes das batalhas e para se lembrar da beleza e da liberdade que lutavam para proteger. As artes que apreciamos hoje são diferentes e fazem uso de outras ferramentas e instrumentos, mas são capazes de criar significados análogos. Queremos comunicar nossos pensamentos. Nós gostamos de comunicar nossos pensamentos, sentimentos e idéias usando imagens, palavras e sons. Nas artes marciais, usamos a mente e o corpo para nos movimentar com força e excelência. Todos os artistas buscam um grau de qualidade no que fazem. Qualquer coisa feita com perfeição é uma arte.

Como nas artes marciais, também nas outras artes você precisa treinar certas habilidades básicas. Mesmo os cantores e dançarinos mais talentosos não tinham muita habilidade quando começaram a praticar. O talento natural ajudou, mas foi o trabalho e a dedicação que lhes possibilitou fazer o que fazem hoje. Escolha a atividade que mais se adapta ao seu caráter e aos seus talentos. Pode ser que você não acerte na primeira tentativa, mas não desista facilmente. Aproveite cada passo dado e colha as recompensas que certamente lhe virão, entre as quais há algumas que você nem sequer é capaz de imaginar.

O que é a arte?

Já dissemos que as artes marciais são chamadas "artes" por causa de sua força e beleza, e dissemos que você, como artista marcial, colabora para que essa arte seja transmitida a outras pessoas. Desde há séculos, a atividade de mover o corpo com energia e precisão é considerada uma atividade artística. Não é tão fácil de identificar quanto uma pintura ou uma peça musical, cujas qualidades artísticas são evidentes; mas pode ser compreendida como uma arte. Há artes, como a dança e o teatro, que acontecem durante certo tempo e depois acabam. Não podem ser penduradas na parede. Pode-se tirar uma foto de um de seus momentos e guardá-la de recordação. A foto pode colaborar para que outras pessoas contemplem um aspecto específico do desempenho do artista, mas a foto não é a arte em si.

A pessoa e a excelência

As artes marciais melhoram a sua vida, pois ajudam você a aprender a se sentir bem com seu corpo e a direcionar sua energia para as coisas que quer fazer. Com bons instrumentos na mão, você pode construir praticamente qualquer coisa. Quanto mais energia você dedicar aos seus interesses, tanto mais fortes eles vão se tornar. As artes marciais ajudam você a direcionar sua energia para o lugar certo e lhe dão força para seguir em frente mesmo que esteja cansado ou desencorajado.

Se você decidir ser bom no que faz por mais que isso lhe custe esforço, provavelmente será bom. Mesmo que não seja o melhor, provavelmente será muito bom. Se isso o fizer sentir-se bem e o objeto artístico tiver um valor em si, não importa que as outras pessoas decidam fazer algo diferente.

Se você estiver trabalhando junto com outras pessoas para atingir um objetivo comum, vai precisar adaptar suas idéias e métodos para que a equipe possa funcionar. Em geral, os membros da equipe concordam com um plano de ação. Têm de resolver o que cada pessoa vai poder dar ao projeto. A excelência, nesse caso, é a excelência do grupo, não dos indivíduos. O líder ajuda todos a se manter no caminho certo. O artista marcial aprende que pode deixar os seus objetivos pessoais de lado por algum tempo para ajudar as outras pessoas a atingir os objetivos delas.

A escuridão fora da cidade

Um estudante de artes marciais foi visitar um famoso dojô de Kyudô (arcoaria zen) no Havaí. Perguntou ao sensei se estaria disposto a ensinar-lhe tudo o que pudesse a respeito de fazer a flecha atingir o alvo. O sensei levantou-se do lugar onde estava ajoelhado, levantou o arco bem alto e baixou-o lentamente até a altura do seu peito cheio de ar. Estirou a corda e soltou-a, lançando a flecha. Um segundo depois, ela estava cravada no meio do alvo.

"Incrível!", disse o discípulo. "O senhor deve ser o melhor arqueiro da ilha!"

"Acho que não", disse o sensei. "Minha mestra é uma excelente artista marcial, e foi ela que me ensinou tudo o que sei."

"Talvez eu deva visitá-la", disse o discípulo.

Pegou a balsa e foi a outra ilha, buscando essa lendária mestra de Kyudô. Curiosamente, a mestra era uma senhora de idade, que estirava o arco com força e elegância e enviava flechas certeiras ao centro do alvo.

O discípulo aplaudiu-a lentamente e disse: "Impressionante! E o que mais a senhora pode me ensinar, que o seu outro discípulo não aprendeu?" A sensei levantou novamente o arco, encaixando na corda uma nova flecha, e conduziu sua mente ao local onde estava cravada a flecha anterior. A segunda flecha silvou e dividiu a primeira ao meio.

"Nossa!", exclamou o discípulo. "Vou aprender com a senhora! A senhora é a melhor de todos!"

"Acho que não", disse a mestra. "Sugiro que você vá conhecer o meu mestre, que mora do outro lado desta ilha, além da montanha."

O estudante pôs uma mochila nas costas e caminhou por vários dias, até que encontrou um velho que morava numa cabana. Chegou à noite e viu o sensei acendendo uma pequena fogueira fora da cabana — a única luz que se via num raio de quilômetros.

O discípulo indagou dos segredos da arte desse mestre. O sensei se levantou, saiu de perto da fogueira e disparou uma flecha para o meio da escuridão. "Na noite, cai uma folha", disse ele. O discípulo acendeu uma lanterna e atravessou um campo de vegetação rasteira. Do outro lado do campo, na borda da floresta, encontrou uma árvore, uma faia, em cujo tronco havia se cravado a flecha, que prendera uma folha ao tronco da árvore.

O discípulo ficou boquiaberto. "Como o senhor foi capaz de acertar essa folha no meio da noite? Como foi capaz de enxergar?"

"Fechei os olhos", disse o mestre. Fez uma reverência e sentou-se de novo junto do fogo.

9 De onde vieram as artes marciais

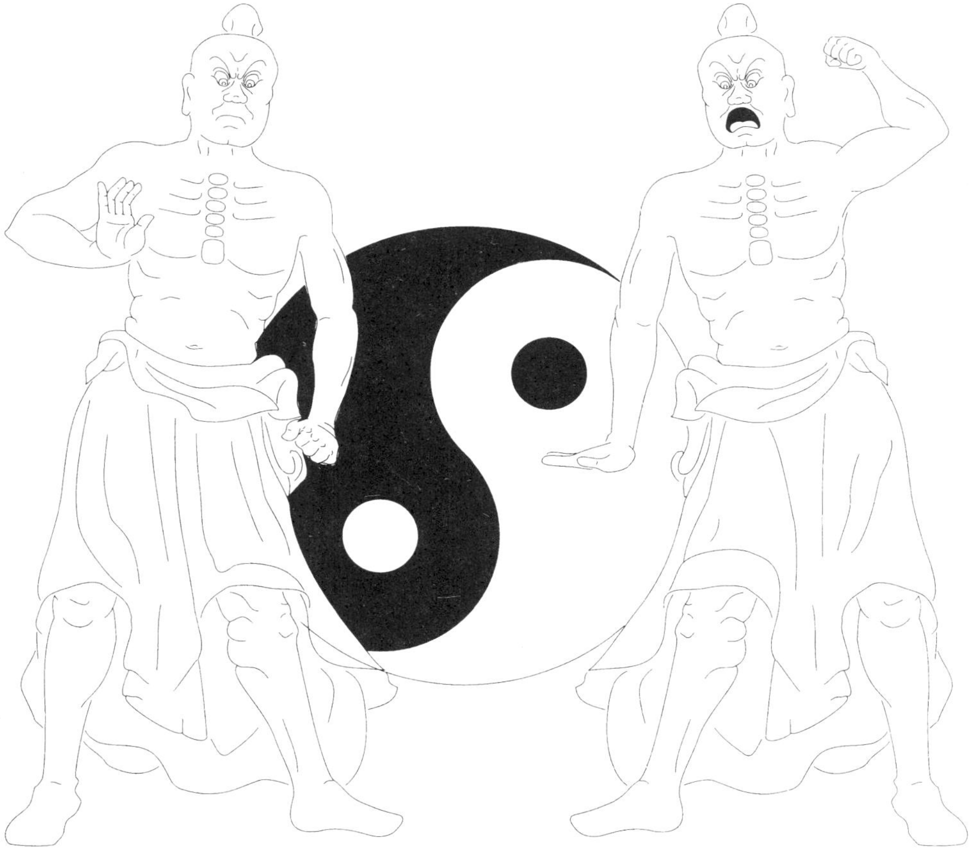

A maioria das artes marciais modernas tem suas raízes na Ásia. Essas artes não são somente físicas, mas também mentais. Isso significa que não estudamos somente o que acontece no corpo, mas também o que acontece na mente.

O tao: a raiz das artes marciais

Um dos maiores pensadores ou filósofos da história da China foi um homem chamado Lao Tzu. Tinha ele muitas palavras de sabedoria a dizer sobre como as pessoas devem pensar, aprender e viver juntas. Imagina-se que, em seu livro *Tao Te King*, Lao Tzu tenha exposto não só a sua própria filosofia, mas também a de pensadores anteriores a ele. Suas idéias tornaram-se tão importantes que milhões de pessoas vieram a incorporá-las ao seu modo de vida. Muitos livros foram escritos sobre o que Lao Tzu chamou de *Tao*. O Tao, porém, não era a única filosofia conhecida e ensinada na China. Os ditos de Confúcio também foram importantes para a história, as leis e a cultura de toda aquela parte do mundo.

Tao, Dô

O caminho a seguir na vida. Como conceito religioso ou filosófico, o fluxo de todas as coisas no universo.

道

Depois do século VI a.C., quando Lao Tzu viveu e ensinou, suas idéias foram levadas para os países próximos por monges errantes. Muitas doutrinas mudaram ao contato com sua filosofia, que foi chamada de Taoísmo. As artes marciais dão exemplo dessa mudança — assim como outras artes, como a pintura e a poesia. Até mesmo a arte dos arranjos florais e a arte de servir e beber o chá tornaram-se importantes por seguir o Tao.

Tao significa A Via. Embora o Tao ou *Dô* (em japonês) seja comparado com um caminho, é reconhecido especificamente como um caminho circular. O fluxo do mundo que nos rodeia, os ciclos da natureza e do universo, que giram como uma roda, são idéias do Tao. No Japão, a mesma idéia é chamada de Dô.

Os fundamentos das artes marciais

Muitas pessoas contribuíram para dar às artes marciais a forma pela qual as conhecemos hoje. Algumas dessas pessoas são bem conhecidas; outras, não.

Bodhidharma e o Ch'an

Os registros históricos nos contam de um homem chamado Bodhidharma que emigrou da Índia para a China no ano 520 d.C. Dizem que era um monge budista que queria transmitir às pessoas a doutrina de Buda. A vida e os ensinamentos do Buda tornaram-no amado e venerado por muitos. Sua filosofia tornou-se uma religião pela qual seus seguidores passaram a pautar sua conduta interior e exterior.

No século VI da nossa era, Bodhidharma chegou a um mosteiro chamado Shaolin, na China. Ensinou aos monges técnicas de autodefesa sem o uso de armas. Com essas técnicas, os próprios monges desenvolveram um sistema de exercícios para melhorar a saúde. Estudavam, além disso, a meditação e as doutrinas da filosofia e da religião. Os templos se organizaram na forma de escolas e os jovens monges passaram a receber um treinamento difícil, que punha à prova suas capacidades mentais, espirituais e físicas.

Quando os monges de Shaolin ouviram os ensinamentos budistas, combinaram essas idéias às suas crenças taoístas. O resultado dessa combinação foi chamado de *Ch'an*, uma filosofia que serviu de base para muitas tradições das artes marciais. Mais tarde, monges chineses levaram essas idéias ao Japão, onde a filosofia recebeu o nome de Zen.

Os modernos fundadores de tradições marciais

Até mesmo alguns dos mestres mais modernos, também chamados filósofos das artes marciais, viveram há muitos séculos! Os nomes de Musashi e Sun Tzu são reconhecidos pelos artistas marciais como brilhantes estrelas no firmamento da arte. Os dois são especialmente conhecidos pelos seus ensinamentos de estratégia, ou seja, de como aplicar o pensamento e o raciocínio para ganhar um jogo, uma batalha ou uma guerra. Eram guerreiros que tinham por objetivo a paz.

A maioria das artes marciais modernas mais conhecidas tem cerca de cem anos de idade. Os fundadores dessas escolas estudaram artes marciais mais antigas e introduziram nelas algumas mudanças para que o povo pudesse aprender e melhorar sua vida através das artes marciais. Queriam ensinar técnicas e idéias que tinham suas raízes na antigüidade, mas de modo organizado, pacífico e fácil de aprender.

estratégia

Uma idéia ou um plano concebidos para fazer com que diversas coisas aconteçam no momento correto e na ordem correta. A estratégia costuma ser usada nos jogos, nas guerras ou na organização de uma empresa ou de um grande evento.

Dentre os mestres mais importantes das artes marciais modernas, podemos citar Gishin Funakoshi, 1868-1957 (*karatê-dô*), Jigoro Kano, 1860-1938 (*judô*) e Morihei Ueshiba, 1883-1969 (*aikidô*).

Morihei Ueshiba interessou-se pela filosofia e pela importância do conceito de Paz para o praticante de artes marciais. Sua filosofia baseava-se nas idéias religiosas e nas doutrinas de pensamento que o influenciaram, e que se tornaram para ele objetos de profundo estudo e meditação. A partir da meia-idade, passou ele a ensinar a sua própria escola de artes marciais, que chamou de *aikidô*, a "Arte da Paz" (A Via da Energia do Amor). Acreditava que a prática da arte marcial nos ensina a usar a energia presente no nosso corpo, na nossa mente e no mundo como uma força positiva, que nos ajuda a compreender os outros e afastar as más energias ou transmutá-las em energias benéficas. Essa energia universal é chamada de *ki*. Na língua chinesa, a mesma idéia é expressa pela palavra *chi*.

A variedade de artes marciais

Já ficamos sabendo um pouco a respeito da longa história das artes marciais. Sabemos que já existiram muitos mestres, e um número maior ainda de discípulos. Esses mestres transmitiram seu conhecimento e suas experiências de geração em geração, como um presente muito especial do qual as pessoas cuidam com carinho e que, antes de deixar este mundo, entregam a outra pessoa.

Podemos conceber todas as artes marciais como ramos de uma grande árvore que tem muitas raízes no passado e muitos ramos verdejantes no presente e no futuro. Alguns ramos são grandes, como também são grandes algumas escolas. Muitos ramos pequeninos têm nomes interessantes e incomuns, dos quais você provavelmente jamais ouviu falar. Se você nunca encontrou um praticante dessas escolas ou leu sobre elas nos livros, provavelmente não sabe que elas existem.

Alguns desses estilos fazem parte de organizações maiores, e alguns são completamente diferentes de todos os outros. Se você assistisse a uma aula de outra escola, veria que os alunos parecem fazer exercícios semelhantes aos que você faz. Isso de fato acontece muitas vezes, mas os estilos podem ser diferentes no que diz respeito à postura mental, à ordem pela qual são ensinados e realizados e à participação ou não em competições. Às vezes, o fato de os estilos terem sido ensinados por mestres diferentes, com histórias de vida diferentes, faz com que os próprios estilos sejam muito diversos entre si.

Como as diferenças se desenvolvem

Pode haver diferenças dentro de uma mesma escola. O Karatê-dô tem suas raízes num pequeno arquipélago próximo ao Japão, o das Ilhas Ryukyu, a maior das quais é Okinawa. Nessa pequena ilha há muitos estilos de karatê, cada qual com seu próprio nome. Como isso é possível? Ora, algumas pessoas treinavam com um mestre e praticavam seus movimentos na areia da praia. Outras treinavam com outro mestre, que morava nas encostas de uma montanha. Suas posturas e movimentos eram diferentes em virtude da diferença de local de prática. Os discípulos tinham de adaptar-se às condições do seu dojô. Os diferentes estilos levaram os nomes dos diferentes mestres e foram transmitidos de forma tradicional dentro das famílias ou das escolas (*ryu*). Boa parte do povo de Okinawa é composta de pescadores e agricultores, e eles costumavam praticar artes marciais

Os hwarang

Os hwarang compunham a casta guerreira da antiga sociedade feudal coreana. Pouco se sabe de como essa categoria social se instituiu. Embora os samurais recebam mais atenção nas lendas e nas histórias conhecidas hoje em dia, os hwarang também têm tradições honradas e amor pelas artes. Eram hábeis cavaleiros e espadachins que lutavam para defender suas famílias e comunidades nas épocas de dificuldade.

usando como armas suas ferramentas de trabalho. Entre elas podemos citar a *tonfa* e o *nunchaku*, por exemplo, com os quais algumas escolas praticam katás. Os remos dos barcos tornaram-se o *eku-bô*.

Essas diferenças existiram e existem em todas as artes marciais do passado e do presente.

O budô

Há muitos estilos de artes marciais cujos nomes terminam com a palavra japonesa "Dô". São exemplos disso o judô, o aikidô, o taekwondô e o kendô. O nome karatê é a forma abreviada de karatê-dô. A palavra "Dô" é metade da palavra "dojô". Se essa palavra aparece com tanta freqüência, deve ser muito importante para os artistas marciais. Seu significado é o Caminho, a Via a ser percorrida e o modo de percorrê-la. Podemos concebê-la também como o modo de aprender e de viver.

budô

Os ideogramas japoneses contêm uma idéia importante para os artistas marciais. Budô é o caminho de cessação dos conflitos, guerras e agressões.

武道

Há uma outra palavra que também consta dos livros de artes marciais: a palavra "budô". Ela é composta de duas palavras menores, "bu" e "dô". Já sabemos que, em japonês, Dô significa "o caminho". Apresentamos agora o ideograma (escrita por imagens, chamada em japonês *kanji*) da palavra budô. Na cultura extremo-oriental, a língua não é escrita com letras, mas com pictogramas. As pinceladas que compõem essa figura, esse pictograma, também são repletas de significados e mensagens. O sentido de um kanji (pronuncia-se *candjí*) pode ser modificado se você acrescentar ou remover pinceladas.

Certas pessoas dizem que budô significa "o caminho marcial" ou a arte do guerreiro. Na verdade, a palavra *bushidô* está mais próxima do sentido "a arte do guerreiro". O bushidô é um código especial de comportamento e de coragem que era seguido pelos samurais. Embora a palavra budô contenha, em parte, esse sentido, estamos interessados agora numa interpretação mais pacífica do seu significado.

Se examinarmos detidamente o pictograma (e soubermos o que procurar), vamos ver que o caractere *bu* tem uma pincelada que se sobrepõe ao conjunto de pinceladas que significa "lança". Essa sobreposição tem um sentido semelhante ao da barra diagonal em nossos sinais de "proibido", como em "proibido fumar", "proibido estacionar", etc. Nesse sentido, o significado mais verdadeiro de budô é o de "a via pela qual se pode pôr fim à luta", pela qual se podem encerrar os conflitos.

Quando adquirimos respeito pela longa história do budô, não devemos conceber as artes marciais como as artes de aprender a lutar, mas sim de "aprender a não lutar". É possível que, em determinado momento, uma pessoa tenha de se defender, mas o artista marcial sempre tenta

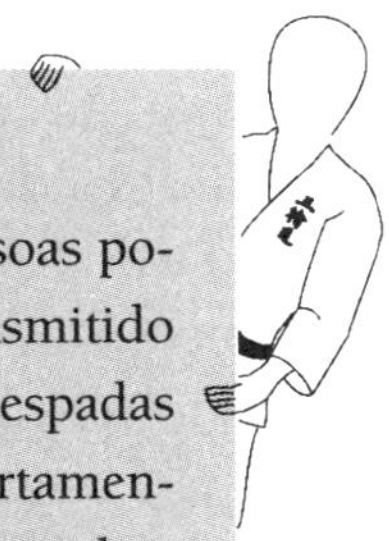

Os samurais

Os samurais eram a casta guerreira do Japão antigo. Só certas pessoas podiam tornar-se samurais, e esse título de honra geralmente era transmitido de pai para filho. Por muito tempo, só os samurais podiam portar espadas na sociedade japonesa. Eles seguiam um rigoroso código de comportamento chamado bushidô. Se por qualquer motivo transgredissem as regras desse código, caíam em desgraça. Era assim que a sociedade da época se organizava, e o samurai dava grande importância à sua honra e integridade pessoais.

Os grandes mestres samurais tiveram importante papel na organização de escolas onde as tradições e técnicas guerreiras foram conservadas quando a sociedade se tornou mais pacífica. Ajudaram a acabar com as guerras entre grupos rivais que por muitos séculos haviam assolado o país. Quando o governo se centralizou em torno da figura do Xogum, os samurais puderam promover as artes do autocontrole e um modo de aprendizado cujo objetivo era a excelência. As artes marciais de hoje em dia são fortemente influenciadas por essas tradições.

mudar a situação para que não haja mais motivo para lutar. Se nos lembrarmos da *arte* das artes marciais, descobriremos que não temos de lutar em absoluto.

Já houve quem sugerisse que não usemos as palavras *artes marciais*, mas sim uma expressão como *artes do budô*, para nos referir às muitas escolas portadoras dessas tradições. Quando um número maior de pessoas passar a conhecer o verdadeiro sentido das palavras Dô e Budô, é possível que isso aconteça. O que você acha?

Qual é a melhor arte marcial?

Os artistas marciais que conhecem a história de suas artes e tiveram a oportunidade de conhecer praticantes de outras escolas sabem que essa pergunta simplesmente não tem sentido. Pouco importa qual é o estilo que você estuda, desde que você tenha um bom mestre e seja um bom discípulo. Se fizer esforço para praticar bem e descobrir o Dô em sua arte, você estará no caminho.

As colocações obtidas em campeonatos não importam, o número de alunos de uma academia não quer dizer nada e um dojô bonitinho não o torna melhor. A arte marcial está no seu esforço, na sua sinceridade e nos conhecimentos que se armazenaram no fundo do seu coração. Seu mestre e seus pais o ajudarão a encontrar a melhor maneira de praticar para que você possa aprender o Caminho e desfrutar dele.

10 As grandes idéias nas artes marciais

Enquanto você lia este livro, vez por outra deve ter pensado: "Puxa, vou ter de pensar para entender isto!" Realmente, pensar é uma coisa muito boa. Muito embora todas as pessoas pensem, nem todas pensam direito. O pensamento é uma habilidade que os artistas marciais cultivam conscientemente; é uma habilidade que faz parte do seu treinamento integral, como as posturas e outras técnicas.

O pensamento é uma arte. A palavra que designa as idéias importantes e o modo pelo qual elas se concatenam é "filosofia". Em geral, as pessoas que estudam e ensinam a filosofia são chamadas de filósofos. São pessoas que escrevem sobre o assunto, falam sobre o assunto e, sem dúvida alguma, pensam sobre o assunto. Pode haver artistas filósofos, políticos filósofos, líderes religiosos filósofos, empresários filósofos. Na verdade, qualquer um pode ser filósofo, você inclusive, mesmo que não seja conhecido ou reconhecido como tal.

De que modo a filosofia pode afetar sua vida? Nossas leis são baseadas em idéias que chegaram a nós através da tradição. Essas idéias nos ajudam a compreender o pensamento das pessoas que escreveram as leis e a longa história do pensamento anterior a isso. As leis e constituições são baseadas nas filosofias das sociedades que as produzem.

As escolas e religiões foram moldadas pela filosofia. O comércio, os negócios, a realidade da convivência humana em nosso planeta — tudo isso nos dá muito em que pensar. As pessoas nem sempre concordam com a filosofia dos outros, e isso nos dá muito o que falar.

As escolas de artes marciais desenvolveram um ponto de vista filosófico. O modo de vida dos artistas marciais e as aplicações que eles dão aos seus conhecimentos nos mostram que existe uma filosofia por trás das tradições. Certas pessoas desempenharam um papel de destaque no desenvolvimento dessa filosofia.

Algumas das nossas filosofias são muito antigas e surgiram antes que houvesse livros. Imagine uma época antes que houvesse internet e televisão. Pense no esforço que era necessário envidar para que as idéias circulassem pelo mundo. Antes do rádio, do telefone e dos jornais, o que as pessoas tinham de fazer para se comunicar? Antes da invenção da imprensa, quando só navios viajavam regularmente — e bem devagar — pelos oceanos, livros e cartas escritos à mão levavam palavras e idéias. Antes da escrita, não havia meio algum de registrar as idéias, exceto as imagens e canções pelas quais as palavras de uma pessoa eram repetidas por outra pessoa e assim passadas adiante. Esse tipo de comunicação se chama de "comunicação oral" ou "tradição oral", pois nela as histórias têm de ser cantadas ou recitadas para ser lembradas.

No Capítulo 9, falamos sobre as raízes filosóficas das artes marciais e do papel do Taoísmo e do Budismo no desenvolvimento destas. Já os artistas marciais modernos foram influenciados também pelo Zen e pelas idéias ocidentais.

O que é o Zen?

O Zen é uma filosofia que parece ter mais perguntas do que respostas. Muitos livros, poemas e ensaios já foram escritos sobre o Zen, mas a maior parte dos praticantes do Zen dizem que ele nada tem a ver com as palavras e o pensamento. A idéia mais importante do Zen que foi adotada pelos artistas marciais é a de ter consciência do momento que estamos vivendo agora. Se você está presente à aula, isso não quer dizer somente que seu corpo está lá, mas que todo o seu ser está simultaneamente consciente da sua mente e do seu espírito. Você não está pensando sobre o passado nem sobre o futuro; não está também pensando sobre o presente, mas *vivendo-o*. O Zen se interessa particularmente pela beleza da natureza e pelas suas constantes mutações — o modo pelo qual as coisas nascem e morrem, surgem e desaparecem. Em geral, os praticantes do Zen passam bastante tempo meditando, não só para limpar a mente como também para deixá-la aberta a novos pensamentos. Tentam compreender coisas que não podem ser explicadas por palavras nem por equações matemáticas.

Muitas vezes, os mestres do Zen usam historinhas ou poemas breves para transmitir suas idéias aos discípulos. Estudam os *koans*, enigmas que deixam tudo de ponta-cabeça e virado do avesso. O Zen nos diz que, para ver as coisas como realmente são, temos de contemplá-las de um jeito totalmente diferente do normal. O mais famoso koan do Zen é o seguinte: "Qual é o som de uma mão batendo palmas?" Certa vez, alguém respondeu a essa pergunta com outra pergunta: "Se você batesse palmas melhor com duas mãos, quem precisaria do som de uma só mão?" Há um outro koan que talvez você já tenha ouvido: "Se uma árvore cai numa floresta solitária, será que alguém a ouve cair?" Quais as respostas que você daria a essa pergunta? Qual é a primeira resposta que lhe vem à mente? Pense um pouquinho sobre o assunto e dê a resposta antes de dormir. Respire fundo e ouça a árvore. Você é capaz de escutá-la?

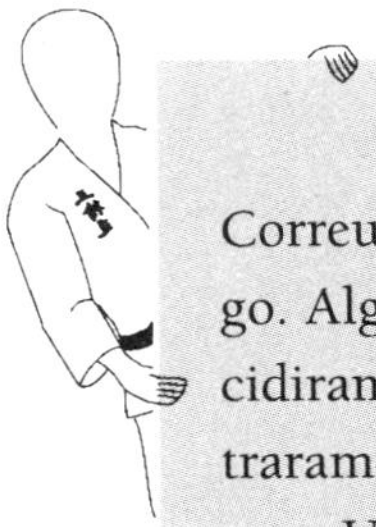

Sentado no cais

Correu o rumor de que havia um famoso mestre sentado à beira de um lago. Alguns discípulos estavam conversando a respeito desse mestre e decidiram ir ver o que ele estava fazendo. Depois de muito caminhar, encontraram-no.

Um deles perguntou: "Sensei, vemos que este lugar é muito bonito. É por isso que o senhor está aqui?"

O mestre respondeu: "Não."

"Então, está esperando alguém?", perguntou outro discípulo.

"Não", disse o mestre.

"Ah, então está aqui para respirar um pouco de ar fresco", exclamou um terceiro.

"Não", replicou o mestre.

Então os discípulos, frustrados, disseram todos juntos: "Então por que o senhor está aqui?"

"Estou só aqui sentado", disse o mestre.

Os discípulos fizeram-lhe uma profunda reverência e foram convidados a sentar. Sentaram-se.

Compreender um pouquinho de cada vez

Uma grande idéia é como uma grande maçã: se você não conseguir engoli-la toda de uma vez, não se preocupe. As grandes idéias nas artes marciais têm ocupado a mente de um sem-número de pessoas desde há muito tempo. Você está convidado a se juntar ao grupo dos que buscam mais respostas. Quase todas as páginas deste livro poderão ser compreendidas de modo mais profundo se forem lidas mais de uma vez. Quando você avançar um pouco no treinamento, leia de novo alguns capítulos para ver se suas idéias mudaram. É assim que decorre todo aprendizado bem feito. Quando há muito o que aprender, não há por que se preocupar por não conseguir aprender tudo de uma vez. É como as posturas e os katás: com o tempo e a prática, você vai compreender essas idéias. O importante é estar sempre pronto a seguir o fluxo das coisas. Respire fundo, solte o ar, relaxe e sorria. Vá em frente com um kiai!

TODAS POR TODAS

1

Breu. Os pés descalços levantavam poeira da terra seca no meio da noite. Estavam todos assustados. Ofegantes. Uma correria danada. Aos 8 anos, Silvana não entendia muito bem o que se passava. A menina miúda e de pele morena só sabia que precisava segurar firme na mão da sua mãe, Irene, até chegar ao matagal, a cerca de 100 metros dos fundos da casa da família. Ali, ficariam escondidos, em absoluto silêncio, pedindo a Deus que aquela agonia acabasse logo. Ao lado de Silvana e igualmente apavorados, estavam dois dos seus irmãos: Ângela, 14 anos, e Antônio Carlos, 10, a quem todos chamavam de Carlinhos. As crianças, curiosas, olhavam para trás, na direção da casa, como quem foge de um perseguidor invisível.

— Corre! Corre! Vamos logo! — gritava, esbaforida, Irene, fazendo os filhos acelerarem o passo.

Era novembro de 1985, e fazia uma noite quente e abafada no município pernambucano de Lagoa dos Gatos, a 170 quilômetros do Recife. Silvana acabara de completar 8 anos, no dia 22 de outubro. Enquanto Irene e as crianças se escondiam na mata, outro filho seu — Gilberto, 17 — tentava impedir um homem, armado com uma espingarda, de invadir a casa. Esse era o motivo de todo aquele rebuliço.

O sujeito estava ameaçando a todos com sua arma em punho. Havia, ainda, um fator que tornava a situação, além de angustiante, lamentável e triste para Irene e seus filhos. O indivíduo com a espingarda, causador de tamanho furdunço, era o pai das crianças. José Nazário estava com 47 anos, tinha pouco mais de 1,80 metro de altura, era negro, forte e conhecido por aquelas bandas por gostar de andar sempre armado, com um revólver ou uma espingarda. O nariz largo, os lábios espessos e o cabelo que mantinha sempre muito curto combinavam com as mãos grossas e calejadas que ganhara no trabalho na roça, assim como os músculos bem definidos. Sua compleição física contrastava com a de Irene.

Ela era pequena – 1,60 metro –, franzina, tinha a pele clara e os cabelos lisos. A lida no campo desde a infância dera-lhe bem mais rugas do que deveria ter aos 42 anos. Ambos viviam na zona rural de Lagoa dos Gatos e trabalhavam na lavoura, nas terras que haviam herdado dos pais. Enquanto Irene e seus filhos plantavam batata-doce, mandioca, limão, laranja, feijão e milho – para consumo próprio e para vender na feira local –, Nazário produzia tabaco, que comercializava, em forma de fumo, nas cidades vizinhas. Da lavoura, ele tirava o dinheiro para alimentar a família. Não a de Irene. Essa se virava sozinha para alimentar as três bocas que dela dependiam. E sim a que constituíra com outra mulher, a quem considerava sua esposa e com a qual tinha outros cinco filhos. Nunca deu muita atenção ou carinho a Irene e à sua segunda família. Costumava aparecer apenas para matar seus desejos sexuais e criar confusão. Foi assim naquela noite calorenta.

A casa que Irene acabara de erguer com a ajuda dos filhos era formada por tijolos de argila e água, produzidos pela própria família, e ficava ao pé de uma ladeira. Não havia sequer uma língua de asfalto por aquelas bandas. Tampouco vizinhos. À época com cerca de 5 mil habitantes – em 2025, eram 15 mil – e ocupando uma área de 230 quilômetros quadrados – pouco maior do que a cidade do Recife, com 220 quilômetros quadrados de extensão –, Lagoa dos Gatos tinha na agricultura sua principal força econômica. A pífia ocupação daquelas terras era ainda mais evidente na zona rural do município. Não raro, as casas ficavam a mais de um quilômetro de distância umas das outras. O vizinho mais próximo da família de Irene, por exemplo, estava a quase dez minutos de caminhada desapressada. O isolamento favorecia e encorajava a ousadia e a agressividade de Nazário. Sempre que ia ver Irene, ele tinha por hábito dar um grito do alto da ladeira: "Oi. Estou chegando", a voz grave ecoava no descampado. Era um prenúncio de que a paz da família seria interrompida. Decidida a não mais manter relações com Nazário, ela fazia de tudo para evitar as visitas do ex-amante. Só de ouvir a voz daquele homem, que em muito pouco se distinguia de um estranho, descendo a ladeira, Irene e seus filhos já ficavam apavorados.

A vontade de todos era fugir para algum local distante e seguro, ao qual Nazário não tivesse acesso. Essa possibilidade, no entanto, não existia. Restava-lhes se entrincheirar dentro da própria casa, que se resumia a cerca de 30 metros quadrados, com sala, um quarto e cozinha com fogão a lenha. O banheiro ficava do lado de fora, no quintal. Não havia água encanada. Energia elétrica era um luxo que eles só viam quatro ou cinco vezes por mês, nas idas ao centro da cidade. Quando o sol dava os primeiros sinais de estar indo embora, Irene acendia os dois candeeiros que iluminariam a casa durante a noite. Armavam as redes e estendiam as esteiras de palha no piso de terra batida onde iriam dormir. Cama não havia. Nem colchão. A água usada para tomar banho, cozinhar e beber era retirada de uma cacimba. Essa missão era das crianças, que precisavam caminhar uma hora debaixo daquele calor infernal, equilibrando latas e baldes na cabeça. Apesar das agruras e da dureza do trabalho na roça, a família era feliz. Silvana e seus irmãos adoravam brincar de esconde-esconde, pega-pega e de jogar futebol com bolas feitas de mato. A comida era pouca, mas nunca faltou. E Irene raramente dava alguma bronca nos filhos. Medo era um sentimento que só aparecia quando a voz de Nazário descambava ladeira abaixo.

— Oi. Estou chegando! — ele bradava.

Bastava isso para fazer Irene e seus filhos correrem pela casa num desespero danado, para ocultar a própria presença. Apagavam os candeeiros, trancavam as duas portas — a da frente e a dos fundos —, as janelas e se escondiam onde podiam. Embaixo da mesa da cozinha, atrás do fogão a lenha. Tinha criança até dentro do guarda-roupa. Tudo para convencer Nazário de que não havia vivalma na casa. Nem sempre adiantava. De vez em quando, ele forçava a porta da frente, até conseguir vencer a batalha contra o ferrolho.

— Cadê o povo dessa casa? — sempre perguntava ao entrar.

Silvana e seus irmãos jamais esqueceriam o pavor que sentiam ao ouvir as pisadas do próprio pai percutindo o chão de terra batida. Ali dentro, a voz de Nazário parecia ainda mais ameaçadora. Ele andava pela casa com passos trôpegos, efeito da cachaça que adorava beber. Nessas ocasiões, o álcool acabava agindo como uma espécie de aliado de Irene e seus filhos. Bêbado, Nazário não notava detalhes que um homem sóbrio facilmente perceberia, como uma mão miúda aparecendo por baixo da mesa ou um fungado que escapava de dentro do guarda-roupa. A escuridão era outro empecilho para o invasor, que muitas vezes acabava desistindo. Após Nazário deixar a casa, todos ainda ficavam alguns minutos imóveis, até terem certeza de que ele realmente havia ido embora. Era um alívio sem tamanho. Poderiam, enfim, relaxar. Sem trocar muitas palavras, estendiam as redes, esticavam as esteiras no piso e iam dormir. Os candeeiros, por precaução, permaneceriam apagados. No dia seguinte, Irene daria um jeito no ferrolho da porta. E a vida voltava ao normal. Até a ocasião em que ouviriam novamente a voz de Nazário descendo a ladeira.

— Oi. Estou chegando!

Naquela noite de novembro de 1985, não foram apenas os gritos de Nazário que assustaram Irene e suas crianças. Os brados foram seguidos por um tiro de espingarda. O disparo ecoou pelo descampado na mesma velocidade em que a bala rasgou o céu. Dentro de casa, Irene, Silvana, Ângela e Carlinhos trocaram olhares assustados. Mal conseguiam respirar. Sozinho, Nazário era um perigo. Acompanhado da sua espingarda, tornava-se ameaça ainda maior. Irene logo concluiu que, naquelas circunstâncias, esconder-se com os filhos no seu casebre poderia não ser suficiente para garantir a segurança da família.

— Vamos sair logo daqui — ela sentenciou, enquanto calçava os chinelos e apagava os candeeiros.

— E a gente vai pra onde? — quis saber Ângela, 14 anos, a mais velha das crianças.

— Pro mato. A gente vai pro mato.

Numa correria estabanada, saíram pela porta dos fundos rumo ao matagal, a uns 100 metros de distância. Silvana sentia o coração disparado e quase saltando boca afora. Não compreendia aquela agonia toda, mas sabia que tinha a ver com o homem do qual ela e seus irmãos estavam habituados a se esconder dentro de casa. E que, naquela noite, a coisa poderia ser muito pior. Não fosse assim, não estariam todos correndo no meio do mato, na escuridão. Agacharam-se atrás de uma árvore e ficaram espiando a casa. A voz de Nazário surgiu novamente. Bem mais perto.

— Cheguei, meu amor — gritou.

E mais um tiro de espingarda preencheu o silêncio da noite sertaneja. Irene e seus filhos não diziam palavra. Limitavam-se a trocar olhares assombrados. Ela levou o dedo indicador da mão direita à ponta do nariz, ordenando a todos que ficassem em silêncio absoluto. Àquela distância, era impossível saber o que estava acontecendo dentro da casa. Só lhes restava esperar. Pelo quê? Não sabiam. Esperar. Ter esperança de que logo poderiam voltar para casa. Em paz. Apenas na manhã seguinte, Irene saberia o que aconteceu, enquanto ela e as crianças se escondiam no mato. Seu filho mais velho — Gilberto, 17 anos — fez um relato completo. O rapaz era a cara do pai: negro, forte, nariz largo, cabelos crespos, quase 1,80 metro de altura. Por isso, era o único filho de Irene aceito na casa da verdadeira esposa de Nazário. Tanto que o pai acabou por levar o garoto para morar com a família que considerava legítima. Isso, no entanto, não impedia Gilberto de visitar sua mãe e seus irmãos uma ou duas vezes por semana.

Na noite em que Nazário foi à casa de Irene armado com a espingarda, o rapaz estava na residência da outra família — a primeira —, a uns 400 metros de distância, quando ouviu o tiro disparado pelo pai no alto da ladeira. Adivinhou o que estava por vir. Saiu às pressas, a tempo de encontrar Nazário, bêbado, na porta da casa da sua mãe. O pai decidira entrar de qualquer jeito, mas Gilberto, apontado por todos como o filho preferido, conseguiu demovê-lo dessa ideia. Nem foi preciso muito esforço. Dois ou três minutos de conversa, e a espingarda já estava nas mãos do garoto. Ânimos arrefecidos, pai e filho voltaram para a casa da família que Nazário considerava legítima. Não fosse a intervenção de Gilberto, aquilo tudo poderia ter acabado numa tragédia. A inocência pueril de Silvana, porém, não lhe permitia compreender a gravidade do que acontecera. Sua mais vívida lembrança daquela noite seria do pavor que sentiu enquanto corria, com a mão grudada à da mãe, no meio do mato. No breu.

Foi nesse ambiente que a menina cresceu. Um mundo de pobreza, trabalho na roça, escassez de água, uma quentura eterna. E de medo. Inclusive do próprio pai, a quem ela nunca tratou por esse substantivo. Todos os problemas pareciam perder importância quando Silvana podia ser apenas uma criança, brincando com seus irmãos pelas ruas de terra. Se não estavam correndo ladeira acima e ladeira abaixo nem procurando um local para se esconder uns dos outros, divertiam-se com um personagem que, de tão pitoresco, já se tornara uma celebridade em Lagoa dos Gatos. Era um rapaz de quase 1,70 metro, corpo atlético, coxas grossas e nádegas proeminentes. A pele era clara, e os cabelos estavam sempre camuflados por uma peruca loira. Nada, porém, chamava tanto a atenção do povo quanto os seios de silicone, maiores do que os de muitas mulheres da comunidade.

Gostava de se vestir com roupas femininas, usava maquiagem sem parcimônia e caminhava como se estivesse desfilando numa passarela, com passos firmes e braços balançando de forma exagerada. O nariz fino estava sempre apontando para cima e mantinha um sorriso de superioridade e deboche. Seu nome era Severino. Mas ninguém o chamava assim. Todos tratavam-no apenas pelo epíteto de "Severina Xique-Xique", referência a uma música gravada pelo cantor paraibano Genival Lacerda e que fazia enorme sucesso à época. Bastava o rapaz aparecer, e as crianças começavam a sorrir e a cantar.

– Quem não conhece Severina Xique-Xique, que botou uma butique para a vida melhorar? Pedro Caroço, filho de Zé Vagamela, passa o dia na esquina, fazendo aceno pra ela.

E aumentavam o volume das vozes na hora do refrão.

– Ele tá de olho é na butique dela. Ele tá de olho é na butique dela.

Severino levantava ainda mais o queixo, sacudia os cabelos postiços para o lado, alargava o sorriso e seguia desfilando. Era sempre assim. Especialmente para as crianças, ele se convertera numa espécie de atração local. Para os adultos, era uma aberração social. Onde já se viu um homem vestido de mulher, todo maquiado, andando no meio do povo, como se fosse a coisa mais normal do mundo? Por aquelas paragens, era considerado um verdadeiro absurdo. Muitos diziam que era uma vergonha sem tamanho. E, assim, os dias iam passando em Lagoa dos Gatos. Nem todos estavam satisfeitos. Para uma menina de 8 anos, como Silvana, as vicissitudes daquela vida eram inevitáveis. A inocência, a pureza e a falta de alternativas não lhe ofereciam outra opção, a não ser continuar vivendo com a mãe e os irmãos na pobreza. O mesmo não valia para Ângela. Contra a vontade de Irene, ela já estava namorando um homem bem mais velho da região. O sujeito nunca se preocupou em conhecer a família. Só queria saber de Ângela. E, quando a menina estava prestes a completar 16 anos, sumiu no mundo. Foi embora, sem avisar a ninguém. Fugiu no meio da madrugada, deixando entreaberta a janela da sala e abandonada a rede na qual dormia.

— Como essa menina faz uma coisa dessas comigo? Fugir assim, do nada! — Silvana ouviu a mãe indagar a si própria, na frente do fogão a lenha, na manhã seguinte.

Quieta Silvana estava, quieta ficou.

— Nena [*como a mãe chamava Silvana*], vá procurar aquela cachorra. Ela só pode ter ido atrás daquele cabra safado.

E lá foi a menina, sozinha, manhã cedo, ao sítio onde morava o tal sujeito, conhecido na região como Dedé. Encontrou Ângela do lado de fora da casa, lavando os pratos numa bacia de alumínio, na maior calma do mundo. Nem parecia alguém que tinha acabado de fugir da casa da mãe. Trocaram olhares à distância. Ângela deu um leve sorriso, desprovido de qualquer surpresa. Era como se esperasse pela irmã mais nova. Silvana, por sua vez, estava numa agonia só.

— Ui, Ângela! Tás lascada! — exclamou, sacudindo as mãos nervosamente.

A outra nada respondeu. Seguiu lavando os pratos e com aquele ar de riso de quem não está nem aí para nada. Silvana prosseguiu.

— Mamãe disse que é pra tu voltar pra casa. Tu vai apanhar!

Ângela, com as palavras cortadas por gargalhadas, fez questão de deixar tudo muito claro.

— Voltar pra casa?

E tome gargalhada.

— Não vou voltar pra casa mais não, menina!

Sem entender muito bem o que estava acontecendo, Silvana viu Dedé aparecer na porta da casa.

— Pode ir embora, minha filha. Ângela, agora, é minha — ele disse.

E Ângela não parava de rir. Parecia muito feliz. Aquele tanto de alegria Silvana nunca tinha visto no rosto da irmã. Sem ter mais o que fazer ali, a menina voltou para casa. Quando ouviu o relato da filha, dona Irene desatou a chorar. Silvana não sabia o que fazer e resolveu chorar também, nem que fosse para que sua mãe visse que sua tristeza não era solitária. Mais tarde, saberia que a irmã resolveu ir embora porque tinha perdido a virgindade com Dedé e receava ter engravidado. Não queria passar pela vergonha de ver a barriga crescendo, morando na casa da mãe. Dito e feito. Dois anos depois, já com uma bebê no colo, Ângela e Dedé deixaram a vida árida no interior de Pernambuco para morar em São Paulo. Como tantos outros nordestinos, acreditavam que teriam mais sorte na cidade grande.

Não foi pequena a mudança que o sumiço de Ângela causou na vida de Silvana. Sem a irmã mais velha em casa, passou a ser da caçula a responsabilidade de cumprir várias tarefas domésticas. Lavar os pratos na bacia de alumínio, pegar lenha para o fogão, limpar a casa. Tudo era sua obrigação. Enquanto a mãe e Carlinhos suavam em bicas na roça, a menina se virava como podia para dar conta de tanta coisa. E só não cozinhava porque Irene achava perigoso demais uma criança tão pequena ficar mexendo com fogo. O que estava ruim ficaria ainda pior com a chegada de mais uma criança à família. Filho de outro homem com quem Irene tivera uma relação fugaz – enquanto Nazário ainda a importunava –, Jailson nasceu quando Silvana estava prestes a completar 9 anos.

O pai do bebê afastou-se de Irene tão logo soube que ela estava grávida. Nunca apareceu sequer para ver o menino. Caberia a Silvana cuidar do mais novo irmão como se fosse seu o filho. E Nazário continuava perturbando a família. Quando Jailson tinha cerca de 6 meses, ele invadiu a casa pela porta dos fundos. Irene pediu-lhe para ir embora, mas Nazário a empurrou, fazendo-a cair no chão de terra batida. Ali ficou. Chorando. Silvana assistiu à cena de dentro do quarto, apavorada, tentando se esconder do pai que nunca teve e do qual jamais recebeu um beijo. A vida em Lagoa dos Gatos não dava sinais de que poderia melhorar. E a menina passava os dias acreditando que, cedo ou tarde, o pior poderia acontecer.

Não muito longe dali, numa família totalmente diferente e num cenário bem distinto da aridez do sertão pernambucano, o pior já tinha acontecido. Em Salvador, na Bahia – a cerca de 700 quilômetros de Lagoa dos Gatos –, uma garota um pouco mais velha do que Silvana também convivia com o medo e a violência doméstica. Fazia apenas um mês que Silvana e seus irmãos haviam saído correndo de casa para fugir do próprio pai, quando um feminicídio sacudiu a capital baiana, ganhou as páginas policiais dos jornais locais e marcou para sempre a vida de Carla Góes. Nascida numa das famílias mais abastadas do Estado, Carla tinha 18 anos quando recebeu, da sua mãe – Luíza Góes –, a notícia de que sua tia Vilma acabara de falecer. Carla quis não acreditar no que ouvia. Ela tinha uma relação especial com Vilma, a quem chamava de "Tia Dinda". Em seu coração, era como se fosse uma segunda mãe. Era sua madrinha querida e confidente. Doía-lhe ainda mais saber que Vilma perdera a vida de maneira tão torpe e violenta.

Uma semana antes, Vilma tinha sido baleada pelo ex-marido, o bancário e pecuarista Alberto Batista da Silva, diante de centenas de pessoas apavoradas. O crime ocorreu na madrugada de 12 de outubro de 1985 – exatamente dez dias antes do aniversário de 8 anos de Silvana –, na boate Hippopotamus, que ficava no Othon Palace Hotel, um dos mais luxuosos e importantes de Salvador à época. No dia do episódio, Alberto tinha 43 anos, e Vilma, 36. O casal estava separado desde maio daquele ano, por decisão da mulher, que não aguentava mais as traições e agressões do marido. Na família, todo mundo sabia que era raro passar um mês sem Alberto desferir alguns tabefes na esposa. Os motivos eram os mais díspares. De ciúmes infundados a roupas da mulher que o desagradavam ou uma maquiagem que considerasse chamativa demais. Qualquer coisa levava Alberto a agredir Vilma. Tornou-se célebre na cidade de Catu, onde viviam, o dia em que ele, no meio da rua, esmurrou o rosto da esposa. Os golpes foram tão fortes que a deixaram com dois dentes quebrados.

Por tudo isso, familiares e amigos frequentemente aconselhavam Vilma a se separar do marido. Ela sempre dizia que ele prometera mudar e que não queria afastar do pai os quatro filhos do casal — três crianças e um adolescente. Até que, diante do fato de Alberto não modificar seu comportamento agressivo, Vilma decidiu pedir o divórcio, após 17 anos de casamento. Foi um alívio para toda a família. Inclusive para Carla, que vivia tensa e preocupada com o casamento conturbado que sua tia vivia. A separação, contudo, não trouxe a paz esperada por todos. Alberto não aceitava o fim do relacionamento e seguia incomodando e ameaçando a ex-mulher. Chegou a dizer, em mais de uma ocasião, que, se ela não voltasse para ele, seria capaz de matá-la. E que jamais, em hipótese alguma, aceitaria que a mãe dos seus filhos vivesse com outro homem.

Apesar da angústia e do medo constantes — ou talvez justamente por isso —, Vilma procurava reconduzir sua vida à normalidade. Tentar se divertir um pouco, de vez em quando, fazia parte dessa mudança. Era o que ela fazia na noite de 11 de outubro de 1985, quando aceitou o convite de um amigo para ir a uma festa na boate Hippopotamus. O enorme lustre de cristal no meio do salão e os sofás forrados de vermelho eram marcas da casa, cuja pista de dança era animada pelos sucessos de grandes cantores e bandas internacionais da época, como Madonna, Michael Jackson, The Police e Tears for Fears. O local era frequentado pela nata da sociedade soteropolitana. Poucos podiam desfrutar do privilégio de passar a noite dançando, comendo e bebendo na Hippopotamus. Vilma estava empolgada para curtir aquela noite na companhia do médico Antônio Carlos

Araújo, de 31 anos. Era um sujeito completamente diferente do seu ex-marido: calmo, elegante, alto – 1,85 metro –, jovem e bonito. Já Alberto era calvo, media 1,75 metro, estava acima do peso, com a barriga sempre caindo sobre a calça, e mantinha um farto bigode, que o fazia aparentar ainda mais do que seus 43 anos.

A noite corria bem e animada para o casal e os demais presentes. O garçom Joselito Duarte já tinha servido duas ou três doses de uísque a Antônio Carlos, enquanto Vilma havia tomado apenas refrigerante e água. Passava um pouco da 1h da madrugada, quando Joselito percebeu um sujeito calvo e barrigudo se aproximar de Vilma e Antônio Carlos, que dançavam, sorridentes, ao som da música "*I want to break free*", da banda britânica Queen. Os segundos que viriam a seguir jamais sairiam da memória do garçom. Em seu depoimento à polícia, Joselito afirmou ter ouvido claramente as palavras proferidas por Alberto, quando parou a menos de um metro do casal. "Vou lhe matar, filho da puta!", ele vociferou, olhando para Antônio Carlos e sacando uma pistola 765 da cintura. A voz de Freddie Mercury, vocalista e líder do Queen, foi cortada pelos disparos. Depois do quarto tiro, a arma travou. Joselito até pensou em se aproximar e arrancar a pistola da mão direita de Alberto, mas seu corpo estava paralisado de pavor.

Àquela altura, o DJ da casa já interrompera a música, e o lugar havia se transformado num pandemônio. Era gente gritando e correndo para todo lado. Joselito permanecia olhando para a cena do crime, estático. Igualmente aterrorizada, Vilma, aos gritos de "Meu Deus! Meu Deus!", se agachou para tentar socorrer seu companheiro de dança. O sangue já jorrava do tórax de Antônio Carlos. Alberto destravou a pistola e recomeçou a atirar. As balas atingiam o casal de forma aleatória. As pernas de Joselito só obedeceram aos comandos do cérebro quando Vilma caiu sobre o corpo do seu acompanhante. O garçom saiu correndo para a cozinha, sem querer ver como aquela desgraça iria terminar. Antônio Carlos morreu na hora, corpo jogado no salão de dança. Vilma estava deitada sobre ele, imóvel. Alberto foi embora caminhando calmamente, como se fosse algo comum disparar nove vezes contra duas pessoas.

O legista do Instituto Médico Legal (IML) contou cinco balas no corpo de Antônio Carlos e quatro no de Vilma. Diferentemente do seu acompanhante, ela continuava viva. Foi internada na Unidade de Terapia Intensiva (UTI) do Hospital Português, em Salvador, com perfurações no pâncreas, no fígado e no intestino. Passou por três cirurgias para conter os danos causados pelos tiros desferidos pelo pai dos seus filhos. Apesar do empenho dos médicos e das preces dos amigos e parentes, Vilma não resistiu aos ferimentos. Em 20 de outubro – oito dias após dar entrada no hospital –, foi declarada morta. Na família, a notícia causou dor, tristeza e indignação em iguais medidas. O assassino tinha de ser punido. Não importava o fato de Alberto ser um importante fazendeiro da região e um homem influente. Os familiares de Vilma não permitiriam que seu homicídio ficasse impune. Contrataram um dos melhores advogados da Bahia à época – o criminalista Renato Reis – e levaram o caso à Justiça, exigindo rigor e celeridade.

A imprensa encampou a luta para que Alberto fosse condenado. Reportagens sobre o crime que chocou o Estado eram divulgadas em profusão. Em emissoras de rádio, de TV, jornais. No dia seguinte ao crime, o jornal *Tribuna da Bahia* publicou matéria com o título "Preventiva para homem que matou ex-mulher". O texto falava da decisão da delegada Maria Erotides, que conduzia o Inquérito Policial, de pedir a prisão preventiva do assassino de Vilma e Antônio Carlos. Na matéria, a delegada dizia estar apenas à espera de relatórios da perícia técnica para encaminhar o pedido à Justiça. Prender Alberto, no entanto, não seria fácil. Para não ser capturado, ele havia fugido de Salvador. Quatro dias após o duplo homicídio, o *Jornal da Bahia* divulgou em suas páginas reportagem sobre o fato de Alberto estar foragido. O periódico noticiou, em sua edição de 16 de outubro:

"Fazendeiro fugiu para Aracaju". Naquela quarta-feira, o texto da chamada para a matéria destacava: "Polícia caça o criminoso da boate do Othon".

Além da enorme repercussão na imprensa, o caso do fazendeiro que matou a ex-esposa e seu acompanhante dentro da boate de um hotel de luxo foi o primeiro da Bahia a levar mulheres a se unirem contra um feminicida. No dia 12 de novembro, o jornal *A Tarde* publicou a reportagem "Mulheres pedem prisão de homicida", na qual representantes de ONGs e de diversos setores da sociedade exigiam a detenção e posterior condenação de Alberto, que continuava foragido. Todas as entrevistadas demonstravam indignação diante do fato de o autor de um crime tão bárbaro, cometido diante dos olhos de centenas de pessoas, ainda estar em liberdade. Havia, entre as fontes ouvidas para a matéria, a certeza de que Alberto só não estava preso por se tratar de um homem branco, rico e influente na região. Além de criar bois, ele era funcionário do Banco do Estado da Bahia (Baneb), instituição financeira estatal que funcionou de 1952 a 1999. "Se o assassino fosse preto e pobre, tinha sido detido no mesmo dia", dizia, na reportagem, a representante de uma ONG de direitos humanos.

A revolta dos familiares, das ativistas do feminismo e de grande parte da sociedade baiana aumentou ainda mais quando, cerca de dois meses e meio após o crime, Alberto Batista da Silva se apresentou à Justiça para seu primeiro interrogatório. Pouco antes das 14h do dia 26 de dezembro de 1985, o fazendeiro chegou ao Fórum Ruy Barbosa, em Salvador, acompanhado do seu advogado, Genaro Oliveira, à época um dos mais respeitados criminalistas da Bahia. O jornal *A Tarde* daquele dia estampava, em uma de suas principais reportagens da edição, o título "Matador de médico e da ex-mulher é interrogado". Fazia um calor danado naquela quinta-feira, torrando a cabeça de jornalistas e fotógrafos de plantão na entrada do fórum. Estavam todos ávidos por registrar a chegada do acusado e conseguir alguma declaração do sujeito que assassinara a ex-esposa e seu amigo, diante de diversas testemunhas, no meio da boate mais glamourosa da cidade. De nada adiantou. Alberto chegou, desceu do carro e, ao lado do seu advogado, entrou no fórum sem falar com ninguém da imprensa.

A audiência, marcada para começar às 14h, iniciou com 30 minutos de atraso e só terminou perto das 16h. Alberto foi a primeira pessoa ouvida no processo. Da lista de testemunhas do caso, constavam mais nove nomes, entre eles o do garçom Joselito Duarte, que assistira ao crime a poucos metros do assassino. Naquela tarde quente, porém, o único depoente seria o próprio Alberto, interrogado no II Tribunal do Júri de Salvador, a respeito do crime ocorrido no dia 12 de outubro e que resultara na morte de duas pessoas. O juiz do caso, o magistrado de Primeira Instância Moacyr Pitta Lima, ouvia tudo o que o réu falava com uma expressão serena, diferentemente do promotor, Humberto Araújo, que se mostrava irritado com o depoimento. A aparente tranquilidade do juiz não o impediu de ser duro com o acusado, quando sentiu que suas palavras não correspondiam aos fatos.

Foi o que aconteceu quando Alberto afirmou que a pistola utilizada para matar Vilma e Antônio Carlos havia sido roubada de dentro do seu carro, um Escort XR-3, vermelho – um dos modelos mais caros e cobiçados da época –, poucos dias após o assassinato. O magistrado usou um tom áspero para questionar: "O senhor realmente acha que nós vamos acreditar nisso?". Outras declarações do acusado levantaram a mesma incredulidade. Numa delas, ele disse ter encontrado Vilma na boate naquela noite por acaso e que não havia premeditado o crime. Versão derrubada pelo advogado de acusação, Renato Reis, segundo o qual, se não tivesse a intenção de matar a ex-esposa, Alberto não teria entrado na boate armado. A frieza do acusado também causou desconforto às 45 pessoas – entre jurados, jornalistas, curiosos, amigos e familiares das vítimas – que acompanhavam o depoimento.

– O que levou o senhor a sacar sua arma e atirar contra sua ex-mulher e o acompanhante dela? – perguntou o juiz.

– Não sei muito bem. Não gostei de ver ela dançando com outro.

– Só isso? O senhor não gostou de vê-la dançando com outro homem e decidiu matar os dois?

– Eu não ia matar os dois. Eu só atirei no cara. Mas aí ela entrou na frente dele...

– Sim. Mas o que o senhor sentiu? O que o levou a ter uma atitude tão violenta?

– Quando eu vi ela dançando com outro, pensei que ia explodir. Deu uma quentura no estômago. Peguei a pistola e atirei.

– Entendi. E o senhor se arrepende do que fez?

– Doutor, eu preferia que não tivesse acontecido. Mas não sei se estou arrependido.

A resposta agitou os ânimos da plateia. Teve gente gritando, ficando em pé, resmungando. Alguns chamaram o réu de "assassino". Outros de "animal". A confusão levou o juiz a bater na mesa com o seu martelo de madeira e exigir ordem e silêncio no recinto. No dia seguinte, a imprensa baiana deu ênfase ao depoimento de Alberto. O *Jornal da Bahia* publicou reportagem com o título "Pecuarista não se arrepende de matar". O subtítulo acrescentava: "Autor do crime da Hippotamus depõe no Tribunal do Júri e diz que preferia não ser assassino". O periódico *A Tarde* seguiu a mesma linha editorial, com matéria de página inteira, intitulada "Autor de duplo homicídio diz que não se arrepende". A reportagem trazia uma foto de Alberto ocupando quase meia página. Nela, o réu aparecia sentado durante o interrogatório. Usava óculos escuros, calça cinza e camisa branca, de mangas longas. O bigode farto aparecia com destaque, assim como a barriga, caindo sobre a calça.

O mesmo assunto ganhou uma página no jornal *Tribuna da Bahia*. A matéria, cujo título era "Pecuarista que matou médico e esposa não está arrependido", apontava os trechos mais relevantes e polêmicos do depoimento. Destacava, por exemplo, que Alberto mentira diversas vezes durante o interrogatório. Entre outras coisas, ele disse que se encontrava quase que diariamente com a ex-mulher e que, nessas ocasiões, faziam sexo. Afirmou, também, que tinha uma relação saudável com Vilma, com apenas algumas "rusgas, normais em qualquer relacionamento", mas que as desavenças entre o casal nunca haviam chegado à violência física. Tudo isso já havia sido desmentido pela família de Vilma à imprensa, inclusive com provas e testemunhas que declaravam o contrário. Parentes dela lembraram que, já no primeiro mês de casamento, Alberto espancara Vilma ao ponto de deixá-la com o corpo coberto de hematomas, inclusive no rosto.

A personalidade agressiva do acusado ficaria demonstrada naquela mesma tarde, na saída do fórum. Cercado por repórteres e fotógrafos, ele empurrou uma jornalista e xingou a todos, numa atitude que contrastava com o sujeito de fala mansa e pausada que acabara de prestar depoimento. O episódio também seria fartamente noticiado na imprensa baiana, causando ainda mais comoção social e cobrança por celeridade no processo. A conclusão do caso, no entanto, levou muito mais tempo do que as famílias das vítimas, a sociedade baiana e os ativistas de direitos humanos esperavam. Alberto Batista da Silva foi a julgamento no dia 5 de dezembro de 1995, pouco mais de dez anos após o crime, ocorrido em 12 de outubro de 1985. Depois de uma seção que começou às 9h30 e só terminou às 23h daquela terça-feira, o júri – formado por sete pessoas – acabou por considerar o fazendeiro e bancário inocente. A tese que deu a vitória à defesa do acusado foi a de que Alberto matara Vilma e seu acompanhante – o médico Antônio Carlos Araújo – em "legítima defesa putativa", que ocorre quando o indivíduo reage a uma agressão que considera injusta. Acontece que, segundo testemunhas, nem Vilma nem Antônio Carlos tiveram, antes de serem mortos, qualquer atitude agressiva contra Alberto.

No dia seguinte, 6 de dezembro, o jornal *A Tarde* publicou reportagem de meia página sobre o julgamento, com o título "Absolvido o pecuarista que matou ex-mulher e médico na Hippopotamus". A Promotoria e o advogado Renato Reis – contratado pela família de Vilma Góes para atuar na acusação – ficaram surpresos com o resultado. Amigos e familiares das duas vítimas de Alberto, assim como ONGs feministas e de direitos humanos, protestaram. Questionavam como um sujeito que matara a ex-mulher e seu acompanhante a tiros, dentro de uma boate e diante de centenas de testemunhas, poderia ser declarado inocente num tribunal. A explicação encontrada por todos era a mesma: influência social e econômica. Havia, ainda, um fato considerado gravíssimo pela Promotoria em relação ao júri, mas que foi desprezado pela Justiça. Dos sete integrantes do corpo de jurados, seis eram, como o réu, funcionários do Baneb. A situação era tão absurda, que 16 entidades feministas e o Sindicato dos Bancários enviaram ofício ao então presidente do Tribunal de Justiça da Bahia, o desembargador Ruy Trindade, alertando para essa questão. Não adiantou. O Ministério Público da Bahia (MP-BA) recorreu da sentença de absolvição. Deu em nada. Assim, dez anos após matar a ex-mulher e seu acompanhante, Alberto Batista da Silva era, oficialmente, declarado inocente pela Justiça e poderia retomar sua vida em paz, como qualquer cidadão de bem. O caso estava encerrado, apesar da revolta e da indignação dos amigos e parentes das vítimas.

O episódio envolvendo Alberto e Vilma não seria o único de violência doméstica na família Góes. Na mesma época em que teve sua tia assassinada pelo ex-marido, Carla convivia com as agressões constantes do pai, José Oliveira, à sua mãe, Luiza, irmã de Vilma.

Não poucas vezes, a menina ouvia gritos e choros vindo do quarto dos pais. Igualmente constantes eram os hematomas que apareciam no corpo de Luiza, sobretudo nos braços. Consequências do ciúme doentio e infundado do marido. O controle de José sobre Luiza era tão pesado que ela não podia sair sozinha para lugar algum. Inclusive ao supermercado, era obrigada a ir com a filha ou com a funcionária que trabalhava na casa da família. À época com 18 anos, Carla sabia muito bem o que acontecia. Até porque já percebia situações como essas antes mesmo da adolescência. Em seu quarto de 20 metros quadrados, com armários e prateleiras abarrotados de bichos de pelúcia e bonecas, passava muitas noites chorando. Sofria por si mesma e pela mulher que a colocara no mundo. Seria capaz de tudo para libertar a mãe daquele inferno.

No ápice do seu desespero, Carla chegava a desejar a morte de José. Perdeu as contas de quantas vezes cerrou os olhos com força que nem sabia ter e rezou com fé igualmente desconhecida, pedindo a Deus que tirasse a vida do próprio pai. Sentia remorso e medo por isso. Perguntava-se se era pecado querer algo assim. Logo respondia para si mesma que pior seria continuar vivendo naquele tormento e ver sua mãe passar o resto da vida sofrendo, sendo humilhada, apanhando. Seu maior pavor era de que José assassinasse Luiza. Só lembrava do que acontecera à sua tia Vilma, morta pelo ex-marido. De uma coisa tinha certeza: preferia não ter pai a viver naquela agonia incessante, vendo sua mãe ser fustigada pelo homem que deveria amá-la e protegê-la. De nada valia morar num dos edifícios mais caros e luxuosos de Salvador, num apartamento de 200 metros quadrados, ter as melhores roupas e dirigir um Escort XR-3 – um dos carros mais cobiçados da época – que ganhara do pai.

Tampouco, estudar no Instituto Social da Bahia, colégio particular mais disputado da cidade, frequentado por filhos de juízes, desembargadores, médicos, empresários, políticos. Não havia luxo, conforto, privilégio nem presentes capazes de abafar tamanha angústia. A garota passou a odiar o pai. Não conseguia sequer encará-lo. Evitava até os carinhos e as brincadeiras que ele fazia quando estava sóbrio – o que acontecia com bem menos frequência do que Carla gostaria. Eventualmente, após algum episódio de agressão, ela criava coragem para falar com a mãe sobre o assunto. Foi o que fez na primeira vez em que presenciou José agredindo Luiza. Incomodado com o batom que considerava vermelho demais para uma mulher decente, ele meteu a mão na boca da esposa, esfregando-a com força e espalhando o batom por seu rosto. Naquela noite, após o pai sair de casa, Carla avisou à mãe que jamais aceitaria passar por algo parecido. A menina achava um absurdo o fato de Luiza sempre relevar as agressões do marido.

– Mãe, se a senhora quer viver nesse inferno, o problema é seu. Mas...

– Minha filha, tenha calma. Essas coisas acontecem.

– Estou falando sério. O que acontece entre a senhora e ele é problema seu. Mas, se ele tocar em mim, a coisa vai ficar feia.

– Calma, Carla. Ele nunca vai fazer isso.

– Já falei. Eu não vou aceitar isso comigo. Nunca.

Os episódios de violência seguiam sem muita alteração dentro daquela casa. Uma ou duas vezes por semana, acompanhados de gritos e crises de choro da mãe. Os hematomas continuavam aparecendo pelo corpo de Luiza. Em relação a Carla, porém, José não demonstrava postura agressiva. Isso mudaria a partir do momento em que a filha passou a despertar o interesse dos rapazes. O ciúme que José sentia pela esposa começou a se estender à menina. Ainda adolescente, ela já tinha corpo de mulher. Loira, cerca de 1,70 metro de altura, pernas longas. Simpática e comunicativa, estava sempre elegante e perfumada. Atraía olhares por onde quer que passasse. Os elogios que ouvia de todos contrastavam com as críticas que recebia do pai. José sempre tentava diminuir a filha. Chegava a dizer que a garota era feia, sem graça e que os rapazes só se aproximavam dela por interesse no dinheiro da família.

Nem mesmo o fato de a filha ser excelente aluna, obediente e disciplinada era motivo de elogios por parte do pai. Apesar de sentir-se triste pelo comportamento de José, Carla procurava reduzir o efeito negativo que isso poderia lhe causar na relação com os rapazes, as amigas e os estudos. Até porque já sonhava em entrar na faculdade de Medicina, que considerava um passaporte para a liberdade. Decidira que, após formar-se, iria tentar fazer residência em São Paulo, onde teria formação melhor do que na Bahia, além de ficar livre da personalidade tóxica do pai. Antes, porém, ainda precisaria conviver com a violência dentro da própria casa. Tornou-se, ela própria, alvo das ofensas de José. Bastava vestir uma saia mais curta ou uma blusa decotada, que ele já dizia que aquilo não era roupa de uma moça de família. Carla, mesmo incomodada, dava de ombros e tentava evitar maiores conflitos. Até que seu maior receio se concretizou.

Aos 16 anos, ela começou a namorar um rapaz, apesar da reprovação do pai. Gleidston tinha 19 anos, fama de bom moço e vinha de família também abastada. A José, nada disso importava. Não concordava com aquele namoro de jeito nenhum. Sabia, no entanto, que não podia impedir a filha de se relacionar com quem ela quisesse. Sendo assim, aceitou o romance de Carla, desde que a menina obedecesse a algumas imposições. As regras incluíam não ir com Gleidston a bares e não entrar no carro dele de forma alguma. Sempre dizia que moça de família não entra em carro de homem. Além disso, só poderiam namorar dentro de casa e sob os olhares implacáveis de José, que passava a cada cinco minutos pela sala. Invariavelmente, de cara fechada e pisando firme, como um soldado marchando ao encontro do inimigo.

Como qualquer adolescente enamorada, Carla não cumpria à risca os mandamentos que o pai estabelecera para o seu relacionamento. Era bastante comum Gleidston ir buscar a namorada no colégio e levá-la para casa em seu carro. Para eliminar os riscos de serem flagrados, o rapaz sempre parava dois quarteirões antes do prédio de Carla. Dali em diante, ela ia a pé. Não sem antes trocarem alguns beijos mais calorosos, do tipo que José jamais permitiria na sala do seu apartamento. A desobediência da menina foi descoberta numa tarde chuvosa. A despeito do aguaceiro que despencava sobre Salvador, Carla chegou em casa completamente enxuta. Não havia sequer uma gota d'água em sua roupa ou cabelo. Tampouco, uma sombrinha molhada. Para piorar, estava acompanhada pelo namorado. Confrontada pelo pai, não titubeou. Falou a verdade. José ficou transtornado. Primeiro, esculhambou Gleidston e o enxotou porta afora. Não permitiu nem que Carla o acompanhasse até o elevador.

Mal a porta se fechou, José começou a despejar uma enxurrada de xingamentos em cima da filha. "Mulher sem-vergonha" foi o mais leve. Luiza ficou injuriada. Ser desrespeitada pelo marido era algo com o qual já estava acostumada e aprendera a suportar. Mas não iria permitir aquele tratamento torpe com a sua filha. Luiza tirou coragem de algum lugar que não sabia existir dentro de si e confrontou o marido. Usou a sua voz mais firme e, dedo em riste, disse que José não podia falar com Carla daquela maneira e que a menina não tinha feito nada de mais. Afinal, não havia nenhum problema em pegar carona com o namorado num dia de chuva. Sem falar palavra, José encarou a esposa com ódio e lhe desferiu um murro no rosto, fazendo-a cair sentada no sofá. O coração de Carla disparou. Seu sangue ferveu. Todo o medo que sentia até aquele momento transformou-se numa bravura jamais experimentada.

Partiu para cima do pai, com brados de ira e indignação. Já com seu 1,70 metro de altura – José media 1,75 metro –, aplicou-lhe uma chave de braço no pescoço, dando início a uma luta entre pai e filha, como jamais acontecera naquela casa. Dentes trincados e olhos lacrimejando de ódio, Carla gritava, repetidamente:

– Eu te odeio! Eu te odeio! Você é um monstro!

José, mais forte do que a filha, deu duas ou três sacudidas no próprio corpo, até que conseguiu se libertar dos braços de Carla.

Cerrou os punhos e desferiu murros no rosto da menina, que caiu desmaiada sobre o sofá. Acordou poucos minutos depois, a tempo de ver o pandemônio que se formara. Atiçados pela gritaria que saía do apartamento da família, vizinhos tinham ido ver o que estava acontecendo. Era uma confusão danada. Gente em pé à porta da casa, e José na sala, revólver agarrado à mão direita e aos berros:

— Quem entrar aqui, eu mato! Eu mato!

Enquanto a balbúrdia tomava conta da sala, Carla foi para o seu quarto, trocou de roupa, pegou uma bolsa e se preparou para sair. Estava decidida a ir à delegacia, denunciar as agressões de José. Não permitiria que sua mãe passasse por aquilo novamente. Nem se submeteria a ser esmurrada por nenhum homem. Muito menos, por seu próprio pai. Prestes a sair de casa, foi parada pela mãe. Luiza usou o discurso que já pregara à filha em outras ocasiões de violência familiar. Disse que José, apesar de "agressivo às vezes", era um bom homem e bom pai. E que aquele tipo de briga era comum em qualquer família. Além do mais, um pai bater num filho de vez em quando não era nenhuma coisa do outro mundo. Ir à polícia seria, portanto, um exagero por parte da filha. Sem falar no escândalo que seria todo mundo ficar sabendo que Carla denunciara o próprio pai. Já não bastava o caso recente de um homicídio dentro da família?

Carla não concordou com absolutamente nada daquilo. Mas, contrariada, resolveu acatar o pedido da mãe. Não queria dar mais um motivo para deixar a pessoa que mais amava no mundo triste e preocupada. Fez questão, todavia, de esclarecer tudo muito bem à sua mãe.

— Se a senhora quer viver assim, problema seu. Mas não vou passar por isso de novo — avisou a garota.

— Minha filha... — começou a ponderar Luiza, interrompida antes de terminar a frase.

— Não tem conversa, mãe. Se ele bater novamente em mim, dou parte na polícia.

Carla voltou para o seu quarto, tirou a roupa que vestira para ir à delegacia e se deitou na cama. Chorou lágrimas novas por motivos antigos. E orou, como já fizera outras vezes, pedindo a Deus que levasse seu pai. Tinha plena convicção de que o Senhor compreendia seu desespero e não a condenaria por desejar a morte do próprio pai. Afinal, só queria viver em paz, numa casa em que pudesse morar sem o medo de apanhar, simplesmente por ser levada em casa pelo namorado, nem de ver o corpo da mãe constantemente marcado por agressões. Como não tinha muita esperança de que isso realmente viesse a acontecer, a saída seria se dedicar aos estudos e fazer faculdade de Medicina. Realizaria, assim, dois sonhos de uma só vez: trabalhar como médica – profissão que dizia querer exercer desde criança – e se livrar da violência paterna. Para tanto, ainda teria de sofrer bastante.

As agressões de José acabaram por fazer o inevitável acontecer. O casamento terminou, e ele saiu de casa. Foi um alívio para Luiza e Carla. Moravam apenas as duas e não precisavam mais conviver com aquele eterno sentimento de pavor. Em 1986, aos 18 anos, Carla havia entrado na Escola Bahiana de Medicina e Saúde Pública – uma das universidades mais caras e tradicionais do estado – e já conseguia se imaginar vivendo e trabalhando em São Paulo. Luiza, por sua vez, estava namorando um homem que morava em Vitória da Conquista, a cerca de 500 quilômetros de Salvador. Era comum Luiza ir para a casa do namorado e passar a semana toda por lá. Para Carla, isso não era problema. Ela gostava de ficar em casa sozinha, em paz, podendo se dedicar aos estudos e receber suas amigas. Mas José não aprovava o comportamento da ex-mulher. Como o apartamento era dele, resolveu vender o imóvel e deu um ultimato à filha.

– Sua mãe pode ir viver com o namoradinho dela, mas você tem 15 dias para ir morar comigo. A não ser que queira ir pra Vitória da Conquista – sentenciou.

A Carla não restava alternativa. Precisava concluir a faculdade, e viver a 500 quilômetros de Salvador estava fora de cogitação. Voltou a morar com o pai e a sofrer com seu comportamento agressivo. O episódio mais grave dessa época ocorreu no último semestre de Carla na universidade e foi motivado pelo fato de José estar vivendo com uma jovem mais nova do que a própria filha. Aos 24 anos, ela achava ridículo ver o pai namorando uma mulher de 19. Até os mimos e presentes que José costumava dar à filha eram praticamente os mesmos com os quais ele presenteava a namorada. Vestidos, joias, perfumes. O melhor e mais vistoso exemplo era o carro. A Carla, José dera um Escort XR-3, vermelho. A nova namorada ganhara o mesmo automóvel, só que branco. Para evitar discussões e por precisar morar com o pai, ela se esforçava para relevar tudo isso. Até que outra briga feia aconteceu.

Carla havia colocado algumas flores dentro do guarda-roupa, para desidratar e usar como decoração. A namorada de José viu aquilo e foi dizer que sua filha estava fazendo feitiçaria para que ele morresse. O homem ficou louco de raiva. Decidiu tirar essa história a limpo com Carla, que explicou tudo ao pai. José, no entanto, continuava firme, acreditando na versão criada por sua namorada. No meio da discussão entre pai e filha, a mulher se intrometeu, afirmando que aquilo era, sim, um tipo de feitiço. Já exausta de tentar esclarecer o assunto por mais vezes do que gostaria, Carla perdeu a paciência. Numa só frase, ofendeu José e sua namorada. Encarou o pai com seu olhar mais duro e disse, sabendo que as consequências poderiam ser pesadas:

— Se o senhor quer pagar para ter mulher, poderia arranjar uma melhor.

Não teve tempo de falar uma palavra a mais. O punho direito cerrado de José atingiu seu rosto, fazendo-a cair sentada, no chão do quarto. Ele agiu exatamente como fazia quando agredia a esposa: após a briga, saiu de casa. Chorando e com o rosto dolorido, Carla pegou suas coisas, jogou algumas roupas dentro de uma mochila e foi embora. Jurou para si mesma que jamais, por nada no mundo, voltaria a viver sob o mesmo teto que o pai. Preferia morar na rua ou num muquifo qualquer a ter de passar novamente por aquele tipo de situação. Suas preocupações ficaram ainda maiores quando José tirou-lhe todas as regalias e os luxos que só a filha de um homem rico poderia ter. De imediato, avisou que não pagaria mais a faculdade de Medicina. Se Carla quisesse se formar, ela que arrumasse dinheiro para pagar os últimos meses da universidade. O segundo castigo foi tirar da filha o Escort XR-3 conversível, o carrão que todos os seus amigos adoravam e que era o mais sólido e eloquente sinal do seu status social.

Diante desse cenário e com a mãe morando no interior, Carla decidiu viver com a avó paterna, que a recebeu com amor e alegria. Já tinha casa e comida. Faltava-lhe dinheiro para pagar a faculdade. Foi quando arrumou seu primeiro emprego na vida, fazendo plantão num hospital em Morro do Chapéu, município baiano, a 380 quilômetros de Salvador. Ela adorava aquele trabalho. Sentia-se útil atendendo aos pacientes e ajudando outros médicos e enfermeiros. O problema era a distância. Eram quatro horas dentro de um ônibus, todo santo dia. Para a menina rica, que desde adolescente tinha o próprio carro e nunca utilizara transporte público, aquilo era um martírio. Ficava enjoada dentro do coletivo, sentia dor de cabeça, tontura. Mas, se tinha de passar por aquilo para formar-se em Medicina, sem precisar da ajuda do pai, faria quantas vezes fosse preciso. Assim, o ano de 1992 chegou ao fim, e ela conquistou seu diploma de médica. Jamais se sentira tão realizada e orgulhosa. Nem o fato de haver perdido a festa de formatura – por não ter dinheiro para pagar os custos e não querer pedir ao pai – maculou sua alegria.

O próximo passo seria realizar o sonho de viver e trabalhar em São Paulo, o que aconteceu mais rápido do que todos poderiam imaginar. Pouco mais de um mês após concluir a faculdade, juntou o pouco dinheiro que conseguira amealhar durante os meses de trabalho no hospital, colocou algumas roupas e sapatos na mala e partiu para a capital paulista. Desembarcou na maior cidade do Brasil no dia 25 de janeiro de 1993, aos 24 anos. Ali, a menina que cresceu num ambiente familiar de medo e violência se tornaria uma mulher segura e profissional de sucesso. Seu primeiro emprego na capital paulista foi no Hospital Nove de Julho – um dos mais importantes da cidade –, que ficava bem em frente ao apartamento cujo aluguel seu pífio salário conseguia pagar. Era uma quitinete de cerca de 30 metros quadrados, compartilhados com algumas baratas que costumavam passear sobre o piso de madeira.

O prédio era popular, sem luxo algum. Não havia piscina, salão de festas, churrasqueira, academia. Nada disso. Totalmente diferente do edifício suntuoso no qual morara com os pais, em Salvador. Mas isso não importava. Estava feliz. Genuinamente feliz. Costumava dizer que se sentia no céu. Tinha o emprego com o qual sempre sonhou, sentia-se útil aos pacientes que atendia, estava progredindo como profissional e, sobretudo, vivia em paz. Sem gritos, sem brigas, sem murros. Sem medo. Não havia satisfação maior do que chegar em casa após um exaustivo dia de trabalho e poder descansar tranquila, com a certeza de que não acordaria no meio da noite ouvindo sua mãe chorar no quarto ao lado, por estar sendo agredida pelo marido que deveria amá-la. Essa paz não tinha preço. Assim como a certeza de estar dando início à carreira que sempre desejou.

Em São Paulo, Carla Góes construiu uma vida da qual se orgulharia. Especializou-se em cirurgia plástica, casou-se, teve dois filhos – Carolina e Afonso –, escreveu livros, abriu o próprio consultório. Tornou-se uma mulher de inegável sucesso, tanto profissional quanto econômico. As dores, tristezas e frustrações existiam, sim. Desde traições de pessoas em quem confiava a episódios de assédio sexual e moral no ambiente de trabalho, passando por golpes financeiros. No Hospital Nove de Julho – um dos mais tradicionais da capital paulista –, por exemplo, enfrentou várias situações de assédio sexual, como elogios exagerados por parte de médicos e enfermeiros à sua beleza física e convites inadequados para sair após o trabalho. Diante disso, passou a vestir um jaleco dois números maiores do que o seu, para não deixar à mostra as curvas do próprio corpo. Usava, também, grandes óculos, mesmo sem ter nenhum problema na vista, e mantinha os longos cabelos loiros sempre presos. Fazia de tudo para parecer a menos bela e atraente possível. Aprendera a enfrentar situações desconfortáveis e irritantes. Já não era mais a menina rica e ingênua da alta sociedade soteropolitana. Agora, madura e psicologicamente forte, conseguia superar as agruras da vida, por mais que elas – as agruras – insistissem em mostrar-lhe o lado sombrio da existência de vez em quando. E foi num desses episódios soturnos que seu caminho cruzou com o de uma mulher com trajetória totalmente diferente da sua.

Já como cirurgiã respeitada na cidade de São Paulo, Carla Góes acabaria por conhecer Silvana Maria da Silva, mulher de origem pobre, criada num casebre em Lagoa dos Gatos, no interior de Pernambuco, e que morria de medo do próprio pai. Suas vidas eram as mais díspares possíveis. Enquanto Carla cresceu num apartamento de luxo, cercada de todo o conforto e todas as mordomias que o dinheiro podia comprar, Silvana passou a infância na pobreza extrema, com pouca comida, numa casa de taipa, sem energia elétrica e tendo de buscar água num açude para ter o que beber. Uma formou-se em Medicina, na faculdade mais cara e prestigiada do seu Estado. A outra nunca entrou numa universidade. Carla tinha a pele clara e os cabelos loiros e lisos. Silvana era negra, de cabelos crespos. Em comum, tinham apenas dois fatos: ambas eram mulheres e haviam sido vítimas da violência feminina que assola o Brasil. Até chegar à capital paulista, todavia, a vida de Silvana daria mais voltas do que poderia contar. E ela sofreria mais dores e angústias do que jamais imaginara.

As andanças de Silvana começaram cedo. Ela tinha apenas 12 anos quando foi entregue pela mãe a uma família de Catende, município a cerca de 30 quilômetros de Lagoa dos Gatos. A filha do dono da casa estava prestes a dar à luz, e a família precisava de alguém para ajudar a cuidar do bebê. Silvana detestou a ideia de viver num lugar onde não conhecia ninguém, longe da sua mãe e dos seus irmãos. Por mais que a vida em Lagoa dos Gatos fosse sofrida, ao menos ali era sua casa. Mas a menina não se sentia no direito de argumentar com a mãe. Na verdade, não sabia nem como fazê-lo. Calada estava, calada foi para Catende. Salário não teria. Pelo trabalho, receberia comida, teto e roupa. A nova casa era totalmente diferente da sua. Feita de alvenaria, tinha água encanada e energia elétrica, luxos dos quais só os ricos da região dispunham. E havia camas para todos os moradores, inclusive a própria Silvana. Era conforto demais para a garota que nunca havia saído de Lagoa dos Gatos. Nada se comparava, no entanto, a viver num ambiente sem violência. Naquela casa, não havia homem batendo em mulher, filho brigando com o pai para proteger a mãe nem crianças apavoradas correndo no mato, no meio da noite, para fugir de um agressor bêbado. Tudo parecia perfeito para Silvana.

Além do mais, a escola era ótima – com professores muito mais capacitados do que os de Lagoa dos Gatos –, e a dona da casa, dona Marizete, a tratava com carinho e cuidado. Ela até deixava Silvana assistir à televisão de vez em quando. Assim, a menina viu, pela primeira vez, uma imagem que jamais esqueceria: uma mulher linda como uma princesa de conto de fadas, com os cabelos dourados, sorriso luminoso e corpo de modelo. O ano era 1989, e estava no ar o *Xou da Xuxa*, programa infantil de sucesso nacional, apresentado pela ex-modelo Xuxa Meneghel. Os olhos de Silvana mal piscavam. Sabia todas as canções de cor. Queria viver naquele universo de beleza, cores e músicas. Estava decidida a fazer tudo o que estivesse ao seu alcance para ser uma das assistentes de palco da apresentadora, chamadas de Paquitas. Fez. Aos 12 anos, escreveu a primeira carta que enviou pelos Correios na vida.

A correspondência, endereçada à Rede Globo de Televisão, no Rio de Janeiro, continha uma folha de caderno escolar – com uma mensagem pedindo uma bicicleta e se candidatando ao posto de Paquita – e uma foto da remetente. Passaria os meses seguintes ansiosa, aguardando por uma resposta que jamais chegaria. Acabou por concluir que Xuxa estava sempre ocupada demais com as coisas do programa e não teria tempo de responder à carta de uma menina que vivia naquele fim de mundo. Mas seu amor pela apresentadora de cabelos dourados e seu sonho de ser uma Paquita permaneciam incólumes. Até queria contar à sua mãe que escrevera uma carta para Xuxa, mas teria de esperar pela única visita mensal que dona Irene fazia a Catende. Quando encontrou a mãe, Silvana relatou tudo, em detalhes, sobre a tal carta. Dona Irene, porém, parecia muito mais preocupada em pegar a cesta básica que recebia mensalmente dos donos da casa na qual Silvana trabalhava. Era uma espécie de salário pelos serviços prestados por sua filha.

Ao todo, foram pouco mais de dois anos que a garota passou vivendo aquela vida de adulto. Sentia saudade da mãe, dos irmãos e até da casa pobre, sem água encanada e energia elétrica. Pelo menos, ali estaria com a sua família. Não importava quanta miséria havia. Era o seu lar. Se tivesse de varrer o chão, seria o seu chão. Parecia-lhe menos sofrido carregar latas d'água na cabeça, debaixo daquele sol adurente do interior de Pernambuco, do que ficar lavando roupas dos outros num tanque de alumínio. Voltar para casa. Era tudo o que queria. Seria terrível não poder ver Xuxa todos os dias na televisão, mas preferia retornar para Lagoa dos Gatos a continuar em Catende, longe da família e tendo a obrigação de varrer, passar roupa, cuidar do bebê, lavar fraldas sujas de cocô. Já estava com quase 14 anos, quando sua mãe a levou de volta para casa. Fazia tempo não se sentia tão feliz. Reencontrar os irmãos foi a maior alegria que já sentira na vida. Só mesmo uma carta de Xuxa, convidando-a para ser Paquita, seria capaz de deixá-la tão empolgada. Não fazia ideia de que aquela alegria toda seria tão fugaz.

Um mês depois, lá foi Silvana novamente trabalhar em outra casa de família. Lá foi a menina viver mais uma vida de adulto. Ainda mais longe. Dessa vez, a patroa seria uma prima de dona Irene. Jacira tinha dois filhos pequenos, de 6 e 8 anos, e morava no município de Jaboatão dos Guararapes, na Região Metropolitana do Recife, a quase 150 quilômetros de distância de Lagoa dos Gatos. Silvana não gostou nada daquela história, mas não tinha escolha. No início da adolescência, iria viver e trabalhar numa casa que não era a sua. A rotina era praticamente a mesma que tinha na residência da família de Catende. Varria, lavava roupas e pratos, cuidava das crianças. E também seguia indo à escola. Acreditava que os estudos poderiam ajudar para que um dia tivesse uma vida decente, sem precisar ficar limpando a casa dos outros nem cuidando de crianças que não eram suas. Morar na casa de Jacira, porém, tinha um ponto positivo: era perto da praia. Silvana adorava colocar o biquíni nos fins de semana e tomar banho de mar, naquele mundão de águas esverdeadas e mornas do litoral pernambucano. Muita gente de Lagoa dos Gatos passava toda a existência sem saber o que era um bom mergulho naquela água salgada. Não via a hora de contar tudo aquilo aos seus irmãos.

Mesmo com a rotina intensa de trabalho, a menina até que gostava de morar em Jaboatão. Grande parte disso se devia ao fato de poder ir à praia quase todo domingo. Tomar sol na praia, de livre e espontânea vontade, era bem diferente de sentir a pele queimando naquele calorão de Lagoa dos Gatos, enquanto trabalhava na roça ou ia buscar água no açude. Nem parecia que era o mesmo sol. O da praia era gostoso, amigável. O da roça, implacável e cruel. E foi sentada na areia branca de Piedade – famosa praia de Jaboatão –, com os raios solares lambendo sua pele morena, que Silvana sentiu que estava na hora de voltar para casa. Sua casa. A saudade da mãe e dos irmãos voltava a açoitá-la. Assim como a vontade de sentir-se novamente no próprio lar. Afinal, já fazia uns dez meses que estava vivendo ali. Até tentou suportar, para não contrariar a mãe e Jacira, sua patroa. Não adiantou muito. Cerca de um mês depois, disse a Jacira que queria voltar para Lagoa dos Gatos.

– Mas por quê, minha filha? – quis saber a dona da casa.

– Porque sim.

– Porque sim não é resposta, Silvana.

– É que eu tô com saudade da minha mãe e dos meus irmãos. Quero voltar pra casa – disse a menina, com os olhos mirando o chão.

– Então, é isso? Não tem problema. A gente te leva.

– Sério?

– Claro – respondeu Jacira. – Só preciso organizar tudo pra viagem. E a gente vai assim que der.

Silvana levantou os olhos e mostrou um sorriso que há muito não usava. O tipo de sorriso que merece ser sorrido. Duas ou três semanas mais tarde, Jacira e o marido levaram-na de volta para Lagoa dos Gatos. Passou os 150 quilômetros de estradas esburacadas imaginando quão bom seria rever a mãe e os irmãos, depois de quase um ano vivendo em Jaboatão. Sentiria falta da praia aos domingos? Certamente. E da brisa gostosa soprada pelo mar no seu rosto, enquanto caminhava na areia branquinha? Sem dúvidas. Mas preferia levar a vida severina da aridez do sertão a continuar longe da sua família. E da sua casa. Seu lar. O sentimento de estar no seu mundo, debaixo do teto sob o qual crescera, era maior do que qualquer alegria proporcionada por um mergulho no mar ou pelo conforto de poder tomar água gelada, direto da geladeira, sem precisar buscar no açude.

O reencontro com a família foi emocionante. Estavam em casa sua mãe e os três irmãos que ainda não tinham ganhado o mundo: Gilberto, 23 anos, Carlinhos, 17, e Jailson, que acabara de completar 9. Ângela, que já estava com 21, nunca mais aparecera por ali, desde que se casou com Dedé e foi morar em São Paulo. Silvana beijou e abraçou a mãe e os irmãos, com todo o carinho que se sentia capaz de demonstrar. Aquele tipo de contato físico não era uma forma de afeto muito comum na família. Mas o momento era especial e merecia algo à altura. E tome mais beijos e abraços. A saudade que sentiu de todos era quase o mesmo tanto da falta que sentia da casa. Da sua casa. A cada ida e vinda de Silvana de outras cidades, seus irmãos estavam diferentes: maiores, mais fortes, com as mãos mais calejadas pela lida na roça. Sua mãe também ia mudando com o passar do tempo. As agruras da vida rural haviam produzido muito mais rugas e cabelos brancos em Irene, que, aos 49 anos, permanecia uma mulher fisicamente forte e resistente.

Só o que não mudava era a casa. Não importava quanto tempo Silvana passasse distante. Estava tudo sempre do mesmo jeito. Encravado ao pé da ladeira, o lar do qual a menina sentia tanta saudade continuava com suas paredes de taipa e 30 metros quadrados, com sala, um quarto e cozinha com fogão a lenha. Água encanada e energia elétrica ainda não haviam chegado por aquelas bandas, e o banheiro ficava no quintal. Cama também não havia. Todos dormiam em redes ou sobre esteiras de palha espichadas no chão de terra batida. Era tudo muito diferente das casas onde Silvana morava a trabalho, nas quais ela tinha regalias como banho de chuveiro – em Lagoa dos Gatos, era na base do balde –, cama, geladeira e até televisão. Disso, aliás, ela sentia uma falta danada. Adoraria poder ver Xuxa e suas Paquitas cantando e dançando aquelas músicas tão animadas, num mundo de cores e alegria que só podia existir na tevê. Mesmo assim, Silvana se sentia genuinamente feliz por estar de volta à sua casa. Se, para estar com sua mãe e seus irmãos, precisava viver na pobreza, que assim fosse. Só não queria ser mandada de novo para outra cidade, para trabalhar numa casa que não era a sua e cuidar de crianças apenas um pouco menos crianças do que ela própria. A alegria durou pouco.

Não deu três meses, a mãe decidiu que era hora de Silvana ir para outra casa. Muito mais distante de Lagoa dos Gatos do que Catende e Jaboatão. O destino da menina, que acabara de completar 16 anos, seria São Paulo. A própria dona Irene levou Silvana até a capital paulista. Foram quatro exaustivos dias dentro de um ônibus, num calor infernal durante o dia e um frio de lascar à noite. Quando o veículo entrou em São Paulo, a garota sentiu um misto de assombro e fascínio, diante da enorme quantidade de gente, carros e prédios. Seus olhos pretos nunca tinham visto nada parecido. Nem mesmo no Recife, a maior cidade que conhecera até então. Como aquele povo todo conseguia viver no meio de tamanha confusão? Era muita fumaça, um barulho incessante de motores e buzinas. Mal tinha chegado e já sentia saudade da calmaria de Lagoa dos Gatos. Ali, sim, era lugar para se viver. Devia ser por isso, imaginou, que dona Irene passou apenas duas semanas em São Paulo e logo tratou de voltar para Pernambuco. E lá estava Silvana, mais uma vez, vivendo numa casa que não era a sua, longe da sua mãe e dos seus irmãos. Se bem que, na capital paulista, ela também estava em família.

Na maior e mais populosa cidade do país, Silvana passou a morar na casa de Rosânia, sua irmã por parte de mãe, fruto do primeiro casamento de dona Irene. Como a garota já imaginava, para viver na casa da irmã mais velha – Rosânia estava com 25 anos –, ela teria de trabalhar. Lavar os pratos e limpar a casa faziam parte da rotina. Mas sua principal tarefa era ajudar Rosânia a cuidar da sua filha, Jéssica, de 2 anos. Nada era mais importante do que ficar sempre de olho na bebê e não deixar, "por nada neste mundo", que ela fosse para a rua.

– Não deixa ela sair, Silvana – repetia Rosânia, todo santo dia.

– Pode deixar – respondia.

– Por nada neste mundo – sempre frisava.

– Eu sei. Eu cuido dela.

E, assim, os dias iam passando na vida de Silvana. Rosânia saía para trabalhar como empregada doméstica em casas de família, enquanto seu marido atuava como zelador no prédio em que viviam. Não fosse o fato de o pai de Jéssica ser o zelador, eles jamais teriam condições de morar naquele edifício de classe média, no bairro de Moema, na Zona Sul da cidade. Aos poucos, Silvana se acostumava com o cotidiano de dona da casa dos outros. Lavar prato, varrer o chão, arrumar as roupas. E não tirar os olhos de Jéssica. Não podia descuidar da bebê um segundo, para ela não sair de casa. Por nada neste mundo.

À medida que crescia, Silvana começava a ter pensamentos que não lhe ocorriam quando ainda era uma criança. Por que sua mãe estava sempre enviando-a para outras casas? E cada vez mais distante da sua própria. Primeiro, foi para Catende. Depois, Jaboatão dos Guararapes. Agora, São Paulo. Qual seria seu próximo destino? Também começou a incomodá-la o fato de dona Irene nunca ter perguntado se ela queria ir viver e trabalhar em todos esses lugares ou se preferia ficar na sua casa, com sua mãe e seus irmãos, em Lagoa dos Gatos. Se alguém se preocupasse em saber o que ela queria, a resposta seria rápida e certeira. "Quero ficar na minha casa", respondia para si mesma, sempre que pensava no assunto. Havia, ainda, o fato de raramente falar com sua mãe durante as temporadas que passava vivendo na casa dos outros. Telefone era coisa de gente rica. E dona Irene mal sabia escrever uma carta, além de não ter tempo para esse tipo de bobagem, já que precisava cuidar da roça. Em São Paulo, por exemplo, Silvana chegou a ficar sete meses sem ter notícias da mãe e dos irmãos. Sua única família eram Rosânia, o marido e Jéssica, pessoas que mal conhecia antes de chegar à cidade.

Mesmo se sentindo abandonada pela mãe – ou até mesmo por isso –, o desejo de voltar para Lagoa dos Gatos não arrefecia. Não passava um dia sequer sem pensar em retornar para Pernambuco e viver com seus irmãos, na casa de taipa. Não teria o conforto do qual desfrutava em São Paulo – com geladeira, cama, fogão de quatro bocas, televisão –, mas estaria no único lugar do mundo no qual se sentia verdadeiramente em casa. E entre pessoas que amava. Acima de tudo, não suportava seguir vivendo na casa dos outros. A única coisa que desejava mais do que voltar para sua terra era um dia ter seu próprio teto, sob o qual poderia viver feliz e em paz com sua família. Em seus sonhos, se casaria com um homem bonito, forte e elegante, que a amaria como seu pai jamais amou sua mãe. Mas esses eram planos para um futuro ainda distante. De imediato, o que ela realmente queria era retornar para o interior de Pernambuco. Quando menos esperava, a oportunidade surgiu, por meio de outra irmã que só tinha visto meia dúzia de vezes, antes de ser levada pela mãe para São Paulo.

Assim como Rosânia, Vera era filha de dona Irene com seu primeiro marido e já morava em São Paulo havia cerca de dez anos. Como nascera e crescera em Catende, Vera tinha decidido voltar para Pernambuco, onde, acreditava, poderia ter uma vida melhor, com o marido e os três filhos, do que tinha na capital paulista. Assim, lá foi Silvana, prestes a completar 17 anos, mais uma vez mudar de estado, de cidade, de casa. Já sabia que seus anseios de viver sob o mesmo teto que sua mãe e seus irmãos não seriam satisfeitos. Ela iria morar com Vera e a família, em Catende, a 30 quilômetros de Lagoa dos Gatos. Não era o que sonhava, mas, ao menos, estaria bem perto da sua família. Além desse, outro pensamento lhe ocupava a mente durante a viagem de São Paulo a Catende. Poucos meses antes do regresso a Pernambuco, Vera recebera uma carta postada em Lagoa dos Gatos. Na correspondência, Irene dizia estar doente e passando por dificuldades financeiras. Pedia para a filha depositar algum dinheiro em sua conta no Banco do Brasil. Sem isso, não conseguiria pagar algumas dívidas nem comprar os medicamentos sem os quais, afirmara o doutor, sua saúde seguiria de mal a pior.

A preocupação com a mãe não foi capaz de diminuir o ânimo de estar retornando a Pernambuco. Tão empolgada estava, que até os solavancos sentidos durante a viagem de ônibus a incomodaram menos do que na ida para São Paulo. Não via a hora de reencontrar a mãe e os irmãos. Antes de qualquer alegria, porém, a chegada a Catende trouxe decepção e assombro. A primeira foi causada pela descoberta de que a saúde de dona Irene estava excelente. Ela continuava forte como sempre. A suposta doença não passara de uma mentira inventada para receber algum dinheiro de Vera. O segundo veio com uma notícia que provocou enorme alvoroço nas redondezas e seria motivo de conflito e incontáveis discussões na família. Dona Irene havia se casado, sem falar nada para as filhas que moravam em São Paulo. E esse nem era o maior problema. O verdadeiro drama era com quem ela tinha trocado alianças. O noivo era ninguém menos do que o sujeito que todos em Lagoa dos Gatos acostumaram-se a chamar de Severino Xique-Xique. O rapaz que gostava de desfilar pelas ruas de terra do município, vestindo roupas femininas e exibindo seus falsos cabelos loiros, seus seios artificiais e suas nádegas proeminentes, agora, era o marido de dona Irene e, portanto, padrasto de Silvana e seus irmãos. Verdade que ele já não mais usava vestidos e minissaias. Os seios estavam bem menores, e a peruca fora abandonada. Mas continuava sendo Severino Xique-Xique. Isso ninguém jamais mudaria.

O casório insólito acabou por afastar ainda mais Irene dos filhos, já que eles não aceitavam o que consideravam uma maluquice. Para aumentar o desconforto na família, Severino tinha idade para ser filho da própria esposa. Quando se casaram, Irene estava com 51 anos, e o noivo tinha acabado de completar 30 – dois anos mais novo do que Vera. Até a vida amorosa de Silvana sofreu com o relacionamento da sua mãe com Severino Xique-Xique. Seu primeiro namoro, iniciado quando tinha 17 anos, se complicou assim que os pais do rapaz souberam que ela era filha da esposa de Severino Chic Chic. O pai do garoto era diretor da usina de Catende e disse que jamais aceitaria que o filho se relacionasse com aquele tipo de gente. O que as pessoas da usina iriam dizer de tamanho absurdo? Era melhor terminar o romance do que encarar vergonha tão grande. Oficialmente, o namoro acabou. Mas o jovem casal continuava se encontrando às escondidas. De qualquer forma, a confusão transformou-se em mais um atrito entre Silvana, sua mãe e o novo marido. Com contatos cada vez mais esporádicos com dona

Irene, ela seguia morando com Vera, em Catende, e ajudando a cuidar da casa e dos sobrinhos.

Os dias, os meses e os anos passavam sem grandes mudanças. Nenhum grande problema, nenhuma grande alegria. Sem sonhos a ser vividos, tampouco obstáculos a ser superados. Era só viver. Nada muito diferente dos passarinhos que o vizinho criava presos em gaiolas. Era só acordar, comer, fazer o que tinha de ser feito e, no fim do dia, dormir. Silvana já se conformara com a ideia de que a sua vida não passaria muito daquilo. Talvez estivesse fadada a passar o resto dos seus dias no interior de Pernambuco, entre Catende e Lagoa dos Gatos. Nada indicava que essa realidade mudaria. Até que uma forte crise se abateu sobre a usina na qual o marido de Vera trabalhava e que o fez ser demitido. A falta de trabalho e de dinheiro levou a família a tomar a decisão que parecia mais óbvia: voltar para São Paulo. Em meados de 1998, Vera, seu esposo e os três filhos retornaram para a capital paulista, onde, tinham certeza, seria muito mais fácil arrumar emprego do que naquele fim de mundo. Silvana, prestes a completar 21 anos, foi junto. Acabou o namoro com o filho do diretor da usina, meteu suas poucas roupas numa mala velha e regressou à cidade da qual saíra cerca de cinco anos antes.

Bem mais madura do que na sua primeira temporada na maior metrópole do Brasil, estava decidida que, agora, seria para valer. Iria arrumar um emprego de verdade, tentaria se especializar em alguma profissão e, acima de tudo, formaria sua família. Não era possível que naquele mundaréu de gente não encontraria nenhum homem decente, bonito, carinhoso e trabalhador para ser seu marido e pai dos seus filhos. Realizaria, enfim, o sonho de ter sua própria casa e sua família. Adorava Vera e lhe seria eternamente grata por tudo. Mas não via a hora de morar num lugar só seu. Um canto que fosse realmente o seu lar. Pela primeira vez na vida, acreditava que poderia construir uma vida de verdade, sem precisar ficar morando de favor na casa dos outros nem cuidando de filhos que não eram seus. Para realizar tudo isso, no entanto, precisava de um trabalho. Sem dinheiro, não se faz nada neste mundo. Muito menos, em São Paulo, onde tudo era muito mais caro do que em Catende. Sabia que não seria fácil arrumar emprego, tendo apenas o Ensino Básico. Mas confiava que alguma coisa haveria de conseguir. E até que não demorou muito.

17 FACADAS. TODAS NO ROSTO

No fim de 1998, Silvana ainda morava de favor. Num aperto danado. Eram seis pessoas – Vera, o marido, os três filhos e Silvana – vivendo numa casa de uns 30 metros quadrados, numa favela na região do Jabaquara, bairro da periferia de São Paulo. Naquele espaço exíguo, havia um quarto, uma cozinha e uma sala. O banheiro era coletivo e ficava do lado de fora. Silvana se sentia muito longe de realizar seus sonhos. Mas, ao menos, já estava trabalhando. Arrumara emprego numa barraca de lanches, bem na frente do Hospital Municipal Dr. Arthur Ribeiro de Saboya, também no Jabaquara. Todo santo dia, chegava lá às 7h da manhã e ficava até as 7h da noite. Ganhava pouco – cerca de um salário-mínimo –, mas já conseguia comprar suas coisas e até ajudava a pagar uma ou outra conta em casa. E o emprego ainda a ajudou a conseguir um namorado. Alex tinha 23 anos, era filho da dona da barraca e costumava auxiliar a mãe. De tanto passar tempo juntos, vendendo lanches, sucos e refrigerantes, Silvana e Alex acabaram se apaixonando. Não demorou muito, o relacionamento rendeu frutos.

Silvana deu à luz Nágia no dia 13 de julho de 1999, três meses antes de completar 22 anos. A gravidez não foi planejada e deixou a jovem mais preocupada do que feliz. Findou, todavia, gostando da ideia de ter um bebê. Quem não ficou muito contente foi a mãe de Alex, que costumava dizer que a pele de Silvana era escura demais para a esposa do seu filho. A situação piorou quando Alex levou Silvana para viver com a sua mãe, na cidade de Diadema, a cerca de 20 quilômetros da capital paulista. O jovem casal juntou o pouco dinheiro que tinha e construiu um puxadinho nos fundos da casa da mãe de Alex. Havia apenas sala, quarto, cozinha e banheiro. Nenhum luxo. Mas era o mais próximo de um lar que Silvana já tivera desde os seus 12 anos, quando passou a viver pulando de casa em casa, sempre vivendo de favor. Estava feliz com a família que, acreditava, começava a formar, mas não se sentia em paz com aquele negócio de ficar 12 horas por dia vendendo lanches, sucos e refrigerantes na barraca da sogra. Queria mais para a própria vida.

Decidiu fazer um curso profissionalizante. Só não sabia em que área. Até que uma amiga lhe indicou um curso de vigilante. Formada, teria um trabalho tranquilo, com salário decente e sem riscos. A amiga assegurou que a coisa mais rara do mundo era alguma situação de perigo. Especialmente para quem era escalado para trabalhar em determinados locais, como escolas, hospitais e shoppings. A ideia agradou. A empolgação de Silvana, no entanto, contrastava com o incômodo que Alex demonstrava com a ideia de ela estudar e, consequentemente, arrumar um novo emprego. Se dele dependesse, Silvana passaria o resto da vida trabalhando na barraca de lanches da família. Sempre que chegava em casa após o curso, ela ouvia reclamações de Alex. As queixas do marido nunca iam além de palavras mais duras ou um ou outro desaforo. Nada que se comparasse à violência que Silvana, ainda menina, via sua mãe sofrer na casa de taipa em Lagoa dos Gatos.

A situação ficou insustentável quando ela, já formada, foi contratada por uma empresa de segurança, para trabalhar no Hospital Regional Sul, no bairro de Santo Amaro, em São Paulo. Insuperável, a crise culminou com a decisão do casal de se separar, cerca de cinco anos após irem morar no puxadinho. Com emprego, mas ainda sem condições financeiras de alugar uma casa ou apartamento, Silvana foi morar com Rosenita, outra irmã por parte de mãe e que vivia na mesma favela que Vera. Achou por bem acatar os pedidos do agora ex-marido para que Nágia continuasse morando com ele, onde a menina teria mais conforto e o apoio emocional e financeiro da avó. Até porque o horário de trabalho de Silvana no hospital – de 7h às 19h – não lhe permitiria dar a atenção que uma criança de 5 anos precisa e merece. Logo ela, que passara tantos anos cuidando das crianças dos outros, não poderia acompanhar o crescimento da própria filha. Ao menos, podia ver Nágia sempre que quisesse, o que acontecia invariavelmente em seus dias de folga.

A vida parecia, enfim, ser amigável com Silvana. Estava feliz no trabalho e sempre guardava um pouco do salário para realizar o sonho de morar sozinha, numa casa que fosse só sua. As visitas à filha eram bem menos frequentes do que gostaria, mas era o que a correria do dia a dia permitia. Nada mais do que uma ou duas vezes por semana. Adoraria ter condições financeiras para alugar uma casa ou um apartamento e contratar uma pessoa para cuidar de Nágia enquanto estivesse trabalhando. Com isso, poderia discutir com Alex a ideia de levar a filha para viver consigo. Antes que chegasse a esse ponto, uma tragédia desmantelou seus planos. Alex sofreu um acidente vascular cerebral (AVC) e sua mãe passou a dizer que a culpa era de Silvana, acusando-a de ter trocado o marido pelo emprego.

– Uma mulher de verdade jamais faria algo assim – disse a ex-sogra a Silvana, numa das visitas dela à filha.

Somada ao preconceito racial, a revolta da mãe de Alex acabou por se transformar numa barreira na relação entre Silvana e Nágia. Sempre que ia ver a menina, a ex-sogra já abria a porta de cara feia e tinha o costume de fazer comentários racistas. Nunca lhe oferecia um copo d'água sequer. Havia, ainda, as ocasiões em que, ao chegar à casa da mãe de Alex – onde o ex-marido voltara a viver –, era informada que Nágia não estava. As visitas foram se tornando esporádicas, e o relacionamento de Silvana com a filha ficava cada vez mais frio e distante. Até que deixou de existir. Se soubesse que perderia totalmente o contato com Nágia, teria feito tudo diferente. Mas agora era tarde. Precisava seguir se dedicando ao trabalho e juntando dinheiro para sair da casa de Rosenita. Queria ter seu próprio canto. Aos 27 anos, acreditava que ainda viveria muito e alimentava as esperanças de encontrar seu grande amor, um homem que faria seu coração disparar, o corpo tremer e com quem poderia formar uma família de verdade. Queria ser mãe novamente. De preferência, de outra menina. E não deixaria, em hipótese alguma, que nada nem ninguém a afastasse da filha que já existia em seus sonhos.

Para ter outro bebê, precisava arrumar um namorado. O ideal era que fosse bonito, charmoso, inteligente e, principalmente, que tivesse um bom emprego. Já fazia dois anos que se separara de Alex, e ainda não tinha ficado com ninguém. Nem um beijo sequer. Não imaginava que isso mudaria justamente com um sujeito que não tinha absolutamente nada do que queria num homem. Era início de 2006, quando conheceu Agnaldo de Oliveira, garçom do bar de karaokê ao qual Silvana costumava ir com os amigos, perto do hospital. O sujeito vivia se engraçando para o lado dela. Mandava bilhetinhos à sua mesa, pedia para as amigas dizerem que ele gostaria de conhecê-la. E nada. Silvana não dava bola aos cortejos. Aos 36 anos, Agnaldo era negro, estava um pouco acima do peso para um tipo de 1,85 metro de altura, tinha o rosto redondo e usava o cabelo, áspero e preto, bem curto. Os olhos também eram pretos, e os lábios, muito finos, destoavam do nariz achatado e de base larga. Para Silvana, não era, em nada, um homem bonito. Na verdade, ela o achava bem feio. Ainda por cima, era garçom. Não queria se envolver com nenhum pé-rapado. Mas o indivíduo não desistia. Certa noite, Silvana queria colocar uma canção para tocar no karaokê e foi fazer o pedido a Agnaldo, que tinha nessa uma de suas tarefas no estabelecimento.

– Quero cantar "Malandragem", da Cássia Eller – ela disse, sem nem olhar direito para o garçom.

– Só coloco se você me der seu telefone – ele respondeu.

– Sai dessa – rebateu Silvana, com um sorriso sem graça.

– Por favor. Eu te acho tão bacana, interessante. Não custa nada.

Mais para se livrar daquela situação do que por interesse no galanteador, ela anotou seu número de telefone num guardanapo e entregou a Agnaldo. Passaria o resto dos seus dias se arrependendo de um gesto tão banal. Um mero pedaço de papel, com nove algarismos escritos a caneta azul, a faria passar pela experiência mais trágica de toda a sua vida. Um pedaço de papel que, se não fosse por aquela sua atitude, seria usado para limpar a boca molhada de cerveja de um bêbado qualquer ou para tirar dos lábios de alguém a gordura do picadinho de carne.

– Pronto. Agora, coloca "Malandragem".

Enquanto cantava sua música favorita, percebia Agnaldo encarando-a com um sorriso largo, cotovelos apoiados no balcão e queixo descansando na palma da mão direita. Não demorou para ele usar o guardanapo. A partir do dia seguinte, o garçom ligava para Silvana quase diariamente. Convidava-a para sair, jantar, passear. A resposta era sempre negativa. Persistente, Agnaldo passou a visitar Silvana no hospital em que ela trabalhava, nos intervalos do seu turno. Ela saía pelos fundos do hospital, conversava um pouco com ele. E só. O cara era até simpático, bom de papo. Mas era feio e, para completar, se vestia muito mal. Até que a insistência de Agnaldo surtiu efeito. Silvana almoçava sozinha, num restaurante perto do hotel, quando ele chegou. Após um cumprimento rápido, foi direto ao ponto.

– O que eu tenho de errado? – Agnaldo quis saber.

– Como assim?

– Poxa! Você é bonita, interessante, legal. Me dá uma chance. Acho que a gente pode se dar muito bem.

– Sei não.

— Uma chance, Silvana. É só o que eu te peço. Vamos sair um dia. Se você não curtir, eu te deixo em paz pra sempre. Prometo.

Ela concordou. E curtiu. Três meses depois, já estavam morando juntos, na casa de Silvana, na mesma favela em que suas irmãs viviam. No início, tudo parecia perfeito. Agnaldo, Silvana costumava dizer, era um príncipe. Um príncipe feio. Mas um príncipe. Carinhoso, dedicado, trabalhador, divertido, calmo. E o sexo entre eles também era ótimo. Vigoroso e ardente, como Silvana gostava. Raramente, passavam um dia sem. As poucas discussões que aconteciam eram causadas pelos ciúmes de Silvana. Ela não gostava do jeito assanhado demais com o qual algumas clientes do bar tratavam Agnaldo. Reprovava ainda mais o sorriso largo que ele costumava oferecer às freguesas. Agnaldo não demonstrava se incomodar muito com as reclamações da esposa e sempre dizia que estava apenas sendo simpático com as moças. Seu argumento era que, como garçom e atendente do bar, não podia ser grosseiro com ninguém. Ela via sentido na explicação do marido e, mesmo ainda contrariada, aceitava seus beijos e carinhos para fazer as pazes. E a discussão sempre chegava ao fim na cama.

Felizes, Silvana e Agnaldo estavam empenhados em realizar o sonho de sair da favela. Queriam um lugar decente, num bairro melhor. Passaram pouco mais de um ano economizando o máximo que podiam, até que conseguiram comprar uma casa no bairro Jardim São Nicolau, na região de Interlagos. Eram menos de 30 metros quadrados, com um quarto, cozinha e banheiro. E só. Nem sala havia. Mas Silvana estava orgulhosíssima. Tinha, finalmente, a sua casa. Pela primeira vez, desde seus dias de menina, se sentia verdadeiramente em seu lar. Dali para a frente, acreditava, tudo seria menos sofrido, e poderia concretizar outros sonhos, como o de ser mãe novamente. Agnaldo apoiava a ideia e demonstrava também ter o desejo de ser pai. Os dias passavam, e a relação entre eles seguia bem. O único problema continuava sendo o ciúme de Silvana pelo marido. Nada, porém, que causasse grandes atritos ou colocasse o relacionamento em risco. Um episódio, no entanto, mudaria para sempre a vida do casal.

Largada em algum lugar de meados de 2007, aquela noite fria jamais sairia da memória de Silvana. Estavam ambos no bar em que Agnaldo trabalhava. Sentada no balcão, como se de uma cliente qualquer se tratasse, ela bebia uma cerveja Skol – sua preferida –, sem tirar os olhos do marido, que atendia aos fregueses. Foi quando uma mulher se aproximou de Agnaldo, pegou uma garrafa de cerveja das suas mãos e, em agradecimento, tascou-lhe um beijo no rosto. A cena aconteceu a uns três metros de Silvana. Imediatamente, ela sentiu o sangue ferver. Sua vontade era quebrar tudo naquele boteco, mas sabia que precisava se controlar. Perdeu o domínio sobre suas emoções ao perceber Agnaldo sorrindo para a tal mulher. Levantou-se lentamente, caminhou até parar de frente ao marido e deu-lhe um tapa que só não foi ouvido por todos por ter sido abafado pela música que saía das caixas de som. Queria desferir mais 20 bofetadas daquela na cara do esposo. Parou na primeira. De tão atônito, Agnaldo nem se moveu. Silvana o encarou com todo o ódio que conseguia expressar e foi embora. Do bar, direto para casa. Pegou no sono ainda sob efeito da ira, pensando no que poderia estar acontecendo no boteco, entre Agnaldo e aquela sirigaita.

"Ele mereceu. Aquele safado mereceu", foi o último pensamento que teve naquela madrugada, antes de adormecer debaixo do edredom de estampa florida.

O tabefe em sua face esquerda parecia ter acontecido num pesadelo. Não era. Silvana despertou assustada, respiração ofegante, ouvindo os brados do marido. Irado com o que havia ocorrido no bar, Agnaldo chegou em casa decidido a se vingar e a deixar as coisas bem claras.

– Nenhuma mulher bate em mim. Entendeu? – gritava Agnaldo.

E fez questão de repetir mais vezes do que Silvana pôde contar.

– Nenhuma mulher bate em mim! Nenhuma! Se bater, vai levar de volta!

Ele acabou de falar, virou as costas e começou a andar para fora do quarto, calmamente, como se tudo aquilo fosse a coisa mais normal. Silvana explodiu. Enquanto gritava de ódio e vomitava todos os palavrões que conhecia, passou a jogar no marido tudo o que estava ao alcance de suas mãos. Ventilador, revistas velhas, caixinha de bijuterias, sapatos. Voava de tudo em cima de Agnaldo, que não deu muita importância às agressões da esposa. Limitou-se a se esquivar dos objetos mais pesados e seguiu andando, até sair de casa. Silvana ficou. Sozinha. Chorando. De dor. De ódio. De tristeza. Enquanto tentava arrumar a bagunça em que transformara o próprio quarto, pensava que seu sonho de ter um casamento pleno de amor e um lar cercado de paz e alegria começava a sucumbir. Por outro lado, tentava se convencer de que aquela briga também não era nenhum fim de mundo. Todo casal tem suas desavenças. Muito pior era o que sua mãe passava em Lagoa dos Gatos, com o homem que deveria amá-la correndo dentro de casa com uma espingarda na mão e ameaçando a todos.

Agnaldo só voltaria para casa três dias depois, fingindo que nada havia acontecido. Silvana aceitou o pacto de silêncio sobre o assunto. Já na primeira noite juntos, fizeram amor do jeitinho que ela adorava, com um fogo danado. Aos poucos, as coisas entre o casal foram se ajeitando. Silvana adorava dizer às amigas do trabalho que era louca pelo marido. Já sobre as brigas do passado, ninguém tinha conhecimento. Morria de vergonha de que outras pessoas soubessem dos seus problemas conjugais. Além do mais, o casamento ia muito bem. Estavam fazendo até planos de engravidar e economizando o máximo que podiam para quando o bebê chegasse. Não via a hora de concretizar o sonho de ser mãe novamente. De preferência, de outra menina. E dessa vez, ninguém a afastaria da sua filha. Agnaldo também mostrava empolgação em relação à ideia. Sempre que o assunto da desejada gravidez vinha à baila, ele logo colocava seu melhor sorriso no rosto e dizia que se sentia pronto para tamanho desafio. Em seu imo, Silvana tinha absoluta certeza de que o marido seria um excelente pai.

Os meses que se seguiram foram alguns dos mais felizes da sua vida. Ela e Agnaldo estavam unidos e focados no plano de terem um bebê. Economizavam o máximo que podiam, para dar uma vida decente à criança que tanto queriam. Até que o sonho virou realidade. Natália Vitória nasceu às 11h07 da manhã, no dia 17 de junho de 2010, numa cesariana, pesando 3,4 quilos e medindo 47 centímetros, no Hospital Regional Sul, onde Silvana trabalhava, no bairro de Santo Amaro. Tinha os olhos negros, da cor da sua pele, assim como o pai, que estava no hospital, muito contente e orgulhoso da menina que acabara de vir ao mundo. Ao ver o marido com a filha nos braços, Silvana sentiu uma paz que jamais experimentara. Uma calma segura e firme, que lhe dava a certeza de que, dali para frente, seus dias seriam muito mais de felicidade e prazer do que de tristeza e sofrimento. Estava exausta de tanta agonia e angústia. Sentia que, enfim, havia chegado o momento de ser verdadeiramente feliz, com o marido e a filha em seu lar, exatamente como sonhava desde sua adolescência. E sua menina jamais passaria pelo que ela passou. Nunca testemunharia atos de violência entre seus pais nem seria enviada para trabalhar na casa dos outros. Não. Sua Natália seria uma criança feliz e amada.

À medida que o tempo passava, a paz e a harmonia entre o casal enfraqueciam. Era cada vez mais comum Agnaldo chegar em casa com o sol já iluminando o quarto. Mesmo chateada, Silvana se esforçava para não reclamar. Queria evitar discussões, para que a filha não visse os pais brigando. Mas tudo tem limite. Em agosto de 2012, quando Natália tinha 2 anos, Silvana e a filha foram a um aniversário. Chegaram em casa por volta das 23h. Ela colocou a menina para dormir e decidiu esperar o marido. O sono não deixou. Agnaldo abriu a porta por volta das 9h da manhã, com um cheiro insuportável de bebida impregnado na roupa.

— Assim não dá, Agnaldo! — reclamou Silvana.

— O que você quer que eu faça? Eu tava no trabalho.

— Não acredito nessa sua conversa! Nenhum bar fica aberto até uma hora dessa!

— Acredite se quiser.

Agnaldo respondia com desdém. A reclamação e a desconfiança da esposa em nada o incomodavam. Silvana deixou claro que não aceitaria aquilo. Se Agnaldo desejava levar vida de solteiro, chegar em casa na hora que quisesse, sem precisar dar satisfação a ninguém, era melhor se separarem. Foi o que aconteceu. Acordaram vender a casa e dividir o valor em partes iguais. A partir dali cada um iria para o seu lado. Conseguiram amealhar R$ 60 mil com a venda do imóvel. Com os seus R$ 30 mil, Silvana comprou outra casa — com dois quartos, sala, banheiro e cozinha. Agnaldo investiu sua parte na compra de um terreno em Vargem Alegre, no interior de Minas Gerais. A separação, no entanto, durou pouco tempo. Cerca de um mês mais tarde, já estavam morando juntos novamente, na casa que ela havia comprado. O combinado era que seria tudo diferente. Respeitariam um ao outro, evitariam brigas bobas e, sobretudo, cuidariam da filha com todo o amor do mundo. Silvana quis acreditar que tudo isso iria de fato acontecer. À época, ela trabalhava num bar perto de casa, em Santo Amaro, onde fazia de tudo. Era gerente, atendente, garçonete e cozinheira. A mandioca com carne-seca e o sarapatel eram seus pratos mais pedidos. Agnaldo, por sua vez, era garçom em outro boteco, no mesmo bairro.

Além de trabalharem em bares, a única coisa que tinham em comum era a filha. Nada mais. O casamento, praticamente, deixara de existir. O tempo em que Agnaldo era carinhoso com a esposa tinha ficado no passado. Dentro de casa, mal trocavam palavras. Só compartilhavam o amor por Natália. Silvana gostava de ver o marido brincando com a filha, dando banho nela, fazendo graça para a menina dar aquelas gargalhadas gostosas de criança. Quando se tratava da relação entre o casal, contudo, era uma frieza danada. Vez ou outra, Agnaldo se aproximava de Silvana à noite, na cama, querendo um chamego. Ela evitava. Dizia que estava com dor de cabeça, dor de barriga, dor de estômago. Qualquer dor que pudesse inventar para evitar as investidas do marido. Ele reclamava.

— Assim não tá dando — dizia, de cara fechada.

— O que você quer? — respondia perguntando Silvana.

— Quero minha mulher de volta? Aquela que fazia sexo gostoso.

— Como você quer a mulher de antes, se você fica aprontando na madrugada, na rua? Se você fica com outras mulheres na rua?

— Não faço nada de errado. Só trabalho.

— Você só mente. Eu tô cansada de suas mentiras. A gente não tem mais jeito. Essa é a verdade. É melhor terminar logo esse casamento.

— Tudo bem. Pode ir embora. A casa é minha. E a filha também.

— Tá louco? — esbravejou Silvana. E continuou:

— Nunca. Eu comprei a casa com o meu dinheiro. Você tá aqui de favor. A casa é minha e a filha também. Quem vai embora é você.

A discussão seguiu madrugada adentro, sem que nada fosse definido. Silvana só tinha duas certezas: de que não queria continuar naquela relação falida e de que estava sendo traída. E não tinha a menor vontade de trocar carícias na cama com o traidor. Afinal, que outra explicação haveria para o fato de Agnaldo chegar em casa todo santo dia após o amanhecer? O que antes acontecia uma ou duas vezes por semana transformara-se numa constante. Coisa rara era o marido chegar antes das 8h. Ele jurava, por tudo quanto é mais sagrado, que estava no bar, trabalhando. Certa de que Agnaldo estava mentindo, Silvana decidiu que iria flagrá-lo na mentira. Por três noites seguidas, pediu para uma vizinha ficar de olho em Natália enquanto a menina dormia e, no meio da madrugada, foi até o bar no qual Agnaldo trabalhava. Não havia vivalma. Portas fechadas. Silêncio absoluto. Daí, pela manhã, ele chegava, fedendo a uísque e repetindo a mesma ladainha.

— Eu tava trabalhando.

— Deixa de mentira, Agnaldo! Eu fui no bar. Não tinha ninguém lá. Tava tudo fechado. Você tá me traindo com alguma sirigaita na rua.

– Você tá louca! Eu saí do trabalho e fui pra outro bar com alguns amigos. Não tava com mulher nenhuma.

– Não dá mais. Não dá. É melhor a gente se separar logo.

Ele não aceitava a separação em hipótese alguma. Dizia que não queria ficar longe da filha e passou a acusar Silvana de ser ela a traidora. Na cabeça de Agnaldo, o único motivo que levaria a esposa a se mostrar tão decidida a terminar o casamento era estar interessada em outro homem. Foi quando as coisas entre eles ficaram ainda piores. Certo da infidelidade da mulher, Agnaldo desenvolveu um ciúme doentio e violento. Por diversas vezes, obrigava Silvana a desbloquear o celular para que ele visse com quem ela conversara durante o dia. Chegou até mesmo a estraçalhar o celular da esposa durante uma discussão. Quando iam a algum bar com música, ele a proibia de dançar, acusando-a de provocar os outros homens propositalmente. Ela odiava aquilo. Além das acusações infundadas, ser privada de um dos seus maiores prazeres – ela sempre adorou dançar – a incomodava profundamente. Mas entre ficar quieta, sentada à mesa, e correr o risco de apanhar quando chegasse em casa, a primeira opção invariavelmente prevalecia. Nem sempre a obediência de Silvana era suficiente.

Certa ocasião, o casal se preparava para sair de casa, quando ela foi pegar sua calça preferida para usar naquela noite. Era feita de jeans escuro e se ajustava perfeitamente ao corpo de Silvana, ressaltando suas pernas e nádegas. Agnaldo detestava aquela calça. Dizia que era apertada demais. Sensual demais. Provocante demais. Uma pouca vergonha. Ele falava que uma mulher decente jamais usaria uma roupa daquela. Irritava-o ainda mais o desenho de duas mãos na parte traseira da calça, como se estivessem apertando a bunda da mulher. Silvana, obviamente, sabia dessa repulsa do marido. Mesmo assim, resolveu confrontá-lo. Só faltava encontrar a calça. A bendita havia sumido. Não estava em nenhuma gaveta, nem no meio de outras peças. Até que viu, num canto do armário, alguns pedaços de um tecido idêntico ao da roupa. Agnaldo usara uma tesoura para cortar a calça em inúmeros pedaços. Ao indagar, injuriada, o marido, ele nem se preocupou em negar. Assumiu que destruíra a calça e que já deveria ter feito aquilo há muito tempo.

Dentes trincados de ódio e olhos marejados de dor e vergonha, Silvana sentia-se incapaz de tomar qualquer atitude diferente do que fez em seguida. Pegou os trapos que haviam restado da sua roupa e jogou no lixo. A discussão que se sucedeu cancelou o programa da noite e deu-lhe a certeza de que precisava terminar seu casamento o mais rapidamente possível. Além do próprio sofrimento, não queria que Natália crescesse naquele ambiente de violência e medo constantes. Por outro lado, sabia que a contribuição financeira do marido era de fundamental importância para ajudar a pagar as contas. Ainda mais com uma criança dentro de casa. E também valorizava bastante o fato de a menina conviver com o pai. Por tudo isso, sempre acabava decidindo dar mais uma chance a Agnaldo e à própria crença de que ele poderia melhorar um dia. Qualquer fio de esperança de que isso realmente acontecesse desapareceu num dia que deveria ser de alegria e celebração.

Era 31 de dezembro de 2018. Estavam todos animados para comemorar a chegada do ano novo. Natália, que completara 8 anos havia seis meses, não falava em outra coisa. Silvana havia prometido à filha que passariam o Réveillon na casa de dona Santa, mãe de Graciline, sua vizinha e melhor amiga, que todos chamavam de "Aline". De tão próxima à família, Silvana tratava dona Santa de "mainha", exatamente como Aline fazia. Estava certa de que seria uma noite linda, divertida e agradável, durante a qual ela e Natália estariam cercadas de amor e alegria, tudo o que não tinham na própria casa. Dona Santa morava no bairro de Veleiros, a uns 15 minutos de carro da casa de Silvana. Ela precisou criar coragem para pedir o automóvel emprestado a Agnaldo. Sabia que ele não gostava de deixar ninguém dirigir sua Fiat Strada vermelha, ano 2010, mas decidiu correr o risco de ouvir meia dúzia de gritos seguidos de um "não". Escolheu o mais suave tom de voz que tinha e foi falar com o marido, que havia acabado de sair do banho.

Ao entrar no quarto, Silvana viu uma cena que a deixou profundamente irritada. Agnaldo estava diante do espelho, já arrumado, passando a mão no cabelo que não tinha e dançando. De roupa nova. Todo feliz. A despeito das reclamações diárias de que não tinha dinheiro para nada, ele comprara calça e camisa novas. Já Silvana e Natália passariam a virada do ano usando roupas velhas, que todo mundo já conhecia. E o bonitão lá, se exibindo. Esforçou-se para não dar início a mais uma discussão e entrou no assunto que realmente interessava naquele momento.

— Agnaldo, você pode me emprestar o carro pra eu ir com a Natália na casa da dona Santa?

— Que papo é esse? — ele retrucou, sem tirar os olhos da própria imagem refletida no espelho.

— Esqueceu? Eu te falei que a gente ia passar a virada na casa da dona Santa.

— A gente quem?

— Eu e Natália, né?

— Sim. Mas não falou nada de ir com o meu carro.

Antes mesmo que Silvana pudesse responder, Agnaldo completou. Disse que ela podia pegar a chave do carro e ir para onde quisesse. Contanto que não demorasse muito. Ele queria sair com os amigos e determinou que a esposa deveria chegar em casa antes de uma hora da madrugada. Silvana concordou. Soltou um "tá bom" burocrático, pegou a chave do carro, agarrou a mão de Natália, e foram embora. Estavam animadas e leves. Como sempre ficavam quando longe de Agnaldo. Apesar de estar usando roupas velhas, Silvana sentia-se linda e estilosa. Combinara peças antigas para criar um visual novo. Colocou um short curto, uma calça de seda por cima e uma blusa. Tudo branco. Chegaram à casa de dona Santa pouco depois das 23h.

O lugar estava repleto de gente, de risos e de música. Havia duas mesas fartas de todo tipo de comida e muita cerveja e refrigerante. Aline, filha da dona da casa, dissera que teriam até champanhe para celebrar a chegada de 2019. Coisa de gente chique de verdade. Não é todo dia que se bebe champanhe na vida.

A noite foi ainda mais prazerosa do que Silvana poderia imaginar. As pessoas sorriam, dançavam, conversavam em voz alta. Natália corria de um lado para outro, brincando com as outras crianças. Comeram arroz com passas, peru, salpicão, pavê, bolo. Tudo uma delícia. Não recordava da última vez em que se sentira tão verdadeiramente feliz. Num universo sem Agnaldo, tudo era muito diferente. Podia até conversar com outros homens, sem ser acusada de estar se oferecendo e, principalmente, sem sentir medo de apanhar quando chegasse em casa. Era aquela vida que desejava. Não apenas no Réveillon. Todos os dias. Para ela e sua filha. Já se convencera de que isso só seria possível longe do marido. Só faltava criar coragem para ter uma conversa séria com ele sobre a separação. Sempre que tocava no assunto, Agnaldo reagia com agressividade, levantava suspeitas de que ela estaria interessada em outro homem e deixava claro que jamais aceitaria o fim do casamento.

Naquele instante, porém, sua preocupação era outra. Passava de uma hora da madrugada e ainda estava na casa de dona Santa. Já tinha chamado Natália para ir embora várias vezes, mas a menina implorava para ficar mais um pouco. E Silvana, que também estava adorando a noite, deixava. Até perceber que já eram quase três da matina. Desesperou-se. Não entendia como o tempo havia passado com tamanha rapidez. Presumiu que, àquela altura, Agnaldo seguramente estava irritado, à sua espera. Desprezou os pedidos da filha para permanecerem na festa por mais alguns minutos, meteu a menina dentro do carro e voltaram para casa. Passou todo o percurso imaginando como o marido estaria. Não estranharia se ele já tivesse quebrado alguma coisa dentro de casa ou se estivesse bêbado, largado no sofá e assistindo a alguma coisa na TV. A única certeza que tinha era de que toda aquela paz, a leveza e a alegria que estava sentindo na casa de dona Santa dariam lugar a medo, gritos e violência. O que viria a acontecer, porém, foi muito pior do que poderia conceber.

Na esquina da sua rua, Silvana ouviu uma música que tocava num volume alto demais. Agnaldo estava na frente de casa, bebendo e conversando com vizinhos. Ela parou o carro e saiu com Natália, desejando Feliz ano novo a todos que cruzavam seu caminho, inclusive ao próprio marido, que respondeu de forma seca. Não trocaram sequer um beijo. Agnaldo ignorou a mulher, mas tentou abraçar a filha. Chateada por ter sido obrigada a voltar para casa e já acostumada a ver o pai agredindo a mãe, Natália evitou o abraço e seguiu caminhando. Ele não gostou da atitude da menina. Deu-lhe um chute no bumbum, fazendo a criança tropeçar e quase cair no chão de cimento batido. Silvana explodiu. Deu um empurrão no marido e gritou, com uma força que desconhecia ter.

– Não bata na minha filha!! Não pense que você vai fazer com ela o que faz comigo! Não toque na minha filha, seu monstro!!

Os segundos que se sucederam passaram como que em câmera lenta para Silvana. Para sempre, ela lembraria de tudo com assombrosa precisão. Primeiro, Agnaldo deu uma rasteira por trás na esposa, fazendo-a cair. Na queda, bateu a cabeça no muro. O impacto causou um corte, do qual o sangue começou a jorrar. Já no chão, ela sentiu o marido desferir chutes em suas pernas. Tentava se proteger, encolhida, enquanto via os vizinhos assistirem à cena, inertes. Estavam atônitos. Até aquele momento, Agnaldo era considerado por todos um sujeito calmo, incapaz de tamanha violência. Jamais fora visto brigando na rua nem se metendo em encrencas. Além disso, Silvana nunca havia contado que os hematomas e arranhões que apareciam com frequência pelo seu corpo eram resultado das agressões que sofria dentro de casa. Diante dos olhares estupefatos dos colegas, Agnaldo seguia espancando a mulher, com os dentes trincados de ódio e uma expressão selvagem, que ninguém jamais vira em seu rosto.

Ele pisou no rosto de Silvana, espremendo-o no chão frio, e passou a dar murros por todo o seu corpo. Ela sentia os socos machucarem sua barriga, seu rosto, seus braços, suas costas. No meio daquela agonia infinita, viu Natália chorando, num canto do muro. Já acreditava que iria apanhar até morrer, quando os vizinhos resolveram interromper o massacre. Agarraram Agnaldo e o afastaram da esposa, que ficou no solo, imóvel, sentindo uma dor lancinante que lhe cobria todo o corpo. Apenas gemia e chorava. Não conseguia se mexer. Tentaram ajudá-la a se levantar, mas ela não foi capaz. Ficou sentada no chão, atordoada, pensando que nada daquilo teria acontecido se já tivesse se separado daquele animal. Com o gosto salgado das lágrimas molhando seus lábios, desejou jamais ter conhecido o homem com quem se casara e com o qual acreditou que formaria uma família plena de amor, como ela própria nunca tivera na infância.

Não demorou até chegarem duas viaturas da Polícia Militar (PM), acionada por um vizinho. Uma delas conduziu Agnaldo a uma delegacia, preso em flagrante. A outra levou Silvana ao Hospital Geral do Grajaú, na mesma região onde ela morava. Deu entrada no hospital por volta das 3h30 da madrugada. Seu estado era tão grave, que o médico de plantão disse que, antes de qualquer coisa, ela precisava fazer uma tomografia na cabeça. O problema é que a pessoa responsável por operar a máquina da tomografia só chegaria às 8h. A espera coincidiu com a chegada de uma equipe da polícia, que levou Silvana à delegacia, onde ela prestaria depoimento para o Boletim de Ocorrência (BO). Ao chegar à delegacia, viu algo que a fez sentir um calafrio percorrer todo o seu corpo. Agnaldo estava lá. Por uma dessas coincidências inexplicáveis da vida, seu agressor, que havia sido preso em flagrante, estava prestando depoimento no mesmo momento em que ela chegara para denunciar a violência que sofrera. Suava frio. Seu corpo tremia. Não conseguia encarar o marido. Sempre que Agnaldo mexia a cabeça em sua direção, ela desviava o olhar.

Silvana contou tudo ao escrivão, que anotava cada palavra no BO. Foi levada de volta ao hospital perto das 5h da matina. Agnaldo continuou na delegacia. E Silvana só pensava que o mundo seria muito melhor se o marido ficasse ali para sempre. Cercado de policiais armados, Agnaldo nem parecia aquele valentão que poucas horas atrás quase a tinha matado de tanta porrada. Parecia inofensivo como um garotinho amedrontado. Na viatura, retornando ao hospital para fazer os exames, pensava que todo sujeito que bate em mulher deve ser exatamente assim: agressivo com a companheira e covarde diante de outros homens. Principalmente, se esses homens são policiais com uma pistola na cintura. Covarde. Exatamente isso. Agnaldo era um covarde que não merecia o amor nem o respeito de nenhuma mulher.

Já no Hospital Geral do Grajaú, Silvana fez diversos exames. Eles mostraram a gravidade das contusões causadas pelas agressões. Além dos hematomas que cobriam praticamente todo o seu corpo, ela tinha um corte na nuca – causado pela pancada da cabeça no muro no momento da queda –, o olho direito inchado e o maxilar direito deslocado, em consequência dos murros. Poderia ser pior. A tomografia revelou que não havia nenhum dano cerebral ou hemorragia interna. Sentia, no entanto, uma dor sofrida demais. Não apenas física. Doía-lhe também a alma. Era o primeiro dia de 2019, e ela passara as últimas horas entre o hospital e a delegacia. Imaginou como estariam as pessoas comuns. Aquelas que não são espancadas na noite de Réveillon e que aproveitam o 1º de janeiro para celebrar, ir à praia, fazer um churrasco. Para ser feliz. Só isso. Chegou a duvidar se, um dia, nessa vida desgraçada, conheceria o verdadeiro sentido da palavra "felicidade". Talvez ela simplesmente não tivesse nascido para desfrutar de tamanho privilégio.

Durante as cinco horas que passou no hospital, foi medicada com mais remédios do que pôde guardar na memória. Recordava-se, apenas, de que havia analgésicos e anti-inflamatórios na lista determinada pelo doutor. Elisângela, amiga da vila e a quem chamava de

"Lica", foi a única visita que recebeu naquele curto espaço de tempo. Graças a Lica, Silvana pôde sair do hospital de roupas limpas. As peças que usara na noite de Réveillon, todas de um branco imaculado, estavam imundas, manchadas pelo vermelho do seu sangue. Pelo vermelho da violência extrema que sofrera por parte do próprio marido. Só de olhar para aquelas roupas, ela sentia um mal-estar jamais experimentado. Era uma agonia estranha, um misto de ânsia de vômito com tontura. Como se estivesse sendo novamente espancada por Agnaldo. Lixo. Era o melhor destino para aquela porcaria. Meteu tudo num saco plástico e largou na primeira lixeira que apareceu na sua frente, ainda no hospital. Voltou para casa, acompanhada por Lica.

Os dias que se seguiram eram sempre pesados. As lembranças de tudo o que acontecera no Réveillon atormentavam-na profundamente. Não dormia direito. A qualquer barulho que ouvia, principalmente à noite, achava que podia ser Agnaldo tentando invadir sua casa. Já estava sabendo que o marido havia sido solto. Ele ganhara o direito de responder ao processo em liberdade, após pagar uma fiança de R$ 500. Silvana não conseguia entender. Como um valor tão irrisório podia ser suficiente para deixar livre um homem que quase matou a própria mulher a murros e pontapés? Ela não sabia que o Código de Processo Penal (CPP) brasileiro dá, a indivíduos nas condições de Agnaldo, esse tipo de benefício. Acusado pelo crime de lesão corporal, qualificado pela violência doméstica, Agnaldo teria, de acordo com o CPP, pena de três meses a três anos de prisão. Detido em flagrante, ele havia recebido a pena mínima, que foi suspensa pelo juiz, desde que cumprisse três determinações da Justiça: não se ausentar da comarca onde residia, sem autorização do juiz; comparecer trimestralmente a juízo, para informar e justificar suas atividades; e respeitar a medida protetiva, não se aproximando de Silvana a uma distância inferior a 500 metros.

Além disso, para crimes com pena máxima de três anos, o CPP estabelece que o delegado pode conceder fiança para que o acusado responda ao processo em liberdade. Foi exatamente o que aconteceu com Agnaldo, contrariando a Lei Maria da Penha (Lei nº 11.340). Sancionada pelo então presidente do Brasil, Luiz Inácio Lula da Silva, no dia 7 de agosto de 2006, e batizada com o nome de uma mulher que, assim como Silvana, quase fora assassinada pelo companheiro, a Lei Maria da Penha veda a aplicação de pena por fiança, pagamento de cestas básicas ou qualquer outro tipo de multa. Mas não fala nada sobre a suspensão condicional da pena, tratada no art. 77 do Código de Processo Penal, sendo cabível para as hipóteses de aplicação de pena de até dois anos para réus primários, como era o caso de Agnaldo. Para juristas atuantes em direitos da mulher, trata-se de uma lacuna a ser reparada na legislação brasileira: enquanto a Lei Maria da Penha veda penas de pagamento de valores, o CPP permite o arbitramento de fiança para prisão em flagrante e a suspensão condicional da pena em caso de lesão corporal contra a mulher, fazendo com que, mesmo depois de condenado, o agressor não passe um dia sequer na prisão.

Alheia a toda essa questão judicial, Silvana estava revoltada e amedrontada diante do fato de que Agnaldo pagara R$ 500 de fiança e fora embora da delegacia, no dia 2 de janeiro, como se fosse o mais honesto dos cidadãos. Havia, porém, algo novo no meio de tudo aquilo. A Justiça acatara seu pedido e emitira uma medida protetiva contra Agnaldo. Assim, ele estava proibido de fazer qualquer contato com a esposa e de se aproximar dela a uma distância inferior a 500 metros. Por outro lado, muitas vezes ela pensava que a tal da medida protetiva não passava de um pedaço de papel. E não se sentia tranquila nem segura. Sabia que, se Agnaldo quisesse, não seria aquela folha com o timbre da Justiça de São Paulo que o impediria de tentar falar com ela ou de agredi-la novamente. Se isso acontecesse, Silvana não tinha dúvidas, seria muito pior do que na noite de Réveillon. Ele poderia até mesmo matá-la. O fato é que, a partir daquele momento, a vida severina de Silvana enfrentaria meses de profunda aridez.

Sem o marido em casa, seu salário tornou-se a única fonte de renda. Passou a economizar até onde não podia. Carne só aparecia no prato uma vez por semana. Os passeios com a filha eram cada vez mais escassos. Roupa nova, nem pensar. Diminuiu até na cervejinha, uma de suas poucas alegrias. O pior, porém, era a vergonha que sentia de sair à rua, para não ter de falar sobre o assunto. Das poucas pessoas com as quais conversava sobre o espancamento que sofrera do esposo, ouvia sempre a mesma coisa. Diziam, invariavelmente, que ninguém esperava que Agnaldo chegasse ao ponto de agredi-la com tamanha selvageria. Até mesmo quem sabia das ocasiões passadas nas quais ele já havia batido na esposa. As irmãs de Silvana estavam nesse grupo. Todas tinham conhecimento do que ela sofria dentro de casa, mas costumavam dizer que aquele tipo de coisa era comum num casamento. Até porque elas próprias também enfrentavam o mesmo problema com seus respectivos maridos. Não a ponto de serem encaminhadas ao hospital após levar uma surra do companheiro. Mas um tapa aqui e um empurrão ali não eram raridade. Quase todas as vizinhas de Silvana tinham a mesma experiência. Na vila onde morava, não passava um mês sem um homem dar um safanão na mulher. E a vida seguia, sem maiores transtornos aparentes.

À medida que o tempo passava, Agnaldo se reaproximava da esposa. Começou alugando uma casa no mesmo bairro, a apenas 300 metros da vila onde Silvana morava. Passou a ser comum eles se cruzarem pelas ruas. Nessas ocasiões, Agnaldo acenava para a esposa, mandava um sorriso meio tímido. Ela nunca respondia. Gelava de pavor só de ver o seu agressor solto, andando pelas ruas, tão perto. Tinha certeza de que a tal da medida protetiva não adiantaria de muita coisa, se ele decidisse abordá-la. A filha do casal, por outro lado, sempre ficava animada ao ver o pai. À época com 8 anos, Natália sorria para ele, pedia à mãe que a deixasse falar com Agnaldo. Ter presenciado o episódio durante o qual o pai quase matou a mãe a socos e chutes, na frente de casa, parecia não ter apagado o amor da menina por ele. Para Silvana, era uma prova da inocência e da pureza da filha, que demonstrava não entender muito bem a gravidade do que tinha acontecido. Além do mais, Agnaldo sempre se mostrou um bom pai, provedor e carinhoso com Natália. Disso, ela não podia reclamar.

Nesse cenário, Silvana passou a enfrentar um quadro bastante comum a mulheres vítimas de agressão e que se afastam do companheiro. O aperto financeiro, a solidão física, o preconceito em relação a uma mãe solteira e a ausência do pai dos seus filhos levam-nas, muitas vezes, a permitir uma reaproximação. Foi o que aconteceu. Aos poucos, Agnaldo e Silvana voltaram a se falar. A princípio, a filha era o único assunto sobre o qual conversavam. Ele até ganhou de Silvana o direito de levar a menina para passear uma vez por semana. Reconquistou a confiança da esposa, até que ela o autorizasse a frequentar a sua casa, sob o pretexto de ver a filha, enquanto a medida protetiva estava jogada e esquecida em alguma gaveta do armário do quarto. Nessa época, Silvana trabalhava como segurança em eventos, muitos deles noturnos. Nem sempre encontrava uma amiga para ficar com Natália nessas ocasiões. Agnaldo logo se ofereceu para cuidar da filha quando Silvana precisasse trabalhar à noite. Assim, ele voltou a fazer parte da vida da filha e da ex-mulher. Tinha até a chave da casa. Começou a tocar, esporadicamente, no assunto de restaurar o casamento, ideia sempre rechaçada por Silvana.

Agnaldo retomaria sua postura controladora, mais cedo do que ela imaginava. Queria sempre saber o que a ex-esposa programara para os fins de semana, com quem iria sair, se estava se encontrando com algum outro homem. Em suas respostas, ela dizia que não devia mais satisfações da sua vida a Agnaldo, o que o deixava ainda mais irritado. Ele não chegava ao ponto de agredi-la fisicamente. Mas um grito ou outro e alguns palavrões mais pesados ocorriam com frequência. A tensão e o medo dos quais Silvana acreditava ter se livrado quando o marido saiu de casa voltavam a assombrá-la. Havia, porém, um sentimento que nem ela mesma entendia e que a fazia duvidar de que Agnaldo seria capaz de repetir a selvageria que cometera no Revéillon de 2018. Talvez, o desejo de que o pai da sua filha fosse melhor do que seu próprio pai. Ou o sonho – abalado, mas ainda vivo – de construir uma família feliz e estruturada. Poderia até mesmo ser a legítima vontade de sentir-se verdadeiramente amada pelo homem com o qual um dia resolvera se casar. Não conseguia organizar muito bem seus sentimentos e pensamentos. Só se recusava a acreditar que poderia passar por algo ainda pior do que o espancamento que sofrera na virada do ano. Até que aconteceu.

Aquela terça-feira amanheceu fria. Fazia pouco mais de 16 graus, no dia 24 de setembro de 2019, quando Silvana abriu os olhos, perto das 7h. Nem tirou o moletom com o qual passara a noite encolhida embaixo do edredom. Foi direto para a cozinha, preparar um café e um pão com manteiga. Natália ainda dormia. Silvana estava de folga do trabalho e não tinha pressa para acordar a filha, que só precisava chegar à escola às 13h. Já tinha definido a programação do dia. Passaria o resto da manhã em casa, descansando. Tão logo Natália saísse para o colégio, iria para um bar ali perto, a cinco minutos de caminhada, onde se encontraria com Antônia, uma de suas melhores amigas. As duas costumavam ir sempre ao mesmo bar, colocar a conversa em dia, enquanto tomavam algumas cervejas. À noite, ficaria em casa com a filha, vendo qualquer bobagem na TV. Tudo correu conforme o planejado, até o momento em que Silvana saiu do boteco e voltou para casa.

No meio do caminho, passou na frente do bar no qual Agnaldo trabalhava. Chegou a ver o ex-marido lá dentro, mas fez questão de ignorá-lo. Até porque havia bebido mais cervejas do que seu organismo poderia suportar sem perder o total domínio de suas funções e não queria que ele a visse naquele estado. Estava certa de que seria motivo de mais uma discussão. Seguiu para casa. Natália já havia chegado da escola. De tão embriagada, Silvana não conseguiu sequer tomar banho sozinha. Coube à filha ajudá-la a ir ao banheiro e dar banho na própria mãe. Estavam ambas na sala, banho tomado e roupas trocadas, quando Agnaldo entrou. Silvana não esperou que ele falasse palavra.

— Já fechou o bar? — perguntou, com a voz ainda claudicante, sob efeito do álcool.

— Já. Acabei de fechar. Por quê? — ele quis saber.

— É que eu queria mais uma Skol *long neck*.

— Vou buscar pra você.

— Tá bom.

Agnaldo retornou menos de dez minutos depois. Entregou a cerveja a Silvana e nem esperou que ela desse o primeiro gole. Foi logo pedindo para ver seu celular. Para evitar qualquer imbróglio e afirmando não ter nada a esconder, entregou. Não era a primeira vez que aquilo acontecia. Quando ainda eram casados, houve diversas ocasiões em que Agnaldo a obrigara a deixá-lo ver tudo o que quisesse em seu celular. Muitas dessas vezes, a coisa descambava para gritos, xingamentos e tapas. Naquela noite, no entanto, Silvana acreditava que não haveria nenhum problema. Afinal, o ex-marido tinha até trazido uma Skol gelada para ela. Uma das mensagens de áudio que ele ouviu era de uma conversa entre Silvana e Antônia, combinando de irem ao bar. Exatamente como ela dissera. Até aí, estava tudo bem. Jamais soube o que Agnaldo viu no celular que o fez ficar agressivo. De uma hora para outra, o homem virou uma fera.

— Aproveite bem essa cerveja, porque vai ser a última que você vai tomar na vida — ele disse, imediatamente antes de desferir um murro no rosto de Silvana.

Ela caiu, atordoada, na cama que ficava na sala, ao lado do sofá branco, sempre coberto por uma capa de tecido vermelho. Para Natália, ver o pai agredir a mãe não era novidade. Mesmo assim, sempre sentia medo quando as brigas aconteciam. O pavor da menina, que acabara de completar 9 anos, aumentou quando, na tentativa de proteger a mãe, ela notou que o pai levava uma faca na cintura. Gritou.

– Corre, mãe! Corre, que ele tá com uma faca!

Silvana encontrou forças para vencer o efeito do álcool e do soco que acabara de levar e correu para a cozinha. Pegou a primeira faca que encontrou. Era uma pequena, do conjunto de jantar. Bem menor do que a faca que Agnaldo trazia consigo. Essa era grande, com cabo de madeira, do tipo que se usa para cortar carne num churrasco. De nada adiantou Silvana pegar a faca. Quando voltou para a sala, levou outro murro de Agnaldo. Caiu no chão frio, sobre o piso de cerâmica, deixando o talher escapar-lhe da mão direita. Na queda, seu ombro direito esbarrou num quadro que tinha na sala, com uma foto da Torre Eiffel, em Paris. Sempre sonhou em conhecer aquele lugar tão maravilhoso, frequentado por pessoas bonitas, ricas e elegantes. Parecia-lhe impossível que em Paris um homem fosse capaz de espancar a própria esposa. Naquele momento, porém, só pensava em continuar viva.

O ex-marido deu-lhe mais um murro, na cabeça, e um chute na barriga. Sacou a faca da cintura e desferiu um golpe na direção do rosto de Silvana, que conseguiu esquivar-se. Agnaldo ergueu o braço e voltou a tentar esfaqueá-la. Ela colocou o braço direito na frente da faca e sentiu o primeiro corte. Seu bramido de dor deixou a filha ainda mais apavorada. Aquilo era muito pior do que qualquer briga dos pais que ela já testemunhara. Aos gritos, Natália pediu para Agnaldo parar. Ele limitou-se a olhar friamente para a menina e dizer algo que ela repetiria sempre que narrasse os acontecimentos daquela noite – como fez em seu depoimento a uma psicóloga, durante o Inquérito Policial.

– Natália, vai pro quarto. Vai pro quarto, que eu vou matar a tua mãe.

– Não vou. Eu vou ficar com a minha mãe – respondeu a garota, já com lágrimas nos olhos.

Aterrorizada e buscando salvar a mãe, Natália buscou algo que pudesse usar para deter o pai. Primeiro, pensou em jogar sua bicicleta em cima de Agnaldo. Mas não conseguiu sequer levantá-la do chão.

Viu um cabo de vassoura largado no canto da cozinha e considerou ser uma boa opção. Pegou-o, correu de volta para a sala e tascou nas costas do pai. Ao primeiro contato com o casaco de couro preto que Agnaldo usava naquela noite, a madeira quebrou ao meio, sem causar qualquer desconforto ao agressor. Natália, então, tomou o que lhe parecia a única e última atitude. Segurou o antebraço direito do pai e tentou arrancar-lhe a arma branca da mão. Num movimento mais brusco para livrar-se da investida da filha, Agnaldo acabou por cortar um dos dedos da garota, que deu um grito de dor. Silvana ainda teve forças para intervir.

— Não toca na minha filha! Não mexe com ela! — vociferou, pouco antes de Agnaldo dar a primeira facada em seu rosto.

Ela sentiu a lâmina perfurar o lado direito da sua face, chegando a arranhar nos dentes. Agnaldo ignorou a presença da criança na sala e seguiu esfaqueando a ex-mulher. Silvana tentava se defender como podia. Colocava as mãos e os braços na frente da lâmina, se esquivava das facadas, empurrava as mãos do homem com quem, havia quase 11 anos, decidira dividir a vida e que agora queria dar-lhe a morte. Natália assistia a tudo aterrada, sem saber mais o que fazer. Não queria deixar a mãe ali, sozinha, prestes a ser assassinada. Por outro lado, precisava buscar ajuda. Pegou o telefone celular e ligou para o 190, número de emergência da Polícia Militar. Ao atendente, disse que seu pai estava prestes a matar sua mãe e passou o endereço da casa. Pensou que não podia deixar tudo sob a responsabilidade da PM. Principalmente, porque o socorro policial poderia chegar tarde demais. Saiu correndo e foi bater na janela do quarto de Aline, uma das melhores amigas de Silvana. Da porta da sua casa até a janela da vizinha não dava mais do que cinco metros. Passava das 10h da noite, e Aline já estava dormindo. Acordou com o barulho dos tapas desferidos por Natália em sua janela. Levantou assustada, abriu a janela e viu a menina em pânico.

— O que foi, Natália? — perguntou, voz ainda embargada pelo sono.

— Meu pai tá matando minha mãe! — respondeu, ofegante.

E repetiu, com os olhos saltando do rosto pueril e a voz mais desesperada que Aline já ouvira na vida.

— Corre que meu pai tá matando minha mãe!

Aline tomou para si a angústia da garota. Sabia que precisava agir rápido. Não se deu ao trabalho sequer de ir até a porta da sala. Do quarto mesmo, saltou janela afora e... pronto. Já estava na porta da casa de Silvana. Seu filho, Roger, de 12 anos, também havia acordado no meio daquela confusão toda e foi atrás da mãe. A imagem que Aline viu ao entrar na casa da vizinha ficaria para sempre gravada em sua memória. Agnaldo estava com o joelho direito sobre o tórax de Silvana, que, por sua vez, tentava segurar as mãos do ex-marido. Aline pensou se tratar de mais uma das muitas brigas que já presenciara do casal, só que com mais agressividade do que de costume. Gritou para Agnaldo parar e se aproximou, tentando arrancá-lo de cima de Silvana. O corpanzil de 1,80 metro de altura e cerca de 90 quilos do agressor nem se moveu. Ele limitou-se a virar a cabeça para o lado e encarar Aline, com um olhar tenebroso, lúgubre. Ela nunca vira aquela expressão nos olhos de ninguém. Sentiu como se um vento gelado percorresse cada centímetro do seu corpo. Chegou a considerar que aquele homem estivesse possuído por algum demônio. Ainda dominada pelo pavor, ouviu os brados do próprio filho.

— Sai daí, mãe. Ele tá com uma faca — gritou Roger.

Na ânsia de salvar a amiga, Aline não tinha percebido a arma na mão de Agnaldo. Não notara também que Silvana já tinha cortes nas mãos, nos braços e no rosto, consequências da luta com o ex-marido. Mas viu quando ele levantou o braço para, em seguida, dar mais uma facada em Silvana, que urrava de dor e se debatia no chão, desesperadamente. Admitindo que não poderia evitar a tragédia sozinha, Aline saiu da casa e começou a gritar, pedindo a ajuda de outros vizinhos. Tentou levar Natália consigo, mas a menina recusou-se a ficar longe da mãe. Em poucos minutos, outros moradores da vila já estavam dentro da casa. Alguns, só pela curiosidade macabra de ver uma desgraça acontecendo. Outros na intenção sincera de evitar a tragédia. Alguns homens até chegaram a se aproximar de Agnaldo, mas logo recuaram, sob a ameaça de também serem esfaqueados. Apenas neste momento, Natália foi retirada da casa por um vizinho. De tão exausta psicologicamente, a menina desmaiou assim que cruzou a porta da sala.

Ela não viu, portanto, que o massacre continuava. Agnaldo estava quase sentado sobre sua ex-mulher e mãe da sua filha, aplicando-lhe facada após facada, sempre procurando atingir o rosto. E ela, sufocando, tentando se esquivar dos golpes. Num deles, a lâmina passou a milímetros do rosto de Silvana e só parou quando encontrou o chão. O impacto entortou a lâmina e arranhou o piso de cerâmica. Mas Agnaldo não queria saber se a faca estava torta. Seguiu usando a arma branca para destroçar o rosto da ex-esposa. Ela recebia cada perfuração da lâmina com incredulidade. Era difícil conceber que estava passando por aquilo. Como o homem com quem se casara poderia ser capaz de esfaqueá-la? Que tipo de gente faz algo assim? E as facadas continuavam. Com o rosto já banhado de sangue e o sabor amargo daquele líquido grosso e vermelho em sua boca, chegou à conclusão de que sua vida estava prestes a acabar.

– Ele vai me matar! – pensou.

Ocorreu-lhe, então, tentar ludibriar seu agressor. Se Agnaldo queria matá-la, daria esse prazer ao ex-marido. Ao menos, faria com que ele acreditasse que conseguira. Decidiu fingir-se de morta. Fechou os olhos encharcados pelo próprio sangue, prendeu a respiração e parou de se mexer. Sentiu, ainda, mais uma vez a lâmina perfurar seu corpo, perto da orelha direita, antes que seu ex-marido interrompesse as facadas. No meio do alarido que ocupava sua sala, ouviu algumas vozes, em uníssono.

– Ela tá morta.

Agnaldo agiu como se tivesse essa mesma impressão. Largou a faca ensopada de sangue no chão da sala e levantou-se calmamente, como se nada de mais tivesse acontecido. Fez questão de agredir Silvana uma última vez, com um chute no rosto, e de dizer uma frase da qual ela se lembraria para sempre.

— Você pensou que ia me deixar e ficar na boa?

Em seguida, caminhou até a cozinha, abriu a torneira da pia, usou o detergente de lavar pratos para tirar o sangue das mãos e saiu andando, num caminhar tão sereno que deixou a todos assombrados. Não houve vivalma que ousasse tentar impedi-lo de ir embora. Praticamente todos ali já haviam presenciado brigas entre marido e mulher na comunidade. Nada, porém, que se comparasse ao que tinham acabado de testemunhar. Muito menos, com um agressor que sai caminhando do local do crime tranquilamente, como quem vai ao supermercado ou à padaria. Os olhares aterrorizados e curiosos ainda viram Agnaldo entrar no seu Fiat Strada vermelho e ligar o motor. Só então, deu alguma demonstração de nervosismo. Pisou fundo no acelerador e saiu cantando pneu.

A polícia chegou cerca de cinco minutos depois. Atrasada, mas a tempo de socorrer Silvana, que seguia agonizando no chão da sala, pintado com seu próprio sangue. A policial militar Isabella Souto, diante da cena pavorosa que encontrou, chegou a pensar que aquela mulher estirada no chão estivesse morta. Parecia-lhe pouco provável que, com tantas perfurações no rosto e nos braços, a vítima ainda estivesse viva. Ao aproximar-se, notou que, sim, seu estado era muito grave, mas ainda respirava. E, para seu alívio, estava consciente. Foi a própria Silvana que disse à policial onde estavam seus documentos, para que a ocorrência fosse devidamente registrada. Também chamou a atenção da agente de segurança a faca de cabo de madeira e lâmina entortada largada no chão da sala, ao lado da vítima. Antes de chamar o resgate para transportar Silvana até o hospital, a policial ouviu das testemunhas uma informação que em nada a surpreendeu: o agressor era o ex-marido.

O fato confirmava dados da pesquisa "Mulheres Brasileiras nos Espaços Público e Privado" – realizada pela Fundação Perseu Abramo (FPA), em parceria com o Serviço Social do Comércio Sesc (Sesc) – e de relatório da Central de Atendimento à Mulher, do Governo Federal, que apontam que, em cerca de 80% dos casos de violência feminina, o autor dos ataques é o marido, namorado ou o ex da vítima. Outro dado também tinha relação com o histórico de Silvana: em cerca de 50% das ocorrências, a mulher tinha medida protetiva contra seu ex-companheiro. Por ser mulher e policial, Isabella Souto tinha pleno conhecimento dessa realidade brasileira. Naquele momento, no entanto, sua prioridade era assegurar que aquela coitada, com o rosto banhado de sangue, fosse devidamente socorrida e encaminhada ao hospital. Foi exatamente o que fez.

Enquanto aguardava o resgate, Silvana não sentia dor alguma. Seu rosto parecia anestesiado. As facadas haviam dilacerado veias e nervos. Mal conseguia abrir os olhos. Sua blusa estava ensopada de sangue. Ouvia, ao longe, a voz da policial militar, dizendo-lhe para ser forte e que a ajuda estava a caminho. Sentia como se não estivesse ali. Como se não fosse ela a mulher que acabara de ter o rosto destroçado pelo ex-marido. Com a vista embaçada pelo próprio sangue, ouvia as sirenes cada vez mais fortes. Era uma ambulância do Corpo de Bombeiros chegando para socorrê-la. Dois agentes da corporação entraram na casa e, cuidadosamente, colocaram-na numa maca. Sentia-se fraca, com dificuldade de respirar. As vozes que falavam com ela soavam-lhe confusas, incompreensíveis. Sua última lembrança daquela noite trágica seria de alguém enfiando uma agulha no seu braço direito para a aplicação do soro. Apagou.

Ao acordar, já estava no Hospital Geral do Grajaú, da rede pública do Estado de São Paulo, onde passaria os três próximos dias sendo submetida a uma série de procedimentos. Foram, ao todo, 12 horas de cirurgias para tentar reconstruir seu rosto. A equipe médica se revezava a cada três ou quatro horas, tamanho o esforço e o estresse empregados naquele trabalho. Não era necessário apenas dar os pontos nas áreas do rosto cortadas pelas facadas. A parte mais complexa e delicada era fazer tudo com o máximo de cuidado em relação aos nervos e às veias que a lâmina havia destruído. Os médicos ainda precisaram recolocar a orelha direita de Silvana, que fora praticamente arrancada da cabeça pelas facadas, no lugar de origem. Apenas nesse procedimento, a equipe precisou trabalhar por cerca de 40 minutos.

Só depois de todo esse processo de reconstrução ser concluído – foram mais de 120 pontos no total –, ela ficou sabendo que, no caminho de casa ao hospital, chegou a sofrer uma parada cardíaca e ser declarada tecnicamente morta. Foi ressuscitada ainda dentro da ambulância, por uma pessoa da equipe de socorro, cujo nome nunca chegaria a saber. Seria informada, também, de que os exames atestaram que Agnaldo havia desferido exatamente 17 facadas em seu rosto, além de quase uma dúzia de cortes em suas mãos e braços. Para sempre lembraria dessa informação. 17 facadas. Todas no rosto. Era-lhe difícil imaginar que tipo de gente seria capaz de tamanha crueldade. Ainda sofria diante do fato de que o homem com quem se casara e tinha uma filha fosse um ser humano tão torpe, frio e perverso.

Saberia, meses depois, conversando com especialistas em violência contra a mulher, que muitos homens, dominados por ciúmes e possessividade, tentam destruir o rosto de suas companheiras, na intenção de atingir sua autoestima, de arrancar sua beleza e de dificultar que elas voltem a ter uma vida amorosa normal. Entendeu que, sem dúvidas, era exatamente esse o objetivo de Agnaldo. Seria mais uma forma de concretizar suas ameaças, quando dizia que, se Silvana não fosse dele, não seria de mais ninguém. Naquele momento, no leito do hospital, precisava buscar forças num lugar que desconhecia, para manter alguma gota de esperança de que, um dia, voltaria a viver sem o peso daquele trauma. O preconceito e o machismo, no entanto, pareciam insistir em mostrá-la que essa seria uma batalha árdua. Com o rosto ainda inchado em consequência das agressões e coberto pelos pontos que acabara de receber, ouviu um integrante da equipe médica falar algo que lhe causou grande indignação.

— Vai saber o que ela fez pra merecer isso — disse uma voz de homem.

Doeu-lhe profundamente saber que, dentro do hospital, ao seu lado, havia alguém que acreditava que uma mulher poderia merecer levar 17 facadas no rosto, por qualquer motivo que fosse. Era uma dor quase tão lancinante quanto a que sentia quando o efeito dos anestésicos passava. Seu rosto latejava, os olhos ardiam, os lábios — destruídos pelas facadas — apresentavam espasmos involuntários. De uma médica, ouviu que seu olho direito jamais abriria novamente e que ela precisava se acostumar com aquele rosto horroroso. Afinal, nenhum cirurgião do mundo faria algo muito melhor do que a equipe do Grajaú acabara de fazer. Ouvir isso provocou-lhe um choro descontrolado. Como poderia passar o resto da vida com aquela cara deformada e um olho fechado? Para piorar, ainda era obrigada a enfrentar esse tipo de situação sem o mínimo de conforto. Com os quartos do hospital lotados e os leitos ocupados, Silvana havia sido colocada numa maca, num corredor abarrotado de outros infelizes. Eram tantos ais e gritos desesperados, que ela não conseguia sequer dormir.

Não demorou para a truculência do seu caso chamar a atenção da imprensa. Ainda estava internada, quando uma equipe do programa *Cidade Alerta*, da TV Record, fez uma reportagem sobre a mulher que levara 17 facadas do ex-marido e sobrevivera. Silvana virou atração no hospital. Funcionários e outros pacientes iam ao corredor onde ela estava só para vê-la. Constrangida com essa situação e com vergonha do seu rosto deformado, tentava evitar o assédio, cobrindo-se com o lençol encardido que recebera de uma enfermeira. A reportagem causou-lhe esse desconforto, mas foi fundamental para que conseguisse um leito num dos quartos do hospital. As dores e a humilhação que sentia permaneciam presentes. Ainda assim, era melhor passar por tudo isso numa cama do que numa maca, num corredor repleto de gente gritando por todo lado. Ficou ali até receber alta. Do hospital, seguiu direto para a casa de uma amiga, cuja identidade prometeu nunca revelar, com receio de que Agnaldo fizesse algo contra sua anfitriã.

Os dias que se seguiram foram repletos dos mais díspares sentimentos. Alívio, sofrimento, tristeza, medo, expectativa. Sentia de tudo um pouco. O alívio era por saber que Agnaldo já estava preso. No dia 1º de outubro de 2019 – uma semana após tentar matar a ex-esposa a facadas –, ele, que estava sendo considerado foragido, se entregara à polícia. Na ocasião, foi cumprido o mandado de prisão temporária. O documento policial apontava que ele deveria ser detido sob a acusação de "homicídio qualificado, na forma tentada, intitulado como feminicídio". Com Agnaldo preso, Silvana não precisava mais se preocupar em ser perseguida, ameaçada e agredida novamente pelo ex-marido. Havia, porém, ainda o sofrimento por tudo o que passara, a tristeza por ver destruído o seu sonho de ter uma família feliz e o medo de não conseguir reconstruir sua vida. E, por fim, a expectativa de que o julgamento de Agnaldo acontecesse o quanto antes e de que ele fosse condenado pela desgraça que lhe provocara.

Esforçava-se para não dar crédito às muitas pessoas que lhe diziam que a Justiça no Brasil não serve para nada, que era muito provável que seu agressor acabasse sendo inocentado, que casos como o dela nunca recebem a devida atenção das autoridades e que as mulheres são sempre injustiçadas em processos judiciais. Entendia que, com parcas exceções, tudo isso representava exatamente a realidade da mulher brasileira. Mas queria crer que seu caso teria outro desfecho. Tinha fé em Deus que Agnaldo seria punido por todo o mal que lhe causara. Até a Justiça marcar o dia do julgamento, todavia, tentaria retomar sua vida. Aos poucos, voltou a sair com as amigas mais próximas e a brincar com Natália dentro de casa. Conseguia, de vez em quando, até sentir-se um pouco feliz. Qualquer lampejo de felicidade sumia quando se via em algum espelho. Seu rosto destruído, coberto de cicatrizes – não tão profundas quanto as que carregava na alma –, e seu olho direito quase que completamente fechado faziam com que não se reconhecesse em seu próprio reflexo. Logo ela, que sempre se considerara uma mulher bonita e atraente. Se o objetivo de Agnaldo era deixá-la feia, isso, sem dúvidas, ele havia conseguido.

O rosto deformado causava-lhe problema ainda maior. Para recomeçar a viver de fato, precisava de um trabalho. E sabia ser praticamente impossível alguém dar emprego a uma mulher cuja aparência todos consideravam repulsiva. Na área em que ela atuava, então – de segurança de empresas e em eventos –, era completamente impensável conseguir algo. Melhorar sua aparência não era apenas uma questão de vaidade. Longe disso. Tratava-se de voltar a viver como uma pessoa normal, do tipo que pode ir ao shopping com a filha ou ao bar com as amigas sem atrair olhares de assombro ou de piedade de todos ao seu redor. Tratava-se, sobretudo, de poder trabalhar para ganhar seu dinheiro e, assim, cuidar da sua filha. Nesse processo, recebeu uma ajuda simples, mas fundamental, do delegado Carlos Alberto Mezher, que comandava a investigação do seu caso.

Uma semana após o crime, Mezher, comovido e preocupado com a situação de Silvana, a colocou em contato com uma médica-cirurgiã que ele conhecia, especialista em reconstrução facial de mulheres vítimas de agressões por parte dos companheiros. A médica era Carla Góes, que, como Silvana, também passara por episódios de violência feminina na própria família. Assim, os caminhos de Silvana e Carla se cruzaram. A menina de origem paupérrima, do interior de Pernambuco, conhecia a garota de família riquíssima, da Bahia, num encontro que se tornaria emblemático para ambas. Conhecer Carla representou uma enorme mudança na vida de Silvana. Tornaram-se amigas, aliadas contra a violência feminina no Brasil. A médica chegou até mesmo a ajudar Silvana financeiramente, pagando o aluguel de um apartamento para ela, enquanto não arrumava um emprego. Questão na qual Carla também ajudou, ao falar com a empresária

Rosely Sanches, amiga sua e dona da companhia Albatroz Segurança e Vigilância. Poucos dias depois, Silvana foi contratada para trabalhar na firma e começou a reestruturar a sua vida. O próximo passo seria reconstruir o seu rosto.

Para tanto, Carla precisava realizar vários exames em Silvana, a fim de identificar o procedimento mais adequado. Até que, cerca de um ano após o crime, a cirurgiã fez uma complexa e delicada reconstrução facial em Silvana. Em mais de quatro horas de operação, conseguiu amenizar as cicatrizes, corrigiu as perfurações mais profundas e reabriu o seu olho direito, fechado desde o dia do crime. Uma prótese de titânio foi colocada sob a face direita de Silvana, para que seu rosto voltasse a ter o contorno o mais próximo possível do que era antes das agressões que sofreu do ex-marido. Todos esses procedimentos foram realizados sem que Silvana precisasse pagar por nada, graças ao Instituto Um Novo Olhar, que Carla Góes fundara poucos meses antes de conhecer a mulher que levou 17 facadas do ex-parceiro. Nas inúmeras entrevistas que concedeu à imprensa falando sobre o projeto, Carla sempre dizia que o objetivo era ajudar mulheres vítimas de agressões dos companheiros a retomar suas vidas. E reparar os danos físicos – especialmente, no rosto – era parte crucial desse processo.

Sobre o nome do programa, Carla gostava de afirmar que se tratava de criar "um novo olhar da sociedade em relação à mulher e da mulher em relação aos outros e a si mesma". A ideia de criar o projeto surgiu quando começou a receber, em seu consultório, mulheres da alta sociedade paulistana com hematomas, machucados, arranhões e até queimaduras no corpo. Invariavelmente, elas diziam que as marcas eram resultado de acidentes. Mas Carla sabia do que se tratava. Eram vítimas de violência doméstica, assim como sua tia, que, antes de ser assassinada pelo ex-marido, passara muito tempo apanhando dentro de casa. Sentia-se compelida a fazer algo por aquelas mulheres. Principalmente, as que não têm condições de pagar por um procedimento cirúrgico. Nascia, assim, o Instituto Um Novo Olhar, do qual Silvana tornou-se uma das primeiras e mais marcantes pacientes. O caso da mulher que levara 17 facadas do ex-marido foi tema de reportagens em vários jornais, revistas e emissoras de TV, colocando, também, o trabalho da organizaçãoem evidência.

Com a dedicação de Carla, que passou a se dividir entre o consultório e o Instituto Um Novo Olhar, o projeto ganhou força e conquistou o reconhecimento de pessoas influentes, que o fizeram crescer ainda mais. O psiquiatra Wagner Gattaz foi um desses novos parceiros. À época no cargo de presidente do Conselho Diretor do Instituto de Psiquiatria (IPq) do Hospital das Clínicas (HC), da Faculdade de Medicina da Universidade de São Paulo (USP), Gattaz teve a primeira reunião com Carla em março de 2021. Da cirurgiã, ele recebeu a sugestão para que fosse criado no HC um programa exclusivo de atendimento a mulheres vítimas de violência. A ideia foi tão bem aceita, que, em junho do mesmo ano – apenas três meses depois –, o projeto estava aprovado, dando início à estruturação de um trabalho inovador. Assim, em outubro de 2022, foi lançado, no Hospital das Clínicas, em São Paulo, o Programa de Assistência Multidisciplinar à Violência Doméstica, primeiro serviço psiquiátrico desse tipo da América Latina.

Além de auxiliar as mulheres a sanar ou amenizar os danos mentais causados por episódios de agressões – como estresse pós-traumático e síndrome do pânico –, o projeto também teria entre suas metas a capacitação de profissionais da saúde para atuarem na área da violência de gênero e o levantamento de dados científicos. Seria possível, com isso, indicar novas ações de prevenção, educação e tratamento. À época do lançamento do programa, Wagner Gattaz destacou outro objetivo da iniciativa: expandir o modelo para além do próprio HC, gerando conhecimento para que outras instituições pudessem prestar atendimento especializado a mulheres agredidas. Esse mesmo trabalho teve atuação fundamental de outra pessoa procurada por Carla Góes: a deputada federal Maria Rosas, de São Paulo. Os recursos para a implantação e a estruturação do projeto no HC foram conseguidos por meio de uma emenda parlamentar de Rosas, conhecida por sua atuação na defesa das mulheres. Em novembro de 2021, a parlamentar paulista obteve um montante de R$ 3,1 milhões de verba pública, para os primeiros cinco anos do programa, com o objetivo de atender a cerca de mil mulheres por ano e assegurar serviços prestados por psiquiatras, psicólogos e assistentes sociais.

O Instituto Um Novo Olhar tornava-se, com todas essas conquistas, cada vez mais reconhecido e respeitado no Brasil, assim como o nome da sua fundadora. Carla Góes seguia dividindo seu tempo entre o trabalho no consultório, a família e as atividades do projeto, como as cirurgias gratuitas em mulheres agredidas pelos companheiros. A cada reconstrução facial ou corporal que fazia em suas pacientes, ela sentia como se estivesse recuperando um pouco da vida que fora arrancada da sua própria tia, assassinada pelo ex-marido, em 1985. Das mais de quatrocentas mulheres atendidas pelo Novo Olhar até meados de 2025, Silvana tornara-se uma das mais emblemáticas, pela truculência do seu caso e pela amizade que nascera entre ela e Carla. A médica sempre dizia que sentiu uma das suas maiores emoções no dia em que Silvana, alguns meses após a cirurgia, conseguiu dar seu primeiro sorriso depois de ter o rosto restaurado, já que os danos causados pelas 17 facadas haviam deixado metade da sua face deformada.

Entre os assuntos sobre os quais as duas amigas conversavam, o julgamento de Agnaldo era dos mais recorrentes. Concordavam que Silvana só conseguiria viver em paz quando seu ex-marido e agressor fosse definitivamente condenado por tentar matá-la. Estavam, portanto, ansiosas naquela manhã de quinta-feira, 15 de setembro de 2022, quando seria realizado o julgamento de Agnaldo. Fazia um tempo chuvoso e frio em São Paulo, com temperatura em torno dos

18 graus. Com a agenda do consultório lotada, Carla não poderia acompanhar o evento presencialmente. Silvana, obviamente, tinha de estar lá, por ter o depoimento mais importante a ser prestado e por ser a prova viva, em carne e osso, dos atos criminosos do ex-marido. Além disso, ela fazia questão de ver, com os próprios olhos, o homem que quase a matara ser condenado. Não estaria sozinha. Sua amiga Aline – a vizinha a quem Natália pediu socorro no dia do crime – iria ao fórum com ela. Chegaram ao local do julgamento pouco antes das 10h da manhã, horário marcado para o início da audiência, que acabou atrasando cerca de 20 minutos.

Silvana estava tensa, coração acelerado. Não sabia como iria reagir ao ver, face a face, depois de quase três anos sem terem contato, o homem que a deixara desfigurada. Medo? Aversão? Ódio? Asco? Nada disso. Sentiu dó, ao deparar com um sujeito que em nada lembrava o indivíduo forte, másculo e seguro com quem se casara. Agnaldo estava magro. Muito magro. Esquelético, na verdade. Olheiras profundas e usando calça preta e camisa azul, parecia estar doente. Ela pensou que deveria ser a comida do presídio, já que Agnaldo estava detido havia quase três anos – desde 1º de outubro de 2019. Ser privado da liberdade, tendo de passar os dias trancado numa cela, também seria outro fator que, certamente, o deixava com aspecto tão deplorável. Por alguns instantes, chegou a considerar que ninguém merecia sofrer tanto. Logo lembrou de toda a dor e a angústia que Agnaldo lhe causara e concluiu que ele tinha mais era de passar o resto da vida numa penitenciária, onde não poderia causar mal a mais ninguém.

A audiência foi muito mais rápida do que Silvana imaginava. Em cerca de 45 minutos, as testemunhas foram ouvidas, as partes – Promotoria e defesa – expuseram seus argumentos, os jurados chegaram ao veredito e a juíza Isabel Begalli proferiu a sentença final. Além das agressões à ex-mulher, Agnaldo seria punido por ter praticado o crime diante da filha do casal, uma criança de 9 anos à época. Em sua decisão final, a magistrada sentenciou:

> *O acusado está sendo condenado por crime doloso sujeito à pena de reclusão, praticado contra a genitora da filha comum, sendo certo, ainda, que o crime ocorreu na frente da infante, a demonstrar a necessidade da perda do poder familiar para assegurar o desenvolvimento saudável e o bem-estar da criança. Ante o exposto, julgo procedente a ação penal para condenar o acusado, Agnaldo de Oliveira Alves, à pena de 14 anos, dois meses e 20 dias de reclusão, em regime fechado.*

Ao ouvir as palavras da juíza, Silvana sentiu algo que nunca experimentara na vida. Era um misto de satisfação, alegria e vitória. Sentia-se, também, um pouco vingada, por tudo o que sofrera nas mãos daquele homem, e aliviada, por saber que teria bastante tempo de paz, longe de Agnaldo. Queria crer, ainda, que ele jamais voltaria a atormentá-la, mesmo que saísse da prisão, após ser condenado a 14 anos, dois meses e 20 dias de detenção. A justiça, enfim, havia sido feita. Seu rosto nunca voltaria a ser como antes das 17 facadas. E as cicatrizes, no corpo e na alma, estariam eternamente ali, como marcas indeléveis da truculência do seu ex-marido. Mas estava retomando sua vida, feliz no trabalho e vendo sua filha crescer longe da violência do pai. Já Agnaldo não teria nada disso. Após cumprir sua pena, ele teria 56 anos quando saísse da prisão. Nessa idade, seria quase impossível, Silvana avaliou, que fosse capaz de reconstruir a própria vida. Até lá, Natália já estaria casada, com filhos e teria esquecido completamente do pai que um dia cortou o seu dedo com a mesma faca que usou para tentar matar sua mãe.

Na volta para casa após o julgamento de Agnaldo, Silvana conversava sobre tudo isso com Aline. Falaram, inclusive, do sofrimento com o qual ele teria de conviver, dia após dia, por mais de 14 anos, sem poder curtir a vida, sem beber o seu uísque e sendo privado da liberdade, que seu ex-marido costumava dizer ser o bem mais precioso do mundo. Chegou a sentir uma certa clemência por Agnaldo, mas recordou toda a desgraça que ele lhe causara e concluiu que 14 anos era até pouco. De tudo, o que realmente importava era que, finalmente, sentia-se em paz para viver ao lado da filha, sem o medo de que Agnaldo aparecesse a qualquer momento e transformasse tudo num inferno. Esse risco não mais existia. A partir de agora, só precisava se preocupar com a própria vida e em dar o melhor que pudesse a Natália. Voltara, depois de muito tempo, a acreditar que poderia ser feliz.

Em setembro de 2025 – três anos após a condenação de Agnaldo –, Silvana seguia trabalhando na Albatroz Segurança e Vigilância. Natália, aos 15 anos, estava estudando e parecia ter superado o trauma de testemunhar tantos episódios de violência entre os pais. Elas moravam num apartamento de dois quartos, com cerca de 50 metros quadrados, no bairro de Interlagos, em São Paulo. Nada muito luxuoso, mas muito maior e mais confortável do que o casebre no qual Silvana crescera, no interior de Pernambuco. A repercussão do seu caso na imprensa, além de colocar o assunto em discussão, trouxe-lhe algo positivo. Graças a isso, sua primeira filha, Nágia, com quem há muito não falava, procurou-a. Aos 24 anos, Nágia se dizia orgulhosa da força e da resiliência da mãe. Aos poucos, tentavam construir a relação entre mãe e filha que nunca haviam experimentado.

Silvana tinha, ainda, outra preocupação em mente. Estava ansiosa para fazer a segunda cirurgia de sua reconstrução facial, com a médica e amiga Carla Góes, que, por sua vez, via o Instituto Um Novo Olhar continuar crescendo e tornar-se referência nacional no combate à violência de gênero. Assim, as duas meninas de origens e trajetórias totalmente distintas haviam se tornado mulheres fortes, com suas dores e cicatrizes, e unidas na mesma luta. Cada qual à sua maneira, trabalhavam para que outras mulheres não sofressem o que elas próprias vivenciaram. Sabiam que não seria fácil. Tinham certeza, no entanto, de que estavam no caminho certo. E seguiriam juntas. Apoiando e recebendo o apoio de muitas outras mulheres.

Pobres, ricas, brancas, negras, indígenas, de todas as regiões do país. Estavam certas de que só conseguiriam vencer a batalha contra a violência doméstica se estivessem unidas. Elas e as demais mulheres do Brasil. Todas por todas.

Polícia caça o criminoso da boate do Othon

Fazendeiro fugiu para Aracaju

A família de Vilma Goes da Silva ex mulher do assassino Alberto Batista — denunciou ontem que o criminoso está em Aracaju esperando que "o tempo serene" para se apresentar à Polícia Vilma Goes, filha de tradicional família do município de Catu, viveu 17 anos com o criminoso e segundo informação de Julieta Goes, sua mãe, o casamento foi um inferno e que Alberto Batista era muito violento e extremamente ciumento. Outra denúncia da família, é de que o assassino do médico Antônio Carlos ahuma mas sim grileiro de terras em Barreiras, e que em apenas três anos ficou rico. Antes ele era apenas gerente da agência do Baneb em Catu. Vilma Góes continua internada na UTI do Hospital Português, em estado grave — já foi operada três vezes — com perfuração no pâncreas, fígado e intestino. Policiais da 7ª Delegacia garantiram ontem que o pedido de prisão preventiva de Alberto Batista da Silva pode ser feito a qualquer momento, caso ele não se apresente à Polícia.

Página 9.

Ocorrido em 12 de outubro de 1985, num dos hotéis mais elegantes de Salvador, o assassinato de Vilma Góes foi notícia na imprensa local. O autor do crime, o fazendeiro e ex-bancário Alberto Batista da Silva, era ex-marido da vítima e não aceitava o fim do relacionamento.

FOTO: REPRODUÇÃO

A TARDE — SEXTA-FEIRA, 27 DE DEZEMBRO DE 1985

Alberto Batista matou a ex-mulher Vilma Maria e o médico Antônio Carlos Araújo de Moraes

Autor de duplo homicídio diz que não se arrepende

Justiça absolve ex-bancário que matou em boate

Por unanimidade de votos, a 2ª Câmara Criminal confirmou ontem à tarde a absolvição do bancário do Baneb e fazendeiro Alberto Batista da Silva, que em 12 de outubro de 1985 assassinou com sete tiros no interior da Boata Hippopotamus, em Salvador, sua ex-mulher Vilma Maria Góes Silva, e o médico Antônio Carlos de Araújo Moraes. O crime teve grande repercussão diante da projeção social do criminoso e das vítimas, gerando rumoroso processo que culminou com o julgamento e absolvição do acusado em dezembro de 1995.

O recurso de apelação foi interposto pela Promotoria da 2ª Vara do Júri, acompanhada pelos assistentes de acusação Renato Reis e Paulo Damasceno Varjão. A tese da defesa de Alberto da Silva, a cargo do advogado Genaro de Oliveira, foi de legítima defesa putativa em relação à vítima Antônio Carlos de Moraes. Ao assinalar as razões do recurso, Paulo Varjão afirmou ser no mínimo "estarrecedora a manifestação do Egrégio Tribunal do Júri".

Conforme testemunhas ouvidas na ocasião do crime, o fazendeiro Alberto da Silva chegara à citada casa noturna após as duas vítimas, não havendo qualquer discussão entre os três, tendo inclusive havido uma conversa normal entre eles, que ocupavam a mesma mesa. De repente, ainda segundo testemunhas, o fazendeiro levantou-se e começou a atirar em direção ao médico, enquanto sua ex-mulher tentava protegê-lo, sendo também baleada.

Reportagens destacaram o fato de Alberto da Silva declarar que não se arrependia de ter matado a ex-mulher e o homem com quem ela dançava no momento do crime, além da absolvição que ele recebera da Justiça. FOTOS: REPRODUÇÃO

18 — Polícia | A TARDE • Quarta-feira • 6/12/1995

Absolvido o pecuarista que matou ex-mulher e médico na Hipopótamus

O pecuarista e bancário Alberto Batista da Silva, que há 10 anos matou a tiros, na Boate Hipopótamus, no Bahia Othon Palace Hotel, sua mulher Vilma Maria Góes e o médico Antônio Carlos Araújo de Moraes, foi absolvido, ontem, pelo Conselho de Sentença reunido no II Tribunal do Júri, por cinco votos a dois. Os advogados de acusação recorreram de imediato da sentença de absolvição, registrando o protesto em ata. O júri, que começou às 9h30min, trabalhou em cima de homicídio simples de ação continuada. Ao todo, foram ouvidas quatro testemunhas, três de acusação e uma de defesa.

O juiz Mário Alberto Hirs, presidente do II Tribunal do Júri, presidiu a sessão, cujos debates entre acusação e defesa tiveram início às 15h30min, quando o novato promotor Nivaldo de Aquino começou a acusação. Mas logo foi a vez do advogado Paulo Varjão, assistente de acusação, tomar a palavra, sendo seguido do advogado Renato Reis, contratado pela família de Vilma Maria Góes, ex-mulher do réu. Trabalhando em cima dos autos, o criminalista procurou passar para os jurados uma imagem de violento e passional para o acusado.

DEBATES

Às 17h15min, o defensor do acusado, Genaro Oliveira, deu início à sua tese de legítima defesa putativa, procurando mostrar que o acusado fora um bom marido e depois de separado, um amante devotado de Vilma. Antes, Genaro Oliveira tentou impugnar o júri, alegando que a arma exibida aos jurados não era a mesma utilizada para a prática dos assassinatos. O juiz Mário Alberto Hirs concordou, explicando que a pistola não era a mesma utilizada pelo criminoso, mas era idêntica, da mesma fabricação, tipo e calibre, com o que concordou a defesa, prosseguindo os debates, em alto nível. A presença de dois experimentados criminalistas — Genaro Oliveira, professor de Direito Penal na UFBA, e Renato Reis, atraiu ao Salão do Júri muitos advogados e estudantes de Direito, em que teve uma grande presença de público, sobretudo na parte da tarde, quando se iniciaram os debates.

Renato Reis chegou a afirmar que Alberto Batista "é um homem violento, que deu uma surra de fio elétrico na ex-mulher quando esta se encontrava no quarto mês de gravidez". Genaro Oliveira, no entanto, rebateu, alegando que "mesmo depois de separado ele continuou amando Vilma, dando-lhe toda assistência, sobretudo afetiva e material". Acrescentou o defensor que "mesmo depois dessa tragédia, ele conta com o apoio dos filhos, todos bem encaminhados na vida, que evitam falar sobre os fatos e citou o exemplo de um dos mais novos, Leonardo, estudante universitário, que ontem se fez presente ao julgamento do pai.

Após acalorados debates, o júri foi interrompido às 19h30min, para o jantar, sendo a sessão reiniciada às 21 horas para a réplica e tréplica. A decisão do Tribunal de Justiça em reformar a sentença de pronúncia terminou beneficiando, segundo os criminalistas, o acusado, que foi levado a julgamento apenas pelo assassinato do médico Antônio Carlos Araújo. Acusado, então, de prática de homicídio simples, ficou menos difícil a tarefa do professor Genaro Oliveira.

Encerrados os debates era difícil até mesmo aos mais experimentados profissionais arriscar um palpite sobre o resultado final. Por sua vez, Genaro Oliveira manifestava esperanças de conseguir a absolvição, o que acabou ocorrendo às 23 horas.

Sentado no banco dos réus, Alberto Batista ouve as acusações feitas pelo promotor

Manifestantes exibem faixas e cartazes em frente ao fórum

Grupos feministas protestam

Antes do início da sessão de julgamento de Alberto Batista, um grupo de mulheres promoveu um protesto em frente ao Fórum Rui Barbosa. As manifestantes portavam cartazes com frases de protesto: "Nós, mulheres da Bahia, exigimos justiça", "Lugar de assassino é na cadeia", "Contra impunidade e pela condenação de Alberto Batista", "Contra impunidade, júri é para fazer Justiça", entre outras.

Desde o último fim de semana que o Conselho Municipal da Mulher, apoiado por entidades semelhantes, iniciou um movimento de protesto exigindo a condenação do acusado.

Um telegrama fonado enviado ao presidente do Tribunal de Justiça, desembargador Ruy Trindade, levantou dúvidas contra o Conselho de Sentença do II Tribunal do Júri, afirmando que "chamamos a atenção de V. Excia. que seis componentes da lista de jurados são funcionários do Baneb, conseqüentemente colegas do réu.

A sociedade brasileira não suporta conviver com a impunidade, especialmente de tão hediondo crime".

O telegrama fonado foi endossado por representantes de 16 entidades feministas e também pelos sindicatos dos Bancários, Metalúrgicos, Comerciários, Construção Civil, Sindiprev, dentre outros.

O jornal *A Tarde*, um dos mais tradicionais da Bahia, publicou reportagem sobre a absolvição do assassino e destacou a revolta da família de Vilma Góes e de grupos feministas. Sobrinha e afilhada de Vilma, Carla Góes sofreu com a perda da tia. FOTO: REPRODUÇÃO

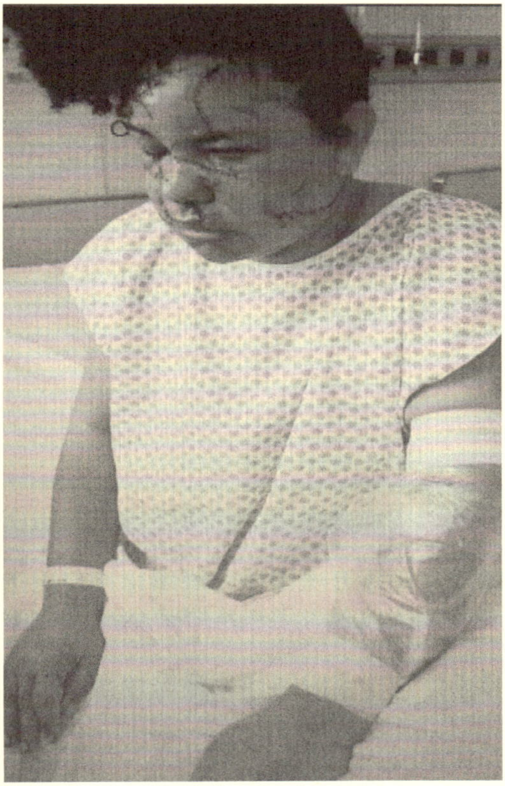

Acima, Silvana Maria da Silva, poucos meses antes de ser vítima de uma tentativa de feminicídio por parte do ex-marido, Agnaldo Alves. No dia 24 de setembro de 2019, ele desferiu 17 facadas no rosto dela, que teve de passar por uma cirurgia de mais de 12 horas (no alto). À direta, Silvana atualmente, após várias intervenções cirúrgicas.

FOTOS: ACERVO PESSOAL

Com um caso de feminicídio na família, a médica baiana Carla Góes (à esquerda) mudou-se para São Paulo e fundou o Instituto Um Novo Olhar, que atende a mulheres vítimas de agressões. Silvana (à direita) é uma das atendidas pelo projeto.

FOTO: DIVULGAÇÃO/INSTITUTO UM NOVO OLHAR

O ASSASSINO MORA AO LADO

2

A imagem era aterradora. Estendido no chão, o corpo nu tinha as pernas formando o número 4, com a esquerda dobrada na direção da direita. Havia cortes e hematomas nas coxas, nos braços, nas mãos, nos seios e no rosto, parcialmente coberto pelos longos cabelos pretos e lisos. O pescoço estava dilacerado, com um profundo corte que ia de um lado a outro e do qual ainda jorrava sangue. O mesmo sangue que pintava de vermelho o chão da sala. Em seus mais de 15 anos de experiência investigando todo tipo de homicídios, a delegada Sylvana Lellis poucas vezes observara cena tão grotesca. Chamou-lhe a atenção, também, a beleza da mulher cuja vida acabara de ser-lhe arrancada. Nas conversas com amigos e familiares de Mirella, a policial chegou a dizer que nunca vira uma moça tão linda. Estava certa de que, de alguma forma, o assassino fora atraído pela beleza da vítima. Podia ser um marido inconformado com o fim do relacionamento, um ladrão que resolvera estuprar a moradora do apartamento, um visitante que decidira violentar sua anfitriã. Já tinha visto toda espécie de crimes contra mulheres. Poucos, porém, com tamanha crueldade. Quem, como e por que motivos havia feito uma desgraça daquelas? E onde estaria o assassino? Era para responder a essas perguntas que Sylvana estava ali.

O dia amanheceu quente e abafado no Recife, naquela quarta-feira, 5 de abril de 2017, com os termômetros marcando 24 graus e o céu nublado. Passava um pouco das 7h45, quando Sylvana chegou ao edifício Golden Shopping, em Boa Viagem, bairro nobre da capital pernambucana. Três policiais militares já estavam na frente do prédio, impedindo que qualquer pessoa entrasse ou saísse do local. Em seguida, chegaram a equipe da polícia científica e mais duas viaturas abarrotadas de agentes. Nesse grupo, estava o delegado Francisco Océlio, especialista em investigações de homicídios e responsável pelo comando da operação. Àquela altura, o lugar se transformara num pandemônio, com policiais e curiosos se apertando na calçada. Moradores dos prédios vizinhos e transeuntes já sabiam que um assassinato acabara de ocorrer ali.

Para se inteirar melhor a respeito dos fatos, Océlio e Sylvana conversaram com o gerente do edifício, Rogério Honorato. Foram informados de que alguns moradores tinham ouvido gritos de uma mulher clamando por socorro, dizendo que seria morta. Os brados vinham do apartamento 1206, no 12º andar, onde morava a fisioterapeuta Tássia Mirella de Sena Araújo, de 28 anos. Fazia apenas cerca de três meses que Mirella – como era chamada por amigos e familiares – havia se mudado para o prédio. A balbúrdia durara pouco mais de dez minutos. Até que se fez silêncio. Em seguida, por volta das 7h25, vizinhos ouviram as últimas palavras gritadas pela voz feminina que se espalhou pelos corredores.

– Você vai fazer isso comigo? Você vai me matar? – E nada mais.

Os delegados souberam, também, que, diante de toda aquela confusão, o gerente e mais dois moradores foram até a unidade 1206. Por uma janela de ventilação que dava acesso ao apartamento, chegaram a ver o corpo de uma mulher estirado no chão da sala, sobre uma poça de sangue. O gerente até tentou abrir a porta, mas foi impedido. De dentro do apartamento, alguém, com a respiração pesada e ofegante, empurrou a porta no sentido contrário, até conseguir fechá-la. Não havia dúvidas de que se tratava de uma pessoa com força suficiente para vencer os empurrões do gerente. Rogério Honorato pensou em pegar o extintor que estava na parede do corredor e usá-lo para arrombar a porta. Mas desistiu, temendo que o criminoso estivesse portando algum tipo de arma. Assustados com a cena que haviam acabado de ver e com a possibilidade da presença do assassino no apartamento, os moradores retornaram às suas casas, e o gerente, após acionar a polícia, foi para a portaria, esperar a chegada dos agentes. O corredor do 12º andar do Golden Shopping ficou, portanto, vazio. Ninguém queria correr o risco de dar de cara com um homicida, caso o suspeito tentasse deixar o local do crime.

Antes de entrarem no edifício, os policiais receberam uma informação que consideraram de grande valor. Por uma sábia decisão do gerente, ninguém havia saído nem entrado no prédio desde o início da confusão. Ou seja, o criminoso continuava lá dentro. Diante desse fato, a delegada Sylvana Lellis decidiu subir todos os 26 andares de escada, na intenção de encontrar algum vestígio do assassino. Fez todo o percurso sem pressa, atenta a cada detalhe nos degraus, nas paredes, nos corrimãos. Não queria perder nenhum sinal de uma eventual passagem do autor do crime. Depois de averiguar tudo e não encontrar nada, seguiu para o 12º andar, onde cinco ou seis policiais já se apertavam no corredor. E mais um agente chegou, alguns minutos depois.

Tratava-se da policial civil Amélia Uchôa. Aos 34 anos, era uma das melhores amigas da moradora do apartamento 1206. Amélia e Mirella haviam se conhecido dez anos antes, por terem uma paixão em comum: o handebol. Jogavam no time da Universidade Católica de Pernambuco (Unicap), onde Amélia já tinha se formado em Direito e Mirella estudava Fisioterapia. Ficaram amigas logo de cara. A relação evoluiu, ao ponto de conversarem sobre tudo e de frequentarem as casas uma da outra. Na manhã daquela quarta-feira, Amélia estava a caminho da delegacia de Paulista – município da Região Metropolitana do Recife e a cerca de 20 quilômetros da capital –, de carona no carro do delegado, Evaristo Neto, quando ouviram, no rádio, a notícia de uma mulher que acabara de ser morta. Segundo a reportagem, o crime ocorrera no bairro de Boa Viagem, e o assassino era o namorado da vítima.

– Mais um caso de feminicídio no Recife. Isso não tem fim – comentou a policial.

– Pois é – respondeu o delegado.

Seguiram o trajeto, falando sobre a escalada da violência contra a mulher no Brasil e a necessidade de políticas públicas para combater o problema. Já na delegacia, Amélia recebeu o telefonema da arquiteta Taís Rubens, amiga dela e de Mirella. Na ligação, Taís, já bastante nervosa, disse que havia a possibilidade de Mirella ser a vítima do crime que acabara de ocorrer em Boa Viagem. A policial respondeu com ceticismo. Aquela informação não podia estar certa. Afinal, a notícia do rádio falava que a mulher tinha sido morta pelo namorado, e Mirella estava solteira. Ao que Taís retrucou, afirmando que a reportagem poderia estar errada. Menos de 15 minutos depois, o celular de Amélia tocou novamente. Era outra amiga em comum, a jornalista Beliza Amorim. A voz saía cortada pelo choro e afirmava que a moça assassinada num edifício em Boa Viagem era, de fato, Mirella.

– Não pode ser. Deve ser engano. Vou ver isso direito – respondeu Amélia, negando-se a acreditar que alguém pudesse ter matado a amiga a quem amava como a uma irmã.

Pegou a viatura da delegacia, ligou a sirene e saiu em disparada para o prédio onde Mirella morava. Nunca dirigira tão rapidamente e tão tensa. Ultrapassou todos os carros que apareceram à sua frente e cruzou todos os sinais vermelhos. Chegou ao local do crime às 9h15. Na portaria, mostrou sua credencial da Polícia Civil de Pernambuco e subiu para o 12º andar. Sentia raiva, tristeza, medo, descrença. No elevador, ainda se esforçava para acreditar que havia algum engano nas informações que recebera. A mulher morta naquela manhã não podia ser Mirella. Tudo mudou quando chegou ao andar e viu a porta do apartamento 1206 aberta, com os policiais no corredor. Apresentou-se à delegada Sylvana Lellis como policial e amiga da vítima. Pediu para ver o corpo, mas a delegada não permitiu.

– É melhor não. A cena é muito feia. Vai ser muito difícil pra você – disse Sylvana, em tom amigável.

– Por favor, delegada. Eu preciso ver.

– Não, Amélia. Desculpa, mas não vou deixar.

Amélia acatou a decisão de Sylvana sem problemas. Passou a pensar na dor imensa que tamanha desgraça causaria à família de Mirella e decidiu, naquele instante, ajudar em tudo o que estivesse ao seu alcance. Para tanto, precisava entender como o crime acontecera e como iriam capturar o assassino, já que, até aquele momento, ninguém sabia quem havia matado a sua amiga. Foi quando resolveu conversar com a primeira pessoa a entrar no apartamento 1206 desde o momento do crime: o perito criminal Tadeu Cruz, do Departamento de Homicídios e Proteção à Pessoa (DHPP), da Polícia Civil de Pernambuco. Aos 33 anos e com quase uma década de experiência analisando cenas de assassinatos, Tadeu chegou a comentar com Amélia que o trabalho da perícia técnica seria fundamental para descobrir a identidade do criminoso. E foi exatamente esse o pensamento do perito, tão logo passou pela porta do flat de Mirella, às 7h50 da manhã, e se deparou com aquela imagem horrenda: uma mulher morta, completamente despida, estirada no chão e sobre uma poça de sangue.

Mesmo habituado a investigar cenários de morte, Tadeu ficou chocado com a quantidade de sangue no local. Além da poça logo abaixo do cadáver, havia sangue nas paredes, nos móveis, nos lençóis, sob a cama. Concluiu, de imediato e com plena convicção, que a vítima havia lutado com o seu algoz. O corpo nu e as roupas íntimas rasgadas num canto da sala indicavam, também, a violência sexual que ela sofrera. Atentou à juventude da mulher deitada no chão. Sentiu tristeza, por ver uma moça tão nova ter a vida roubada, e revolta, pela truculência com a qual o crime fora cometido. O corte de mais de 10 centímetros de largura no pescoço – profundo o bastante para expor esôfago, traqueia e faringe –, os hematomas e as escoriações pelo corpo eram provas disso.

Antes mesmo de se aproximar do cadáver, Tadeu decidiu empenhar todos os seus esforços e conhecimentos para enxergar e ouvir tudo o que aquele cenário poderia lhe mostrar e dizer. Lembrou-se de uma frase várias vezes repetida no curso de perito: a cena do crime fala. Não queria apenas identificar o assassino. Precisava, sobretudo, amealhar evidências concretas e incontestáveis, para não dar espaço a eventuais recursos dos advogados que, certamente, o criminoso iria contratar. Sabia que não é raro defensores de homicidas usarem qualquer brecha ou imprecisão no trabalho da perícia para enfraquecer a acusação e até mesmo invalidar todo o processo. Não permitiria que algo assim acontecesse. O indivíduo que cometera um ato tão deplorável e cruel não poderia ficar impune. Estava seguro de que, se dependesse da ação da polícia científica, o autor do crime seria identificado. E não haveria espaços para dúvidas.

Tadeu seguiu esquadrinhando cada centímetro do lugar, com atenção máxima para não contaminar o ambiente e não perder nenhum detalhe, por menor que fosse. Favorecia o seu trabalho o fato de ser um apartamento pequeno. Tratava-se, na verdade, de um flat. Eram parcos 25 metros quadrados, sem divisórias entre os ambientes, com sala, quarto e cozinha conjugados. Apenas o banheiro tinha porta, separando-o dos demais cômodos. A cozinha ficava logo à direita de quem entrava, com uma geladeira branca a um palmo de distância da porta. Estava organizada, com o balcão cuidadosamente limpo. Dentro da pia, havia um prato, uma caneca, uma frigideira e talheres. Sobre o fogão de duas bocas – do tipo *cooktop* –, uma leiteira. Pelo que observou, o perito chegou à conclusão de que, seguramente, a luta entre Mirella e seu assassino não chegara à cozinha. Um quadro colocado na parede, à esquerda da geladeira e logo acima da pia, revelava duas características da moradora: o bom humor e o gosto por café. A frase inscrita no centro do quadro dizia "Tomar café eu vou. Café não costuma faiá", num trocadilho divertido da música "Andar com fé", do cantor e compositor baiano Gilberto Gil.

No banheiro também não havia sinais de luta. Assim, era na sala que o perito Tadeu precisava concentrar toda a sua atenção e sua experiência. Ali, onde Mirella perdera a vida fazia menos de uma hora. Três objetos retratavam mais um pouco a personalidade da vítima, apaixonada por esportes e por música. Embaixo da cama, via-se o skate preto, com o qual ela gostava de percorrer o calçadão da praia de Boa Viagem, célebre ponto turístico do Recife e localizada a pouco mais de 500 metros do edifício Golden Shopping. Encostado no móvel que ficava abaixo da televisão, havia um violão, dentro da capa. Com ele, Mirella animava os encontros em família e com amigos, tocando e cantando suas músicas preferidas. E, entre a cama e a parede, uma prancha branca de surfe, esporte que estava começando a praticar. Agora, toda essa vida estava ali, destruída no chão, com parte do corpo da vítima sobre um lençol florido e um edredom com listras azuis, ambos cobertos de sangue e arrancados da cama durante a briga.

Tadeu continuou seu trabalho, focando, agora, no cadáver. Começou a perceber ainda mais sinais das agressões. Além de um corte logo abaixo do mamilo esquerdo, chamaram-lhe a atenção várias incisões nas mãos e nos braços, evidências da luta que ela travara com seu assassino, tentando impedir o estupro – o que, segundo a perícia, de fato ocorreu, mas sem penetração – e, por fim, que ele a matasse. Averiguando de perto, com partes de órgãos expostos, o rasgo profundo no pescoço era ainda mais chocante. Desse corte, havia saído todo o sangue que deixara ensopados os cabelos negros de Mirella, que agora lhe cobriam quase metade do rosto. Na mão esquerda, o perito notou uma importante prova que certamente ajudaria a identificar o autor do crime. Grudados pelo sangue à palma da mão e aos dedos da vítima, havia fios de cabelo que, pelo comprimento e pela textura, não eram de Mirella. Pertenciam, quase que seguramente, ao seu algoz.

Ao ver os fios de cabelo e considerando a briga que antecedera o homicídio, Tadeu tomou uma atitude que viria a ser crucial para o desenvolvimento do Inquérito Policial e do Processo Judicial. Já que Mirella havia lutado com seu agressor, era muito provável que houvesse amostras de pele do corpo dele debaixo das suas unhas longas e bem tratadas. Da sua valise, o perito tirou uma pinça, um pequeno recipiente esterilizado e um par de luvas de látex – idênticas às que ele próprio usava durante a perícia. Com a pinça, retirou os fios de cabelo que estavam presos à mão de Mirella e colocou-os no recipiente. Pegou as luvas e, cuidadosamente, calçou-as nas mãos da vítima. Se, como ele imaginava ser bem possível, houvesse algum material genético do assassino sob as unhas da jovem, essa prova estaria preservada.

Tadeu percebeu, ainda, gotas de sangue entre o local onde estava o cadáver e a porta do apartamento, indicando, indubitavelmente, que o criminoso deixara o apartamento com o próprio corpo coberto pelo sangue da vítima. Notou, também, outra importante marca deixada pelo assassino de Mirella: uma pegada, à direita do cadáver, carimbada em sangue no piso e no formato de um pé esquerdo grande demais para ser da vítima. Enquanto a perícia era realizada, um fotógrafo da polícia registrava cada cena, cada evidência, cada canto do apartamento. Os especialistas sabiam que tais imagens seriam de enorme importância tanto para o Inquérito Policial quanto para o Processo Judicial. Muito, no entanto, ainda precisava ser feito para capturar o autor de um crime que até mesmo o perito e os policiais, acostumados a casos de extrema violência, estavam considerando bárbaro.

Eram quase 10h da manhã quando o perito Tadeu Cruz concluiu o seu trabalho no apartamento 1206. Havia passado praticamente duas horas ali dentro, coletando todos os vestígios e evidências da autoria do homicídio e das circunstâncias em que ocorrera. Ao sair do flat, viu o corredor do andar tomado por policiais, incluindo a delegada Sylvana Lellis e o coordenador dos trabalhos, o delegado Francisco Océlio. Havia, também, alguns moradores conversando com os agentes, que estavam finalizando um procedimento, realizado enquanto Tadeu fazia a perícia no apartamento de Mirella. Como as câmeras de segurança do prédio mostravam que nenhum suspeito entrara no elevador naquele andar desde o início da gritaria – e Sylvana já tinha vistoriado as escadas –, os policiais acreditaram ser muito provável que o assassino ainda estivesse no 12° piso do edifício. Foram, então, de porta em porta, tocando campainhas e interrogando os moradores.

Dos oito apartamentos do andar, apenas três não atenderam. E o gerente do prédio, que acompanhava o trabalho da polícia, logo tratou de explicar que, em dois deles, os condôminos já haviam saído para o trabalho. Faltava conversar apenas com o morador do apartamento 1208, cuja porta ficava praticamente de frente para o 1206, a um passo de distância. Por mais que os policiais tocassem a campainha e batessem na porta, ninguém atendia. O gerente garantiu que o morador, Edvan Luiz da Silva, estava lá dentro. Ele havia chegado às 6h55 daquela manhã, em seu carro, um Volkswagen Polo, prata. Parecia estar bêbado, como ocorria com grande frequência, e vestia bermuda e camisa azul. Tinha 32 anos, cerca de 1,85 metro de altura, corpo musculoso e era conhecido no prédio por importunar as moças com cantadas grosseiras e por convidá-las para beber ou consumir drogas. Aos olhos dos demais moradores e dos funcionários do edifício, era um sujeito estranho e indelicado. Mesmo sendo casado, vez por outra levava mulheres para o flat, no qual a esposa nem sempre estava. Naquela manhã, por exemplo, ela não fora vista no prédio. E os policiais continuavam tocando a campainha e batendo na porta.

O delegado Océlio concluiu que a situação prescindia de uma atitude mais efetiva. Não queria arrombar a porta, sem um mandado de busca, para não infringir a lei. Por sorte, não seria difícil encontrar um chaveiro ali por perto, já que o prédio fica a cerca de 300 metros do Shopping Center Recife, o maior da capital pernambucana. 20 minutos depois, o chaveiro estava usando suas ferramentas na porta do apartamento de Edvan. Àquela altura, a delegada Sylvana já observara algo que colocava o morador do 1208 como principal suspeito do assassinato de Mirella. Na parte inferior da maçaneta, uma gotícula de sangue chamara sua atenção. Não era uma prova definitiva, mas, considerando a gravidade dos fatos, aquela pequena gota poderia ser de grande importância à solução do crime. Ao abrir a porta, o chaveiro deu outra grande contribuição à polícia.

Quando entraram no apartamento, os agentes encontraram Edvan deitado na cama. Usava apenas cueca, tinha os cabelos ainda molhados – como quem tivesse acabado de tomar banho – e o antebraço direito sobre o rosto. Parecia estar dormindo, algo praticamente impossível, tamanha a barulheira que se fizera à sua porta, a apenas cinco metros da cama. Mesmo com vários policiais dentro do flat e a despeito dos chamados por seu nome, Edvan seguia com os olhos fechados. Até que Sylvana deu alguns leves tapas na sua perna esquerda. Despertou como quem acorda no meio de um pesadelo. Ofegante. Nervoso. Assustado com a presença da polícia, perguntou o que estava acontecendo. Queria saber quem eram aquelas pessoas e qual a razão de terem invadido o seu lar. Ficou sem resposta. Pelo contrário, teve de responder às perguntas do delegado Océlio e da delegada Sylvana. Segundo sua versão dos fatos, chegara ao prédio por volta das 7h da manhã e fora direto para o seu apartamento.

Tomou banho e se deitou para dormir. E da cama não mais saiu. Até ser acordado no meio daquela confusão toda. Pelo menos, foi o que ele disse. Não convenceu a ninguém.

Mesmo antes de o perito Tadeu Cruz iniciar seu trabalho no apartamento 1208, os policiais já haviam identificado sinais que levantavam sólidas suspeitas sobre Edvan. Ele tinha uma marca de mordida no ombro esquerdo e escoriações semelhantes às de unhadas nas duas coxas. Em virtude da forma como Mirella havia sido morta, era muito provável que seu algoz, em algum momento da luta, tivesse ficado sentado sobre o abdômen dela, com as duas pernas abertas. Era a posição perfeita para que a vítima, na tentativa de se livrar do agressor, arranhasse suas coxas. A mordida no ombro, da mesma forma, poderia perfeitamente ser mais uma ação de autodefesa da jovem cujo corpo estava, naquele momento, sendo colocado dentro de um saco de nylon cinza, pelos técnicos do Instituto Médico Legal. Dali, o cadáver seria levado para o IML, onde passaria por uma análise minuciosa, para identificar a causa da morte e encontrar evidências que levassem ao nome do assassino.

Antes, no entanto, os policiais precisavam vasculhar a casa de Edvan e confrontá-lo com os fatos. Era o que Sylvana estava fazendo, quando perguntou como ele tinha conseguido aqueles arranhões nas coxas. A resposta soou tão falsa quanto a aparente calma que o interrogado tentava demonstrar.

– Foi uma briga que eu tive com um flanelinha – disse Edvan.

– Onde foi isso? – quis saber a delegada.

– Perto da praia.

– Quer dizer que você brigou com um flanelinha e ele te arranhou? Um flanelinha de unhas grandes assim?

– Isso.

– E essa mordida no teu ombro?

– Isso eu não sei. Não lembro.

Irritada com o que acabara de ouvir, a delegada decidiu acender um cigarro. Já tentara largar o fumo algumas vezes, até que desistiu. Ajudava-lhe a se acalmar em situações estressantes e também favorecia seu raciocínio de investigadora. Acendeu o cigarro e foi até a janela para que o vento levasse a fumaça. E lá ficou, tragando e olhando para o céu do Recife, com o braço apoiado no parapeito. Enquanto isso, o perito Tadeu e seu assistente entraram no banheiro, à procura de algum vestígio do crime. Precisaram de pouco mais de cinco minutos para encontrar indícios contra Edvan. No box, gotas vermelhas ainda se misturavam à água no chão. A pia também forneceu uma ótima evidência. Ali, o perito identificou manchas de sangue por escorrimento, do tipo que se forma quando se lava uma peça de roupa suja de algum líquido. Tadeu saiu do banheiro certo de que o homem sentado na cama era o homicida que todos estavam procurando. Sabia, porém, que precisava de mais provas. A roupa que Edvan vestia no momento do crime era uma delas.

O relato do gerente do edifício, afirmando que ele usava uma camisa azul quando entrou no prédio naquela manhã, corroborava com as imagens do circuito interno de segurança, que mostravam Edvan chegando ao 12º andar às 6h59, minutos antes de os vizinhos começarem a ouvir os gritos de Mirella. O problema é que, por mais que vasculhassem as gavetas e o guarda-roupa, os policiais não encontravam a tal camisa. Foi quando, entre uma tragada e outra no seu cigarro, Sylvana parou de olhar para o céu e, de forma despretensiosa, passou a observar as pessoas que passavam lá embaixo, na rua. Varrendo as calçadas com os olhos, a delegada viu o que lhe pareceu ser dois pedaços de pano. Não eram pedaços quaisquer. Pelo formato, bem que poderiam ser duas camisas. Estavam caídas exatamente abaixo da janela de Edvan e ainda havia o fato de uma das peças ser de cor azul. Seriam roupas de Edvan? Seria a peça azul a camisa que ele vestia quando matou Mirella? Sylvana chamou o perito, mostrou-lhe o que acabara de ver, explicou sua tese e deu uma sugestão:

— O que você acha da gente pegar uma camisa dele, molhar um pouco, pra simular o peso do sangue que pode ter ficado na roupa, e jogar aqui da janela?

— Ótima ideia. Mas nem precisa molhar a camisa pra fazer esse teste. O peso não muda tanto — respondeu Tadeu, antes de pegar uma camisa qualquer do suspeito para fazer o teste.

Jogaram a roupa. Caiu a poucos metros das duas peças que já estavam lá embaixo. Concluíram o óbvio: se Edvan tivesse atirado pela janela a camisa que usava no momento do crime, para se livrar da prova, ela cairia mais ou menos ali. E o outro pedaço de pano? O que poderia ser? Como o suspeito tinha acabado de tomar banho — como ele próprio já admitira — e não havia nenhuma toalha molhada no banheiro, os agentes deduziram que Edvan poderia ter se enxugado com uma camisa. Seria uma estratégia para não deixar na toalha mais evidências, como sangue da vítima. Para dirimir essas questões, um dos policiais desceu e foi buscar as duas peças de roupa. Sylvana estava certa. Eram duas camisas, ambas molhadas. A azul tinha marcas encardidas, possivelmente causadas por sangue. Edvan afirmou que nenhuma daquelas roupas lhe pertencia. Contou contra ele uma foto publicada em suas redes sociais, na qual aparecia vestindo exatamente aquela camisa azul, que agora passaria a ser elencada como prova de um assassinato.

Diante de tudo isso, o delegado Francisco Océlio não titubeou ao decretar a prisão em flagrante de Edvan Luiz da Silva, que saiu do prédio algemado e jurando, por tudo o que há de mais sagrado, que não cometera aquele crime. Afirmou, inclusive, que não tinha relação alguma com a vítima e que jamais sequer conversara com Mirella. Ainda assim, foi autuado sob a acusação de homicídio triplamente qualificado. De acordo com as suspeitas da polícia, Edvan matara Mirella por motivo torpe, sem chance de defesa para a vítima e por feminicídio. Do edifício Golden Shopping, ele foi levado ao Departamento de Homicídios e Proteção à Pessoa (DHPP), no bairro do Cordeiro, Zona Oeste do Recife, a cerca de 7 quilômetros do local do assassinato. Chegou ao DHPP por volta das 15h e foi conduzido para prestar seu depoimento a respeito dos fatos ocorridos. Antes, todavia, teve uma breve reunião com os dois advogados que contratara para defendê-lo de tão grave acusação: Abisai Soares de Melo e Abraão Firmino do Nascimento.

Interrogado pelo delegado Océlio, Edvan deu respostas curtas, usando sempre um tom frio e extremamente calmo na voz. Em nada parecia alguém que estava sendo acusado de ter praticado um crime tão bárbaro. Aos olhos e ouvidos do delegado, era como se o detento fosse totalmente isento de sentimentos. E isso também contava contra o próprio suspeito. Com mais de 20 anos de experiência, Océlio sabia que uma pessoa inocente dificilmente estaria tão tranquila num momento de tamanha tensão e gravidade. Encarou Edvan com firmeza e deu início ao interrogatório, começando com perguntas de praxe. Algumas, por mais simples que fossem, trouxeram respostas intrigantes.

– Qual o seu nome? – começou Océlio.

– Edvan Luiz da Silva.

– Qual a sua nacionalidade?

– Sou brasileiro.

– Naturalidade.

– Recife.

– Sexo.

– Masculino.

– Opção sexual.

– Heterossexual.

– Estado civil.

– Casado.

– Tem filhos?

– Não.
– Qual a sua idade?
– 32 anos.
– Escolaridade.
– Nível Médio incompleto.
– Tem emprego fixo?
– Sim. Sou comerciante.
– Tem alguma tatuagem?
– Sim. Tenho o rosto do meu pai tatuado no meu ombro esquerdo e o nome da minha mãe, no ombro direito. E tenho um trecho do Salmo 91 nas costas.
– Tem religião?
– Sou cristão.
– Já foi preso?
– Não.

Não era a primeira vez que Francisco Océlio ouvia um suspeito de assassinato se declarar cristão. Muito menos, com tatuagem de textos bíblicos. Em suas costas, Edvan havia tatuado o verso 7 do Salmo 91, um dos trechos mais conhecidos da Bíblia: "Mil cairão ao teu lado e 10 mil à tua direita, mas tu não serás atingido". O delegado achou curioso um acusado de homicídio ter palavras tão lindas escritas na própria pele. Insólita também era a serenidade demonstrada por Edvan durante o seu depoimento. Em alguns momentos, ele parecia até indiferente a tudo o que estava acontecendo, como se nada daquilo lhe importasse. Como se não fosse ele o sujeito que estava sendo investigado pela morte de Mirella. Concluída essa etapa inicial do interrogatório, o delegado explicou ao suspeito os motivos pelos quais estava ali – ainda que não fosse necessário, pois Edvan, obviamente, já sabia. Foi nesse momento que Océlio mencionou os direitos do acusado. Em especial, a prerrogativa constitucional de, se ele achasse necessário, permanecer em silêncio. A partir daí, as coisas mudariam um pouco de figura.

Questionado se tinha algo a declarar a respeito do assassinato da vizinha da porta logo à frente da sua, Edvan desviou o olhar, inspirou e, com a mesma frieza, respondeu apenas que, a esse respeito, só iria se pronunciar em juízo. O delegado, diante dessa postura do suspeito, decidiu não fazer mais nenhuma pergunta sobre o crime. Tudo ficaria para a Audiência de Custódia, já marcada para o dia seguinte, no Fórum Rodolfo Aureliano, na Ilha Joana Bezerra, na região central do Recife. Antes, porém, a polícia tinha outro trabalho a fazer, com o objetivo de solidificar ainda mais as acusações e evidências contra Edvan. Naquela noite, o perito Tadeu Cruz voltou ao edifício Golden Shopping, para completar a tarefa que iniciara pela manhã. Dessa vez, teria a supervisão do seu superior, o também perito criminal Diego Leonel.

Aos 34 anos, Diego era o chefe do Grupo Especializado em Perícias de Homicídios (Geph), da Polícia Civil de Pernambuco, e tinha plena consciência de que um caso como aquele, ocorrido num bairro nobre da cidade e cuja vítima fora assassinada sob violência sexual, teria grande repercussão. Já havia trabalhado em incontáveis ocorrências de homicídio em todo o Recife e sempre ficava incomodado com a diferença de tratamento que a imprensa, a sociedade e a própria polícia davam a crimes acontecidos em bairros pobres e nas zonas nobres da cidade. Era como se uma vida da periferia valesse menos do que outra das áreas mais abastadas. No caso de Mirella, por exemplo, no mesmo dia do crime, o assunto já havia sido publicado em diversos portais de notícias de Pernambuco e do Brasil.

Às 14h16 do dia do assassinato — menos de sete horas após o crime —, enquanto policiais e peritos ainda estavam coletando provas no apartamento de Edvan, o *Diario de Pernambuco*, o mais antigo jornal em circulação da América Latina, publicou reportagem em seu portal, com o título “Fisioterapeuta é encontrada morta dentro de flat em Boa Viagem”. Cerca de dez minutos depois, o site do *Jornal do Commercio*, à época o maior periódico em vendas do Recife, também postou matéria sobre o caso. Naquela noite, às 19h32, o portal *UOL*

– site de notícias líder de audiência do Brasil –, divulgou reportagem repercutindo o assunto, destacando o enterro de Mirella, que seria realizado no dia seguinte: "Fisioterapeuta morta em Boa Viagem será enterrada nesta quinta". Programas jornalísticos das emissoras de TV de Pernambuco e de vários estados também deram espaço ao caso.

Mesmo sabendo da importância de a imprensa divulgar crimes desse tipo para alertar a sociedade e ajudar no combate à violência feminina, o perito Diego Leonel continuava incomodado. Considerava inadmissível a discrepância do espaço dado pela mídia ao fato quando a vítima era de classe mais abastada e quando a mulher assassinada tinha origem pobre. A esse respeito, no entanto, ele não podia fazer nada, a não ser trabalhar com o mesmo afinco em ambas as situações. Estava ali, no 12° andar do edifício Golden Shopping, para fazer exatamente isso. Além dele e do perito Tadeu, também estava presente o delegado Francisco Océlio, responsável por conduzir o Inquérito Policial.

Chegaram ao local por volta das 20h, para realizar um exame com a substância luminol. Diego e Tadeu dominavam aquele procedimento como poucos. Para realizá-lo, é necessário que o ambiente esteja completamente escuro. Em seguida, o perito borrifa, nos locais a serem analisados, uma solução formada por pastilhas de um reagente quimioluminescente – o luminol – e água destilada. No líquido, as pastilhas se dissolvem e dão origem a uma substância que, em contato com qualquer vestígio de sangue num local, faz aquela superfície ficar azulada e luminosa. O procedimento revela, especialmente, a existência de manchas de sangue em locais que foram limpos pelo suposto criminoso para ocultar as provas. Sob os olhares atentos de Océlio, os dois peritos criminais aplicaram o luminol no corredor do 12° andar e nos apartamentos de Mirella e de Edvan. As provas do crime ficaram ainda mais robustas.

No flat de Mirella, a quantidade de sangue era tão absurda, que o exame não trouxe nenhuma grande novidade, a não ser tornar ainda mais clara a impressão deixada pelo pé esquerdo do assassino, a poucos centímetros do corpo da vítima, e a marca da palma da sua mão direita numa das paredes – que, com a luz acesa, não era visível a olho nu. As evidências obtidas no corredor e, principalmente, no apartamento de Edvan foram bem mais eloquentes e numerosas. No corredor, o luminol revelou, sem espaço para dúvidas, que o autor do crime havia saído do flat de Mirella e dado um grande passo até a porta de Edvan, logo em frente, sem tocar no chão. Gotas de sangue salpicadas no piso mostravam isso. Em todo o restante do corredor, com oito apartamentos, não havia mais nenhuma marca de sangue, prova contundente de que, após cometer o crime, o assassino não tinha caminhado em nenhuma outra direção, a não ser para o flat de Edvan.

Por si só, essas descobertas já eram suficientes para assegurar que o homicida havia saído do apartamento de Mirella e entrado no flat logo em frente. Mas foi no interior da unidade 1208 – na qual Edvan morava – que o luminol deu sua maior contribuição para a solução do caso. Ali dentro, cada borrifada que Diego e Tadeu davam do produto revelava vestígios de sangue por todos os lados. Na porta, nas paredes, no chão, na pia, no box do banheiro. Se ainda havia quaisquer dúvidas a respeito da autoria do crime, estavam todas destruídas. Os peritos e o delegado deixaram o edifício cerca de duas horas após a chegada, totalmente convictos de que já tinham capturado o assassino de Mirella. Estavam certos, também, de que não seria difícil garantir que o suspeito permanecesse preso, sem o direito de responder ao processo em liberdade.

A situação de Edvan ficaria ainda mais complicada no início da tarde do dia seguinte ao crime. Naquela quinta-feira, 6 de abril de 2017, os peritos do IML concluíram os exames de DNA referentes ao assassinato de Mirella. Tudo apontava o vizinho como sendo o seu algoz. Na camisa azul que Edvan usara na manhã do homicídio e que os policiais encontraram jogada na rua, o exame constatou que havia sangue da vítima. Além disso, os fios de cabelo grudados pelo sangue na mão esquerda de Mirella pertenciam a ele. E os testes de DNA, para fechar de vez o cerco, comprovaram que as amostras de pele contidas sob as unhas da jovem fisioterapeuta eram, com 100% de certeza, do acusado. Por tudo o que os policiais, peritos e cientistas haviam apurado e comprovado, Edvan Luiz da Silva tinha assassinado Mirella de Sena Araújo. Caso encerrado.

De posse de todas essas informações, o comando da Polícia Civil de Pernambuco se sentiu seguro o bastante para marcar uma coletiva à imprensa, na tarde da própria quinta-feira. Eram cerca de 20 jornalistas, fotógrafos e cinegrafistas de diversos veículos à espera do anúncio a ser dado pelos responsáveis pela investigação. Realizada na sede da Secretaria de Defesa Social (SDS) do Estado, no Centro do Recife, a coletiva foi conduzida pelo chefe da Polícia Civil em Pernambuco, Joselito Kehrle; pelo perito Diego Leonel, chefe do Grupo Especializado em Perícias de Homicídios; e pela também perita criminal Sandra Santos, chefe da Polícia Científica de Pernambuco e primeira mulher a ocupar o cargo. Juntos, cada um falando da sua área de atuação, garantiram que o homem que haviam prendido no dia anterior era, sem espaço para dúvidas, o assassino de Mirella.

Essa coletiva acontecia no mesmo instante em que Edvan, acompanhado dos seus dois advogados, apresentava-se em sua Audiência de Custódia, no Fórum Rodolfo Aureliano, na Ilha Joana Bezerra, região central do Recife. Na chegada ao fórum, o acusado em nada lembrava o homem com fama de mulherengo e arrogante que tinha no prédio em que morava. Caminhava a passos lentos, com as mãos algemadas para trás. Tinha o olhar assustado, sempre encarando o chão. Usava bermuda cinza, camiseta regata preta – destacando os braços musculosos – e sandálias Havaianas. Os cabelos longos, na altura dos ombros, escondiam o rosto sem pelos e de traços finos. Durante a audiência, manteve sua postura de se declarar inocente, a despeito de todas as provas já amealhadas e apresentadas pela polícia. No mais, só falaria em juízo.

Seus advogados reforçaram a posição do cliente, de negar a autoria do crime, e solicitaram à Justiça a liberdade provisória de Edvan. O objetivo era que ele respondesse ao processo fora da prisão. Para evitar que isso acontecesse, amigos e familiares de Mirella estavam na frente do fórum, com cartazes exigindo a prisão do acusado e pedindo justiça pela morte da fisioterapeuta. Eram cerca de 30 pessoas, e muitos dos cartazes tinham a frase "Somos todos Mirella". Acreditavam que aquele tipo de pressão poderia surtir algum efeito. E contavam com a ajuda da imprensa, que seguia dando cada vez mais destaque ao caso. Se o clamor popular teve ou não êxito, o fato é que a juíza Blanche Maymone Pontes Matos, que comandava a Audiência de Custódia, decidiu por converter a prisão em flagrante de Edvan em prisão preventiva. Com isso, ele sairia do Fórum Rodolfo Aureliano diretamente para o Centro de Observação Criminológica e Triagem Professor Everardo Luna (Cotel), presídio localizado em Abreu e Lima, município da Região Metropolitana do Recife.

A defesa de Edvan levaria outro duro golpe 18 dias depois. Em 24 de abril, o Ministério Público de Pernambuco (MP-PE), com base nas informações contidas no Inquérito Policial, denunciou o caso à Justiça. No documento, pedia a manutenção da prisão do acusado. A promotora de Justiça Christiana Ramalho Leite destacava, em seu texto, que Edvan deveria continuar detido, "haja vista tratar-se de indivíduo de alta periculosidade, que praticou um crime bárbaro". Falava também que, diante das provas apresentadas pela polícia, "Edvan matou Mirella, que, apesar de muito lutar para não ter sua integridade violada, não teve como resistir". A denúncia do MP acrescentava, ainda, que se tratava de uma ocorrência clara de feminicídio, quando a vítima é morta exclusivamente "em razão da condição de ser do sexo feminino". E concluía:

> *Em relação à autoria criminosa, tanto do crime de estupro bem como do crime de homicídio quadruplamente qualificado, não pairam dúvidas de que a mesma recai sobre o acusado, Edvan Luiz da Silva.*

Bem fundamentada pelo Inquérito Policial, a denúncia do MP-PE foi aceita pela Justiça, que deu início ao Processo Judicial, durante o qual Edvan permaneceria preso. A decisão foi vista como uma pequena, mas importante, vitória pelos amigos e parentes de Mirella, assim como por representantes da sociedade civil e de ONGs de direitos humanos e de defesa da mulher. O próximo passo seria cobrar celeridade da Justiça, para que o julgamento de Edvan fosse realizado o mais brevemente possível e que terminasse com a condenação do suspeito. Entre todas as pessoas empenhadas para que isso acontecesse, duas teriam, como nenhuma outra, suas vidas para sempre alteradas pelo crime que chocou o Recife e repercutiu em todo o país. Desde o dia 5 de abril de 2017, Suely Araújo e Wilson Araújo, pais da vítima, passaram a viver confortando um ao outro e tentando fazer com que o amor pela filha que haviam perdido de forma tão traumática lhes desse forças para superar a maior dor que já haviam sentido. Suely lembraria para sempre da última conversa que teve com Mirella, na noite anterior ao assassinato.

Eram 23h daquela terça-feira, 4 de abril de 2017, quando mãe e filha terminaram uma ligação de vídeo pelo WhatsApp. Costumavam fazer isso sempre que possível. Especialmente quando Mirella, em virtude das constantes viagens a trabalho, passava mais de uma semana sem visitar os pais, de cuja casa saíra havia cerca de três meses. A mudança tinha como um dos motivos justamente as muitas viagens a serviço que ela estava fazendo. Formada em Fisioterapia pela Universidade Católica de Pernambuco (Unicap), Mirella se especializara na operação de aparelhos de ultrassom. Entendia tanto do assunto, que estava trabalhando na General Eletric (GE), uma das maiores companhias do setor no mundo. Sentia-se profissionalmente feliz e valorizada. Ganhava pouco mais de R$ 7 mil, tinha carro da empresa e ótimo plano de saúde. Uma das suas atribuições era visitar clínicas e hospitais clientes da GE, em todo o Brasil, para dar treinamento aos funcionários que iriam operar os equipamentos de ultrassom. Com isso, chegava a fazer duas, três ou até quatro viagens por mês para fora do Recife.

Para evitar o trânsito pesado da capital pernambucana, decidira morar no edifício Golden Shopping, no bairro de Boa Viagem e a apenas 2 quilômetros do Aeroporto Internacional Gilberto Freyre. Seria muito mais rápido, prático e econômico do que quando vivia no apartamento dos pais, no bairro das Graças, na Zona Norte da cidade e a cerca de 10 quilômetros do aeroporto. Além da praticidade, ter o seu próprio cantinho, como gostava de dizer, também a deixava feliz. Por melhor que fosse sua relação com os pais e os irmãos – Alex, 32, e Laís, 24 –, Mirella, aos 28 anos e com a carreira em ascensão, acreditava ser o momento certo para morar sozinha. Mas sua ligação com os pais não sofreria mudança alguma. Era raro passar mais de dez dias sem visitá-los. Quando juntos, havia sempre muitos sorrisos, brincadeiras, conversas e beijos. Mesmo quando surgia alguma discordância ou o assunto em discussão era mais sério, tudo terminava de forma harmônica.

Com Mirella morando sozinha, as ligações de vídeo pelo WhatsApp haviam se tornado uma ótima alternativa para Suely aplacar um pouco a saudade. O sentimento era recíproco. Mãe e filha costumavam falar sobre tudo. E quase sempre o papo era encerrado com risos e troca de beijos pela câmera do smartphone. Foi o que aconteceu na noite daquela terça-feira. Durante a conversa, Suely via Mirella jantando, arroz com um feijão feito pela mãe. Ela adorava aquele feijão. Com a agenda de trabalho repleta de viagens, frequentemente aproveitava as visitas que fazia aos pais para levar para casa alguma comida preparada por Suely. A mãe até lembrou que o feijão já tinha umas duas semanas, ao que a filha retrucou, afirmando que continuava delicioso, por ter ficado no congelador. Mirella falou e meteu na boca mais um garfo cheio de arroz e feijão. Suely assistia e dava risada. A conversa terminou como era de costume entre elas:

— Tá bom, minha filha. Vá descansar. Boa noite — disse Suely.

— Tá certo, mainha. Até amanhã — respondeu Mirella.

— Até amanhã. Beijo.

— Beijo.

— Te amo.

— Também te amo.

Seriam as últimas palavras que a mãe ouviria da filha: "Também te amo". Antes de dormir, Suely olhou algumas postagens no Instagram. Viu que a publicação mais recente de Mirella tratava de um assunto polêmico e em evidência à época. A fisioterapeuta havia postado o slogan da campanha "Mexeu com uma, mexeu com todas", lançada em apoio à figurinista Susllem Tonani, que acabara de fazer uma denúncia de assédio sexual contra o ator José Mayer, da Rede Globo. Não foi surpresa para Suely ver a postagem da filha. Ela sabia que Mirella, sempre engajada na luta contra o machismo e a violência de gênero, não deixaria de participar daquela campanha. E tinha orgulho da postura combativa da filha. Até comentou com o marido a respeito da publicação no Instagram.

— Mirella já postou coisa daquela campanha "Mexeu com uma, mexeu com todas".

— Que campanha? — perguntou Wilson.

— Aquela sobre a moça que tá denunciando aquele ator da Globo, José Mayer, de assédio sexual.

— Isso é a cara dela — respondeu, com um leve sorriso. E foram dormir.

UM MARCO NA LUTA CONTRA O FEMINICÍDIO

No dia do crime, 5 de abril, Suely, à época com 58 anos, acordou pouco antes das 7h – mesmo horário em que Edvan estava entrando no edifício Golden Shopping. Naquela manhã, ela tinha sessão de fisioterapia às 7h30 e ainda precisaria deixar o marido na Escola Técnica Estadual (ETE) Professor José Luiz de Mendonça, em Gravatá, município a cerca de 85 quilômetros do Recife. Além do apartamento na capital, o casal tinha uma casa em Gravatá, em virtude do trabalho de Wilson, 60 anos, professor de Física na ETE. Por isso, costumavam se dividir entre o Recife e o município no interior de Pernambuco. Naquela quarta-feira, estavam em Gravatá, com planos de passar o fim de semana na capital, perto dos filhos. Suely, conforme o programado, deixou o marido no trabalho e seguiu para a fisioterapia. No percurso, ia ouvindo no carro um programa religioso, transmitido pelo Instagram. A mensagem orientava os fiéis sobre como falar com Deus em momentos de grandes dificuldades.

Não havia nenhum problema relevante naquele momento na vida de Suely nem na sua família. Mas ela ouvia a tudo atentamente. E gostava. Em suma, a mensagem dizia ser imprescindível manter a fé e tentar entender os desígnios de Deus. Acrescentava que uma grande tribulação pode produzir crescimento espiritual. Passou toda a sessão de fisioterapia atenta ao smartphone, escutando a pregação bíblica. Saiu da clínica às 8h30, sentindo um desconforto insólito. Não entendia por que aquela sensação lhe incomodava o coração. O fato era que se sentia confusa, desnorteada. Precisava fazer compras no supermercado, mas não conseguiu. Entrou no estabelecimento, olhou meia dúzia de prateleiras e saiu sem comprar nada. Nunca sentira nada parecido. Ainda pensava na mensagem religiosa que ouvira, quando seu celular tocou. Era Silvia, sua irmã.

– Oi, Silvia. Tudo bem?

– Tudo. Você tá sabendo o que aconteceu em Boa Viagem?

— Não. O que foi? — perguntou Suely, apreensiva.

— Mataram uma moça chamada Tássia Mirella.

— É Mirella. É minha filha! — gritou Suely, já desesperada.

— Não é Mirella, Suely. É só uma moça com o mesmo nome — retrucou Silvia, tentando acalmar a irmã.

— Não. É Mirella. Eu sei. Eu sei. Mataram a minha filha! Mataram a minha menina!

Suely desligou o telefone e continuou gritando, no meio da rua. As palavras saíam da sua boca descontroladamente, repetidas.

— Mataram a minha filha!! Meu Deus!! Mataram a minha menina!!

Algumas pessoas, vendo o desespero daquela senhora, se aproximaram e perguntaram o que havia acontecido. E Suely seguia repetindo, já com o rosto lavado de lágrimas.

— Mataram a minha filha!! Assassinaram a minha menina!! Meu Deus!! Meu Deus!!

Passou alguns minutos nessa agonia insuportável, até que encontrou forças que não sabia ter e pensou que precisava avisar o marido da desgraça que acontecera. Não queria contar a tragédia a Wilson pelo telefone. Entrou no carro e foi buscá-lo na escola. As lágrimas caíam dos seus olhos como que por vontade própria. Dirigia sem saber que o esposo já fora informado da morte de Mirella. Quase no mesmo instante em que Silvia telefonou para Suely, Alex — filho mais velho do casal — ligou para o pai. Como estava em sala de aula, Wilson não deixava o filho falar. Atendia a ligação e logo dizia que não podia conversar, por estar no trabalho. Alex ligou uma, duas vezes. Até que, na terceira ligação, não esperou o pai falar palavra.

— Painho, assassinaram Mirella.

— Como é, Alex?

— Mataram Mirella, painho. Mataram Mirella.

De imediato, Wilson foi abatido pelo mesmo terremoto de desespero que devastara Suely. Sentiu-se tão desnorteado quanto a esposa. Não fosse o filho a contar-lhe tamanha desgraça, jamais acreditaria que alguém tinha tirado a vida de Mirella. Perdido, meteu seu material de aula dentro da mochila, pendurou-a nas costas e foi embora. Caminhava e chorava. Chorava e caminhava, desorientado no meio da rua. Não sabia muito bem para onde ia. Só queria se afastar de tudo. Da realidade. Da dor. Da perda da filha. Seu coração se negava a aceitar aquela tragédia. Não era possível que jamais voltaria a ver o sorriso de Mirella. Jamais ouviria a sua voz. Jamais sentiria o prazer de colocar a filha em seu colo, como fazia mesmo sendo ela já adulta. Não conseguia sequer respirar direito. Sentia calafrios, palpitações. E as lágrimas a lhe banharem o rosto, encharcando o bigode e o cavanhaque grisalhos.

Dirigindo a caminho do trabalho do marido, Suely encontrou-o no meio da rua, andando e aos prantos. Logo concluiu que ele já estava sabendo da morte da filha. Parou o carro e gritou, ainda tomada de desespero.

— Mataram Mirella, Wilson!! Assassinaram a nossa menina!!

Ele entrou no carro e os dois choraram, abraçados. Compartilhavam uma dor lancinante. Uma agonia como jamais haviam experimentado. A vontade de ambos era ficar ali para sempre. Inertes. Entregues ao sofrimento. Chorando, dentro do Toyota Rav4 prateado. Sabiam, porém, que precisavam ir para o Recife, onde teriam de cumprir um doloroso processo burocrático, que envolvia reconhecer o corpo da filha e providenciar o velório e o enterro. Passaram em casa, para pegar algumas roupas e documentos, e seguiram para a capital. Wilson ia dirigindo, se esforçando para segurar as lágrimas e conduzir com segurança. Suely não conseguia se conter. Passou quase todo o trajeto, de 1h30 de duração, chorando e gritando o nome da filha, repetidamente. Por vezes, a voz saía entrecortada pelo pranto. As lágrimas molhavam o seu rosto, assim como a chuva incessante lavava o para-brisa do carro. Chegou a pensar que o céu também chorava a morte da sua menina. E continuava gritando. Gritava de dor. De tristeza. De desespero. De revolta.

— Mirella!! Mirella!! Mirella!!

Chegaram ao Recife e foram direto para o Instituto Médico Legal, no Centro da cidade. Algumas pessoas mais próximas da família já estavam lá. Assim que Wilson parou o carro, Suely desceu. Seguia chorando e gritando o nome da filha. Foi abraçada, consolada e confortada pelos amigos e parentes. Entre eles, estavam os outros dois filhos do casal — Alex e Laís. Logo, todos choravam juntos. Tamanha era a dor, que não trocaram palavras. Apenas se abraçaram e choraram. As lágrimas se misturavam em seus rostos. Compartilhando, assim, aquele sofrimento imensurável. Ao menos de uma angústia Wilson e Suely foram poupados. Não precisaram fazer o reconhecimento do corpo da filha nem cuidar das questões burocráticas do velório e do enterro. Tudo isso já havia sido providenciado por Solange, outra irmã de Suely.

Passaram o resto da tarde no IML, esperando o corpo ser liberado e encaminhado para a funerária. Com o sol derramando seus últimos raios naquele dia de tanta aflição, Wilson, Suely, os filhos e mais alguns familiares e amigos foram para o apartamento do casal, no bairro das Graças, no Recife. Suely permanecia aos prantos, inconformada. Sentia como se tivessem lhe arrancado um pedaço da própria alma. Todos tentavam fazê-la descansar, dormir um pouco. De nada adiantava. Passou toda a noite em claro, conversando com as amigas, cantando músicas religiosas, rezando. E chorando. Não conseguia parar de pensar em Mirella. Lembrou de como ela tinha sido uma criança elétrica, inteligente e espirituosa. Dos seus três filhos, sempre foi a mais travessa. Gostava de brincar na rua, de jogar bola com os meninos, de subir em árvores. Seu esporte preferido era o handebol. Era, também, muito carinhosa. Adorava beijar e abraçar os pais, os irmãos, os amigos. Mesmo adulta, costumava deitar a cabeça no colo da mãe, pedindo um cafuné. E tornara-se uma mulher que enchia os pais de orgulho. Estudiosa, dedicada ao trabalho, incansável na busca por realizar seus sonhos e alcançar seus objetivos.

Foi assim que, em 2013, decidiu morar e estudar em Chicago, nos Estados Unidos, para aprimorar o inglês. Voltaria ao Recife três anos depois, fluente no novo idioma e preparada para o mercado de trabalho. Sem essa experiência, dificilmente conseguiria o cargo que estava ocupando na General Eletric (GE), multinacional americana, fundada há mais de 130 anos e com atuação em diversos setores, como aviação, eletrodomésticos, energia, saúde e combustíveis. Independente, forte e segura, tinha outra virtude que os pais, amigos e familiares admiravam: era engajada em questões sociais. Especialmente, em relação à violência feminina. Sempre se revoltava quando surgia alguma notícia de estupro, agressão ou assassinato de mulheres. Costumava dizer que nenhum homem jamais a estupraria, que preferia morrer lutando a ter seu corpo violado. Suely lembrou de tudo isso e novamente desatou a chorar. Era como se Mirella tivesse previsto a própria morte. E agora, já com o sol nascendo, Suely e Wilson se preparavam para algo que dariam a vida para não ter de enfrentar: enterrar a própria filha.

O dia amanheceu pesado naquela quinta-feira, 6 de abril. Suely e Wilson sentiam o coração oprimido, massacrado pela dor de saber que faltavam poucas horas para o sepultamento. Por volta das 7h, já estavam na funerária João Batista, para o velório. Os pais e irmãos de Mirella sabiam que seu assassinato tinha repercutido bastante na imprensa, em jornais, programas de TV e portais de notícias. Mas não esperavam que tanta gente fosse ao velório. Eram mais de duzentas pessoas, inclusive desconhecidos. Todos comovidos com o caso da jovem morta por um vizinho com quem não tinha qualquer relação, nem mesmo de amizade. Suely começava a sentir que a perda da sua filha poderia ter algum efeito positivo no combate à violência contra as mulheres do Brasil. Não deixava, no entanto, de sofrer como jamais sofrera na vida. Queria aproveitar aqueles últimos momentos ao lado de Mirella para conversar com ela pela derradeira vez. Puxou uma cadeira e sentou-se ao lado do caixão de madeira escura. Falava com sua voz mais doce e suave. O tipo de voz que só uma mãe prestes a enterrar a própria filha tem.

— Minha filha, eu te amo muito. E sempre vou te amar. Nós fizemos tudo por você. Por favor, me perdoe por todas as vezes que discutimos. Mas você sabe que foi tudo por amor — dizia Suely, sem parar de chorar.

Os amigos e familiares viam aquela cena linda, poética e igualmente triste e dolorosa, e tentavam consolar e tranquilizar uma mãe destroçada pela dor. Não foram poucos os que se aproximaram de Suely e deram-lhe comprimidos para acalmá-la. Ela aceitava todos. Colocava na boca, dava um gole no copo d'água e, sem que ninguém percebesse, jogava o remédio embaixo do caixão. Queria estar totalmente lúcida e sóbria. Fazia questão de guardar em sua mente e em seu coração os últimos minutos que passaria ao lado de Mirella. Continuou fazendo declarações de amor à filha e dizendo do enorme orgulho que sentia dela. Falou que sua menina era uma vencedora, uma guerreira, um ser humano muito especial. E tinha certeza de que, em algum lugar e de alguma forma, Mirella estava escutando todas as palavras que saíam da sua boca molhada pelas lágrimas.

Após conversar com a filha, resolveu se dirigir à única pessoa que, acreditava, poderia dar-lhe uma explicação para toda aquela tragédia. Lembrou-se da mensagem religiosa que ouvira no Instagram minutos antes de receber a notícia do assassinato e que falava sobre como conversar com Deus em momentos de grande dificuldade. Ao lado do cadáver da filha, começou a falar com o Criador. Seus questionamentos saíam do mais imo do seu coração. E era ali mesmo que as respostas chegavam, tão nítidas e audíveis quanto as vozes de todos à sua volta.

— Por quê, Senhor? Por quê, meu Deus, o senhor deixou isso acontecer?

— Você é igual a todo mundo, Suely. Todas as pessoas passam por sofrimentos na vida.

— Mas é muita dor, Pai! Por que justamente com a minha filha?

— Sua filha também não é melhor do que ninguém.

Mesmo com toda a fé que sempre teve, Suely estava abismada com a clareza da voz que chegava ao seu coração. Não tinha dúvidas de que era o próprio Deus. Apesar da aparente dureza das respostas, entendeu que o Senhor falava tão somente uma das poucas verdades absolutas da existência humana: todos sofrem nesta vida. Todos passam por tribulações, tristezas. Ocorreu-lhe, naquele instante, que o próprio Jesus se sentiu abandonado quando estava na cruz, a ponto de clamar: "Pai, por que me desamparaste?". Se o Cristo passou por tamanha dor, ela não podia reclamar. Até porque, pensou, Deus também lhe dera incontáveis bênçãos, entre elas um marido presente e amoroso e outros dois filhos maravilhosos. Tentar entender os desígnios do Criador, contudo, era uma coisa. Não sofrer pela perda da sua filha era outra totalmente diferente. Continuaria, assim, agonizando pela morte de Mirella. E sua angústia estava prestes a aumentar, com a chegada do momento do sepultamento. Antes, faria mais uma declaração de amor à filha e de agradecimento a Deus.

Ainda no velório, durante a missa de corpo presente, o padre que conduzia a cerimônia perguntou se alguém gostaria de dar algum testemunho ou de falar algo sobre Mirella. Suely se apresentou de imediato. Recebeu o microfone das mãos do padre e fez uma declaração breve e comovente.

— Essa dor que estamos sentindo agora é grande demais, insuportável. Mirella era uma menina muito especial e não merecia passar por isso. Mas eu quero agradecer a Deus por tudo o que nós vivemos ao lado dela. Foram 28 anos de muito amor e alegria. Nós precisamos entender que os filhos são um empréstimo que Deus nos dá. Um dia, temos de devolvê-los. No caso de Mirella, infelizmente, foi dessa forma trágica. Mas Deus sabe o que faz.

Suely acabou de falar e deu um beijo no rosto da filha. Olhou, pela última vez, para Mirella. Ela estava linda. Nem parecia alguém cuja vida fora arrancada de forma tão truculenta. Estivesse deitada numa cama, e não confinada naquele caixão, todos afirmariam que dormia tranquila. Tinha os cabelos presos, como tanto gostava de usar. Fora maquiada com sutileza, a pedido da mãe, que avisou aos encarregados dessa tarefa que a filha não gostava de maquiagem pesada, chamativa. Vestia uma calça branca e uma blusa, igualmente alva, de gola alta e mangas longas. Assim, os ferimentos causados pela faca usada por seu assassino em seu pescoço e nas suas mãos estavam encobertos. Suely achou que Mirella estava tão bela, que se arrependeria para sempre por não ter tirado uma foto da filha naquele momento. Gostaria de ter aquela imagem registrada numa fotografia, e não apenas em seu coração.

Lágrimas a lhe escorrerem pelo rosto, viu o caixão ser coberto pela terra escura do Cemitério de Santo Amaro, no Recife. Eram 11h25 da manhã. De mãos dadas ao marido e ladeada pelos outros dois filhos, chorava um choro pesado demais para a sua alma. Chegou a duvidar que tivesse forças para suportar aquela dor miserável. Admirou as rosas brancas e vermelhas que amigos e familiares seguravam em homenagem a Mirella. Emocionou-se com a salva de palmas que cobriu o lugar, tão logo o caixão começou a descer. Havia mais de duzentas pessoas aplaudindo e gritando uma palavra que Suely e Wilson repetiriam incontáveis vezes pelos dias que estavam por vir: justiça. Na saída do cemitério, ela ainda encontrou energias para dar uma declaração aos jornalistas. As palavras saíam gritadas, entre lágrimas e soluços. À sua direita, Wilson não se sentia em condições sequer de falar. Estava destroçado. Apenas abraçava a mulher e chorava. Suely tão somente colocou para fora o que o seu coração clamava.

– Levaram um pedaço de mim. A gente tem de ir pra rua, brigar. Porque hoje eu estou acabada. Minha filha foi embora com essa morte trágica. Eu não consigo me conformar. Como é que a gente faz agora, pra voltar pra casa com saudades da nossa filha? Mas eu sei que não estou sozinha. Só Deus vai nos confortar. A gente tem de ir pra rua. Precisamos lutar. Queremos justiça!!

Nem a própria Suely nem sua família imaginavam o impacto que a morte de Mirella teria na luta contra a violência às mulheres em Pernambuco. O primeiro sinal de que o assassinato da fisioterapeuta não seria apenas mais um número nas estatísticas de feminicídio no país já seria visto apenas quatro dias após o crime. Fazia uma manhã quente e de céu livre de nuvens naquele domingo, 9 de abril, no Recife. Como acontece todo fim de semana, milhares de moradores, turistas e comerciantes ocupavam a praia de Boa Viagem, na Zona Sul da capital pernambucana e região mais nobre da cidade, com seus arranha-céus à beira-mar. No meio daquela multidão, cerca de 2 mil pessoas estavam ali com um propósito muito mais relevante do que aproveitar as águas mornas e esverdeadas do litoral recifense. Eram amigos e parentes de Mirella, além de representantes de ONGs de direitos humanos e de movimentos contra a violência doméstica, unidos para homenagear a fisioterapeuta e cobrar celeridade no julgamento do seu assassino. Não queriam correr o risco de o caso cair no esquecimento da Justiça brasileira. O protesto começou por volta das 9h30 e se prolongou até 12h30, com uma passeata pela Avenida Boa Viagem, uma das mais importantes do Recife.

Com a ajuda de amigos empresários e de instituições engajadas em ações de combate ao machismo, a família de Mirella conseguiu tudo o que precisava para fazer daquele um grande evento. Foram confeccionadas cerca de mil camisetas brancas, estampadas com uma foto da fisioterapeuta sorrindo e a mensagem "Somos todos Mirella". Havia, também, um carro de som, no qual algumas pessoas usavam um microfone para falar sobre o crime que virara notícia nacional, a importância de se combater esse tipo de violência, a mulher corajosa e amorosa que Mirella sempre fora. A própria Suely deu uma declaração que emocionou a todos. Com a voz tomada de tristeza e revolta, disse que sua filha era uma guerreira que sempre condenou fortemente qualquer tipo de agressão contra as mulheres e que aquele crime precisava ser exemplarmente punido. E concluiu com frases que se tornariam emblemáticas no decorrer do caso.

— Eu não quero vingança. Eu quero justiça! Justiça por todas as mulheres que passam por isso. Minha filha tinha família e amigos. E as mulheres que não têm? Se nada for feito, amanhã haverá outras Mirellas. Essa luta não é só em nome de Mirella. É em nome de todas as mulheres vítimas de feminicídio no Brasil. Vamos exigir que a Justiça seja feita!! O machismo mata. E matou a minha filha!!

No próprio domingo, emissoras de TV e portais de notícias divulgaram reportagens sobre a passeata. Jornais impressos fizeram o mesmo em suas edições da segunda-feira, 10 de abril. Muitas dessas matérias tinham título idêntico: "O machismo mata. E matou a minha filha". A cada protesto pelo assassinato de Mirella, a cada reportagem sobre o crime, a cada declaração impactante de Suely à imprensa, mais pessoas se comoviam com o drama daquela família e se indignavam com o homicídio de uma jovem cuja vida fora arrancada de forma tão torpe. Uma dessas pessoas foi Simone Santana, à época deputada estadual de Pernambuco. Aos 54 anos, Simone ocupava a presidência da Comissão Parlamentar de Defesa dos Direitos da Mulher, da Assembleia Legislativa do Estado de Pernambuco (Alepe). A luta contra a violência de gênero era uma de suas principais pautas. Nada mais natural, portanto, que o assassinato de Mirella despertasse sua atenção.

No dia em que a fisioterapeuta foi morta, o crime seria o assunto principal durante o jantar na casa da deputada. Ela, o marido — o médico Carlos Santana, 60 — e as duas filhas do casal — Marina, 25, e Lara, 23 — conversaram sobre o caso da jovem morta por um vizinho. Simone e Carlos demonstravam preocupação em relação à segurança das filhas, ambas com idades próximas à de Mirella. A mais velha, Marina, já morava sozinha e também no bairro de Boa Viagem, onde vivia a fisioterapeuta. As duas filhas da deputada se mostravam assustadas, por verem uma mulher com estilo de vida, classe social e formação acadêmica tão próximas às suas ser vítima de um crime tão bárbaro. Era como se elas se enxergassem em Mirella. A força do machismo no Brasil foi tema da conversa familiar, assim como o fato de que, muitas vezes, o homicida pode ser qualquer um. Até um vizinho com quem a vítima nunca se relacionou. Sentada num sofá da sala, Simone expôs um pensamento sensato e, ao mesmo tempo, assombroso.

– Esses assassinos de mulheres não são monstros. Não carregam na testa uma placa com a palavra "feminicida". São pessoas aparentemente normais, que, de repente, matam uma mulher, por qualquer motivo que seja – ela disse, deixando marido e filhas pensativos.

A deputada decidiu, naquele momento, que faria algo mais do que apenas lamentar e se indignar diante de mais um caso de feminicídio em seu Estado. Naquele ano (2017), o Brasil registraria um total de 1.133 feminicídios, chegando a uma média diária de três mulheres mortas apenas por serem do sexo feminino. Era como se uma brasileira fosse assassinada a cada oito horas, em algum lugar do país, vítima do machismo. O número representava uma alta de 22% na comparação com o ano anterior (2016), quando foram notificados 929 feminicídios no Brasil. Especialistas no assunto, porém, tinham certeza de que os dados reais eram ainda mais alarmantes. Acreditavam que inúmeros feminicídios não eram contabilizados como tal e que muitos desses casos poderiam aparecer nos boletins de ocorrência somente como "crime passional".

Era contra situações desse tipo que Simone empenharia parte dos seus esforços como parlamentar. Seu primeiro passo seria retomar uma ideia antiga. No final de 2016, ela tentara aprovar um Projeto de Lei (PL) para substituir o termo "crime passional" por "feminicídio" nos BOs. Naquela ocasião, a proposta empacou numa questão burocrática. Por tratar de um assunto diretamente ligado à Polícia Civil, que é subordinada ao Governo do Estado, uma eventual alteração nos BOs teria de partir do Executivo, e não do Legislativo. Após o assassinato de Mirella, Simone aproveitou a volta do assunto à evidência para fazer uma nova tentativa. Dessa vez, a deputada usaria outro dispositivo. Apresentou a mesma ideia, mas em forma de indicação, instrumento legislativo utilizado para solicitar uma ação do Executivo. Deu certo.

A proposta foi aprovada pela Alepe e aceita pelo então governador de Pernambuco, Paulo Câmara. No dia 4 de setembro de 2017 – cinco meses após o assassinato de Mirella –, o governador assinou o decreto pelo qual, a partir daquele momento, os assassinatos de mulheres por seus maridos, namorados e ex-companheiros deixariam de ser registrados no BO como "crime passional" para ser notificados como "feminicídio". No documento, Paulo Câmara considerou a Lei Federal 13.104, de 9 de março de 2015, promulgada pela então presidente do Brasil, Dilma Rousseff, e que incluiu o feminicídio como circunstância qualificadora do crime de homicídio, além de aumentar a pena mínima de seis para 12 anos de prisão. Na cerimônia promovida para a assinatura do decreto, realizada no Palácio do Campo das Princesas – sede oficial do Governo de Pernambuco –, Câmara citaria a mesma preocupação que todos os pais e mães de mulheres demonstravam diante de um caso como o de Mirella.

– Infelizmente, no nosso Estado e em todo o Brasil, persistem esses crimes covardes. Eu sou pai de duas meninas. Quero e vou trabalhar para que minhas filhas e todas as filhas de pernambucanos e pernambucanas vivam em um estado livre de qualquer tipo de agressão contra as mulheres – disse o governador, logo após assinar o decreto.

Simone Santana ficou feliz com a concretização da sua proposta. Com a alteração nos BOs, os autores dos crimes de feminicídio receberiam punições mais severas. Ela tinha, ainda, outra ideia para perpetuar a história de Mirella e não deixar sua morte ser apagada pelo tempo. Em conversas com sua equipe do gabinete, surgiu o comentário para que se estabelecesse uma data na qual o assassinato da fisioterapeuta seria lembrado. Deu-se início, então, à elaboração de um Projeto de Lei para a criação do Dia Estadual de Combate ao

Feminicídio em Pernambuco. A sugestão era para que a data fosse celebrada anualmente, no mesmo dia da morte de Mirella: 5 de abril. Sob a enorme comoção que o crime gerara em todo o estado, o PL tramitou com rara velocidade. Em pouco mais de dois meses, foi apresentado pela deputada, promulgado pela Assembleia Legislativa e sancionado pelo governador Paulo Câmara. Assim, no dia 13 de novembro de 2017 – pouco mais de sete meses após a morte da fisioterapeuta –, estava oficialmente criado o Dia Estadual de Combate ao Feminicídio em Pernambuco. Era a primeira data desse tipo instaurada no Brasil. Logo, deixaria de ser a única.

Cerca de cinco semanas mais tarde – em 20 de dezembro de 2017 –, a Assembleia Legislativa de Sergipe (Alese) promulgaria um PL com o mesmo objetivo. A nova lei, de autoria da deputada estadual Goretti Reis, que ocupava o cargo de procuradora da Mulher na Alese, estabelecia 29 de julho como o Dia Estadual de Combate ao Feminicídio em Sergipe. O mesmo aconteceria em Minas Gerais em dezembro de 2018, quando, a partir de um PL elaborado pela deputada Marília Campos, foi instituído que o Dia Estadual de Combate ao Feminicídio seria celebrado anualmente em 23 de agosto. A data era uma referência ao dia da morte da servidora pública Lilian da Silva, assassinada, aos 44 anos, por um pistoleiro profissional contratado por seu ex-marido, Artur Campos Rezende. O Paraná viria logo em seguida, apenas seis meses depois. Em 25 de junho de 2019, o então governador, Ratinho Júnior, sancionou o PL de autoria da deputada Cristina Silvestri, definindo 22 de julho como o Dia Estadual de Combate ao Feminicídio. Nessa data, em 2018, a advogada Tatiane Spitzner, de 29 anos, foi morta pelo marido, o biólogo Luis Felipe Manvailer, num caso de grande repercussão nacional.

O drama da advogada paranaense morta pelo esposo, dentro do próprio apartamento, na cidade de Guarapuava, foi mostrado no *Jornal Nacional*, da Rede Globo, e gerou comoção em todo o Brasil. Os pais de Mirella estavam sentados no sofá, diante da TV, na noite em que a reportagem sobre o crime foi exibida pela emissora carioca. Ao lado de Wilson, Suely sentiu uma dor profunda, ao ver mais uma jovem com futuro promissor ser vítima do machismo. Era como se tivessem matado sua própria filha novamente. Pensou, de imediato, no sofrimento desumano pelo qual os pais de Tatiane certamente estavam passando. Pediu a Deus que desse àquela família a mesma força e o mesmo conforto que ela própria recebera ao perder sua menina. Orou, também, para que a Justiça fosse feita. Que o assassino de Mirella, o de Tatiane e todos os demais que tiram a vida das mulheres brasileiras recebessem punição justa e severa. A Justiça era exatamente o assunto que estava perturbando o sono de Suely naqueles dias.

No final de julho de 2018, quando ocorreu o assassinato da advogada paranaense, já fazia quase um ano e quatro meses que Mirella havia sido morta, e o julgamento de Edvan Luiz da Silva, o seu algoz, ainda não tinha data para acontecer. Os dias, as semanas e os meses passavam, sem que o processo saísse do lugar. Edvan seguia preso, é verdade, apesar das tentativas dos seus advogados de conseguirem um habeas corpus para que seu cliente respondesse ao processo em liberdade. Mas a morosidade da Justiça em agendar o julgamento aumentava o tormento de familiares e amigos de Mirella. Todos temiam que sua morte acabasse por ser esquecida, sem que seu assassino fosse devidamente julgado e condenado. Essa possibilidade atormentava a alma de Suely. Tirava-lhe o apetite. Tornava suas noites insones. Até que um sopro de esperança lhe tocou levemente o coração.

No dia 3 de junho de 2019, o Poder Judiciário anunciou que o julgamento de Edvan seria realizado em 5 de agosto, exatamente dois anos e quatro meses após o crime. A denúncia apresentada pelo Ministério Público de Pernambuco apontava que o réu deveria ser julgado por homicídio quadruplamente qualificado, por ter cometido o assassinato utilizando-se de meio cruel, de forma que dificultou a defesa da vítima, pela tentativa de ocultação do delito e por feminicídio. Suely sentia-se exausta, por todo o tempo que passara esperando e sofrendo por aquela notícia, mas um pouco aliviada. Agora, finalmente, existia uma data para o assassino da sua filha ser julgado. Havia até local e horário. Seria na 3ª Vara do Tribunal do Júri da Capital, no Fórum Thomaz de Aquino, no Centro do Recife, a partir das 9h da manhã. Nas redes sociais, Suely externou o sentimento que compartilhava com todos à sua volta no dia a dia.

– Não quero vingança, e sim Justiça. Essa dor que carrego dentro de mim será eterna. Que a minha coragem seja maior do que o meu medo, e que a minha força seja tão grande quanto a minha fé.

Ela pedia coragem e força aos céus para enfrentar mais uma fase que, sabia, não seria fácil. Toda a ansiedade e todo o nervosismo presentes num julgamento. Ouvir as testemunhas falando sobre o dia da morte da sua filha. Ver advogados de defesa tentando tornar inocente o homem que matara Mirella de forma tão grotesca e covarde. E, pior, ter de ficar no mesmo ambiente que o indivíduo que assassinara a sua menina. Por mais que, diante de todas as provas amealhadas pela polícia, acreditasse ser improvável, havia, ainda, a possibilidade de Edvan ser absolvido e sair daquele fórum tranquilamente, como se fosse uma pessoa de bem. Sabia que a condenação do réu dependeria muito da atuação do promotor de Justiça que trabalharia no julgamento. Desejou que o caso ficasse sob a responsabilidade de um profissional experiente, competente e verdadeiramente empenhado em provar a culpa do algoz da sua filha. Por uma questão de sorte, para alguns, e de tecnologia, para outros, foi exatamente o que aconteceu.

No dia 26 de abril de 2017 – três semanas após o crime –, as 937 páginas do Processo Judicial sobre o assassinato de Mirella de Sena Araújo já estavam na mesa do promotor Antônio Arroxelas. Ele fora designado na distribuição do MP-PE, por meio de um programa de computador que sorteia os processos internamente aos promotores de Justiça. Dificilmente, a tecnologia poderia ter sido mais favorável à família de Mirella. Arroxelas parecia o nome perfeito para aquele caso. Aos 46 anos, já atuava como promotor havia duas décadas e acumulava mais de mil julgamentos no currículo. Era visto por seus pares como um profissional equilibrado, firme, sagaz e sensível aos dramas humanos dos casos nos quais atuava. Seu perfil pessoal também contava a favor. Divorciado e pai de duas filhas – Mariana, 24, e Valentine, 7 – e de um filho – Lucas, 21 –, foi uma das pessoas tomadas por indignação diante da crueldade do crime, quando o assunto apareceu na mídia. Antes mesmo de assumir o caso, já se sentia comovido pelo drama vivido pelos pais de Mirella.

Arroxelas tomara conhecimento do homicídio por meio da imprensa, no mesmo dia do fato, e não conseguiu evitar o pensamento de que aquela tragédia poderia ter acontecido com a sua filha mais velha, com idade, classe social e formação similares às da fisioterapeuta. Assim como Mirella, o promotor morava no bairro de Boa Viagem, a apenas 400 metros do edifício Golden Shopping, onde ocorreu o assassinato. O crime levou Arroxelas a alertar sua primogênita a respeito de situações parecidas. Falou para Mariana ter sempre atenção máxima aos rapazes que se aproximassem dela e para não confiar em ninguém até conhecer melhor a pessoa. Era preciso, também, estar sempre alerta, até mesmo em relação a desconhecidos. No caso de Mirella, fez questão de destacar, o assassino era um vizinho, com quem ela não tinha relação alguma. Reforçou à filha uma convicção cada vez mais sólida em sua mente, a de que, no Brasil, qualquer mulher pode ser vítima de violência por parte de homens. Naquela noite, o promotor adormeceu pensando que adoraria fazer algo que ajudasse a mudar essa dura realidade. Desejou, profundamente, que suas filhas e todas as brasileiras pudessem viver sem o medo de serem mortas, unicamente por sua condição de mulher.

Por tudo isso, Antônio Arroxelas ficou feliz ao receber a notícia de que seria dele a responsabilidade de atuar no processo que poderia condenar o assassino de Mirella. Decidiu empenhar-se ao máximo para que a morte daquela jovem, que poderia perfeitamente ser sua filha, não ficasse impune. O primeiro passo seria ler todo o processo, o que incluía o Inquérito Policial. Logo percebeu o que considerou ter sido um excelente trabalho dos agentes e peritos. Eram tantas e tão robustas as evidências da autoria do crime, que se sentiu, como poucas vezes na carreira, otimista. Entendia muito bem as complexidades de um julgamento de homicídio e que nunca é possível assegurar um resultado. Com todas as provas que tinha em mãos, no entanto, acreditou ser pouco provável que Edvan fosse inocentado pelo júri. Havia pele do acusado sob as unhas da vítima, sangue dela no apartamento dele, fios de cabelo dele nas mãos dela. Não seria, definitivamente, o caso de maior dificuldade no qual já atuara. De qualquer maneira, preparou-se com o mesmo afinco de sempre. Não daria espaços para os advogados de defesa deixarem os jurados em dúvida. Estava certo de que Edvan era culpado e provaria isso no tribunal. Até que, concluídas as etapas iniciais, chegou o dia pelo qual todos esperavam.

O julgamento seria realizado no dia 5 de agosto de 2019, na 3ª vara do Tribunal do Júri da Capital, no Fórum Thomaz de Aquino, no Centro do Recife. Estava marcado para começar às 9h e seria presidido pelo juiz Pedro Odilon. Naquela segunda-feira, Suely e Wilson acordaram tensos, após uma noite em que seus olhos tinham passado mais tempo abertos do que fechados. Havia um conflito de sentimentos. Ao mesmo tempo em que estavam confiantes na condenação do assassino da sua filha, temiam que Edvan fosse inocentado pelos jurados. As provas contra o réu, sabiam, eram fartas e concretas. Mas tinham plena consciência de que qualquer detalhe, qualquer sombra de dúvida a respeito da autoria do crime, poderia levar o júri a absolvê-lo. Tomaram um café apressado e sem muito gosto, chamaram um Uber e seguiram para o fórum — Wilson achou prudente, diante do seu nervosismo, não dirigir naquela manhã.

Chegaram ao tribunal pouco antes das 8h30, com tempo de sobra para terem uma última conversa com o promotor Arroxelas, antes do início da audiência. Não seria a primeira vez que se falavam. Durante o processo, haviam se encontrado duas ou três vezes, chegando a desenvolver uma relação de afeto e respeito mútuos. Aos amigos e colegas do Ministério Público, o promotor sempre destacava a sobriedade e a educação do casal. Sobretudo, a fé e a sensatez de Suely. Naquela manhã, uma das orientações que Arroxelas deu aos pais de Mirella foi para que saíssem do auditório do Fórum Thomaz de Aquino nos momentos em que ele fosse mostrar as fotos da fisioterapeuta morta. Eram imagens fortes demais para qualquer pessoa, especialmente para os pais da vítima. Suely e Wilson concordaram de imediato. Já haviam decidido, aliás, que nunca veriam aquelas fotos. Bastava a dor eterna que sentiriam pela perda da filha amada. Não precisavam, além de tudo, ver como ela ficara após as agressões de Edvan.

O julgamento começou com três minutos de atraso, às 9h03. De início, foram sorteadas as sete pessoas, de uma lista de 25, que iriam compor o júri. O corpo de jurados acabou sendo formado por quatro mulheres e três homens. Na sequência, começaram a ser ouvidas as testemunhas de acusação, escaladas pela Promotoria. Da relação montada por Arroxelas, faziam parte cinco pessoas, todas consideradas fundamentais pelo promotor para provar a culpa do réu e traçar um perfil da vítima. Rogério Honorato era o gerente do edifício no qual Mirella morava e relataria, com detalhes, como tudo acontecera na manhã do crime, além de falar do comportamento arrogante e machista que Edvan demonstrava no prédio. Maria Regina Cavalcante havia sido convocada por ser uma das melhores amigas de Mirella e poderia falar da personalidade da vítima. O alfaiate Israel Alves da Costa estava na lista por ter sofrido uma agressão do réu, que lhe dera um tapa no rosto, simplesmente porque atrasara a entrega de uma encomenda.

Suely Araújo, mãe de Mirella, fora escalada para falar do comportamento da filha, da sua postura antimachista, do seu profissionalismo e do sofrimento que o crime causara à sua família. Poucos dias antes do julgamento, todavia, Arroxelas achou por bem dispensar Suely e poupá-la de mais esse desconforto. No Tribunal do Júri, mostraria o depoimento da mãe da vítima gravado em vídeo pela Justiça, durante uma audiência de instrução, realizada poucos meses após o crime. Acreditava ser o suficiente. Só levaria Suely a depor novamente se ela tivesse algo a acrescentar a tudo o que já dissera. E não era esse o caso. Além disso, não usaria de um expediente que sempre considerou apelativo, mas bastante utilizado por promotores e advogados: explorar, no tribunal, a emoção dos pais da vítima. A seus pares e amigos, Arroxelas chegou a dizer que preferia respeitar a dor de uma mãe que perdeu a filha a empregar artifícios que contrariavam sua ética profissional. No dia do julgamento, ele explicou tudo isso a Wilson e Suely, que entenderam, concordaram e agradeceram.

A quinta testemunha era vista pelo promotor como crucial. Tratava-se da universitária Mariana Lins, de 24 anos. Estudante de Medicina, Mariana namorava um vizinho de Mirella, o também universitário Nelter Costa Queiroz, 22. O rapaz morava no apartamento 1205, separado do flat da fisioterapeuta apenas por uma parede. Na noite anterior ao assassinato, Mariana dormira na casa do namorado. Como tinha aula na manhã daquela quarta-feira, 5 de abril de 2017 – dia do crime –, Mariana programara o alarme do seu celular para tocar às 6h40. Acordou, olhou algumas trivialidades na internet e nas redes sociais, viu que o céu estava nublado e mandou uma mensagem, pelo WhatsApp, à sua irmã, com quem vivia.

– Feche a janela do meu quarto.

O texto foi encaminhado às 6h55, quatro minutos antes de Edvan sair do elevador no 12° andar do edifício Golden Shopping. Enquanto, na preguiça da manhã, Mariana conversava com Nelter e criava coragem para se arrumar para sair de casa, Edvan batia na porta do apartamento de Mirella. Poucos segundos depois, começaram os gritos, os barulhos de móveis sendo arrastados e de objetos caindo no chão. Os investigadores da polícia concluíram que todo esse pandemônio resultara da briga que Mirella teve com seu algoz, antes de ser assassinada. Ocorreu, então, algo que os pais da vítima jamais conseguiriam entender, aceitar, esquecer. Algo quase tão doído quanto a própria morte da filha. Assim que começou a confusão no apartamento ao lado, Nelter disse à namorada que iria interfonar para a portaria. Mariana não deixou. Comentou que se tratava de briga de casal e que era melhor não se meter. O rapaz acatou. Às 7h23, ela enviou outra mensagem à sua irmã.

— A vizinha aqui tá gritando, pedindo socorro. Ela tá levando uma surra.

Mariana chegou a colar o ouvido direito na parede, para ouvir melhor o que se passava no apartamento ao lado. Apenas quando os gritos ficaram ainda mais altos e Mirella bradou, apavorada, que seria morta, a estudante de Medicina falou para o namorado entrar em contato com o porteiro. Nelter interfonou. Foi informado de que o morador do flat 1201 já havia avisado e que, inclusive, o gerente do prédio, Rogério Honorato, estava subindo. Tarde demais. Edvan já havia matado sua vítima. Em seu depoimento à polícia, a própria Mariana declarou que tinham se passado uns dez minutos entre a segunda mensagem que enviara à sua irmã, às 7h23, e o momento em que se fez silêncio no apartamento de Mirella. Pouco depois, o gerente do edifício chegou e tentou abrir a porta do flat da fisioterapeuta, mas foi impedido pelo assassino, que empurrou a porta de volta. Nesse momento, Rogério conseguiu ver, pela janela de ventilação do apartamento, o corpo de Mirella caído no chão da sala, sobre uma poça de sangue. Às 7h36, Mariana encaminhou mais uma mensagem à sua irmã.

— Minha gente, a mulher tá morta.

Suely e Wilson desejariam, para sempre, que Mariana não houvesse impedido o namorado de interfonar para a portaria tão logo a confusão começou. Estavam convictos de que, se Nelter tivesse dado o alerta no instante em que pensou em fazê-lo, Mirella estaria viva. Esse peso na alma não seria apenas dos pais da vítima de Edvan. Durante a primeira audiência de instrução do caso, realizada no dia 21 de junho de 2017 – dois meses e meio após o crime –, Mariana demonstrou profundo arrependimento por ter tomado tal atitude. Em seu depoimento, prestado diante do promotor Antônio Arroxelas e do juiz que presidiu o processo, Pedro Odilon, a estudante de Medicina chegou a chorar, ao falar sobre o momento em que se referiu ao crime que estava acontecendo do outro lado da parede como "briga de casal". Aos olhos de Arroxelas, a jovem parecia sentir uma dor que jamais passaria. Daquelas que, sempre que o assunto vem à tona, doem tudo de novo.

E doeu novamente no dia do julgamento de Edvan, quando Mariana foi escalada pela Promotoria para relembrar os fatos daquele dia trágico e, mais uma vez, deixou transparecer arrependimento por ter aconselhado o namorado a não se meter no que acreditava ser uma mera discussão de casal. Sentados na segunda fila do auditório do Fórum Thomaz de Aquino, Suely e Wilson não conseguiram evitar o pensamento que lhes atormentava desde que ouviram esse relato pela primeira vez, havia pouco mais de dois anos. Imaginaram que Mirella poderia estar viva, se Mariana não tivesse aquela atitude, tão normal em pessoas que ouvem ou até presenciam agressões de homens a mulheres. Sofriam não apenas pela própria filha, mas por todas as vítimas da violência machista. Naquele momento, com o caso prestes a ser encerrado, só queriam acreditar que ao seu sofrimento não seria somada a injustiça. Por maior que fosse o receio, negavam-se a aceitar a possibilidade de o assassino de Mirella ser absolvido pelo Tribunal do Júri. Criam que Deus não permitiria que passassem por mais esse tormento.

Após as testemunhas de acusação serem ouvidas na parte da manhã, seria a vez de o acusado ser interrogado pela Promotoria. O depoimento de Edvan Luiz da Silva começou por volta das 14h10, num clima de tensão e nervosismo. O auditório do fórum estava lotado. Eram mais de cem pessoas, entre amigos e familiares da vítima, além de jornalistas, ativistas de direitos humanos, representantes de ONGs feministas, advogados, estudantes de Direito e curiosos. Quando o acusado entrou no local, Suely não foi capaz de segurar as lágrimas. Ver, a poucos metros de si, o homem que matara a sua filha era doloroso demais. Sua angústia aumentou durante o testemunho do réu. Edvan negou a autoria do crime, a despeito de todas as evidências coletadas pela polícia, e chegou a responder de forma irônica a uma das perguntas feitas pelo promotor Antônio Arroxelas.

Indagado a respeito dos fios de cabelo encontrados na mão esquerda de Mirella e que, segundo exames de DNA pertenciam a ele, Edvan disse, em tom jocoso, que os fios poderiam ter sido levados pelo vento. Afinal, ele morava no apartamento logo em frente ao da vítima. Inicialmente, o acusado foi interrogado por Arroxelas. Em seguida, as perguntas passaram a ser feitas pela promotora Ângela Freitas, numa estratégia da acusação de causar ainda mais desconforto ao réu. A Promotoria acreditava que ser questionado por uma mulher deixaria Edvan incomodado. Funcionou. A cada pergunta feita por Ângela, ele mudava de posição na cadeira, alterava o tom de voz, ficava com a respiração mais pesada. Para Arroxelas e Ângela, eram reações muito claras de um indivíduo machista e que não aceitava ser confrontado por uma mulher. No momento em que exibiu as fotos de Mirella morta, em seu apartamento, o promotor chegou a afirmar que o acusado havia matado a fisioterapeuta por não aceitar a ideia de uma mulher jovem ser independente e empoderada. A defesa, por outro lado, manteve a tese de inocência, tentando descartar todas as provas da autoria do crime. E foram exatamente essas evidências que Arroxelas destacou em sua argumentação final.

— As provas são extremamente conclusivas, senhores jurados. Havia pele dele nas unhas da vítima, que lutou para viver, segurando a faca com as duas mãos. Tinha sangue de Mirella nas roupas do acusado e no apartamento dele. Ou seja, não há o que se discutir sobre a autoria desse crime bárbaro. Esse caso representa um freio em homens que têm esse tipo de comportamento contra mulheres — concluiu o promotor.

Cumpridas todas as etapas do julgamento, chegava, enfim, o momento do júri decidir se o réu era culpado ou inocente. Suely e Wilson deram as mãos e pediram aos céus para que o assassino da sua filha fosse condenado e recebesse uma pena justa. Nada traria Mirella de volta, mas, ao menos, sua morte não ficaria impune. Pouco antes das 19h30, do dia 5 de agosto de 2019, o juiz Pedro Odilon leu a sentença. Os jurados consideraram Edvan Luiz da Silva culpado. A voz do magistrado anunciando a decisão do Tribunal do Júri levou parte da plateia a aplaudir. Suely e Wilson se abraçaram. E choraram lágrimas de alívio e satisfação. Toda a luta que haviam travado nos últimos dois anos e quatro meses não tinha sido em vão. Logo, amigos e familiares cercaram os pais de Mirella, abraçando-os e celebrando o resultado do julgamento. A punição aplicada a Edvan pareceu justa para a família da vítima. Ele foi condenado a 30 anos de prisão: 24 anos por homicídio, com quatro qualificadoras (emprego de meio cruel, recurso que tornou impossível a defesa da vítima, tentar ocultar outro delito — o estupro — e feminicídio) e seis anos pelo crime de estupro. Assim que o juiz acabou de anunciar a pena de Edvan, Suely ouviu, no íntimo do seu coração, a voz de Mirella, tão nítida como se a filha estivesse ali, ao seu lado.

— A gente venceu, mainha. Minha morte não foi em vão.

— Eu sei, minha filha — respondeu Suely, em silêncio.

Sentiu como se Mirella estivesse feliz e vibrando, do céu. A vitória no tribunal seria mais um incentivo para prosseguir na batalha pelo fim da violência contra as mulheres. Faria tudo em nome da filha, mas em defesa de todas. Sabia que ela ficaria orgulhosa de vê-la lutando por uma causa tão nobre e importante. Ainda dentro do Fórum Thomaz de Aquino, ao ser abordada por jornalistas, Suely deu uma declaração que repercutiria na imprensa nacional no dia seguinte.

– Essa vitória não é só de Mirella. É de todas as mulheres agredidas no Brasil. Dedico este momento a todas as vítimas de violência doméstica no nosso país. A morte da minha filha não foi em vão. Hoje, a justiça foi feita! E nosso dever é continuar batalhando contra o machismo e contra o feminicídio – ela disse, voz embargada e lágrimas a molhar seu rosto.

A partir daquele dia, Suely e Wilson seguiriam sofrendo, lamentando e chorando a morte da filha. Sobretudo, pela forma cruel e covarde como ela foi assassinada. Mas sentiriam, também, um grande orgulho por tudo o que Mirella passara a representar na luta contra a violência feminina no Brasil, especialmente em Pernambuco. Perderiam as contas de quantas entrevistas ainda dariam a veículos de imprensa de todo o país, para contar a história da sua filha e para falar dos eventos realizados em homenagem a Mirella e pelo fim das agressões às mulheres. O mais emblemático deles seria o Dia Estadual de Combate ao Feminicídio, promovido todos os anos, na data do assassinato da fisioterapeuta: 5 de abril. Nessas ocasiões, Suely sempre ouvia a voz da filha falando ao seu coração, repetindo que sua morte não havia sido em vão. Sua fé em Deus dava-lhe a certeza de que Mirella estava bem e feliz com tudo o que aconteceu após a sua partida. A mesma fé que a levou a perdoar, sinceramente, o homem que matara sua menina. Acreditava que a justiça dos homens havia sido feita e que a justiça divina chegaria a seu tempo. Além disso, mantinha a esperança de viver num país em que uma mulher não fosse assassinada simplesmente por ser mulher. Seria a realização de um dos maiores sonhos de Mirella.

O crime massacrou a família, que se apegou à fé para suportar o sofrimento. Acima, Mirella, aos 28 anos, poucos meses antes de ser morta por um vizinho, Edvan da Silva. À esquerda, a família ainda completa: os pais, Suely e Wilson (ao centro), Mirella, Lais (em pé) e Alex.

FOTOS: ACERVO DA FAMÍLIA

O assassinato de Tássia Mirella de Sena Araújo, ocorrido no dia 5 de abril de 2017, no Recife, chocou e mobilizou a capital pernambucana. Apenas quatro dias após o crime, uma passeata com a participação de 2 mil pessoas tomou a Avenida Boa Viagem, uma das mais importantes da cidade.

FOTO: ACERVO DA FAMÍLIA

À frente da manifestação, na Av. Boa Viagem, estava a mãe de Mirella, dona Suely (sem chapéu), devastada pela dor.

FOTO: ACERVO DA FAMÍLIA

Em 8 de março de 2024, Dia Internacional da Mulher, a Prefeitura de Vitória de Santo Antão, em Pernambuco, e o Banco Vermelho inauguraram um memorial em homenagem a Mirella, com a presença dos seus pais.

FOTO: ACERVO DA FAMÍLIA

O assassinato de Mirella levou a deputada estadual Simone Santana (no alto, à esquerda) a elaborar um Projeto de Lei (PL) para instituir o Dia Estadual de Combate ao Feminicídio em Pernambuco. O PL foi sancionado pelo então governador do Estado, Paulo Câmara (à esquerda). Já o promotor Antônio Arroxelas (acima) foi o responsável por conduzir a acusação, levando Edvan a ser condenado a 30 anos de prisão.

FOTOS: DIVULGAÇÃO

NÚMEROS DO FEMINICÍDIO E AÇÕES DE COMBATE AO PROBLEMA

3

Aquela segunda-feira, 25 de novembro de 2024, mal tinha começado, e o município de Vitória de Santo Antão, em Pernambuco, já registrava um crime que abalaria a cidade. Aos 30 anos, Rayssa Silva voltava de uma festa, quando, às 4h20 da manhã, foi morta com dois tiros na cabeça, na frente da casa dos pais, com quem morava. O autor dos disparos, segundo a polícia, foi o ex-marido da vítima, Claudio Soares, 38, que conseguiu fugir do local do crime. A 2.370 quilômetros dali e menos de três horas depois, outra mulher teria a vida arrancada pelo ex-companheiro. Fazia uma manhã ensolarada na cidade de Cruzeiro, no interior de São Paulo, quando Lilian Cabete, 59 anos, saiu de casa para ir à padaria. Queria comprar, como costumava fazer, pão quentinho. Eram quase 7 horas. No meio da rua e diante de várias testemunhas, um homem deu três tiros em Lilian. Pelas costas. Ela chegou a ser socorrida e levada ao pronto-socorro do Hospital Santa Casa, mas não resistiu aos ferimentos. O Inquérito Policial concluiu que o mandante do crime, executado por um pistoleiro profissional, foi o ex-marido da vítima, Nelson Batista, 60.

Não demoraria para que mais um feminicídio fosse registrado no estado de São Paulo, naquele mesmo dia. Cerca de cinco horas mais tarde, no município de Boituva – a 340 quilômetros de Cruzeiro –, outra mulher seria assassinada pelo próprio esposo. Por volta de meio-dia, Daniele Queiroz, 36, foi morta a facadas por Wellington Queiroz, 40, que foi preso em flagrante. Os moradores da região ficariam ainda mais horrorizados pelo fato de Wellington ter matado, também, a filha do casal, Sophia, 5 anos. A menina estava no colo da mãe quando o agressor, com duas facas nas mãos e tomado por uma fúria que assombraria até os investigadores da polícia, abordou a ambas numa via pública e as matou. Na mesma segunda-feira, três horas depois, mais um homem tiraria a vida da companheira.

Em Aparecida de Goiânia, no interior de Goiás, o comerciante Antônio Ramos, 51, assassinaria a mulher, Keila de Souza Ramos, 46, com três tiros. O crime, ocorrido pouco depois das 15h, foi denunciado por uma vizinha de Keila. Após ouvir diversos disparos de arma de fogo, ela foi correndo à casa da amiga, temendo pelo pior. Tinha motivos para tanto. Antônio já havia agredido a esposa diversas vezes, sempre por ciúmes, e costumava bradar, durante as discussões do casal, que seria capaz até de matá-la, caso ela o contrariasse. A situação era tão grave, que Keila conseguira, três meses antes, uma medida protetiva contra o marido, que estava judicialmente proibido de se aproximar dela a uma distância inferior a 500 metros. Não adiantou. Naquela tarde, quando a vizinha, apavorada, entrou na casa de Keila, viu uma cena da qual jamais esqueceria: a amiga morta, o chão da sala lavado de sangue e Antônio também caído no piso de cerâmica. Após assassinar a esposa, ele tirara a própria vida, com um tiro na cabeça.

Ocorridos num intervalo de tempo de menos de 11 horas, esses quatro feminicídios geraram grande repercussão nas respectivas regiões em que aconteceram. Personificavam, ainda, um importante relatório global, divulgado naquela mesma segunda-feira, 25 de novembro de 2024. Produzido pela ONU Mulheres e pelo Escritório das Nações Unidas contra a Droga e o Crime (ONUDC), o estudo, intitulado "Feminicídios em 2023", atordoaria o mundo, especialmente as mulheres e todos os que trabalham para combater a violência de gênero. Os dados oficiais davam conta de que, naquele ano, haviam sido registrados 85 mil feminicídios no planeta. Era como se uma mulher fosse morta a cada seis minutos no mundo, simplesmente por ser do sexo feminino. Desde o surgimento da expressão "feminicídio", cunhada nos anos 1970, pela socióloga sul-africana Diana Russel (1938-2020), nunca tantas pessoas haviam sido assassinadas pelo simples fato de serem mulheres.

Pouco mais de dois meses antes da divulgação do relatório da ONU, a ministra Cármen Lúcia, do Supremo Tribunal Federal (STF), dera uma declaração que repercutiria em toda a imprensa nacional. No dia 12 de setembro de 2024, analisando a violência doméstica no país, a ministra afirmou: "Quando uma mulher é violentada, assassinada, estuprada, assediada, todas nós, mulheres no mundo, somos". A fala da ministra do STF retratava, com rara precisão, o sentimento das mulheres diante dos fatos e dos números. Quase um ano mais tarde, outro importante estudo espelharia a aridez da vida feminina numa nação agressiva e machista como o Brasil. Produzido pelo Fórum Brasileiro de Segurança Pública (FBSP), o 19º Anuário Brasileiro de Segurança Pública, divulgado no dia 24 de julho de 2025, destacava que 1.492 mulheres tinham perdido a vida, vítimas de feminicídio, em 2024 – alta de quase 1,2% em relação a 2023 (1.475 casos).

O número representava o maior registro desde a sanção da lei que tipifica o crime, em 2015, e indicava que quatro mulheres haviam sido assassinadas por dia no país, apenas por serem mulheres – um feminicídio a cada seis horas. Ainda em 2024, as agressões decorrentes de violência doméstica se mantiveram estáveis em relação a 2023, somando 260 mil ocorrências. As tentativas de feminicídio, entretanto, obtiveram expressiva alta de quase 20%, saltando de 3.238 no ano anterior para 3.870 em 2024. Os números também eram assombrosos na análise dos dez anos passados de 2012 a 2022.

As estimativas para esse período indicavam cerca de 55 mil assassinatos de mulheres no país (quase 460 homicídios por mês). Ou seja, entre 2012 e 2022, 15 mulheres foram mortas por dia no Brasil, incluindo casos não configurados como feminicídio – crime descrito pela Organização Mundial da Saúde (OMS) como "o assassinato intencional de mulheres por serem mulheres". Havia, ainda, outro dado alarmante: segundo o FBSP, quase 65% dos feminicídios registrados no país em 2024 foram cometidos dentro da casa da vítima.

Essa batelada de números impactou a todos os que lutam contra a violência de gênero no país. Como poucas pessoas, uma mulher sentiu-se fortemente incomodada e preocupada diante dessa realidade. Com mestrado em Ciências Sociais, a cientista política Ana Carolina Querino faria do combate ao feminicídio uma das principais bandeiras do seu trabalho. Representante interina da ONU Mulheres no Brasil, assumia a complexa tarefa de coordenar todos os programas da instituição no país e estruturar parcerias com grandes companhias. Avon, Bradesco, Carrefour, Coca-Cola, Ford, Mastercard, Petrobras e Unilever são alguns dos gigantes que já firmaram apoios a iniciativas da ONU Mulheres no Brasil.

Em suas reuniões de análise sobre os dados do relatório "Feminicídios em 2023" e nas conversas com amigos e colegas de trabalho, Carolina sempre destacava pontos que considerava cruciais para ações efetivas de combate ao assassinato de mulheres. Um deles – e que ela indicava como o de realização mais difícil – referia-se à conscientização de toda a sociedade para o fato de que o Brasil é um país violento, no qual mulheres são mortas todos os dias, simplesmente por serem mulheres, e a consequente e necessária adoção de medidas para atacar o problema. Em sua avaliação, a representante da ONU Mulheres ressaltava que o brasileiro cunhou para si a imagem de povo gentil, amigável, avesso à violência, perfil que não condiz com as estatísticas.

O Brasil é, por exemplo, a nação que mais mata homossexuais no mundo (foram 257 assassinatos em 2023) e um dos líderes em homicídios de negros (a cada 23 minutos, um jovem negro é morto em território nacional). Em relação a feminicídios, não há dados globais oficiais que permitam a elaboração de uma lista com os países com as taxas mais elevadas – nem a própria ONU dispõe desses números. Num recorte regional, porém, relatório do Observatório de Igualdade de Gênero da América Latina e do Caribe (OIG) e da Comissão Econômica para a América Latina e o Caribe (Cepal) mostrou que quase 4 mil mulheres foram vítimas de feminicídio em 2023, nos 27 países e territórios da região (11 mortes por dia ou quase uma a cada duas horas). Nesse naco do planeta, o Brasil, com 1,4 caso para cada 100 mil mulheres, aparecia como a terceira nação com mais ocorrências de feminicídio, superado apenas por Honduras (7,2) e República Dominicana (2,4). As menores taxas da região foram registradas no Haiti (0,2), no Chile (0,4) e na Guatemala (0,5).

Dados da Europa, também de 2023, confirmam estudo da ONU Mulheres, segundo o qual quanto mais rica e desenvolvida é a região, menores são os índices de feminicídio. No continente europeu, os números são bastante inferiores aos da América Latina e do Caribe. Na Itália, por exemplo, a taxa foi de 0,11 feminicídio para cada 100 mil mulheres (menos de 10% do que no Brasil). Em seguida, vêm Espanha (0,12), França (0,2) e Alemanha (0,3). A exceção é a Rússia, com 1,5 (pouco acima do Brasil). No outro extremo, fica o continente mais pobre do planeta: a África. A República Centro-Africana é apontada por muitos pesquisadores do assunto como a nação que mais mata mulheres simplesmente por serem mulheres, com 10,6 casos para cada 100 mil habitantes do sexo feminino (quase cem vezes os números da Itália). A África do Sul (9,0) é outro país com dados assombrosos.

Um episódio recente, ocorrido no Quênia, ilustra com força e eloquência o peso do machismo no continente africano. Em dezembro de 2024, cerca de mil mulheres foram às ruas de Nairóbi, a capital do país, para protestar contra a violência de gênero. A principal pauta do movimento era o fato de o Quênia haver registrado 170 feminicídios em 2023, número 80% acima das ocorrências de 2022. Nunca o país tivera tantos casos num único ano. A manifestação seguia pacífica, com mulheres carregando flores e faixas, com dizeres pedindo o fim do homicídio de gênero e cobrando ações efetivas por parte do governo local. Menos de uma hora após o início da passeata, a polícia cercou o grupo e arremessou bombas de gás lacrimogêneo na rua. Enquanto tentavam fugir do local, com os olhos ardendo e sem conseguir respirar direito, algumas manifestantes ainda foram presas pelos policiais.

Conhecedora de todos esses fatos, estudos e estatísticas, Carolina Querino destacava outro ponto fundamental para que o Brasil conseguisse combater o feminicídio com eficácia. Para a representante da ONU Mulheres, seria necessário derrubar, de uma vez por todas e o mais rapidamente possível, a antiga ideia de que "em briga de marido e mulher, não se mete a colher". Estudos fornecem base para essa argumentação. Pesquisas apontam que, em cerca de 75% dos casos de feminicídio, as agressões começam com xingamentos, ofensas, empurrões, tapas. Até que evoluem para o assassinato. Em sua análise, Carolina ressaltava algo presente na avaliação de todos os especialistas: se o ciclo de violência fosse interrompido logo no início, o feminicídio seria evitado. E que essa atitude precisa partir de todos, inclusive vizinhos, familiares e amigos das vítimas.

Investir em redes de apoio às mulheres e em programas educativos para os homens são outras iniciativas indicadas pela representante da ONU Mulheres como imprescindíveis. Um projeto constantemente citado por ela como exemplar é a campanha "O valente não é violento", lançada em novembro de 2014, pela própria ONU. Com a participação de todas as agências da instituição e coordenado pela ONU Mulheres, o programa tem como objetivo "estimular a mudança de atitudes e comportamentos dos homens, enfatizando a responsabilidade que devem assumir na eliminação da violência contra mulheres e meninas". O foco precípuo da campanha é conscientizar os homens de que valente não é o indivíduo que agride uma mulher, e sim aquele que a defende e respeita seus direitos. E, por ser o feminicídio uma chaga social global, a iniciativa busca causar efeitos em todo o planeta, estando presente em mais de 30 países, incluindo o Brasil. Quando da divulgação, por parte da ONU, do relatório "Feminicídios em 2023", Carolina Querino deu uma declaração firme e que sintetizava os objetivos da instituição em suas ações no combate à violência de gênero:

> *Nenhum país está livre do feminicídio. Por isso, nosso trabalho tem foco em buscar e compartilhar práticas promissoras, que possibilitem real impacto na vida de mulheres e meninas. O primeiro passo é garantir acesso à informação como direito humano primordial. Conhecer seus direitos, saber como exercê-los e onde buscar apoio em situações de violência. Transformar normas sociais que criam as condições de tolerância para a violência, principalmente aquelas ligadas à organização social do patriarcado e assimetrias de poder com base no gênero, também é absolutamente indispensável.*

No cenário global, o estudo da ONU constataria outro fato tão aterrador quanto os dados que indicavam a ocorrência de 85 mil feminicídios no mundo em 2023 — o mais alto número já registrado. A pesquisa apontava que cerca de 60% dos feminicídios ocorridos no planeta tiveram como autores o parceiro ou algum membro da família da vítima. De acordo com o relatório, 51 mil mulheres e meninas foram assassinadas naquele ano por seus companheiros ou por um parente, resultando numa média de uma morte a cada dez minutos, no mundo. No Brasil, esse mesmo corte era ainda mais preocupante. Segundo o 19º Anuário Brasileiro de Segurança Pública, 80% dos feminicídios registrados no país em 2024 foram praticados pelo parceiro ou ex-parceiro da mulher, e 11%, cometidos por um familiar. Em suma, 91% das vítimas tiveram como algozes uma pessoa com a qual mantinham relacionamento de intimidade, carinho e confiança.

Durante a divulgação do estudo da ONU, os organizadores do trabalho destacaram essa relação das mulheres com os seus assassinos. O comunicado oficial da entidade ressaltava:

> *A grande maioria dos assassinatos intencionais de mulheres e meninas em todo o mundo é perpetrada por um parceiro íntimo ou alguém da família. Isso sugere que a casa continua sendo o lugar mais perigoso para mulheres e garotas, em termos de risco letal para as vítimas.*

A mensagem da ONU era clara: num planeta comandado por homens e soterrado por machismo e violência, até o próprio lar representa um ambiente inóspito e altamente perigoso para as mulheres. Outro ponto sublinhado pelo relatório mostrava que quanto mais pobre a região, maior é a quantidade de feminicídios cujos autores são companheiros ou familiares da vítima. O estudo da ONU apontava:

> *Na África – continente mais pobre do planeta –, a taxa de feminicídios cometidos por parceiros ou familiares em 2023 foi de 2,9 vítimas a cada 100 mil habitantes mulheres. As regiões das Américas e da Oceania também registraram taxas elevadas desse tipo de crime, com 1,6 e 1,5 a cada 100 mil habitantes, respectivamente. Enquanto isso, as taxas foram significativamente mais baixas na Ásia e na Europa, com 0,8 e 0,6 a cada 100 mil, respectivamente.*

Os números demonstravam que a quantidade de feminicídios cometidos pelo companheiro ou por alguém da família da vítima no continente africano era quase cinco vezes mais alta do que na Europa. Em outras palavras, para cada mulher ou menina assassinada em 2023 nessas condições nos países europeus, cinco haviam sido mortas nas nações africanas. Todos esses dados foram divulgados pela ONU em escala global, exatamente no dia 25 de novembro. Não por acaso. Nessa data, é celebrado o Dia Internacional para a Eliminação da Violência contra as Mulheres. Em todo o planeta, pessoas comuns e profissionais com atividades ligadas ao problema – como advogados, policiais, promotores, defensores públicos, jornalistas, pesquisadores, entre outros – utilizam a data para discutir o assunto, alertar a sociedade para a gravidade do feminicídio e realizar eventos para debater o tema e procurar soluções. Em seu comunicado oficial durante a divulgação do relatório, a diretora-executiva global da ONU Mulheres, a jordaniana Sima Bahous, ressaltou:

> *A violência contra mulheres e meninas não é inevitável. É prevenível. Precisamos de legislação robusta, coleta de dados aprimorada, maior responsabilidade governamental, uma cultura de tolerância zero e mais financiamento para organizações de direitos das mulheres e órgãos institucionais. À medida que nos aproximamos do 30º aniversário da Declaração e Plataforma de Ação de Pequim, é hora de líderes mundiais se unirem e agirem com urgência, renovar compromissos e direcionar os recursos necessários para acabar com essa crise de uma vez por todas.*

Ao citar a Plataforma de Pequim, Sima Bahous referia-se a um tratado considerado o mais importante do mundo, quando o assunto é a violência contra a mulher. Aprovada por quase 200 países – incluindo o Brasil – e assinada em 1995, na capital chinesa, durante a 4ª Conferência Mundial sobre a Mulher, a Plataforma de Pequim é apontada como o plano mais abrangente e visionário já criado para proporcionar às mulheres direitos e oportunidades iguais aos dos homens. O documento trata de 12 tópicos, identificados como "áreas críticas de preocupação" e que incluem temas como trabalho, economia, participação política, meio ambiente e erradicação da violência. E considera a igualdade de gêneros "a base de todos os esforços para alcançar sociedades mais pacíficas, prósperas e um planeta sustentável".

É longo e pedregoso o caminho a ser percorrido. Segundo o Fórum Econômico Mundial, homens e mulheres só terão os mesmos direitos e oportunidades no mundo por volta do ano 2150. Não se trata de uma questão puramente social, mas também econômica. Relatório do Banco Mundial, divulgado em março de 2024, afirmava que a igualdade de gêneros aumentaria em 20% o Produto Interno Bruto (PIB) global. A alta representaria um acréscimo de cerca de 22 trilhões de dólares à economia mundial, ou seja, quase dez vezes o PIB do Brasil naquele ano, que ficou em torno de 2,4 trilhões de dólares. Tudo isso apenas oferecendo a homens e mulheres os mesmos direitos e oportunidades. Esses dados, associados aos alarmantes números da violência de gênero no planeta, tornavam a Plataforma de Pequim ainda mais relevante. Num comunicado sobre o programa, suas organizadoras pontuaram:

> *A Plataforma de Pequim trata de ação, não de palavras. Em cada área crítica de preocupação, ela mapeia passos acordados para alcançar a igualdade de gêneros e o empoderamento das mulheres. Movimentos feministas, da juventude e outros da sociedade civil defendem várias dessas questões há muito tempo e foram altamente influentes na formação da Plataforma. Juntamente com representantes governamentais, formaram a maior parte das 17 mil participantes da 4ª Conferência Mundial sobre a Mulher.*

Não foram poucos os resultados alcançados desde a fundação da Plataforma de Pequim e descritos pelos países signatários como "progressos significativos para as mulheres e meninas do mundo". Um deles foi a elaboração de novas leis para combater a violência de gênero. Foram quase 1,6 mil leis criadas com esse objetivo, em 193 países. Em 1995 – ano de surgimento da plataforma –, havia apenas 12 nações com legislação específica sobre o assunto. Outro ponto destacado por especialistas referia-se a redes de apoio a sobreviventes de violência doméstica, criadas em cerca de 130 países. Isso inclui o fornecimento de abrigo, assistência psicológica e jurídica, aconselhamento e cuidados de saúde para sobreviventes de violência. Em mais de cem nações – entre elas, o Brasil –, policiais foram treinados para atender e apoiar mulheres vítimas desse tipo de agressão.

Esses bons resultados, no entanto, alertavam pesquisadores do tema, não eram suficientes para reduzir a gravidade e o volume de casos de agressões a meninas e mulheres ao redor do planeta. Números referentes a 2023 indicavam que quase 740 milhões de mulheres – o equivalente à população de toda a Europa – já tinham sido vítimas de violência física ou sexual por parte de um parceiro ou de violência sexual por um não parceiro em algum momento de suas vidas. Por tudo isso, os estudiosos reputavam ser imprescindível que novas iniciativas fossem desenvolvidas para combater o problema. Entrava nessa luta mais um objetivo da Plataforma de Pequim: ajudar governos e sociedade civil a estruturar e executar planos nesse sentido. O tratado observa que "os compromissos assumidos pelos governos influenciam a política interna e externa, assim como os investimentos em programas para avançar na igualdade de gêneros e em leis que fortaleçam o combate à violência doméstica".

E seria justamente no campo legislativo que um fato marcaria, naquele mesmo ano, uma importante vitória na luta contra a matança de mulheres no Brasil. Em agosto de 2023, o STF declararia inconstitucional a tese da legítima defesa da honra, inúmeras vezes utilizada desde a criação do Código Penal (CP) brasileiro, em 1940, por advogados para justificar o feminicídio. Durante 83 anos, a Justiça aceitou a tese de que um homem traído tinha o direito legal de matar sua companheira. A base para esse entendimento estava no artigo 25 do CP, que afirma:

> *Entende-se em legítima defesa quem, usando dos meios necessários, repele injusta agressão, atual ou iminente, a direito seu ou de outrem.*

A doutrina jurídica compreendia que qualquer bem, físico ou jurídico, poderia ser defendido pelo indivíduo que se sentisse agredido. E a honra era um desses bens. Por mais de oito décadas, advogados se agarraram a essa tese para defender – e inocentar – homens que matavam suas mulheres pelo simples fato de terem sido traídos. A argumentação dos defensores era tão clara quanto torpe: o assassinato só ocorrera porque a mulher havia ofendido a honra do companheiro, que deixava, assim, o papel de acusado e assumia a posição de vítima. Dessa forma, ela tornava-se culpada pela própria morte. Essa teoria era ouvida e aceita em tribunais de todo o Brasil. Foi exatamente o que aconteceu num dos casos mais célebres de violência de gênero da história do país.

O ano de 1976 estava chegando ao fim, quando o empresário Raul do Amaral Street, conhecido como Doca Street, assassinou sua namorada, a socialite Ângela Diniz, com quatro tiros no rosto. O casal se conhecera havia menos de seis meses. Segundo o próprio Doca, o homicídio fora consequência de uma discussão por ciúmes. O crime, ocorrido no dia 30 de dezembro, em Búzios, no litoral do Rio de Janeiro, chocou o Brasil. Reportagens sobre o caso foram publicadas e veiculadas em todos os grandes veículos da imprensa nacional. O processo correu por três anos. No dia 18 de outubro de 1979, foi realizado o julgamento, no Rio de Janeiro. O empresário teria como defensor um dos juristas mais respeitados do país, Evandro Lins e

Silva, que já tinha sido procurador-geral da República e ministro do Supremo Tribunal Federal.

Para convencer os jurados de que o seu cliente deveria ser absolvido, Lins e Silva usaria a tese da legítima defesa da honra. Suas falas no tribunal passavam a ideia de que Ângela Diniz era uma mulher promíscua, sedutora, e Doca, um empresário sério, que deixara a própria família por estar perdidamente apaixonado pela socialite. Em entrevista ao jornal *O Globo*, concedida poucos meses antes do julgamento, o advogado declarou:

> *Qualquer pessoa vê na ação de Raul Street o gesto de desespero, e profundamente deplorável, de um homem apaixonado, dominado por uma ideia fixa, que o levou a um gesto de violência, que não é comum à sua personalidade. O passional reage sempre assim, de maneira imprevista.*

Evandro Lins e Silva seria ainda mais contundente diante do júri, chegando até mesmo a ofender o caráter da mulher que seu cliente havia assassinado. Ao falar de Doca Street, ele disse que o empresário estava "um farrapo, um homem que se arrasta lambendo os restos da vida, aos frangalhos" e que tinha sido "humilhado às últimas consequências" pela namorada. Por outro lado, mencionaria o fato de Ângela Diniz ter se separado do ex-marido — quando tinha apenas 27 anos — e se mudado de Minas Gerais para o Rio de Janeiro para descrevê-la como uma mulher indecente e sem respeito à própria família. O advogado usaria os mais grotescos adjetivos para referir-se à socialite:

> *Ela queria a vida livre, libertina, depravada, senhores jurados! Desgraçadamente, fez uma opção, fez uma escolha naquele instante. Deixou os filhos e veio para o Rio de Janeiro. Eu pergunto às senhoras do conselho, não sei se são mães, mas abandonariam três crianças, para curtir a vida?*

A tese da legítima defesa da honra surtiu o efeito desejado. Doca Street até foi condenado, mas a apenas dois anos de detenção, quando a pena máxima pelo crime de homicídio era de 30 anos. Ele não passaria, entretanto, um dia sequer na prisão. O empresário recorreu da sentença e teve o direito de responder em liberdade. Tudo isso causou revolta em grupos de defesa de direitos humanos e no movimento feminista. Protestos e passeatas aconteceram em várias partes do Brasil. A repercussão foi tamanha que a Justiça acatou o pedido da Promotoria para realizar um segundo julgamento. Assim, dois anos mais tarde, Doca Street estava novamente sentado no banco dos réus. E o desfecho seria outro. Em 5 de novembro de 1981, o assassino de Ângela Diniz seria condenado a 15 anos de prisão, por homicídio qualificado. Ele cumpriria apenas três anos e meio da pena em regime fechado, mas sua condenação seria considerada uma vitória na luta contra a violência às mulheres.

A argumentação empregada por seus advogados, todavia, seguiria sendo utilizada e aceita em julgamentos de feminicídio em todo o Brasil, por mais 42 anos. Até que, em agosto de 2023, o STF decidiu, por unanimidade, que esse tipo de alegação não teria mais validade. Em seus votos, os ministros da Suprema Corte fizeram análises sólidas e contundentes a respeito da argumentação da “legítima defesa da honra” para casos de assassinatos de mulheres. O relator do processo, ministro Dias Toffoli, observou que se tratava de “um recurso argumentativo odioso, desumano e cruel”. Já o ministro Alexandre de Moraes destacou que a tese remontava ao Brasil colonial, considerando a honra masculina como bem jurídico de maior valor do que a vida da mulher. Para a ministra Cármen Lúcia, a argumentação não tinha amparo legal. Ela ressaltou que a legítima defesa da honra havia se firmado “como forma de adequar práticas de violência e morte à tolerância vivida na sociedade aos assassinatos praticados por homens contra mulheres”. O ministro Gilmar Mendes também considerou inadmissível a utilização da tese em casos de feminicídio.

Para ele, tratava-se de uma "ideia pautada por ranços machistas e patriarcais, que fomentam um ciclo de violência de gênero".

Também na área da legislação, outro fato haveria de imprimir mudança considerável na batalha contra o feminicídio no Brasil. No dia 9 de outubro de 2024, depois de passar quase um ano tramitando, seria sancionada, pelo presidente da República, Luiz Inácio Lula da Silva, a Lei nº 14.994/24. O Diário Oficial da União publicou a legislação, conhecida como Lei do Feminicídio, em sua edição do dia seguinte, 10 de outubro. Uma das alterações aplicadas na nova lei aumentava a pena para os assassinos de mulheres. Pela legislação anterior, de 2015, o feminicídio era definido como um crime no âmbito do homicídio qualificado, com punição de 12 a 30 anos de prisão. A nova norma tornava esse delito um tipo penal independente, com pena de 20 a 40 anos de reclusão. Além disso, a mudança na lei transformou o feminicídio em crime autônomo e estabeleceu outras medidas para prevenir e coibir a violência contra a mulher.

Dependendo do agravante, por exemplo, o tempo de prisão pode ser acrescido de um terço até a metade, chegando ao máximo de 60 anos – o dobro do que previa a legislação anterior. As circunstâncias que podem levar a esse aumento da pena são: quando o feminicídio é cometido durante a gestação; nos três meses posteriores ao parto ou se a vítima é mãe ou responsável por criança; contra menor de 14 anos, maior de 60 ou mulher portadora de deficiência ou doença degenerativa; quando é cometido na presença de pais ou filhos da vítima; se ocorrer em descumprimento de medidas protetivas e no caso de emprego de veneno, tortura, emboscada ou arma de uso restrito. Outra alteração na lei determinou que os condenados sejam obrigados a usar tornozeleira eletrônica nas saídas temporárias da prisão – os chamados "saidões" – e percam o direito a visitas íntimas no cárcere.

Havia, ainda, mais mudanças significativas impostas pela nova legislação. Após a condenação, o feminicida perde, automaticamente, o poder familiar, da tutela ou da curatela. Também lhe são vedadas a nomeação, a designação ou a diplomação a qualquer cargo público ou mandato eletivo, entre o trânsito em julgado da condenação e o efetivo cumprimento da pena. Outra novidade: na antiga lei, o condenado tinha direito à progressão de regime – cumprir a pena num regime menos rigoroso, de forma gradual – após 50% do cumprimento da punição imposta pela Justiça. Com a nova legislação, esse percentual passou a ser de 55%. Pela quantidade e robustez das alterações, a Lei nº 14.994/24 ficaria conhecida como "Pacote Antifeminicídio".

Nenhuma dessas mudanças teria sido implantada na legislação que trata do feminicídio não fosse o trabalho de uma mulher. Catarinense de Concórdia – município a 450 quilômetros de Florianópolis e com cerca de 80 mil habitantes em 2024 –, Margareth Buzetti cresceu numa sociedade dominada pelo machismo. Desde garota, chamava a atenção por sua beleza. Cabelos dourados, olhos azuis, corpo atlético, ficava incomodada com as cantadas e provocações que constantemente ouvia nas ruas e no colégio. Chegou ao ponto de, ainda adolescente e por iniciativa própria, deixar de usar shorts e saias curtas, para não ter de escutar todo tipo de absurdos a respeito das suas pernas. Casou-se cedo, aos 19 anos, com o empresário Luiz Buzetti, oito anos mais velho. Já tinha as duas filhas, quando, em 1987, a família se mudou para Cuiabá, em virtude do trabalho do marido.

Ela não se agradou muito da ideia, mas logo passou a gostar da vida em Mato Grosso, onde construiu a própria carreira, como executiva do ramo de pneus. Em 2022, foi eleita presidente da Associação Brasileira de Reforma de Pneus (ABR), entidade com cerca de 1,5 mil empresas associadas. No cargo, passou a olhar de forma mais crítica e atenta a questões econômicas e políticas do setor. E também a enfrentar o machismo numa área dominada por homens. Perdeu as contas de quantos olhares de desdém recebeu em reuniões nas quais era a única mulher, mesmo sendo a pessoa de mais alto cargo na sala – ou, talvez, justamente por isso. Aquela sensação não lhe era estranha. Pelo contrário. Crescera num mundo que insistia em tratá-la meramente como uma moça bonita. Em seu caso, conseguia superar situações como essa e fazer seu trabalho. Sabia, no entanto, que para muitas mulheres a realidade era ainda mais perversa. Sentia que precisava fazer algo mais contundente para combater o machismo e a violência de gênero no Brasil. Entrou para a política.

Nunca foi vítima de agressão física, mas era frequentemente impactada por notícias a respeito de mulheres assassinadas por todo o país, simplesmente por serem do sexo feminino. Até que um desses crimes arrancou-lhe lágrimas que nunca havia chorado. No dia 13 de agosto de 2023, quando já era senadora da República, Margareth perdeu uma grande amiga para o feminicídio. A advogada Cristiane Castrillon foi morta por um homem que acabara de conhecer. À época do assassinato, ocorrido em Cuiabá, Cristiane tinha 48 anos e duas filhas – uma de 20 e outra de 14 anos. A advogada foi encontrada morta dentro do próprio carro, após ser, segundo a polícia, espancada e asfixiada pelo ex-policial militar Almir Monteiro dos Reis, 49, com quem passara a noite. Margareth ficou tão triste quanto indignada diante de tamanha truculência. Já havia visto em emissoras de TV e lido em jornais, revistas e portais inúmeros casos de feminicídio e sempre sentia pesada angústia diante daquelas notícias. Ter uma amiga vitimizada por tamanha barbárie causou-lhe dor ainda mais amarga. Aquele crime representava a prova inegável de algo que ela já compreendera: no Brasil, basta ser mulher para estar sujeita a esse tipo de violência.

O assassinato de Cristiane Castrillon foi uma das motivações que levaram a senadora a pensar numa forma de tornar mais severa a lei que pune feminicidas. A outra tinha a ver com os números assombrosos de assassinatos de mulheres em Mato Grosso, estado pelo qual chegara ao Senado. Naquele ano (2023), Mato Grosso registraria a maior taxa de feminicídios do país. De acordo com dados divulgados pelo Fórum Brasileiro de Segurança Pública (FBSP), foram 2,5 mortes para cada grupo de 100 mil mulheres – essa taxa se manteve em 2024.

Em números absolutos, o Estado tivera 46 feminicídios, pouco mais de 3% do total contabilizado no Brasil no período (1.475). Eram mães, filhas, esposas, irmãs, netas cujas vidas haviam sido destruídas pelo simples fato de serem mulheres. Para realidade tão dura e cruel, tornava-se imprescindível legislação verdadeiramente rigorosa.

Margareth Buzetti sentia-se compelida, como mulher e como senadora da República, a trabalhar para que os autores desses crimes tivessem punição bem mais severa do que previa a lei em vigor: de 12 a 30 anos de prisão. Ainda em 2023, ela começou a dedicar parte do seu tempo à elaboração de um Projeto de Lei que seria um marco histórico na punição dos matadores de mulheres no Brasil. No Congresso Nacional, passou a costurar alianças com congressistas de diversos partidos e ideologias, com o objetivo de ter seu PL aprovado. Teve grata surpresa ao constatar que a maioria esmagadora dos senadores, senadoras, deputados e deputadas apoiava sua ideia de tornar a legislação mais rígida. Em seu discurso no plenário do Senado Federal em defesa do projeto, Margareth fez um pronunciamento contundente, concluído com uma frase que repercutiria na imprensa nacional: "No feminicídio, o homem decreta a pena de morte da mulher e ele mesmo a executa".

Seu empenho seria devidamente recompensado. Após passar quase um ano em tramitação, o PL que ela havia elaborado com tanto afinco foi sancionado pelo presidente Lula, em 9 de outubro de 2024. No dia seguinte, a nova legislação foi publicada no Diário Oficial da União e entrou oficialmente em vigor. O chamado "Pacote Antifeminicídio" passava a valer de fato. Foi uma noite de celebração para a senadora e sua equipe. Todos foram jantar num restaurante, em Brasília. Além de sorrisos e brindes, compartilhavam da saborosa sensação de dever cumprido. Numa ligação telefônica ao marido, Margareth recebeu os parabéns pelo êxito e disse que estava imensamente feliz por ter alcançado seu objetivo. Não demoraria para a lei que criara ter efeitos práticos.

Apenas quatro meses e meio mais tarde, o Brasil teria o primeiro feminicida condenado já de acordo com a nova legislação. No dia 27 de fevereiro de 2025, o agricultor Daniel Silva Vitor, 43 anos, foi considerado culpado pelo assassinato de Maria Mayanara Lopes, 21. Ela foi morta a facadas, aplicadas pelo companheiro no rosto e no pescoço, no dia 14 de novembro de 2024 – pouco mais de um mês após a nova lei entrar em vigor. O crime ocorreu no município de Samambaia, no Distrito Federal. Maria e Daniel estavam juntos havia cerca de seis meses. O assassinato aconteceu diante de três crianças, o que, com as mudanças na legislação, aumenta a pena do homicida. Assistiram àquele crime bárbaro os dois filhos que Maria tinha do relacionamento anterior – um menino de 1 ano e uma garota de 3 – e um irmão do próprio Daniel, de 8 anos. Ele foi condenado pelo Tribunal do Júri, sentenciado a 43 anos de prisão e a pagar R$ 100 mil aos filhos da sua vítima, por danos morais. Não fosse o trabalho de Margareth Buzetti, a pena máxima de Daniel seria de 30 anos.

As alterações implantadas na lei pelo seu PL fizeram com que o crime de feminicídio passasse a ter a maior pena privativa de liberdade da legislação brasileira. Em entrevistas à imprensa sobre o caso, a senadora lamentou o assassinato de mais uma mulher no país e afirmou que aquele era "um dia histórico na luta contra o feminicídio", por se tratar do primeiro caso de condenação já nos moldes da nova lei. Ações e iniciativas como a da senadora Margareth Buzetti passaram a fazer diferença na luta contra a violência de gênero no Brasil. Assim como ela, outra mulher desenvolveria um programa admirável, justamente na região que registrara, em 2023, o segundo mais alto índice de feminicídios no país: o Norte (taxa de 1,6 a cada 100 mil mulheres, ficando atrás apenas do Centro-Oeste, com 2).

No Amazonas, a Defensoria Pública do Estado estruturou o projeto Órfãos do Feminicídio, idealizado pela defensora Caroline Braz. Em meados de 2017, enquanto atuava no julgamento de um homem que assassinara a esposa, ela percebeu algo óbvio, mas que nunca havia sido observado pelo poder público e nem tratado com a devida atenção. Quando uma mulher é morta pelo próprio companheiro, e ele é preso, isso gera um trauma duplo nos seus filhos. Além de perderem a mãe, também são privados da convivência com a figura paterna. Tornam-se o que Caroline adequadamente passou a chamar de "órfãos do feminicídio". Surgia, assim, a ideia de elaborar um projeto que oferecesse apoio e acompanhamento jurídico, psicológico e social a crianças e adolescentes cujas mães foram assassinadas.

Criado em 2018, o Órfãos do Feminicídio já atendeu a mais de 130 crianças e adolescentes de todo o Estado do Amazonas. O trabalho é realizado com a supervisão de defensores públicos, psicólogos e assistentes sociais. O projeto funciona de forma simples e eficiente. O primeiro passo é identificar os casos de feminicídio nos quais há menores que perderam as mães. Para isso, a equipe do programa costurou uma parceria com o Núcleo de Feminicídio da própria Defensoria Pública. Os profissionais do projeto, em seguida, fazem contato com a família e apresentam os serviços oferecidos, incluindo demandas jurídicas e psicossociais, como a regularização da guarda das crianças e o acesso a benefícios sociais, como pensão por morte e Bolsa Família. Em entrevistas a jornalistas, quando do lançamento do programa, Caroline Braz resumiu seu principal objetivo:

> *Queremos dar suporte emocional e jurídico a crianças e adolescentes que passaram por um trauma enorme, de violência extrema. E assegurar que seus direitos fundamentais sejam respeitados, contribuindo para a recuperação dos menores e também dos seus responsáveis.*

Um dos casos de maior repercussão no Amazonas e que teve atuação efetiva da Defensoria Pública do Estado (DP-AM) foi o de um feminicídio testemunhado pelos próprios filhos do casal. Na noite de 29 de setembro de 2021, César Silva da Costa, 38 anos, espancou a esposa, Jucicleia dos Santos, 39, com tamanha violência, que ela não resistiu às agressões. Grávida de sete meses, Jucicleia chegou a ser levada pelo marido ao Hospital e Maternidade Chapot Prevost, no bairro Colônia Antônio Aleixo, o mesmo em que o casal morava, em Manaus. Os enfermeiros e médicos fizeram de tudo para salvar a paciente, que deu entrada com um quadro grave de hemorragia e parada cardíaca. Ao perceber que a vida de Jucicleia estava em alto risco, a equipe médica se esforçou para fazer o parto e retirar o bebê com vida. Era tarde. Foram tantos e tão ferozes os murros e pontapés desferidos por César na barriga da mulher, que a criança também havia falecido. Duas mortes causadas pelo mesmo agressor, que era marido de uma vítima e pai da outra.

A polícia não teria muita dificuldade para identificar o autor de crime tão horrendo. No momento em que chegou ao hospital, carregando nos braços a esposa ainda com vida, César declarou aos atendentes do local que Jucicleia havia caído no banheiro de casa. Teria sido, segundo ele, esse acidente a causa dos hematomas no corpo da mulher. Não foi o que constataram os especialistas que a examinaram. Segundo o boletim médico, Jucicleia estava com hemorragia em diversos órgãos, todos na região do abdômen. Foi verificado, também, que os sangramentos eram consequência de traumas causados por "ato contundente", como ficaria descrito no laudo do hospital. Por fim, os exames atestaram que a morte do bebê fora provocada justamente pelas agressões sofridas pela mãe e que a hemorragia não estava relacionada à gravidez. Para os médicos, estava evidente que César espancara a esposa, atingindo principalmente sua barriga. Era, portanto, indubitável sua intenção de atingir o bebê. Ele parecia querer matar a própria mulher e o filho. Conseguiu.

Ao perceber que estavam diante de um caso de homicídio duplo, os profissionais do Hospital e Maternidade Chapot Prevost acionaram a polícia. Em menos de 30 minutos, os policiais já estavam no centro médico, onde realizaram a primeira perícia. O laudo confirmou as suspeitas dos médicos e enfermeiros: Jucicleia havia morrido "devido ao sangramento, causado por ação mecânica decorrente de violência doméstica". Como César era o único adulto, além da própria Jucicleia, na residência do casal quando ela passou mal – os três filhos já estavam no quarto, dormindo –, ele foi considerado suspeito do crime. A investigação policial traria à tona outros fatos cruciais para a elucidação do caso. Vizinhos, familiares e amigos do casal declararam que César já tinha agredido a mulher em outras ocasiões. Afirmaram, ainda, que, naquela noite, ele chegara em casa embriagado e fizera ameaças à esposa, diante dos filhos.

O testemunho mais forte e comovente seria dado justamente pelos filhos do casal, três crianças. Eles relembraram um episódio que mostrava o inferno que era a vida de Jucicleia ao lado daquele homem. Cerca de um ano antes de ser assassinada pelo marido, ela havia passado por situação praticamente idêntica à que resultaria na sua morte. Os filhos contaram à polícia que, em 2020, seu pai espancara a esposa com tal truculência, que ela, grávida de três meses, acabou por sofrer um aborto. Naquela ocasião, entretanto, a agressão não chegou à delegacia. Muitos dos seus amigos mais próximos e familiares só pensavam que, se tivesse denunciado César na primeira vez em que teve a gestação interrompida pela violência, talvez Jucicleia não tivesse perdido a vida. Diante de todos os fatos apurados no Inquérito Policial, a delegada Deborah Barreiros, responsável pelo caso, anunciaria à imprensa que já obtivera ordem judicial para prender o suspeito:

> *Com base nisso, representamos pelo mandado de prisão temporária em nome do acusado. A ordem judicial foi expedida na segunda-feira (11 de abril de 2022), pelo juiz André Luiz Nogueira Borges de Campos, da Comarca de Manaus.*

César Silva da Costa seria preso naquele mesmo dia – quase sete meses após assassinar a própria mulher e o bebê que ela estava esperando dele. Seu julgamento teria início um ano e quatro meses mais tarde, em 17 de agosto de 2023. Na noite seguinte, uma sexta-feira quente e abafada em Manaus – como tantas outras –, o juiz Carlos Henrique Jardim anunciaria o veredito, condenando César a 40 anos e seis meses de detenção, em regime fechado. Os jurados votaram de acordo com o entendimento do Ministério Público, segundo o qual o réu era culpado pela morte de Jucicleia – incluindo a qualificadora de feminicídio – e pelo aborto causado pelas agressões que ele infligira à esposa. Por parte do MP, atuou nesse caso o promotor de Justiça Luís do Rego Lobão Filho, que teve como assistente de acusação a defensora pública Caroline Braz, idealizadora do projeto Órfãos do Feminicídio.

Quando César, em pé no Tribunal do Júri de Manaus, ouviu sua sentença, seus filhos já haviam sido incluídos na lista de menores atendidos pelo programa, que faz parte do Núcleo de Promoção e Defesa dos Direitos das Mulheres (Nudem), da DP-AM. As três crianças passaram a ser acompanhadas pelo projeto, cerca de quatro meses depois de perderem a mãe. A mais velha, aliás, começava a construir uma trajetória que seria apontada como admirável e comovente por todos na Defensoria. Em maio de 2025 – três anos e oito meses após o crime –, já aos 17 anos, a adolescente estava estagiando na própria Defensoria Pública do Amazonas. Aos amigos e à família, a menina se dizia feliz e orgulhosa por ter sido aprovada no programa de estágio da DP-AM. Seu caso passaria a ser considerado um dos mais sólidos e eloquentes exemplos de superação de um menor acompanhado pelo Órfãos do Feminicídio. Não era para menos.

Ela tinha apenas 13 anos quando enfrentou o trauma de ter a sua mãe assassinada pelo próprio marido. A dor seria descomunal para qualquer pessoa. Em se tratando de uma criança, o impacto teria consequências ainda maiores. A garota passou dias sem dormir direito. Perdeu o apetite. Invariavelmente, seu travesseiro amanhecia ensopado de lágrimas. Em conversas com a equipe da Defensoria, ela desabafou. Disse que seu sofrimento era imenso, mas afirmava acreditar que o tempo ajudaria a amenizar sua dor. Declarou, ainda, que o projeto Órfãos do Feminicídio havia sido essencial para a sua recuperação, tanto emocional quanto psicológica. Cerca de quatro anos após passar por tragédia tão avassaladora, estava cursando o último ano do Ensino Médio e encarava o estágio na Defensoria como uma oportunidade preciosa de começar a pavimentar o seu futuro profissional. Tanto que resolveu deixar de lado o antigo sonho de estudar Medicina para focar na ideia de se formar em Direito e prestar concurso para ser defensora pública do Amazonas.

Nessa caminhada, teria o apoio de todos na DP-AM, especialmente da criadora do projeto Órfãos do Feminicídio. A defensora Caroline Braz passaria a acompanhar a menina com atenção e carinho quase maternais. Sentia que, recebendo o apoio necessário, ela poderia perfeitamente alcançar seus objetivos profissionais. Seu caso se tornaria um dos mais célebres e emblemáticos do Órfãos do Feminicídio, que alcançava cada vez mais visibilidade e reconhecimento. Em 2021, o projeto conquistou o 18º Prêmio Innovare. Considerado uma das mais importantes premiações quando se trata de Justiça no Brasil, o Innovare destaca as boas iniciativas da área jurídica, idealizadas e colocadas em prática por advogados, defensores públicos, magistrados e promotores. A ideia precípua do prêmio é identificar e divulgar práticas que contribuam para o aprimoramento da Justiça no país.

Ter o trabalho agraciado pelo Innovare deixaria felizes e orgulhosas as seis profissionais dedicadas ao Órfãos do Feminicídio: uma defensora pública, duas assessoras jurídicas, uma psicóloga, uma assistente social e uma estagiária de Serviço Social. Dava-lhes, ainda, a convicção plena de que estavam fazendo um trabalho de raras importância e relevância, principalmente para as crianças e adolescentes atendidos. Era mais um projeto atuando contra a violência de gênero e em defesa das vítimas. Outra iniciativa igualmente louvável seria criada naquele mesmo ano. No dia 25 de março de 2021, foi lançada a campanha Levante Feminista, com o objetivo de criar ferramentas em defesa da mulher e dos seus direitos, por meio da articulação de ideias e da união de esforços. A gênese do projeto remonta a um dos momentos mais sofridos e tenebrosos da história recente do planeta: a pandemia de covid-19, que, segundo a Organização Mundial da Saúde, causou a morte de cerca de 15 milhões de pessoas no mundo.

No Brasil, onde foram registrados mais de 700 mil óbitos, o isolamento social imposto pela pandemia gerou outro problema. Ficando mais tempo dentro de casa, os homens passaram a agredir suas companheiras com ainda mais frequência e violência. Estudo do Fórum Brasileiro de Segurança Pública (FBSB), publicado em 2021, mostrava números impactantes. Foram 1.350 casos de feminicídio no país em 2020, quase 1% a mais do que no ano anterior. Os dados apontavam que uma mulher havia sido morta no país a cada seis horas e meia, simplesmente por ser mulher. Em alguns estados, o cenário era aterrador. Em Mato Grosso, os casos de feminicídio tiveram alta de 57%, naquele ano. Em Roraima, o acréscimo foi de 44,6%. Mas nada se comparava ao ocorrido em Rondônia, onde os episódios de feminicídio subiram 100%, passando de sete, em 2019, para 14, em 2020.

O perfil das vítimas mostrava que 75% delas tinham entre 19 e 44 anos e que quase 62% eram negras. Outro dado evidenciava, de forma assombrosa e inexorável, que os assassinos estavam dentro de casa. Em 81,5% dos casos, o crime foi cometido pelo companheiro ou ex-companheiro da vítima. Havia, ainda, mais um número que mostrava a escalada da violência às mulheres no período da pandemia. Em 2020, de acordo com o Anuário Brasileiro de Segurança Pública, os centros de denúncia espalhados pelo Brasil receberam quase 526 mil telefonemas com relatos de agressões a mulheres. Além de representar alta de quase 45% em relação a 2019, esse registro indicava que, em 2020, fora realizada uma ligação por minuto para denunciar algum caso de violência doméstica no país. Foram informações como essas que levaram um grupo de mulheres a elaborar uma campanha que ajudasse a combater essa torpe realidade. Nascia, assim, o Levante Feminista.

A ideia surgiu no fim de 2020, com o Brasil já duramente afetado pela covid – naquele ano, o país registraria pouco mais de 230 mil mortes causadas pelo coronavírus. A primeira conversa que acabaria por dar origem à campanha aconteceu entre três mulheres: a filósofa Márcia Tiburi, a assistente social Tânia Palma e a socióloga Vilma Reis. Poucas semanas mais tarde, no dia 6 de janeiro de 2021, elas articularam uma reunião para traçar a fisionomia do projeto e definir as primeiras ações práticas. Nesse encontro, realizado de forma virtual, já houve a participação de 15 mulheres, de várias partes do Brasil e de diversas ONGs. Durante o debate de ideias ocorrido naquele momento, foi decidido que elas criariam uma grande campanha, cujo foco seria alertar a sociedade da gravidade da violência de gênero no país e organizar ações em defesa da mulher.

Sete dias depois, em 13 de janeiro, aconteceria a segunda reunião do grupo. Já eram quase 30 participantes, entre representantes de ONGs, militantes, acadêmicas e uma parlamentar, a deputada federal Maria do Rosário, conhecida por seu trabalho em defesa dos Direitos Humanos. Na ocasião, seria escolhido o nome do projeto: Campanha Levante Feminista Contra o Feminicídio. À época, Vilma Reis, uma das fundadoras, daria uma declaração impactante:

> *Organizamos o Levante Feminista para conter a matança de mulheres no país. É a nossa forma de discordar dos decretos de armas e de toda essa onda misógina patriarcal que nós estamos vivendo.*

Ficaria definido, também naquela reunião, que o símbolo da iniciativa seria o girassol. O motivo era poético. Em sua fase de crescimento, o girassol fica em constante movimento, sempre buscando a luz do sol para crescer e desenvolver suas pétalas longas e douradas. Quando a planta amadurece, esse fenômeno para de acontecer, mas as flores jovens continuam se movimentando. Isso faz com que os girassóis maduros fiquem, muitas vezes, de frente para os mais novos. Para a botânica, trata-se apenas de um ciclo natural da espécie. Numa visão idílica, retrata a importância do apoio mútuo entre os semelhantes. A simbologia é perfeita para ilustrar a situação das mulheres e o propósito sobre o qual nasceu o Levante Feminista: dar apoio a todas as vítimas da violência de gênero.

Não demoraria para o grupo colocar em prática sua primeira ação. No dia 18 de fevereiro, seria lançado o primeiro manifesto da campanha, com dois slogans: "Nem pense em me matar" e "Quem mata uma mulher, mata a humanidade". Em ambas, a imagem do girassol já aparecia como símbolo, ao lado de uma silhueta feminina. Com todas essas iniciativas já em andamento, as coordenadoras decidiram realizar uma videoconferência em 25 de março de 2021, que seria instituída como a data oficial do nascimento da campanha. Aquele momento histórico para o Levante Feminista foi testemunhado por quase cem mulheres, de 20 estados do Brasil. Além de debater ideias e planos de trabalho, todas assistiram ao clipe da canção "Corpo meu", que passaria a ser considerada o hino do projeto. Com letra da compositora Cris Pereira, a música foi interpretada pela cantora Fabiana Cozza. Seus versos conseguiam harmonizar beleza, poesia, dor e bravura. Já no início, a letra fala da resistência das mulheres, da força que elas dão umas às outras, e passa uma mensagem de coragem:

É. Resistência em mim se acendeu.
Essa força que eu trago quem me deu
Foram outras mulheres nessa estrada.

Um corpo meu (esse corpo é meu!)
Que na sombra do medo se perdeu.
Virei água corrente que desceu.
Violência não vai me represar.

A canção segue com uma das estrofes mais fortes e tocantes da composição, abordando o medo que milhões de mulheres do Brasil sentem quando se aproxima a hora de seus companheiros violentos chegarem em casa. Ao mesmo tempo, porém, retrata uma atitude de valentia e mudança de postura por parte delas:

Houve um dia em que eu até sentia medo
Que você chegasse cedo
Pro meu corpo machucar.
Mas eu virei o tabuleiro.
E esse jogo, companheiro,
Eu não vou mais aceitar.
Nem pense em me matar.

A exibição do clipe musical terminou com muitas das participantes da videoconferência com suas faces lavadas por lágrimas. Estavam emocionadas pelo que haviam acabado de ouvir. A canção ajudaria a dar ainda mais força à campanha. O fato é que a repercussão de todas as iniciativas colocadas em prática até então fora tamanha, que, menos de um mês depois, o movimento já tinha mais de 100 mil adesões. Entre suas integrantes, estava uma mulher que se dedicaria com total empenho à causa. Helen Buttignol Perrela desejou fazer parte do Levante Feminista tão logo soube do projeto, quando ele ainda estava sendo estruturado, no início de 2021.

Nascida em Mauá, ela cresceu em Santo André — ambas na Região Metropolitana de São Paulo —, numa família de classe média. Desde jovem, se interessava por questões de direitos humanos, especialmente em defesa das mulheres e contra a violência de gênero. Onde houvesse palestras, passeatas, debates sobre questões feministas, lá estava Helen. Jamais imaginaria que seria, ela própria, vítima do problema que se esforçava para combater. Em 2011, Helen entrou num relacionamento que marcaria sua vida de forma indelével e dolorosa. Ela acabara de iniciar o curso de Direito, nas Faculdades Metropolitanas Unidas (FMU), em São Paulo.

Aos 33 anos, estava feliz e empolgada por estar começando a realizar o sonho de se tornar advogada. Esforçava-se o quanto podia para conciliar os estudos com o trabalho num escritório de advocacia. Acabara de iniciar o segundo semestre da faculdade, quando conheceu, num encontro de amigos, um sujeito que chamaria sua atenção por ser divertido e bom de conversa. Poucos meses depois, estavam namorando. Os problemas foram surgindo de forma sutil. Vendedor numa loja de roupas, o namorado vivia com a família, recebia salário inferior ao de Helen e usava isso para chantageá-la emocionalmente. Pedia-lhe presentes – como camisas, calças e sapatos – e dizia que ficaria deprimido se não fosse atendido.

A violência psicológica e patrimonial surtia efeito. Se não presenteasse seu companheiro com as coisas que ele pedia, a própria Helen sentia-se mal, culpada. Ficaria ainda mais tensa ao saber que estava se relacionando com um ex-dependente de drogas. Ele mesmo lhe confessara já ter usado maconha, cocaína e craque. Afirmara, porém, que tinha largado aquela vida. Mentira. E Helen descobriria da pior maneira possível. À medida que os problemas se agravavam – com brigas e chantagens emocionais cada vez mais frequentes –, ela começou a pensar em terminar a relação. Sentia-se, todavia, emocionalmente presa ao namorado, como se tivesse a obrigação de cuidar dele. O relacionamento completou dois anos, sem que o cenário melhorasse. Ela tentava reunir forças para romper, mas ainda não se sentia capaz. Até que o pior aconteceu. Seria a noite mais terrível e pavorosa da sua vida.

Durante uma discussão sobre o fim do relacionamento, seu companheiro partiu para cima dela com selvageria. Ele estava com os olhos vermelhos, esbugalhados. Pareciam duas bolas de fogo. Helen adivinhou que era efeito de alguma droga. Antes que ela pudesse gritar por socorro, o sujeito agarrou seu pescoço com as duas mãos e, dentes trincados, começou a esganá-la. Faltavam-lhe forças para se desvencilhar do seu agressor. Faltava-lhe, também, o ar. Tentava respirar, mas não conseguia. Pensou que ia morrer. Já sentia seu corpo desfalecendo, quando aquelas mãos grandes e covardes libertaram seu pescoço. Nunca experimentara alívio igual. Como era maravilhoso sentir os pulmões se enchendo de ar. Um único pensamento lhe passava pela cabeça: precisava ir embora daquele lugar, antes que ele tivesse outro surto de violência.

Eram quase 2h da madrugada. De tão aterrorizada, foi em casa apenas para pegar suas roupas e seguiu direto para o Terminal Rodoviário do Tietê, em São Paulo. Às 8h da manhã, já estava dentro do ônibus que a levaria para Belo Horizonte. Da capital mineira, seguiria para Diamantina, no interior de Minas Gerais, onde passaria a viver com a mãe. Abandonava, assim, a vida que construíra em São Paulo, incluindo as amizades, o trabalho e a faculdade de Direito. Tudo por causa de um homem e do sistema machista. Poderia, por outro lado, recomeçar sua trajetória, sem o medo de encontrar o seu agressor em algum ponto da cidade. Em Diamantina, recuperou o gosto pela vida. Formou-se em Ciências Humanas e entrou para um projeto que estava começando e do qual sentia-se impelida a fazer parte: o Levante Feminista.

Seus conhecimentos acadêmicos e sua experiência pessoal seriam ferramentas fundamentais para que pudesse colaborar com a estruturação de ações da campanha. Logo, tornou-se integrante da Operativa Nacional, com atribuições que a faziam trabalhar na elaboração de programas e eventos em defesa da mulher. Audiências públicas pelo Brasil, encontros com parlamentares, debates sobre a legislação, realização de *lives*. Perdeu as contas de quantas atividades ajudou a realizar e nas quais esteve presente. Em todas elas, sentia-se feliz e realizada. As dores de outrora, entretanto, ainda afligiam algum canto da sua alma. Tanto que poucas companheiras do Levante sabiam que ela própria já fora vítima de agressões por parte de um namorado. Mas não permitiria que a tristeza do passado afetasse a felicidade do presente nem a esperança no futuro.

Em julho de 2025, um dos seus maiores orgulhos era ver o êxito do Levante Feminista e as conquistas alcançadas pela campanha. Já eram cerca de 4 mil mulheres conectadas por meio de ONGs e entidades públicas e privadas em todo o país. Em pouco mais de quatro anos de existência, o Levante acumulara feitos notáveis. Um deles seria particularmente marcante. No dia 2 de novembro de 2023, foi realizado o I Encontro Nacional da campanha, em Brasília, com cerca de duzentas participantes. Não foi por acaso que as organizadoras escolheram o Dia de Finados para o evento. Queriam marcar a morte de 1,4 mil mulheres por feminicídio registradas no Brasil em 2022, indicando alta de 5% em relação a 2021. Era o maior número de mulheres assassinadas por questões de gênero no país, desde a criação da Lei do Feminicídio, em 2015.

Na esteira de tudo o que aquele encontro provocou, representantes do Levante costuraram articulações com instituições de importância crucial no combate à violência doméstica, como o Conselho Nacional de Justiça (CNJ) e a Defensoria Pública da União (DPU). Tiveram, também, conversas com duas ministras de Estado: Anielle Franco, da Igualdade Racial, e Cida Gonçalves, das Mulheres. O movimento ganhava cada vez mais força e relevância. Tanto que, oito meses mais tarde – em julho de 2024 –, partiria da própria ministra das Mulheres um convite para que coordenadoras do Levante Feminista fossem a Brasília. Cida Gonçalves queria discutir ideias e propostas que ajudassem a mobilizar a sociedade na luta contra o assassinato de mulheres. Estavam presentes Helen e mais seis integrantes da campanha. A reunião com a ministra seria producente.

Apenas um mês depois, em 7 de agosto, o Ministério das Mulheres lançaria a campanha *Feminicídio Zero*, com a mensagem de que "nenhuma violência contra a mulher seja tolerada". A data de lançamento da ação fora escolhida criteriosamente: naquele mesmo dia, em 2006, havia sido sancionada a Lei Maria da Penha, um marco na legislação brasileira contra a violência doméstica. Entre suas metas, estavam conscientizar a população sobre a importância de se combater o feminicídio e divulgar a todo o país o Ligue 180 – Central de Atendimento à Mulher, como canal para receber denúncias e pedidos de socorro. A campanha foi um sucesso, com eventos realizados por todo o Brasil, reportagens em grandes veículos da imprensa e um número estimado de 200 mil mulheres participando de debates, palestras, exposições e passeatas.

Tratava-se de mais uma iniciativa exitosa em defesa das mulheres e meninas brasileiras. Num país em que, um ano antes, uma mulher havia sido assassinada a cada seis horas simplesmente por ser do sexo feminino, haver um programa nacional com o objetivo de reduzir a violência de gênero mostrava-se imprescindível. Helen Perrela e suas companheiras do Levante Feminista celebravam o impacto positivo das ações do Ministério e da campanha à qual seguiriam se dedicando com afinco. Faziam parte de um exército de mulheres valentes e incansáveis, cujos trabalho, esforços, conhecimentos e emoções davam origem a projetos e ações que ajudariam a combater o feminicídio no país. Guerreiras como Ana Carolina Querino, da ONU Mulheres, a senadora Margareth Buzetti, a defensora pública Caroline Braz, a cientista social Helen Perrela e tantas outras. Todas unidas com o mesmo propósito: garantir às mulheres brasileiras o direito mais básico que um ser humano pode ter. O direito à vida.

EM 2024, HOUVE **1.492** FEMINICÍDIOS NO BRASIL, UMA ALTA DE **1,15%** SOBRE 2023 (**1.475**).

FEMINICÍDIOS NO BRASIL (2024)

TOTAL POR ESTADO — TAXA POR 100 MIL MULHERES

BRASIL: 1.492 — 1,4

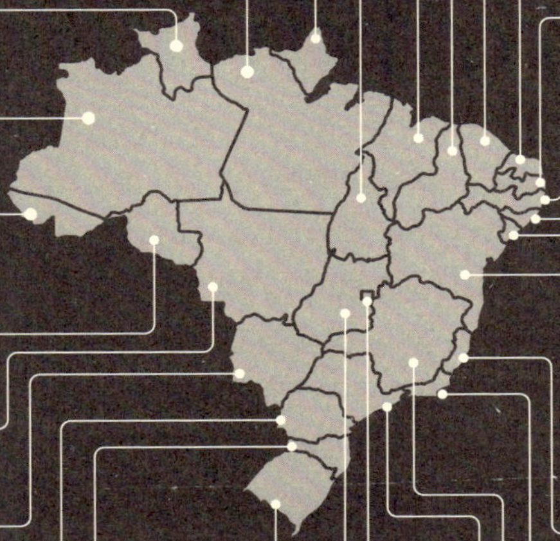

	Total por estado	Taxa por 100 mil mulheres
TOCANTINS	13	1,7
AMAPÁ	2	0,5
PARÁ	50	1,2
RORAIMA	7	2,0
AMAZONAS	29	1,4
ACRE	8	1,8
RONDÔNIA	13	1,5
MATO GROSSO	47	2,5
MATO GROSSO DO SUL	35	2,4
PARANÁ	109	1,8
SANTA CATARINA	51	1,3
RIO GRANDE DO SUL	72	1,2
GOIÁS	56	1,5
DISTRITO FEDERAL	23	1,5
MARANHÃO	69	1,9
PIAUÍ	40	2,3
CEARÁ	41	2,3
RIO GRANDE DO NORTE	19	1,1
PARAÍBA	26	1,2
PERNAMBUCO	77	1,6
ALAGOAS	22	1,3
SERGIPE	10	0,8
BAHIA	111	1,5
ESPÍRITO SANTO	39	1,9
RIO DE JANEIRO	107	1,2
MINAS GERAIS	163	1,5
SÃO PAULO	253	1,1

FONTE: ANUÁRIO BRASILEIRO DE SEGURANÇA PÚBLICA 2025

EM NÚMEROS ABSOLUTOS, OS CINCO ESTADOS COM **MAIS CASOS DE FEMINICÍDIO** EM 2024 FORAM:

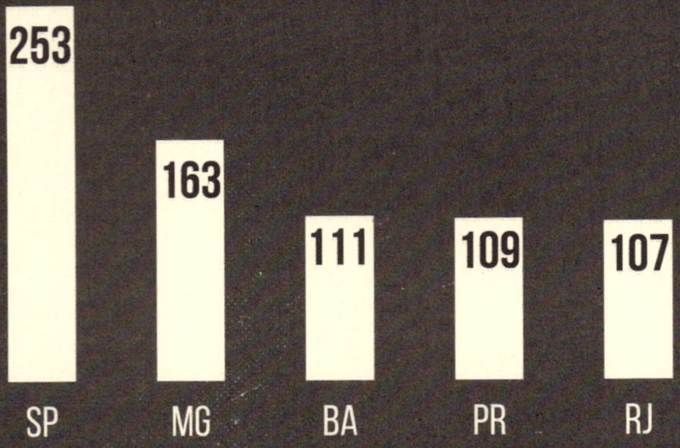

CONSIDERANDO A TAXA DE FEMINICÍDIOS PARA GRUPOS DE 100 MIL MULHERES HABITANTES NO ESTADO, OS CINCO **MAIS VIOLENTOS** EM 2024 FORAM:

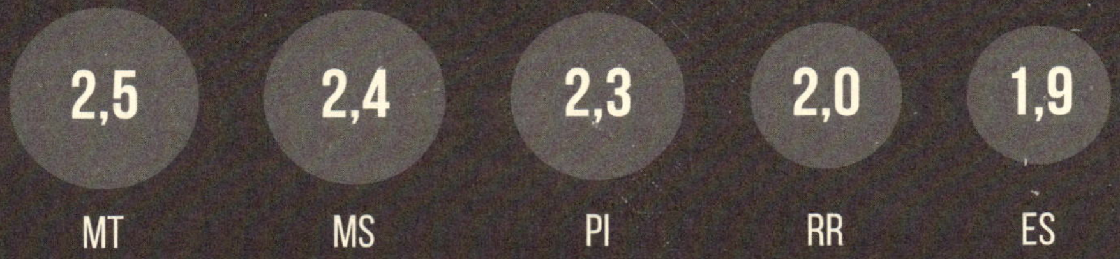

EM **75%** DOS CASOS DE FEMINICÍDIO, AS AGRESSÕES COMEÇAM COM XINGAMENTOS, OFENSAS, EMPURRÕES, TAPAS. ATÉ QUE EVOLUEM PARA O ASSASSINATO.

FONTE: ANUÁRIO BRASILEIRO DE SEGURANÇA PÚBLICA 2025

EM 2024 FORAM MAIS DE **10 TENTATIVAS** DE FEMINICÍDIO **POR DIA, UMA TENTATIVA** A CADA **2,3 HORAS.**

VÍTIMAS DE FEMINICÍDIO. NÚMEROS ABSOLUTOS (BRASIL, 2015-2024)

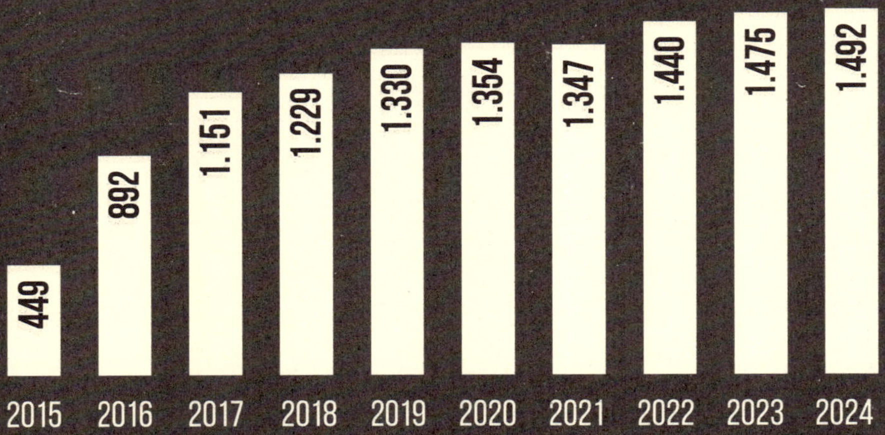

FONTE: ANUÁRIO BRASILEIRO DE SEGURANÇA PÚBLICA 2025

SEGUNDO O FÓRUM ECONÔMICO MUNDIAL, HOMENS E MULHERES SÓ TERÃO OS **MESMOS DIREITOS E OPORTUNIDADES** NO MUNDO POR VOLTA DO ANO 2150.

PERCENTUAL DO LOCAL DE OCORRÊNCIA DOS FEMINICÍDIOS (BRASIL, 2024)

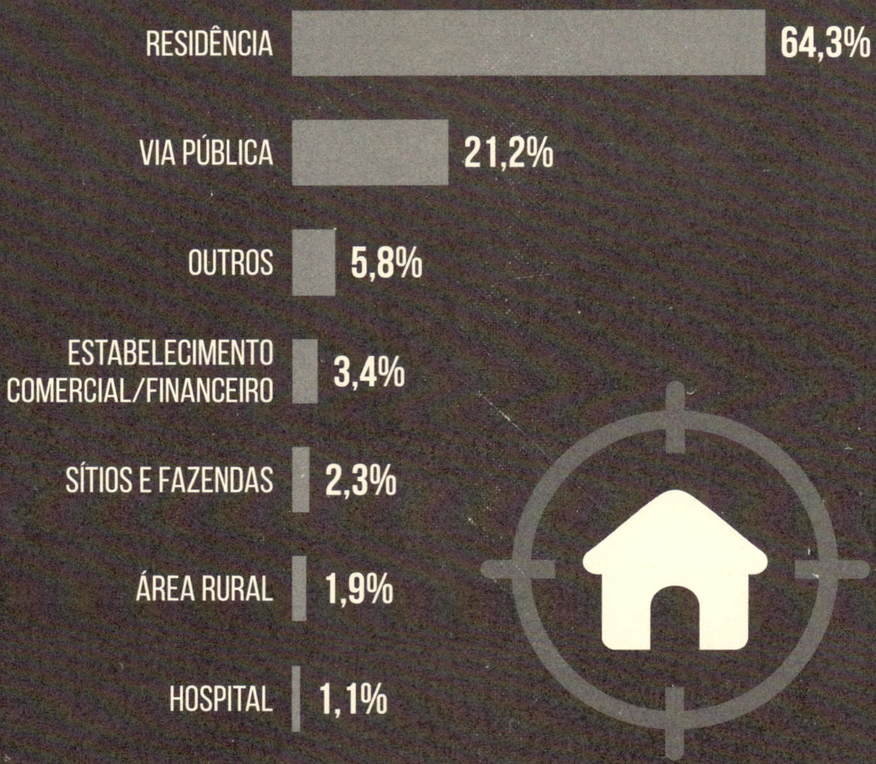

64,3%

DOS FEMINICÍDIOS SÃO COMETIDOS DENTRO DA CASA DA VÍTIMA.

FONTE: ANUÁRIO BRASILEIRO DE SEGURANÇA PÚBLICA 2025

80% DOS FEMINICÍDIOS OCORRIDOS NO BRASIL TIVERAM COMO AUTORES O COMPANHEIRO OU EX-COMPANHEIRO DA VÍTIMA.

PERCENTUAL DA RELAÇÃO ENTRE VÍTIMA E AUTOR DOS FEMINICÍDIOS (BRASIL, 2024)

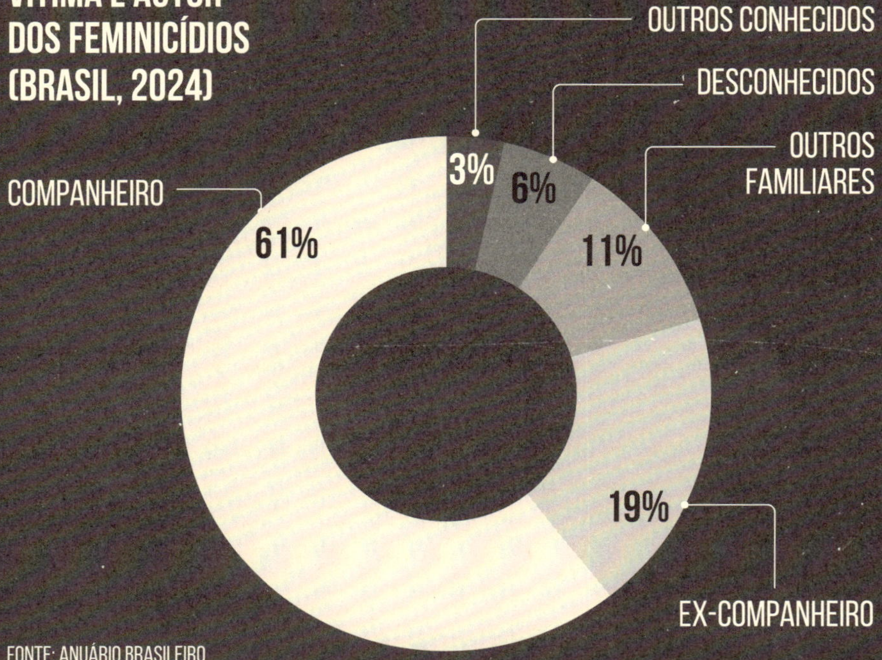

FONTE: ANUÁRIO BRASILEIRO DE SEGURANÇA PÚBLICA 2025

DISTRIBUIÇÃO PERCENTUAL DE REGISTROS DE VIOLÊNCIAS DOMÉSTICA, SEXUAL E OUTRAS VIOLÊNCIAS CONTRA MULHERES ADULTAS, DE 20 A 59 ANOS, POR COR OU RAÇA DA VÍTIMA (BRASIL, 2024)

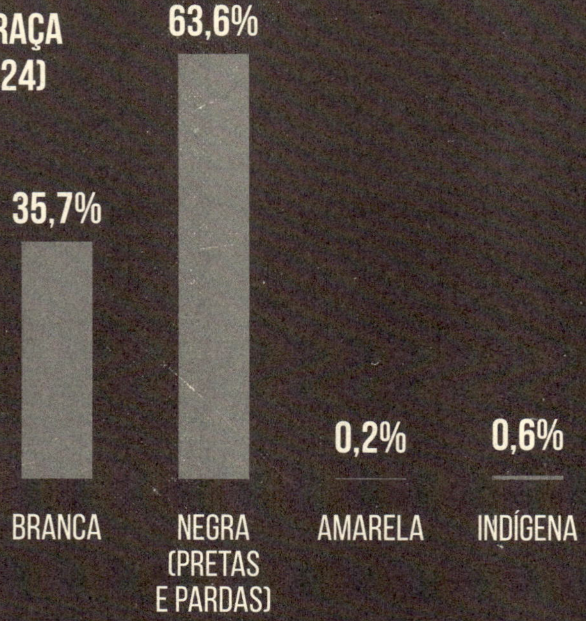

FONTE: ANUÁRIO BRASILEIRO DE SEGURANÇA PÚBLICA 2025

FORAM REALIZADOS **DOIS ACIONAMENTOS POR MINUTO** DO 190 EM 2024, TOTALIZANDO

1.067.556

CHAMADAS.

PERCENTUAL DE INSTRUMENTO UTILIZADO NOS FEMINICÍDIOS (BRASIL, 2024)

FONTE: ANUÁRIO BRASILEIRO DE SEGURANÇA PÚBLICA 2025

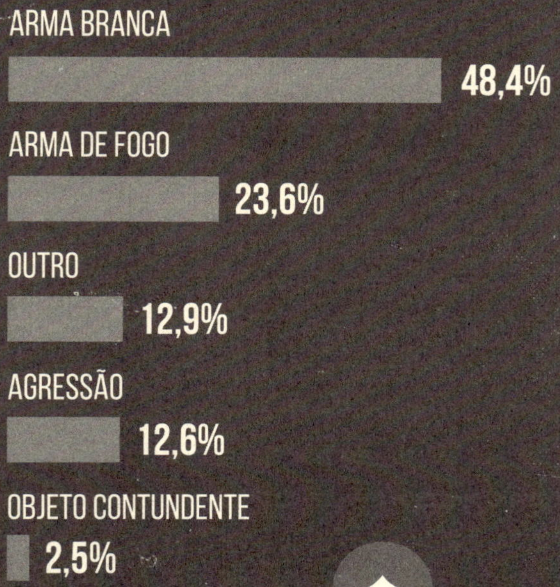

VÍTIMAS DE FEMINICÍDIO

63,6%
NEGRAS

70,5%
ENTRE 18 E 44 ANOS

64,3%
FORAM MORTAS EM CASA

97% FORAM ASSASSINADAS POR HOMENS

51.866
REGISTROS DE VIOLÊNCIA PSICOLÓGICA

747.686
REGISTROS DE AMEAÇAS

MEDIDAS PROTETIVAS DE URGÊNCIA (MPU)

555.001
CONCEDIDAS
(AUMENTO DE **6,6%** EM RELAÇÃO A 2023)

101.656
DESCUMPRIDAS PELO AGRESSOR
(AUMENTO DE **10,8%** EM RELAÇÃO A 2023)

Também vítima de violência, Helen Buttignol Perrela faz parte da direção do Levante Feminista, movimento que conecta cerca de 4 mil mulheres em todo o Brasil, por meio de ONGs e entidades públicas. A campanha tem como principal missão combater o feminicídio.

FOTO: ACERVO PESSOAL

No dia 29 de setembro de 2021, César da Costa espancou a esposa, Jucicleia dos Santos, com tamanha violência, que ela não resistiu às agressões. Aos 39 anos e grávida de sete meses, Jucicleia morreu no Hospital Chapot Prevost, em Manaus. Pelo crime, César foi condenado a 40 anos e seis meses de detenção.

FOTO: ACERVO DA FAMÍLIA

O Levante Feminista realizou, no dia 2 de novembro de 2023, o seu I Encontro Nacional, em Brasília, com cerca de duzentas participantes. A escolha do Dia de Finados para o evento não foi por acaso. Suas organizadoras queriam marcar a morte de 1,4 mil mulheres por feminicídio registradas no Brasil em 2022, alta de 5% em relação a 2021. FOTO: DIVULGAÇÃO/LEVANTE FEMINISTA

Em dezembro de 1976, o assassinato da socialite Ângela Diniz pelo namorado, o empresário Doca Street, no Rio de Janeiro, atraiu as atenções do Brasil. Street foi inicialmente condenado a apenas dois anos de prisão. A promotoria recorreu e conseguiu sentenciá-lo a 15 anos.

FOTOS: REPRODUÇÃO

Cristiane Castrillon foi encontrada morta dentro do próprio carro, após ser espancada e asfixiada pelo ex-policial militar Almir Monteiro, em 13 de agosto de 2023.

FOTO: ACERVO DA FAMÍLIA

Integrantes do Levante Feminista, após reunião com a então ministra das Mulheres, Cida Gonçalves (quinta, da esquerda para a direita). FOTO: DIVULGAÇÃO/LEVANTE FEMINISTA

Ana Carolina Querino, da ONU Mulheres no Brasil: "Nenhum país está livre do feminicídio". FOTO: DIVULGAÇÃO/ONU MULHERES

Em 2018, a defensora pública Caroline Braz (à direita) criou, no Amazonas, o projeto Órfãos do Feminicídio, que já atendeu a mais de 130 crianças e adolescentes.
FOTO: DIVULGAÇÃO

Já a senadora Margareth Buzetti (abaixo) foi responsável pela criação da lei que tornou, em outubro de 2024, mais severas as punições contra feminicidas.
FOTO: AK PRODUÇÕES

“ELE ME PEDIU EM CASAMENTO”

4

Fernando Veríssimo de Carvalho chorava como quem tenta controlar as lágrimas. Expressão contrita, parecia se esforçar para suportar tamanha dor. Sua noiva, Beatriz Soares Milano, a quem pedira em casamento havia apenas três dias, estava morta, dentro de um caixão, prestes a ser enterrada. O pedido romântico tinha sido feito num restaurante, em Rondonópolis, município de Mato Grosso, com cerca de 240 mil habitantes e localizado a 210 quilômetros de Cuiabá. Naquela sexta-feira, 23 de novembro de 2018, fazia mais uma noite abafada no interior mato-grossense, quando Fernando presenteou a noiva com um anel de ouro. O casal se mudara para Rondonópolis havia pouco mais de dois meses, em virtude de Beatriz ter sido transferida pela empresa na qual trabalhava, a Brado — do setor de logística de alimentos. Na companhia, ela ocupava o cargo de coordenadora de qualidade. E Fernando acreditava que, por ser médico, não teria dificuldades para encontrar emprego nos rincões de Mato Grosso.

Para aumentar ainda mais o pesar do noivo, dos amigos e da família, não era apenas a vida de Beatriz que seria sepultada naquele momento. Aos 27 anos e formada em Medicina Veterinária, ela estava grávida de quatro meses e meio e muito feliz com a expectativa de se tornar mãe de uma menina. O nome do bebê já tinha sido escolhido. Ela se chamaria Helena, que vem da palavra grega "heléne", cujo significado pode ser "tocha" ou "luz". Era exatamente o que todos esperavam que a filha fosse para aquela família que começava a se formar: uma luz. Agora, os sonhos, as alegrias e as esperanças seriam soterrados com o caixão no qual repousava o corpo de Beatriz. Por tudo isso, Fernando estava ali, aparentemente perdido, andando de um lado a outro no velório, num salão do Cemitério Quarta Parada, na Zona Leste da cidade de São Paulo. Usava calça e camisa sociais, ambas pretas, e circulava com as mãos para trás. Ao ser consolado pelos presentes, agradecia e continuava com olhos fixos no chão. Os comentários mais ouvidos durante o velório, realizado na segunda-feira, 26 de novembro, faziam menção à tristeza de uma moça tão jovem perder a vida tão cedo e de forma tão inesperada.

O tormento da família de Beatriz começara dois dias antes, em 24 de novembro de 2018. Era para ser apenas mais um sábado como tantos outros. Certa de que a filha estava bem em Rondonópolis, Nazaré Soares, que morava na cidade de São Paulo, já tinha a agenda programada. Às 7h da manhã, daria aula de Português a seus alunos do Ensino Fundamental, na Escola Estadual Brigadeiro Eduardo Gomes, no distrito de Vila Formosa, na Zona Leste da capital paulista. Em seguida, voltaria para casa, descansaria alguns minutos e iria para o Shopping Tatuapé, também na Zona Leste, onde pretendia passear um pouco, ver umas vitrines e, principalmente, comprar uma camisa para Fernando. Seria seu presente de Natal para o genro. Ela e a filha mais velha – Bárbara, 31 anos – já estavam com passagens compradas para Rondonópolis, onde passariam as festas de fim de ano com Beatriz e o noivo. Dona Nazaré tinha visto a camisa na loja da TNG, no mesmo shopping, alguns dias antes, e achou que Fernando gostaria. Era branca, de manga curta e com a gola polo. Parecia-lhe perfeita para um médico que vivia e trabalhava naquele calor infernal de Mato Grosso. Quando voltasse do shopping, ficaria o restante do sábado em casa, relaxando da correria da semana. O cronograma foi perfeitamente cumprido, até o momento de ir às compras.

Aos 57 anos, dona Nazaré saiu de casa por volta das 11h, enquanto Bárbara se preparava para entrar no banho. Tomada por uma impaciência que não lhe era habitual, largou a filha em casa e foi ao shopping sozinha. Decidira deixar o carro e ir de ônibus, um trajeto que levaria uns 30 minutos a partir da sua casa, também no distrito de Vila Formosa. Já dentro do coletivo, o sentimento que começou como impaciência foi se transformando em medo, angústia, insegurança. Uma agonia insólita. Não conseguia entender por que estava sentindo tudo aquilo. Não havia nenhum problema no trabalho nem na família que justificasse seu mal-estar. O desconforto aumentou ao ponto de fazê-la descer do ônibus, antes mesmo de chegar ao shopping, e pegar outro coletivo de volta para casa. Era quase meio-dia, quando, já caminhando do ponto de ônibus a caminho de casa, seu celular tocou. A voz do outro lado era de um homem, que se identificou como delegado da Polícia Civil em Rondonópolis.

Bastou ouvir o sujeito falar que era da polícia para dona Nazaré sentir o coração disparar. Tinha certeza de que o delegado iria lhe contar alguma tragédia. Até porque receber um telefonema inesperado da polícia nunca foi sinônimo de coisa boa. Entendia, afinal, a razão do incômodo que a perturbava desde o momento em que saíra da escola naquela manhã. Estava segura de que algo de muito ruim havia acontecido a Beatriz. Considerou que sua ligação com a filha era tão forte que sua alma sentira a dor antes mesmo de seu cérebro ter conhecimento dos fatos. Sempre acreditou que as mães têm esse tipo de conexão especial com os filhos. De qualquer forma, não se sentia preparada para ouvir o que o delegado tinha a dizer. Mais do que isso, negava-se a escutar qualquer notícia negativa em relação à sua caçula. Sabia, contudo, que precisava responder ao homem do outro lado da linha. Voz trêmula, apenas lhe pediu para esperar que ela chegasse em casa.

— Por favor, delegado, não diga mais nada. Ainda estou na rua e sei que não vou suportar ouvir o que o senhor vai me falar — disse, tentando segurar as lágrimas.

— Claro. Como a senhora quiser.

— Quando eu chegar em casa, ligo de volta para o senhor.

— Tudo bem.

Quanto mais se aproximava de casa, mais nervosa dona Nazaré ficava. Imaginava que acontecimento tão drástico teria levado um delegado de Rondonópolis a ligar para o seu celular, em pleno sábado. Só pedia a Deus para que a sua filha estivesse bem. De tão atormentada, não foi capaz de esperar até chegar ao seu prédio. 20 metros antes da portaria, arrancou o celular da bolsa e ligou de volta para o policial. Ouviu as palavras mais dolorosas que já escutara em toda a sua vida. Palavras que nenhuma mãe jamais deveria ser obrigada a ouvir.

— Sua filha está morta.

— Como assim? — perguntou, se esforçando para não acreditar.

— Fernando ainda não ligou para a senhora?

— Não. O que houve?

— Beatriz passou mal na noite passada e veio a óbito.

— O senhor me perdoe. Não tenho condições de falar agora. Depois, eu ligo para o senhor. Por favor.

— Tudo bem. Meus pêsames.

Dona Nazaré sentiu a vista ficar turva. O mundo parecia girar. Andava sem sentir o chão sob seus pés. Era como se sua alma estivesse fora do corpo. Não podia aceitar o fato de que sua caçula estava morta. O mesmo pensamento se repetia incontáveis vezes em sua mente: "Não pode ser verdade. Não pode ser verdade. Não pode ser verdade". De imediato, lembrou-se do bebê que Beatriz carregava na barriga. Eram, então, duas mortes. Perdera, de uma só vez, a filha e a neta. Era desgraça demais para qualquer ser humano suportar. Instintivamente, começou a pensar em questões práticas. Será que precisaria ir a Rondonópolis para ver o corpo? Se sim, teria de ir naquele mesmo dia? Se não, como faria para trazer Beatriz para São Paulo? Os pensamentos eram acompanhados pelas lágrimas que já lavavam o seu rosto.

A poucos passos de casa, ocorreu-lhe que ainda precisaria dar aquela notícia avassaladora a Bárbara. Sua primogênita, seguramente, ficaria arrasada, já que as irmãs tinham ótima relação e nutriam profundo amor uma pela outra. Ao menos desse peso, Nazaré seria poupada. Bárbara já estava sabendo da morte de Beatriz. Ela tinha acabado de sair do banho, quando o telefone fixo tocou. Como fazia uns 15 minutos que Nazaré saíra de casa para ir ao shopping, correu para não perder a ligação. Era Fernando. Tinha a voz tensa, pesada. Ela recordaria para sempre o diálogo que veio a seguir.

– Alô.

– Oi, Bárbara. É Fernando.

– Oi, Fernando. Tudo bem? – quis saber, enquanto enxugava os cabelos com a toalha.

– Não tá, não. Estou no hospital.

– O que houve? Aconteceu alguma coisa com o bebê? – perguntou, já nervosa.

– Não. Foi com Bia.

– O que aconteceu com a minha irmã?

– Difícil, Bárbara. Muito complicado – ele falava com a voz calma, num tom triste.

– Fala, Fernando. Fala logo! O que aconteceu?

– Ela não tá mais aqui entre a gente.

– Como assim, Fernando? Que história é essa?

– Bia passou mal na noite passada e acabou morrendo.

Bárbara nunca experimentara nada parecido com aquela angústia que devastava seu coração. Sua irmã mais nova, que vira crescer sempre divertida e serelepe, estava morta. Um calafrio estranho percorreu todo o seu corpo, seguido por uma ânsia de vômito, um enjoo. Fernando continuava falando do outro lado da linha, mas as palavras não eram assimiladas por sua mente. Sentia-se fora da realidade. Até que conseguiu se recompor e ouvir, com atenção, o que o cunhado falava.

– Mas pode deixar que eu organizo tudo por aqui – ele disse, com as palavras pronunciadas pausadamente.

– Organiza o quê?

– As coisas do enterro. Pode deixar tudo comigo. Você e sua mãe não precisam se preocupar com isso.

– Nada disso. Ela vem pra cá. Minha irmã vai ser enterrada aqui, em São Paulo – falou, entre lágrimas.

– Tem certeza? Vai dar muito trabalho levar Bia pra São Paulo. Até porque...

– Não, Fernando. Ela vai ser enterrada aqui. É isso. Mas não tenho condições de continuar falando com você agora. Preciso digerir tudo isso direito. Depois, a gente conversa.

– Tá bom. Eu só queria ajudar. Tchau.

– Tchau.

A notícia foi dura e cruel demais para Bárbara. E Fernando pareceu-lhe demasiadamente equilibrado para um sujeito cuja noiva acabara de falecer. Seus sentimentos e pensamentos estavam conturbados. Não sabia o que fazer. Só imaginava a tristeza imensurável que seria não poder ver novamente sua irmã, conversar com ela, ouvir sua voz, se divertir com o seu sorriso largo. Concluiu que a primeira coisa a fazer seria informar aos pais, separados desde o final de 1998, após 13 anos de casamento. Sua atitude imediata foi enviar uma mensagem à mãe, pedindo para que retornasse para casa, mas sem falar nada sobre a desgraça que acontecera. Por coincidência, Nazaré já estava no caminho de volta, por ter sentido um insólito mal-estar no ônibus, antes mesmo de chegar ao shopping. Enquanto esperava a mãe, Bárbara não fazia outra coisa, a não ser chorar e gritar. Seus urros de dor ecoavam pela casa. Não podia, no entanto, se entregar ao desespero. Precisava manter-se minimamente sob controle, para dar a notícia a dona Nazaré. Temia a reação que ela teria ao saber da morte da filha caçula. Ainda procurava as palavras certas que usaria para contar tudo à mãe, quando ela entrou em casa, por volta do meio-dia. O que Bárbara ignorava era que dona Nazaré já fora informada da desgraça por um delegado de Rondonópolis, num telefonema que adoraria nunca ter recebido. Quando se encontraram em casa, estavam ambas destroçadas. Compartilhavam da mesma dor e do mesmo desejo de consolar uma à outra. Abraçaram-se e, sentadas no sofá da sala, choraram o mesmo choro. Era um choro de pesar, de angústia, de amor. O amor que as unia a Beatriz e que, a partir de agora, seria para sempre incompleto. Lágrimas de tristeza e desespero se misturavam em seus rostos.

Sentiam como se estivessem vivendo um pesadelo e que, a qualquer momento, Bia entraria por aquela porta, sorrindo e fazendo suas graças de menina. Mas era a realidade. E fariam de tudo para entender exatamente as circunstâncias nas quais a morte de Beatriz havia acontecido. Antes, porém, precisavam empregar as poucas forças que lhes restavam para organizar o funeral e transmitir a notícia aos familiares e amigos mais próximos. Coube a Bárbara avisar ao pai – o advogado Celso Milano, 55 anos –, que ficou inconsolável ao saber da morte da caçula. Foi acometido pela mesma sensação de incredulidade e desespero que açoitou Nazaré ao receber aquela informação. A irmã mais velha também ficaria encarregada de comunicar o fato às pessoas queridas pela família. A reação de todas era de assombro, de dor. Não foram poucas as que choraram ao saber que Beatriz estava morta. Bárbara chegou a pensar que muitas delas demonstravam muito mais pesar do que Fernando. Dois dias depois, estariam todos juntos no Cemitério Quarta Parada, em São Paulo, a 1.300 quilômetros de Rondonópolis.

A decisão de levar o corpo de Beatriz do interior de Mato Grosso para a capital paulista não tinha sido tomada apenas para que ela fosse sepultada no Estado onde nasceu. Havia um jazigo da família no Cemitério Quarta Parada, no qual os bisavós, os avós e outros parentes já estavam enterrados. Queriam que ela ficasse no mesmo local que seus ascendentes. O processo para o traslado exigiria muita articulação. A forma mais prática e rápida seria de avião. Mas ficaria caro demais. No meio daquela agonia imensa, engolida pela dor da morte da irmã, Bárbara lembrou que a empresa Brado, na qual Beatriz trabalhava, se colocara à disposição para ajudar no que fosse preciso. Pegou o celular e ligou para a analista de Recursos Humanos da companhia, Thamires Soares, 30 anos. Além de colegas de trabalho, Thamires e Beatriz eram grandes amigas e tinham chegado a morar juntas, por cerca de um mês, em Rondonópolis – até a veterinária alugar a casa na qual iria viver com Fernando. Bárbara explicou toda a situação a Thamires e obteve a resposta desejada.

Um dia depois, o corpo de Beatriz estava a bordo de um avião bimotor, fretado pela Brado. Além do piloto e do caixão, apenas Fernando ia na aeronave, que saiu de Rondonópolis com destino a Campinas, no interior de São Paulo. Dali, o cadáver seria levado de carro à capital paulista, num trajeto de cerca de 90 km. Os pais, a irmã e alguns amigos mais próximos de Beatriz já estavam no cemitério, quando Fernando e o caixão chegaram. Dona Nazaré não conseguia sair do lado da filha. Rosto banhado em lágrimas, sentia-se na obrigação de passar todo o tempo que pudesse perto da sua caçula. Bárbara, por sua vez, tentava segurar a própria dor, para dar suporte emocional à mãe. Não deixou de perceber, mesmo assim, algo que lhe chamou a atenção: a aparência e o comportamento de Fernando. Ele, que sempre usou o cabelo um pouco grande e a barba vasta, havia cortado a cabeleira e estava de cara totalmente limpa, sem um pelo sequer. Bárbara nunca vira o cunhado daquele jeito. Se cruzasse com ele na rua, sem prestar a devida atenção, nem o reconheceria.

Causou-lhe estranheza, também, o fato de Fernando demonstrar um inusitado distanciamento do caixão. Parecia sentir-se incomodado com a presença constante de dona Nazaré ao lado da filha.

Outro ponto chamaria a atenção não apenas de Bárbara, mas de muitos outros presentes: a roupa com a qual Beatriz seria enterrada. Por escolha do próprio Fernando – responsável pelos preparativos do corpo para o enterro –, ela usava um vestido todo branco, com bordados e de mangas longas. Era inevitável associar aquela imagem à de uma noiva. Considerando que o médico pedira Beatriz em casamento apenas três dias antes, o traje imprimiu morbidez ainda maior ao momento. Vendo a irmã com aquela roupa, de olhos fechados e dentro de um caixão, Bárbara lembrou de algo absolutamente insólito para a ocasião. Veio-lhe à mente cenas de uma animação que ela e Beatriz adoravam: "A noiva cadáver", do cineasta norte-americano Tim Burton. Abriria mão de qualquer coisa no mundo para ter a oportunidade de assistir ao filme, pela enésima vez, ao lado da irmã e ouvir as risadas saborosas que ela dava em algumas partes da história.

Isso, todavia, não seria possível. E, naquele momento, seu dever de primogênita era ficar muito atenta à sua mãe, que seguia sentada numa cadeira, ao lado do caixão e sem tirar os olhos de Beatriz. O lenço azul-claro, com bolinhas cor-de-rosa, que dona Nazaré usava para enxugar as lágrimas já estava encharcado, quando percebeu Fernando conversando com alguém, sem demonstrar muita tristeza. Ocorreu-lhe que já estava ali, ao lado do corpo da filha, havia quase duas horas, e o genro ainda não se aproximara para falar com ela. Esse comportamento reforçou o seu pensamento de que Fernando tinha algo a esconder em relação à morte de Beatriz. Recordou a conversa incômoda que tivera com ele no dia em que recebeu, da boca de um delegado, a notícia da morte da sua caçula. Já era fim de tarde daquele sábado, 24 de novembro, quando Fernando finalmente ligou, de Rondonópolis, para falar com ela.

Inconsolável diante de tamanha desgraça, dona Nazaré chorava desde o meio-dia, quando soube do que ocorrera. Sentia-se devastada, incapaz de organizar os próprios pensamentos. Uma fraqueza estranha lhe acometera. Faltava-lhe vontade de comer, de se levantar, de falar. De viver. Quisera Deus pudesse trocar de lugar com Beatriz. Sua menina não merecia morrer tão jovem, com apenas 27 anos. Perdida entre devaneios e prantos, ouviu o celular tocar, pouco depois das 17h. Era Fernando. Como o genro era médico, Nazaré esperava que ele desse alguma explicação para o fato de uma mulher forte e saudável como sua filha morrer de uma hora para outra, sem nenhum motivo aparente. Já no início do telefonema, percebeu que o rapaz estava nervoso — o que, diante das circunstâncias, considerou bastante normal. Ele resumiu, em poucas palavras e com a voz calma, o que acontecera. Disse que Beatriz havia morrido em decorrência de um aneurisma cerebral. O problema teria causado uma ruptura numa artéria, provocando hemorragia no cérebro e, consequentemente, a morte da jovem veterinária. Ao menos, foi isso que Fernando falou. Ele seguiu, pedindo perdão a Nazaré.

— Por que você está me pedindo perdão? — ela quis saber.

— Por eu não ter conseguido socorrer Bia. Não deu tempo.

— Não preciso lhe perdoar por nada.

— Estou arrasado. Foi tudo muito triste.

— Demais — Nazaré falava com as palavras cortadas pelo choro.

— Mas fique tranquila. Eu posso resolver tudo por aqui, as coisas do velório e do enterro.

— Nada disso, Fernando. Essa questão já está decidida. Bia vai ser enterrada aqui, em São Paulo, no jazigo da nossa família.

— Tudo bem. Como a senhora preferir. Eu só queria ajudar.

— Só preciso que você arrume direito as coisas dela aí, pra trazer pra cá.

— Que coisas? Ela só tinha perfumes.

Essa última frase causou enorme incômodo a dona Nazaré. Achou a coisa mais grosseira do mundo Fernando dizer aquilo da mulher a quem pedira em casamento e que agora estava morta. Sem falar que era uma enorme mentira. Beatriz gostava, sim, de perfumes. Mas daí a afirmar que ela não tinha nada mais na vida, era um absurdo.

Como ele podia falar tamanho disparate de uma mulher formada em Medicina Veterinária e que, aos 27 anos, estava ocupando um cargo de chefia numa grande empresa e com salário de mais de R$ 7 mil? Uma mulher forte, independente, inteligente e bem-sucedida, que poderia perfeitamente estar vivendo sozinha. Afinal, foi Fernando quem decidiu ir morar em Rondonópolis com Beatriz, e não o contrário. Era ela quem tinha sido transferida pela firma para o interior de Mato Grosso. Apesar da vontade de devolver a grosseria na mesma moeda, dona Nazaré esforçou-se para relevar o que acabara de ouvir.

– Não, Fernando. Bia não tinha só perfumes – pontuou, voz firme e seca.

– Eu não quis dizer...

– Enfim. O fato é que ela vai ser enterrada em São Paulo, e você vai trazer o corpo pra cá.

– Sim, senhora.

– Só quero lhe pedir mais uma coisa.

– Pode falar.

– Por favor, escolha uma roupa adequada pra ela ser enterrada.

– Isso é o de menos – ele falou, com frieza que causou nova irritação a dona Nazaré.

– Não, Fernando. A roupa com a qual ela será enterrada não é nada de menos. Estou cuidando da minha filha, com o amor que sempre tive por ela.

– Tudo bem. Desculpe. Vou cuidar de tudo como a senhora está pedindo.

A conversa terminou com dona Nazaré sentindo algo estranho em relação a Fernando. Ele parecia frio e controlado demais para quem acabara de perder a futura esposa e a própria filha. Não entendia como seu genro podia demonstrar tamanha insensibilidade num momento tão doloroso. Ela não era a única a perceber algo nebuloso. O sentimento que lhe incomodava o coração era compartilhado por Bárbara. Desde que recebera o telefonema do cunhado, pouco depois das 11h da manhã daquele sábado, contando que Beatriz estava morta, Bárbara ficara com a sólida impressão de que algo de muito errado havia naquela história toda. Se as duas sentiam a mesma coisa em relação a Fernando, parecia-lhes um sinal a ser considerado. Acreditavam que aquela sensação devia ter alguma razão concreta. Esse mesmo desconforto seguia perturbando mãe e filha durante o velório, ao ponto de Nazaré chamar Bárbara para conversarem no banheiro do local, longe dos olhos e ouvidos dos demais presentes.

— Eu estou escutando as pessoas fazerem comentários estranhos — disse dona Nazaré.

— Como assim, mamãe? Que tipo de comentário?

— Pessoas falando coisas de Fernando, que ele pode ter alguma culpa na morte de Bia.

— Sim. A mesma coisa que eu e você pensamos — observou Bárbara.

— Eu sei, minha filha. Mas hoje não é dia pra esse tipo de conversa. E aqui não é lugar pra isso. Hoje, estamos aqui para dar o nosso último adeus à sua irmã.

— Tá certo, mamãe. Concordo.

— Não aguento mais isso. Só quero me despedir da minha menina em paz, sem ficar ouvindo tudo isso à minha volta — desabafou, aos prantos.

Bárbara conseguiu tranquilizar a mãe, ajudou-a a enxugar as lágrimas, e voltaram ao salão onde acontecia o velório. Nazaré foi direto para a cadeira colocada ao lado do caixão e seguiu admirando o semblante da sua caçula. Aos seus olhos, era como ver um anjo dormindo. Fez um leve carinho no rosto de Beatriz e questionou-se por que Deus permitira que uma tragédia como aquela acometesse sua família. Estava certa de que sua menina não merecia perder a vida ainda tão jovem. Não se sentia, no entanto, no direito de interpelar o Criador. Assim, ali mesmo, naquele exato momento, decidiu que se esforçaria ao máximo para não reclamar. E repetiria uma mesma frase, sempre que a dor e o desespero ameaçassem ofuscar a sua fé: "Deus sabe de todas as coisas". Transformou essas seis palavras numa espécie de mantra. Negava-se a se revoltar contra o Senhor. Sua convicção no amor divino para consigo mesma e sua família teria de ser maior do que o seu sofrimento. Bastava a angústia parecer-lhe insuportável, para ela repetir o mantra quantas vezes achasse necessárias para se acalmar: "Deus sabe de todas as coisas".

Sentia-se um pouco menos abalada, chegando até mesmo a experimentar uma certa paz ao lado do caixão. Até que percebeu algumas pessoas trocando comentários a respeito de Fernando. Logo entendeu que não conseguiria evitar esse tipo de situação. Até porque os fatos eram como combustível para o falatório. Entre os cerca de cem familiares e amigos presentes ao velório, alguns mais próximos sabiam da existência de episódios graves no relacionamento de Beatriz e Fernando. Em diversas ocasiões, ele se comportara de forma controladora e até agressiva em relação à namorada. O mais preocupante, para quem tinha conhecimento das atitudes do médico, era que os problemas haviam começado a surgir já no início do namoro, quando se espera que tudo ainda sejam risos e flores.

A história de Beatriz e Fernando começara havia menos de um ano, em dezembro de 2017. O primeiro contato entre eles aconteceu pelo Tinder, aplicativo de relacionamentos. Ela ficou mais atraída pela inteligência do rapaz do que por sua aparência. Formado pela Escola Paulista de Medicina (EPM), da Universidade Federal de São Paulo (Unifesp), Fernando começava a exercer a profissão que Beatriz mais respeitava e admirava. Fisicamente, porém, estava longe de ser o sujeito mais vistoso que já conhecera. Ele usava o cabelo desgrenhado e mantinha a barba farta, que lhe cobria as bochechas rechonchudas. Tinha os olhos apertados, e o nariz parecia pequeno demais para um homem de 1,85 metro de altura. Estava fora de forma, com cerca de

100 quilos e a barriga proeminente. Era, portanto, bem mais alto e encorpado do que a namorada, que media 1,72m e pesava em torno de 70 quilos. Mas seu conteúdo intelectual e sua escolha por uma carreira cuja missão é ajudar os enfermos falavam alto ao coração de Beatriz. Foi o que ela destacou na primeira conversa que teve com Bárbara a respeito do rapaz que acabara de conhecer.

— Ele parece ser um cara bacana. É médico, inteligente — comentou, sorrindo.

— Legal! E é bonito? — Bárbara quis saber.

— Um pouco, Tata. Mas, pra mim, isso não é o mais importante — respondeu, tratando a irmã mais velha pelo apelido que lhe dera ainda na infância.

Beatriz contou, também, que eles moravam em cidades diferentes, mas que isso não seria problema. À época, ela vivia em Praia Grande, e Fernando, em São Vicente, ambos municípios da Região Metropolitana da Baixada Santista, no litoral de São Paulo, e a apenas 6 quilômetros de distância um do outro. E, mesmo sem se declarar apaixonada, demonstrava estar feliz à família e aos amigos. Até porque já fazia 11 meses que não tinha um relacionamento estável com ninguém. Assim, a empolgação pelo novo namoro contagiou também as pessoas que a amavam. Todos queriam que desse certo. Sabiam que um dos maiores sonhos de Beatriz era se casar e ter filhos. Além do mais, ela já havia deixado claro que, aos 27 anos, não estava disposta a esperar por muito mais tempo. Dizia que seu relógio biológico precisava ser levado em consideração, por mais que sua irmã e amigos argumentassem que ainda era bastante jovem para ser mãe.

O plano de formar família, no entanto, não era compartilhado pelo namorado. Fernando nunca se animou muito com a ideia de ser pai, mas Beatriz acreditava que, no momento adequado, isso poderia mudar. Até que começaram a surgir os problemas entre o casal. A primeira queixa que ela fez à irmã a respeito de Fernando aconteceu já no início do namoro, com menos de dois meses de relacionamento.

Incomodava-a o fato de o rapaz ficar até três dias sem telefonar e sem enviar mensagens pelo WhatsApp. Não entendia esse tipo de comportamento, mas não queria reclamar, para não criar atritos desnecessários. Se fosse seguir os conselhos de Bárbara, Beatriz não levaria aquele namoro adiante. A primeira impressão que a irmã mais velha teve do cunhado não foi das melhores. Eram meados de março de 2018, quando Bárbara conheceu Fernando pessoalmente, em São Vicente.

Saíram todos juntos, para curtir a noite no litoral paulista. Foram a um bar de karaokê, para comer algo, beber e cantar. Bárbara foi a primeira a subir ao palco. Pegou o microfone e cantou a música "Eu sou egoísta", de Raul Seixas. Fazia caras e bocas para interpretar o trecho que diz: "Eu admito. Você tá na pista. Eu sou ista. Eu sou ego. Eu sou egoísta". Ela não entendia muito bem os motivos que a levavam a fazer aquilo, mas cantava olhando para Fernando, como se ele precisasse ouvir aquelas palavras. Bárbara mal desceu do palco, e Beatriz tomou o microfone. Escolheu uma canção de uma de suas artistas preferidas: Rita Lee. A música selecionada foi "Pagu". Ela cantava mantendo o timbre da voz estável, até chegar à parte que mais gostava, quando elevava a potência do seu canto, para entoar os versos:

Porque nem toda feiticeira é corcunda.
Nem toda brasileira é bunda.
Meu peito não é de silicone.
Sou mais macho que muito homem.

Fernando também cantou, mas a memória de Bárbara preferiu não registrar a música. Daquela noite, ela guardaria, para sempre, uma foto dos três juntos e um comentário que o cunhado fez a respeito da família da namorada. Depois de tomar mais copos de cerveja do que Bárbara e Beatriz puderam contar, Fernando passou a tecer elogios emocionados à família Soares Milano. Dizia admirar o relacionamento amoroso e respeitoso que a namorada mantinha com a irmã e com os pais. Deixou transparecer que ele próprio não tinha aquele tipo de relação com sua família e externou certa frustração por isso. Bárbara não sentiu muita sinceridade nas palavras do cunhado, que lhe pareceu exagerado. E ficaria ainda mais incomodada na segunda ocasião em que ela e a irmã saíram com Fernando, numa noite que jamais seria esquecida por Bárbara.

Era junho de 2018 quando Beatriz e o namorado foram passar o fim de semana na cidade de São Paulo. Depois de aproveitarem o dia juntos, entre passeios e momentos de descontração dentro de casa, os três pegaram o carro e foram dar uma volta. Compraram algumas cervejas e seguiram para uma praça perto do Shopping Anália Franco, no Tatuapé, a uns 5 quilômetros de distância. Estavam bebendo, conversando e sorrindo, sentados num banco, quando uma viatura da Polícia Militar passou lentamente. Os policiais olhavam para todos como quem procura algo de errado. Com o humor de sempre, Bárbara deu uma leve risada e disse, apenas para Fernando e Beatriz ouvirem:

– Tá olhando o quê? A gente tá só tomando uma cervejinha.

Beatriz e Fernando riram. Mas a frase que ele falou em seguida incomodaria profundamente as duas irmãs. Especialmente a Bárbara, que ficaria remoendo as palavras do cunhado por vários dias. Ele inflou o peito e, num tom de superioridade, quase arrogância, afirmou:

– Não precisa ter medo, cunhada. Comigo, vocês estão seguras – Fernando disse, antes de dar um longo gole na garrafa de Skol.

– Como assim? – indagou Bárbara.

– A polícia nunca vai me prender.

– Verdade. Homem, branco e hétero. A polícia não mexe com vocês, né?

– Exatamente. E eu ainda tenho outra vantagem.

– Qual? – emendou Beatriz.

– Sou médico. Nunca irei preso.

Fernando falou, soltou uma risada de deboche e deu mais um gole na cerveja. Bárbara e Beatriz não viram graça alguma naquilo.

Ficou evidente a elas que ele realmente acreditava no que acabara de dizer. Saber que Fernando se considerava intocável simplesmente por ser um homem branco, hétero e, acima de tudo, médico não lhes parecia o pensamento de uma pessoa íntegra. A noite terminou sem maiores problemas, mas esse episódio não saiu da mente de Bárbara. Sentia-se na obrigação de alertar Beatriz a respeito. Só conseguiria fazê-lo no dia seguinte, quando teve a oportunidade de ficar a sós com a irmã, sem Fernando por perto. Com todo o cuidado do mundo para não magoar Beatriz, chamou-a num canto da casa e usou a sua voz mais gentil.

– Biazoca, achei muito forte aquilo que Fernando falou ontem, na praça.

– O quê?

– Aquela história de que ele jamais seria preso, só porque é homem, branco, hétero e médico.

– Sim. Eu também não achei legal.

– Acho que você precisa ficar muito atenta ao comportamento dele.

– Tá bom, Tata. Pode deixar.

– Esse cara não é pra você. Você quer casar, ter filhos. E esse cara não parece estar nessa sintonia – Bárbara disse, fitando os olhos da irmã.

– Eu sei – Beatriz respondeu, cabeça baixa e voz triste.

A conversa acabou no exato momento em que Fernando entrou na sala. Mudaram de assunto e fingiram descontração. Bárbara acreditou que a irmã tomaria alguma atitude em relação ao namorado. Se não terminasse o relacionamento, ao menos ficaria mais atenta aos sinais negativos que ele, porventura, viesse a dar. Não foi o que aconteceu. Na verdade, o efeito foi o oposto do que Bárbara esperava. Desde aquele dia, Beatriz passou a falar menos de Fernando à família. Se havia problemas entre eles, ninguém sabia. Sempre que a irmã mais velha perguntava como estava o namoro, ela respondia de forma burocrática e rasa. Dizia que estava tudo bem e logo mudava os rumos da conversa. Bárbara sentia que algo de errado se passava entre o casal, mas não queria pressionar Beatriz a falar. E também não queria incomodá-la com suspeitas que poderiam até ser infundadas. Resolveu que o melhor a fazer era torcer para a irmã ser feliz com Fernando, ainda que seu coração não acreditasse nessa possibilidade.

Não demorou para ficar comprovado que os receios de Bárbara tinham fundamentos bastante sólidos. Menos de um mês depois, Fernando agrediu Beatriz. O casal estava no apartamento dele, em São Vicente, quando, por um motivo que ela jamais contaria a ninguém, Fernando imobilizou a namorada, apertando seu pescoço com os braços. Até então, Beatriz só tinha visto aquele tipo de golpe em lutas de MMA exibidas na tevê. Nos eventos esportivos, porém, eram dois homens ou duas mulheres de porte físico semelhante e lutando profissionalmente, por vontade própria. No caso dela, estava sendo esganada por um indivíduo 13 centímetros mais alto e 30 quilos mais pesado. Sentiu faltar-lhe o ar, enquanto pensava, assustada, na covardia daquele ato e na possibilidade de ser morta pelo homem que dizia amá-la. Terminada a briga, ele pediu perdão, jurou que nunca voltaria a agredi-la e argumentou que estava fora de si. Ela foi embora, convicta de que não o veria novamente por nada no mundo.

No dia seguinte, já menos transtornada, telefonou para a mãe e falou sobre o ocorrido. Dona Nazaré enlouqueceu. Ira, desespero, pavor. Era tudo ao mesmo tempo. Quem Fernando acreditava ser para agredir a sua filha? Uma aflição profunda sufocou-lhe o coração, com a mesma intensidade do ódio que sentia daquele moleque. Sim. Porque um homem de verdade não agride uma mulher. Fernando era um moleque. E dona Nazaré jamais permitiria que ele se aproximasse da sua menina novamente. Um dia depois, ela foi para Praia Grande, passar o fim de semana com Beatriz. Nunca vira a filha tão deprimida e fragilizada. Não queria comer. Mal falava. Chorava o tempo todo. Em nada lembrava a jovem forte, animada e independente que sempre foi. Assistiam a uma bobagem qualquer na tevê, sentadas no sofá, quando Nazaré abraçou-a, beijou-lhe a cabeça e disse, com todo o amor que foi capaz de imprimir à sua voz:

– Minha filha, eu daria qualquer coisa pra tirar essa tristeza que você está sentindo.

– Obrigada, mamis – ela respondeu, usando o apelido carinhoso que dera à mãe na adolescência.

Por maiores que fossem o pavor e o sofrimento causados por aquele episódio, ao menos uma coisa boa acabou por gerar: Beatriz terminara o namoro. À família e aos amigos mais próximos, dizia que nunca voltaria a vê-lo novamente. Dona Nazaré e Bárbara ficaram aliviadas. Ambas estavam seguras de que Beatriz tomara uma decisão acertada. Um fato inesperado mudaria tudo. Em meados de julho, ela telefonou à mãe para dar uma notícia de extrema importância: estava grávida. Logo compartilharam a novidade com Bárbara. A alegria foi geral. Ficaram felicíssimas com o fato de que Beatriz iria realizar o sonho de ser mãe. Havia, no entanto, uma questão delicada a ser resolvida. Ela ainda não tinha falado da gravidez a Fernando. E nem sabia se iria fazê-lo. Foram vários dias de dúvida. Até que, numa conversa com dona Nazaré, Beatriz afirmou estar decidida.

– Eu vou contar a ele, mamis – disse, com firmeza.

– Você tem certeza, Bia?

– Sim. Pensei bastante e concluí que ele tem o direito de saber que vai ser pai.

– Você que sabe, minha filha. Mas tenha em mente que filho é um elo eterno que você terá com ele.

– Eu sei. Mas não posso privá-lo desse direito.

– Bia, na minha opinião, seria melhor você tomar essa decisão com calma. Espere a gravidez evoluir mais um pouco. Deixe passar algumas semanas. Depois, você resolve o que fazer.

– Não, mamãe. Não posso esconder essa informação de Fernando. Não seria correto da minha parte. Ele me causou muito sofrimento, mas tem esse direito.

— Tudo bem, minha filha. Você é uma mulher sensata, independente, forte. Terá o meu apoio, seja qual for a sua decisão. Mas você sabe a minha opinião.

A contragosto, dona Nazaré cumpriu o prometido e apoiou a decisão da filha. Destacou, porém, outro fato recente e também muito importante para a vida de Beatriz. Ela acabara de receber uma proposta da empresa para ser transferida para Rondonópolis. Deixaria o escritório da Brado em Cubatão, município de São Paulo, para assumir o cargo de coordenadora de qualidade na operação da companhia em Mato Grosso. A mudança seria acompanhada de um bom aumento salarial, fazendo com que ela passasse a receber pouco mais de R$ 7 mil mensais. Grávida, feliz na carreira e com uma boa remuneração, Beatriz se mudou para Rondonópolis no fim de agosto de 2018. Estava empolgada com a nova vida que começaria a construir. E acreditava que o pai do seu bebê não poderia ser excluído. Os receios em relação ao que aconteceria quando contasse a ele que teriam um filho, no entanto, ainda a preocupavam. Justamente por isso, ficou positivamente surpresa com a reação de Fernando ao saber que seria pai.

Nem em seus mais sublimes sonhos, Beatriz poderia imaginar que seria daquela maneira. Fernando externou uma felicidade que ela jamais vira nos olhos do namorado. Ele chegou a chorar de emoção, dizendo que se dedicaria ao máximo para ser o melhor pai do mundo. Agradeceu a Beatriz pela honestidade de não omitir dele um fato tão importante e voltou a prometer que, caso tivesse uma nova chance, nunca voltaria a agredi-la. Mesmo assim, ela decidiu que, ao menos a princípio, continuaria sozinha, organizando sua nova vida no interior de Mato Grosso. Ao mesmo tempo em que tomava pé das suas novas atribuições na empresa, Beatriz precisava lidar com as investidas de Fernando. Ele fazia e falava de tudo para convencê-la a reatar o relacionamento. Dizia que a amava cada dia mais e que desejava engravidar com ela. Afirmava que adoraria passar por toda a gestação ao seu lado, inclusive imprimindo à própria vida eventuais mudanças impostas à mãe. Estava disposto até a abrir mão do álcool, um dos seus hábitos que a incomodavam. Chegou a viajar a Rondonópolis, para passar alguns dias com ela e provar que era um novo homem.

A perseverança, as palavras de amor e os gestos de carinho surtiram efeito. Em grande parte motivada pela gravidez, Beatriz reatou o namoro e concordou com a proposta de Fernando de que ele fosse morar com ela. Em meados de setembro – cerca de três semanas após a chegada dela ao município –, o médico se mudou para Rondonópolis. Dona Nazaré sentiu-se na obrigação de esclarecer à filha que discordava da decisão que ela tomara e que não confiava na mudança que Fernando estava demonstrando. Para ela, tudo não passava de um teatro, puro fingimento. Iria, de qualquer modo, apoiá-la, como sempre fizera. Só pediu para Beatriz ficar muito atenta às atitudes dele e avisá-la se o namorado voltasse a agredi-la. A conversa findou com a filha tentando tranquilizar a mãe, afirmando que ficaria tudo bem e que Fernando realmente estava muito mudado, mais calmo e sempre carinhoso.

A paz durou bem menos do que Beatriz esperava. Primeiro, ele passou a apresentar desinteresse em relação a tudo o que tinha a ver com o bebê. Sempre que ela falava de algum exame que iria fazer, da compra de enxoval ou da decoração do quarto da criança, Fernando não dava atenção e mudava de assunto. A situação piorou quando ele voltou a se comportar de forma abusiva e opressora. Chegou a colocar em dúvida a fidelidade da namorada, mesmo afirmando, ele próprio, em mensagens de WhatsApp, que não enxergava motivos para tal. Dizia-se incomodado por não saber o que ela fazia quando não estava com ele. Para Beatriz, o cúmulo foi Fernando levantar a possibilidade de não ser o pai do bebê que ela levava no ventre. Ficou transtornada. Desde que o conhecera, jamais tivera nenhum tipo de relação com outro homem. Apesar de indignada, controlou-se para não explodir diante do namorado, temendo que ele pudesse reagir de forma violenta e agredi-la novamente. De tão temerosa, acabou por desabafar com a irmã.

No dia 4 de novembro, Beatriz telefonou para Bárbara. Começou dizendo que não se sentia feliz em Rondonópolis, que as coisas não estavam caminhando como havia imaginado. Bárbara concluiu que a irmã se queixava do trabalho e da distância da família. E fez um comentário que, mais tarde, consideraria inocente. Disse que, felizmente, Beatriz não estava sozinha, já que tinha Fernando ao seu lado. Ficou sem resposta. O silêncio que se sucedeu foi o bastante para perceber que o seu cunhado era o problema, não a solução.

– Já entendi, Bia. Não precisa dizer mais nada – falou, tentando acalmar a irmã.

– Tá bom. Estou me sentindo muito fragilizada.

– Se você quiser, vou pra Rondonópolis hoje mesmo. Não tenho grana pra pegar um avião, mas apanho um ônibus e vou passar uns dias com você.

– Não precisa. Mas obrigada. Já conversei com Fernando, e as coisas estão se acertando.

– Biazoca, estou falando sério. Pode contar comigo. Eu vou pra Rondonópolis a hora que você quiser.

– Valeu, Tata. Mas não precisa. De verdade.

– Tem certeza?

– Sim. Não precisa se preocupar em fazer nenhuma operação resgate – concluiu, em tom de brincadeira, aos risos.

Finalizada a ligação, Bárbara estava certa de que Beatriz não queria que ela fosse a Rondonópolis para não criar novos embates com o namorado. De uma coisa, não tinha dúvidas: o clima entre o casal estava pesado. Talvez, ele até tivesse voltado a agredi-la, mas ela não contava para não preocupar a família. O fato é que, desde esse telefonema, Bárbara passaria a ligar para a irmã quase que diariamente. E as reclamações de Beatriz ficariam mais frequentes. Uma delas era sobre Fernando passar tempo demais trancado no quarto que haviam transformado em escritório. Chegava a ficar três ou quatro horas ali dentro. Se ela perguntasse o que fazia confinado no cômodo, já era motivo para discussão. Outra queixa foi revelada numa mensagem de WhatsApp, na qual contou à irmã que, sempre que aventava a possibilidade de terminar o namoro, Fernando rebatia com firmeza e dizia que jamais aceitaria vê-la com outro homem. A despeito de todos esses problemas, Beatriz se mostrava animadíssima com a gravidez. Comentava sobre o crescimento da barriga, o enxoval do bebê, trocava ideias com Bárbara sobre a decoração.

Por ser artista plástica, a irmã mais velha seria responsável pela tarefa de pintar o quarto da criança. Já tinham decidido que as paredes e o teto seriam cobertos com figuras que remetessem ao céu, com bastantes nuvens. Quando falava sobre a gravidez e tudo o que se referia ao bebê, Beatriz tinha um tom de alegria na voz. Se o assunto era sua relação com Fernando, ocorria exatamente o oposto. Bárbara e dona Nazaré já tinham percebido tudo isso e sempre a orientavam a avisar, caso algo de mais grave ocorresse. Foi o que aconteceu na tarde daquele sábado, 10 de novembro. Ela acabara de voltar de uma consulta médica, que comprovara que a bebê estava saudável e crescendo de acordo com o esperado. Ao chegar em casa, procurou Fernando para informá-lo a respeito. Não o encontrou na sala, no quarto do casal nem na cozinha. Foi, então, ao escritório. Ele também não estava lá, mas havia algo que deixaria Beatriz ainda mais triste e preocupada.

Num canto do cômodo, ela encontrou diversas garrafas de cerveja e de uísque vazias. Descobriu, assim, o que o namorado tanto fazia trancado no escritório. Em vez de trabalhar — como ele dizia que estava fazendo —, Fernando consumia álcool em excesso, quebrando a promessa que fizera a Beatriz, de não beber enquanto ela estivesse grávida. Sentiu-se traída, enganada. Se não podia confiar no namorado em relação a algo tão simples, como poderia dividir a vida e a criação de uma criança com ele? Também receava que o álcool levasse

Fernando a ser violento com ela. Afinal, na maioria das ocasiões em que ele a agrediu — física ou verbalmente —, estava bêbado. Infeliz, amedrontada e desapontada, compartilhou seus sentimentos com a irmã e com a mãe. E ainda confidenciou que tinha planos de, assim que o bebê nascesse, ir morar em Portugal. Para Bárbara, essa ideia era um sinal claro de que Beatriz não via a hora de fugir do namorado. Naquele momento, porém, não havia muito o que fazer. Grávida de quatro meses e com pouco mais de 30 dias no novo trabalho, só lhe restava esperar.

Nos dias que se seguiram, Fernando passou a apresentar grande alternância no temperamento. Se hoje estava nervoso e ríspido, amanhã era doce e carinhoso. Num dia, demonstrou indiferença ao saber que seria pai de uma menina. No outro, disse a Beatriz que gostaria de levá-la para jantar, para comemorarem dez meses de namoro. O programa romântico seria numa sexta-feira, 23 de novembro de 2018. Apesar de ainda se sentir insegura em relação ao namorado, ela acreditou que aquela noite poderia significar o início de novos tempos para o casal. Saíram de casa por volta das 20h30 e seguiram para o restaurante Mediterrâneo, um dos mais requintados de Rondonópolis. Para a refeição, pediram o bife de *chorizo* e uma garrafa do vinho tinto Viu Manent Cabernet Sauvignon, produzido no Chile. Como Beatriz, em virtude da gravidez, não estava bebendo, Fernando tomou sozinho os 750 ml do vinho. Finalizaram com uma sobremesa que ela adorava: um *grand gateau*. Pelos registros do restaurante, o jantar custou R$ 327,47 — incluindo os 10% do serviço —, e a conta foi paga exatamente às 22h59.

Durante toda a noite, o médico estava gentil e carinhoso, como há muito não ficara. Tanto que tomou uma atitude pela qual Beatriz não esperava. No meio do jantar, tirou uma pequena caixa do bolso da calça, abriu-a e sacou lá de dentro um anel de ouro, com uma pedra imitando diamante encravada. A reação imediata da jovem veterinária ao pedido de casamento deu a Bárbara a plena certeza de que a irmã ficara mais assustada do que feliz com a proposta do namorado. Pouco depois de Fernando colocar a joia em seu dedo anelar, Beatriz fotografou a própria mão direita e enviou a Bárbara, com duas mensagens de texto, pelo WhatsApp. O relógio do celular marcava 21h20.

— Fernando comprou um anel de compromisso — dizia na primeira mensagem, respondida por Bárbara apenas com a figura de um coração vermelho.

— E me pediu em casamento — terminou.

Além da frieza que a irmã demonstrara nos textos, um detalhe chamou a atenção de Bárbara. Logo após a segunda mensagem, Beatriz colocou um emoticon com a imagem de dois olhos arregalados. Melhor amiga e confidente da caçula, ela sabia que Bia teria reação completamente distinta se tivesse ficado feliz com o pedido de casamento. Primeiro, demonstraria emoção nas mensagens, em vez de simplesmente informar o que acabara de acontecer. Segundo, não colocaria a ilustração dos olhos assustados. E terceiro, muito provavelmente, teria telefonado para a irmã mais velha ou, no mínimo, enviado mensagem de áudio pelo WhatsApp, alegre e empolgada. Bárbara percebeu tudo isso rapidamente, o que a deixou bastante preocupada. Em São Paulo, a 1.300 quilômetros de distância de Rondonópolis, porém, não podia fazer nada, a não ser esperar que aquela noite terminasse sem maiores problemas. Não foi o que aconteceu.

Cerca de cinco horas após enviar à irmã a foto da própria mão com o anel, Beatriz Soares Milano estava morta, deitada na cama que dividia com Fernando, na casa em que eles moravam, no interior de Mato Grosso. E agora seu corpo jazia dentro de um caixão, prestes a ser enterrado no Cemitério Quarta Parada, em São Paulo. Ainda sentada ao lado do esquife, Nazaré negava-se a aceitar que aqueles eram seus últimos minutos ao lado da filha mais nova. Já passava das 14h40, e o sepultamento seria às 15h. Lembrou-se da garota sempre animada, carinhosa e apaixonada por bonecas e por animais que ela fora, o que a levou a estudar Medicina Veterinária. Recordou seu sorriso largo, sua paixão por esportes e sua mania de abraçar e beijar a todos de quem gostava. Acariciou a mão de Beatriz, deu-lhe um beijo na testa e disse, com ternura e o rosto banhado em lágrimas:

– Estou com você, Bia. E vou ficar pra sempre com você, minha filha.

Só então, se afastou do caixão. Não havia dado mais do que cinco ou seis passos, quando percebeu Fernando caminhando para perto de Beatriz. Aproximou-se e, sem falar palavra, ficou observando o que o genro faria. Se o médico disse alguma coisa, ela não ouviu. Só notou que ele estava chorando de forma comedida. O rapaz, então, beijou o próprio dedo indicador direito e tocou levemente na testa da noiva. Nazaré não conseguiu enxergar sinceridade naquele gesto. Sentiu que ainda precisava proteger sua menina. Voltou para perto do caixão e disse, num tom de voz alto o suficiente para Fernando ouvir:

– Mamãe voltou, meu amor. Não vou deixar você sozinha. Nunca. Quando você puder, me conte o que aconteceu.

Ela terminou de falar e encarou o genro, que logo tratou de afastar-se. Seriam suas últimas palavras a Beatriz. Poucos minutos depois, o caixão foi soterrado, sob uma salva de palmas e o choro de muitos presentes. Nazaré urrava de dor, de agonia, de tristeza. Nunca experimentara tamanho desespero. Quase tanto quanto a angústia de saber que jamais voltaria a ver a sua caçula, doía-lhe imaginar que ela poderia ter sido morta pelo próprio noivo. Afinal, depois de tudo o que acontecera entre Fernando e Beatriz, essa possibilidade parecia-lhe bastante plausível. Só sabia que faria de tudo para esclarecer os fatos que culminaram com a morte da sua menina. Para isso, contaria com a ajuda de uma pessoa considerada da família e cuja ausência fora sentida no cemitério.

Aos 43 anos, Cilene Marcondes era madrinha de Beatriz. Sua relação com a família Soares Milano começara ainda na infância, quando seus pais iniciaram uma grande amizade com Celso e Nazaré, seus vizinhos em Araras, no interior de São Paulo. À época, o casal ainda tinha apenas uma filha, Bárbara, que logo se tornou sua melhor amiga. Por sempre demonstrar ser cuidadosa e ter muito carinho com as crianças, Cilene foi convidada para ser madrinha de Beatriz, que nasceu quando ela tinha 17 anos. Tornava-se, assim, a madrinha mais jovem de todo o bairro. Sentia-se importante, quase uma adulta, por ter uma afilhada, mesmo ainda sendo uma adolescente. O tempo passou, os Soares Milano foram morar na capital, e a convivência entre as duas famílias diminuiu. A amizade, no entanto, continuava firme. Sempre que podia, Cilene conversava com Bárbara e Beatriz e visitava as irmãs, em São Paulo. A relação entre elas voltou a se fortalecer a partir de 1994, quando Cilene deixou Araras e foi morar em São Paulo, para estudar Comércio Exterior, na Universidade Metodista.

Apesar da sua formação acadêmica ser em outro setor, construiu carreira na área de Comunicação, sobretudo em editorias de Economia em sites especializados. Em 2003, fez um curso de habilitação em Direitos Humanos, na Universidade de São Paulo (USP), e passou a colaborar com várias ONGs ligadas a questões de interesse das mulheres. Por tudo isso, quando soube que sua afilhada estava morta e que havia suspeitas do envolvimento do noivo, Cilene ficou tão triste quanto revoltada. Informada por Bárbara a respeito do histórico de agressões de Fernando a Beatriz, ela teve plena certeza de que não se tratava de uma morte por causas naturais. Lamentava não poder ir ao funeral, já que, no dia do enterro, estava em Araras, cuidando do próprio pai, que estava doente. Decidiu, no entanto, empenhar todos os seus esforços para ajudar como pudesse.

A primeira atitude que teve viria a ser crucial para mudar os rumos do caso. Usando sua rede de contatos na imprensa nacional, conseguiu falar com um jornalista de Rondonópolis, a quem enviou uma espécie de dossiê que montara sobre o assunto. Um dia depois, o relatório já estava nas mãos de um servidor público cujo trabalho seria imprescindível para que a morte de Beatriz não ficasse impune.

Bastou uma boa leitura no dossiê elaborado por Cilene e no Boletim de Ocorrência, para o promotor de Justiça Jorge Damante acreditar que algo de muito estranho havia naquela história. Concluiu que a versão apresentada pelo noivo à polícia e à família não fazia sentido algum. Não lhe parecia verossímil a narrativa segundo a qual uma mulher saudável, de apenas 27 anos, grávida e com a carreira em ascensão morrera assim, do nada, enquanto dormia. Ainda mais, poucas horas após ser pedida em casamento. Seus quase 15 anos de experiência no Ministério Público davam-lhe a certeza de estar diante de um caso de assassinato. Precisava, porém, encontrar evidências que confirmassem suas convicções.

Para isso, marcou uma reunião com o médico-legista Márcio Landi, do Instituto Médico Legal de Rondonópolis. Queria ouvir a opinião de um especialista no assunto. A conclusão do perito foi ainda mais incisiva do que Damante esperava. Em seu depoimento ao promotor, prestado no dia 12 de dezembro de 2018 e que seria anexado ao Inquérito Policial, Landi forneceu informações preciosas e esclarecedoras. Sua análise técnica não deixava dúvidas: Beatriz Milano tinha sido assassinada, com vários golpes na cabeça. Ela não havia morrido em consequência de um aneurisma cerebral, como seu noivo afirmara. Para compreender e esclarecer os fatos ocorridos, Damante fez questionamentos bem pontuais ao perito. Um deles era sobre as infiltrações hemorrágicas em diferentes regiões do cérebro da vítima, mostradas nas imagens do IML. O promotor quis saber se os sangramentos poderiam ter sido causados por algum outro motivo que não fosse o traumatismo craniano. A resposta de Landi foi seca.

— Não. Com certeza, houve impactos no crânio, que causaram as hemorragias.

— Doutor, e a causa da morte pode ter sido um acidente vascular cerebral (AVC) ou um aneurisma? — continuou Damante.

— Em hipótese alguma. O tipo de sangramento que ela apresentava não é causado por AVC nem por aneurisma.

— Sei que não é atribuição do perito médico-legal apontar se uma pessoa foi assassinada ou se morreu de alguma outra causa. Mas, por tudo o que o senhor verificou no corpo de Beatriz, qual a sua opinião de especialista?

— Promotor, ela era uma mulher jovem, de apenas 27 anos, saudável. Tudo indica que se trata de um caso de homicídio. Mas isso só a investigação policial poderá determinar.

Márcio Landi não chegara a essa conclusão por acaso. Para elaborar o laudo científico, ele passara mais de três horas examinando o corpo de Beatriz, que deu entrada na sala de análises às 10h40 do dia da sua morte — uma hora após chegar ao IML. Outra constatação relevante obtida pelo trabalho do perito era de que a morte tinha sido causada por um "traumatismo cranioencefálico, por ação de instrumento contundente". Não era possível identificar o objeto utilizado pelo assassino. Mas de que se tratava de um homicídio, não restavam dúvidas. Havia, ainda, muitas outras informações colhidas pelo promotor a partir da conversa que ele teve com o perito e que seriam de enorme importância para a compreensão das circunstâncias nas quais a morte de Beatriz acontecera. Foi esclarecido, por exemplo, que as pancadas que a vítima levara na cabeça não haviam deixado marcas aparentes devido ao fato de ela possuir o que o legista chamou de "cabeleira vasta e espessa", o que encobriu os ferimentos.

Outro ponto considerado importantíssimo pelo promotor seria em relação ao horário da morte. De acordo com os exames realizados no IML, Beatriz fora assassinada cerca de uma hora e meia ou duas horas após sua última refeição. Era o que indicavam os resíduos de comida encontrados no estômago da vítima e no vômito que havia na camisa que usava quando foi morta. Tratavam-se de restos do jantar daquela noite, durante o qual ela foi pedida em casamento pelo homem que a mataria pouco depois. Como, segundo o garçom do restaurante Mediterrâneo, Fernando e Beatriz saíram do estabelecimento pouco antes das 23h, a conclusão técnica era de que ela morrera na madrugada da sexta-feira, dia 23, para o sábado, 24, por volta de 1h. O vômito, aliás, era outra evidência das agressões que a vítima sofrera. Ao promotor, Márcio Landi explicou que pancadas fortes na cabeça causam na vítima o que os peritos chamam de "rebaixamento de consciência". Com isso, é muito comum a ocorrência de vômito em pessoas que se alimentaram poucas horas antes de sofrerem o ataque. Estava posta mais uma evidência de que Beatriz Milano fora assassinada.

Além de tudo isso, haveria outro fato apontado no laudo do IML que causaria dor e revolta aos amigos e familiares de Beatriz: a inexistência de lesões nas mãos e unhas da jovem. Sem nenhum elemento indicando que ela lutara contra seu agressor nem tentara, sequer, se defender – como ocorre em todos os casos dessa natureza –, a conclusão dos especialistas era de que o crime tinha acontecido enquanto a vítima estava dormindo. Fernando não fora apenas violento. Ele também havia sido extremamente covarde, ao ponto de assassinar a noiva adormecida e grávida da própria filha. Mesmo habituado a lidar com ocorrências com altos índices de truculência, o promotor Jorge Damante sentiu profundo pesar diante de todas essas informações. Aos 50 anos e pai de duas mulheres com idades próximas à de Beatriz – Tainá, 26 anos, e Mariah, 23 –, imaginava a dor e o sofrimento insuportáveis que a família dela enfrentava. Chegou a pensar que tamanha tragédia poderia acontecer às suas filhas, que, assim como Beatriz, viviam longe por causa do trabalho.

Enquanto ele e sua esposa – a assistente social Iara Damante, 47 – moravam em Rondonópolis, Tainá e Mariah tinham residência fixa em São Paulo. E, mesmo com todas as recomendações que passava às filhas sobre terem o máximo de cuidado com quem se relacionavam – fossem namorados ou apenas amigos –, a sua experiência em casos envolvendo violência doméstica dava-lhe a convicção de que, no Brasil, basta ser mulher para estar sujeita a sofrer algum tipo de ataque. Sem conseguir tirar o assunto da cabeça, o promotor acabou por levar o assassinato de Beatriz para dentro da própria família. Não foram poucas as vezes em que ele e a mulher conversaram, assombrados, sobre o caso. Aproveitaram, inclusive, uma visita das filhas a Rondonópolis para falarem do episódio e alertá-las, mais uma vez, sobre as precauções que deveriam ter em seus relacionamentos.

Entre debates em família e análises do crime, Jorge Damante estudava a melhor maneira de usar as peças que amealhara para montar o intrincado quebra-cabeças que desvendaria as circunstâncias nas quais a morte de Beatriz ocorrera e, consequentemente, identificaria seu assassino. A partir das informações que havia colhido do depoimento do legista Márcio Landi, ele já chegara à conclusão indiscutível de que ela tinha sido morta com pancadas na cabeça, poucas horas após ter jantado e enquanto estava dormindo. Faltava identificar o criminoso. Diante dos fatos conhecidos, essa seria uma tarefa simples. Como Fernando era a única pessoa com Beatriz dentro da casa na noite da tragédia, a polícia e o Ministério Público não tinham dúvidas: era ele o homicida. O próximo passo seria prendê-lo e, em seguida, levá-lo a julgamento. Para isso, seria necessário montar uma verdadeira operação de caça. É que o promotor Jorge Damante fora informado por uma fonte – cuja identidade prometeu jamais revelar – que Fernando havia deixado Rondonópolis e fugido para a casa do pai, em Ribeirão Preto, no interior de São Paulo, abandonando o local do crime e o emprego que conseguira numa clínica da cidade.

A viagem repentina tinha motivo. Fernando ficara sabendo que, por ser considerado suspeito pela morte de Beatriz, já havia um pedido de prisão preventiva contra ele. Jorge Damante era o responsável por essa medida. Em 6 de dezembro – 12 dias após o homicídio –, o promotor encaminhara à Justiça uma representação contra o médico. No documento, Damante citava sua suspeita de se tratar de um caso de feminicídio. E informava:

> *Venho, por meio desta, pedir a decretação da prisão preventiva de Fernando Veríssimo de Carvalho, a quem se atribui o delito de feminicídio, perpetrado contra a vítima Beatriz Soares Milano. Destaco que, à autoridade policial, ele apresentou uma versão de que teria jantado com a vítima naquela noite num restaurante e que, após retornarem para casa, a vítima recolheu-se aos seus aposentos, sendo que ele ficou na sala, assistindo televisão, tomando cerveja e lá mesmo adormeceu. Quando despertou, por volta das 7h, foi ao quarto do casal e encontrou a vítima sobre a cama, sem apresentar os sinais vitais. Contudo, ocorre que, realizados os trabalhos periciais, descobriu-se que a causa da morte deu-se em razão de traumatismo cranioencefálico, por ação de instrumento contundente.*

O promotor encerrava sua solicitação à Justiça ressaltando outro ponto fundamental no caso:

> *Consta, ainda, da representação um CD, com fotos e mídia, em que a vítima relata a situação de temor pela qual vinha passando nos últimos dias que antecederam sua morte, com o agravante de que a vítima estava gestante de aproximadamente 16 semanas, cuja paternidade é atribuída ao próprio suspeito.*

A representação do Ministério Público foi encaminhada ao gabinete da juíza Maria Mazarelo Pinto, à época responsável pela Vara da Violência Doméstica, em Rondonópolis. Fortemente engajada na luta contra a violência às mulheres, a magistrada deu total atenção à solicitação da Promotoria. No mesmo dia em que recebeu o documento, Maria Mazarelo atendeu ao pedido de Damante e autorizou a prisão preventiva de Fernando. Como o suspeito fugira para o interior de São Paulo, o promotor precisaria, mais uma vez, recorrer ao Judiciário. Em 17 de dezembro, enviou outro ofício à juíza, destacando que, apesar de o pedido de prisão preventiva de Fernando ter sido deferido havia 11 dias, ele continuava livre. O documento ressaltava que "após o fato, Fernando Veríssimo de Carvalho retornou para a casa do seu pai, em Ribeirão Preto, de onde, inclusive, enviou mensagem a terceiros". Finalizava:

> *Surge, pois, a necessidade de ter-se em mãos um mandado judicial de busca e apreensão, a fim de que efetivamente se cumpra a prisão.*

CAÇADA, PRISÃO E JULGAMENTO

Por precaução, o promotor, mesmo sabendo que Fernando estava em Ribeirão Preto, solicitou o mandado também para o endereço do apartamento no qual o médico morava quando começou a namorar Beatriz, em São Vicente, no litoral paulista. Pediu, ainda, "autorização para apreender aparelhos celulares, tablets, pendrives, computadores e similares, para a extração total de dados telemáticos". Enfim, quaisquer equipamentos que pudessem conter evidências ou indícios do crime. A juíza Maria Mazarelo foi, novamente, rápida em sua resposta. No mesmo dia, ela assinou o mandado de busca e apreensão contra Fernando, autorizando o Ministério Público e a polícia a iniciar a caçada ao suspeito. Jorge Damante não queria perder tempo. No dia seguinte – 18 de dezembro –, organizou tudo e, acompanhado de dois agentes do Grupo de Atuação Especial de Combate ao Crime Organizado (Gaeco) de Cuiabá, tomou um avião da capital mato-grossense para Ribeirão Preto.

A decisão do promotor de acompanhar a operação que deveria prender Fernando de Carvalho não era algo corriqueiro em sua profissão. Não é de praxe promotores de Justiça participarem desse tipo de ocorrência policial. Ele mesmo jamais fizera algo semelhante. Considerava, porém, que aquele caso merecia atenção especial, dada a gravidade do crime. Além disso, já tentara articular com policiais de Ribeirão Preto a prisão do suspeito, sem obter sucesso. Resolvera, então, sair do seu escritório no Ministério Público de Rondonópolis e se mandar para o interior de São Paulo. Ele e os dois agentes do Gaeco de Cuiabá chegaram a Ribeirão Preto por volta das 4h da madrugada da quarta-feira, 19 de dezembro, com o céu ainda escuro. Desceram do avião e seguiram direto para a sede do Gaeco na cidade. Comeram alguma coisa por lá mesmo, fizeram uma reunião com o grupo e, pouco depois das 6h, foram para o endereço registrado no mandado de busca e apreensão: Rua Amadeu Mendes, n° 420.

Além de Jorge Damante, integravam a equipe o promotor Walter Lopes, de Ribeirão Preto, e dez agentes – incluindo os dois do Gaeco de Cuiabá. Ao todo, eram 12 pessoas, em três viaturas, na missão de prender Fernando de Carvalho. Considerando o perfil violento e agressivo do suspeito, assim como sua compleição física – 1,85 metro de altura e mais de 100 quilos –, o grupo decidiu se precaver. Os agentes estavam armados com pistolas, fuzis e metralhadoras, além de usarem coletes à prova de bala. Acreditavam que, se o homem a quem iriam prender havia assassinado a própria noiva, grávida da sua filha, ele seria perfeitamente capaz de tentar agredir os policiais. Em situações dessa natureza, nenhuma cautela é excessiva. E assim seguiram para a casa em que, segundo a fonte anônima de Damante, Fernando estava refugiado para não ser preso.

Chegaram pontualmente às 6h20, como se tivessem marcado com alguém. Àquela hora da manhã, o silêncio era absoluto dentro da casa e na vizinhança. Como já haviam definido, não tocaram campainha nem bateram palmas. Queriam surpreender o procurado. Foram logo arrombando o portão de alumínio da garagem e invadindo o local, aos gritos de "Polícia! Polícia!". Não demorou para o pai e a madrasta de Fernando – Nelson e Daniela Veríssimo – chegarem à sala. Deram de cara com aquele bando de homens armados, todos vestidos de preto. O dono da casa, apavorado e ainda com cara de sono, quis saber que diabos era aquilo. Damante tomou a frente do grupo e explicou tudo, com calma e firmeza. Enquanto um garoto que estava na casa foi acordar Fernando, o pai do suspeito disse saber, obviamente, da morte trágica de Beatriz. Mas afirmou ter certeza absoluta de que o jovem médico da família nunca seria capaz de tamanha barbaridade. A madrasta, por sua vez, demonstrou indignação por ter a casa abarrotada de policiais e chegou até mesmo a levantar a voz para os promotores e agentes.

— Isso é um absurdo! Aqui não tem bandido. Somos gente de bem. Não vamos aceitar esse tipo de coisa! — vociferou, num tom autoritário.

— É melhor a senhora se acalmar. Estamos fazendo tudo dentro da lei. Temos mandado de prisão contra Fernando e mandado de busca e apreensão para este endereço — rebateu Damante, ainda tranquilo.

— Não quero saber. Não vou aceitar isso, porque... — foi interrompida, antes de terminar a frase.

— A senhora não tem de aceitar nada. Já está definido. E é melhor a senhora se acalmar — avisou o promotor, voz um pouco mais áspera.

A mulher obedeceu. Calou-se, baixou a cabeça e sentou numa poltrona. Só então, Fernando, que estava dormindo, chegou à sala. Parecia assustado. Falava tão mansamente, que suas palavras saíam da boca quase que inaudíveis. Não ofereceu resistência. Sem mais transtornos, a operação foi exitosa e rápida. Cerca de 40 minutos após a chegada, o grupo deixou a casa, levando o suspeito algemado, no assento traseiro de uma das viaturas. Além do próprio Fernando, os policiais haviam apreendido o celular e o notebook dele, que seriam posteriormente vistoriados. Da casa da família Veríssimo, seguiram direto para a delegacia de Ribeirão Preto, onde foi registrado o BO sobre a prisão que acabara de ser feita. O promotor Jorge Damante enviou, dali mesmo, um e-mail à juíza Maria Mazarelo, de Rondonópolis. Encaminhada às 8h44, a mensagem dizia:

Meritíssima juíza, dada a urgência, valho-me deste meio de comunicação para informar o cumprimento do mandado de prisão expedido em face de Fernando Veríssimo de Carvalho. Estou em Ribeirão Preto (SP), com uma equipe do Gaeco de Cuiabá, sendo que o preso passará agora por exame de corpo de delito, para ser apresentado à autoridade judiciária local.

Cumpridas todas as etapas burocráticas da prisão, Damante e os dois agentes do Gaeco de Rondonópolis retornaram, na noite daquela mesma quarta-feira, ao município mato-grossense, levando Fernando. O suspeito viajou na poltrona ao lado do promotor, sem pronunciar palavra. Desembarcaram no aeroporto de Rondonópolis por volta das 2h da madrugada da quinta-feira, 20 de dezembro de 2018. Antes de ir para casa, Jorge Damante ainda se encarregou de enviar o acusado à Penitenciária Regional Major Eldo de Sá Corrêa, localizada na zona rural do município e conhecida como Presídio da Mata Grande. Com isso, o promotor conseguira algo raro na Justiça brasileira: celeridade. Entre o dia do crime (24 de novembro) e a data em que o suposto assassino fora encaminhado à penitenciária (20 de dezembro), havia se passado menos de um mês. Era um recorde até mesmo para Damante, que sempre se esforçou para dar agilidade aos casos sob sua responsabilidade.

Seu trabalho, todavia, não estava finalizado. Ainda precisava redigir a denúncia, peça a ser enviada à Justiça e que abre oficialmente o Processo Judicial. Naquele momento, porém, só queria ir para casa, ver a esposa e descansar um pouco da viagem exaustiva que fizera a Ribeirão Preto. E também teria de definir com a mulher a programação da família para o Natal e o Réveillon. Mas sabia que não iria dispor de tempo livre o suficiente para cumprir, como desejava, suas obrigações de pai e de marido nas festas de fim de ano. Já decidira se empenhar ao máximo para que a denúncia fosse encaminhada à juíza Maria Mazarelo no primeiro dia útil de 2019 (2 de janeiro). Para tanto, seria imprescindível trabalhar no que seria sua folga de fim de ano. Antes disso, queria coletar depoimentos do próprio Fernando e de outras pessoas ligadas ao caso. Realizado por meio de interrogatórios extrajudiciais, esse trabalho aconteceria sempre no seu gabinete no Ministério Público. Não conseguiria imaginar, por mais otimista que fosse, a vasta quantidade de informações valiosas que iria amealhar.

A primeira dessa série de entrevistas – todas gravadas em vídeo – seria com o suspeito de ter assassinado a noiva grávida. Damante não queria dar tempo para Fernando organizar ideias ou criar uma versão falaciosa dos fatos. Portanto, pareceu-lhe bem agendar o interrogatório com o acusado para o mais breve possível. Em 21 de dezembro – apenas dois dias após a prisão –, o promotor tinha diante de si o médico acusado de homicídio, acompanhado dos seus advogados: Áurea Cecília Guidoni e Clelioleno Pereira da Costa. Damante, antes de iniciar o interrogatório de fato, fez questão de esclarecer alguns pontos a Fernando e seus defensores.

– Antes de mais nada, eu devo esclarecer que você está sendo investigado pela prática de um feminicídio, ocorrido aqui, em Rondonópolis, no dia 24 de novembro deste ano, há quase um mês. E que figura como vítima Beatriz Soares Milano, que era sua convivente. Você tem o direito constitucional de permanecer calado e de não responder às perguntas que eu lhe fizer. O seu silêncio não importa em confissão e não pode ser interpretado em prejuízo à sua defesa. Você quer falar ou quer fazer uso do seu direito ao silêncio? – perguntou o promotor.

– Eu quero falar – respondeu Fernando, sem imaginar que iria, ele próprio, complicar bastante sua situação no processo.

Teve início, então, o interrogatório extrajudicial propriamente dito. Jorge Damante fazia seus questionamentos, e o suspeito respondia como melhor lhe parecia. As primeiras perguntas foram a respeito de assuntos simples e informações pessoais, como a profissão do acusado, endereço residencial, em que universidade ele havia estudado, nomes dos pais. Em seguida, o promotor passou às questões relevantes ao caso. Foi quando as coisas tomaram um rumo que Fernando não esperava. Já numa das suas primeiras falas, o jovem médico forneceu uma informação forte e, até aquele momento, desconhecida pelo promotor. O depoente contou que, na noite em que Beatriz morreu, ele e ela tiveram uma discussão assim que chegaram em casa, vindo do restaurante. Disse, também, que o entrevero fora motivado por questões financeiras.

De acordo com o relato de Fernando, Beatriz, que estava grávida de quatro meses e meio, havia tentado comprar um carrinho de bebê, ao custo de R$ 900, usando o cartão de crédito dele. A operação, contudo, não chegou a ser concluída, por problemas no instante do pagamento. Isso teria deixado Beatriz chateada e preocupada com a situação econômica de Fernando, que, por sua vez, ficou irritado com a postura da sua noiva. O casal começou a discutir. Os ânimos se aqueceram. Até que o rapaz – segundo seu próprio depoimento – deu uma ombrada na veterinária, fazendo-a bater com a cabeça na parede e, em seguida, cair no chão do quarto. O médico ainda afirmou que, depois disso, eles se acalmaram, terminaram o embate e deixaram para conversar melhor pela manhã. Beatriz teria, então, ido dormir, e Fernando foi para a sala, onde ficou bebendo cerveja e vendo tevê.

Por fim, disse que acabou dormindo no sofá e só foi para o quarto ao amanhecer, por volta das 7h, quando encontrou a noiva morta, na cama. Em suas palavras, "ela estava gelada, rígida". Contou que, assustado, usou seus conhecimentos médicos para tentar fazer Beatriz voltar a respirar. Não conseguiu. Foi quando telefonou para o Serviço de Atendimento Móvel de Urgência (Samu) e para a Polícia Militar (PM), buscando ajuda – ambas as ligações foram confirmadas durante a investigação policial. Em seu depoimento ao promotor, ele lembrou do que havia falado ao atendente do Samu:

Eu disse que minha esposa estava em parada (cardíaca) em casa, que eles deveriam vir o quanto antes. Enquanto isso, fiquei fazendo massagem para ver se eu via algum tipo de batimento cardíaco nela, mas não consegui nada. Quando o Samu chegou, eles declararam que o óbito já tinha ocorrido há algumas horas. Eu fiquei sem chão.

Fernando fez esse relato com um tom firme na voz. Parecia tranquilo, seguro. Aos olhos e ouvidos de Jorge Damante, calmo demais para um indivíduo que estava preso, sob a acusação de ter assassinado a própria noiva. Sua serenidade começou a ruir à medida que o promotor rebatia a versão que ele apresentara dos fatos ocorridos na madrugada de 24 de novembro de 2018. Para tanto, Damante tinha em mãos evidências sólidas, pelas quais o depoente não esperava. O promotor afirmou que o testemunho do acusado não condizia com a realidade. Explicou que, de acordo com minuciosos exames realizados no cadáver pelo legista do IML, estava provado que Beatriz havia morrido em consequência de diversos golpes que levara na cabeça, causados "por ação de instrumento contundente". Damante chegou a exibir para Fernando as fotos do crânio e do cérebro da jovem, anexadas ao laudo do perito.

As imagens mostravam, muito claramente, vários pontos de hemorragia intracraniana. Traumatismos que, na análise técnica do legista, não poderiam ter sido provocados de nenhuma outra maneira, a não ser por sucessivas e fortes pancadas na cabeça. Enquanto olhava as fotos, Fernando ia perdendo o semblante de altivez do início do interrogatório. O promotor voltou a dizer que a versão do acusado não retratava a realidade e acrescentou que uma simples ombrada, ainda que fizesse Beatriz cair no chão, jamais causaria todas aquelas lesões em seu cérebro. O depoente permaneceu calado. Não sabia o que dizer. Para as perguntas que faria a seguir, Damante usaria um tom mais severo na voz. Afirmou que o suspeito, segundo seu próprio relato, acabara de assumir a culpa pela morte da noiva, mesmo que não tivesse a intenção. Afinal, se ela morrera após cair devido a um empurrão que levara de Fernando, era ele o autor da tragédia. Mas o promotor logo voltou a ressaltar que a versão da queda destoava das evidências científicas. E prosseguiu, com firmeza:

– Fernando, eu sugiro que você declare o que realmente aconteceu. Porque o que você falou não faz sentido. Beatriz não morreu em razão de uma ombrada, de uma queda. Você viu as fotos do cérebro dela – disse, encarando o depoente nos olhos.

– Sim – ele respondeu, com a voz claudicante.

– Então. Eu quero saber como você deu esses golpes na cabeça dela.

– Eu não dei golpes nela.

– Você não deu golpes nela? E como surgiram todas essas pancadas na cabeça de Beatriz? – indagou Damante, voz ainda mais firme.

– Eu a empurrei com o ombro. Não vi como ela bateu. Só vi que ela tinha batido na parede e caído no chão.

Damante continuou, voltando a mostrar as fotos do cérebro e do crânio de Beatriz, afetados por diversos traumas.

– Ok, Fernando. Você já fez a sua alegação. Eu só quero fechar essa parte, analisando um ponto.

– Sim, senhor.

– Você pode ver que há várias infiltrações hemorrágicas em pontos distintos do cérebro de Beatriz. Na sua versão, tudo isso aconteceu em consequência de apenas um empurrão que você deu nela contra a parede, fazendo-a cair no chão. É isso mesmo?

Fernando titubeou. Deu mais uma olhada nas fotos. Levou alguns segundos pensando no que ia falar. Movimentou-se na cadeira, demonstrando nervosismo. Parecia inseguro. Voz trêmula, ofereceu ao promotor uma nova narrativa dos fatos.

– Não. Creio que ela bateu também a cabeça no chão. Eu não me recordo muito bem. Acho que ela caiu, escorregou de uma forma feia. Foi um escorregão. Não sei exatamente onde. Mas creio que não foi apenas uma batida.

– Você admite que estava descontrolado naquele momento?

– Sim.

– Você bateu na cabeça dela com algum objeto?

– Não.

– Então, você pegou a cabeça dela e bateu algumas vezes contra a parede? – perguntou Damante, em tom afirmativo.

– Não. Não fiz isso – respondeu, com a voz mansa.

Para o promotor, tudo não podia ficar mais claro. Fernando havia matado a noiva, com várias pancadas na cabeça, exatamente como o laudo do IML apontava. Só que, obviamente, não iria admitir a autoria de um crime tão bárbaro num interrogatório extrajudicial, antes mesmo do julgamento diante do júri. Isso, no entanto, era o que estava na mente de Jorge Damante. Provar sua teoria no tribunal seria um trabalho muito mais árduo, cujo primeiro passo era apresentar, à Justiça, a denúncia contra o acusado. Para tanto, não utilizaria apenas o depoimento do próprio Fernando. No mesmo modelo de interrogatório extrajudicial, o promotor entrevistou várias outras fontes importantes para o caso. Entre elas, Nazaré Soares – mãe da vítima –, o investigador Thiago Ruiz, que acompanhara o depoimento do suspeito na delegacia na manhã do crime, e a psicóloga Fabíula Magalhães, de quem Beatriz tornara-se paciente em Rondonópolis.

De cada uma dessas pessoas, o promotor colheria informações que fortaleceriam ainda mais a ideia de que o jovem médico havia assassinado a noiva. O policial Thiago Ruiz, por exemplo, declarou que, em nenhum momento, Fernando demonstrou qualquer sentimento de dor ou tristeza. Menos de três horas após telefonar ao Samu, informando a morte de Beatriz, o médico estava na delegacia, prestando o seu depoimento sobre o ocorrido e sem esboçar nenhum pesar. A Damante, o investigador afirmou que Fernando descreveu os fatos de forma muito fria e sem derramar uma lágrima sequer. A psicóloga também deu grande contribuição ao trabalho da Promotoria. Fabíula Magalhães lembrou que havia feito apenas duas consultas com Beatriz, sendo a primeira delas no dia 10 de novembro – exatamente duas semanas antes do crime.

A especialista afirmou que, já no primeiro atendimento, a paciente externou sua principal queixa: problemas no relacionamento com Fernando. Desabafou sobre as violências sofridas e narrou o episódio no qual o ainda namorado apertara-lhe o pescoço com um golpe de mata-leão, quando moravam em São Paulo. Enviado ao Ministério Púbico por escrito, o depoimento da psicóloga seria anexado ao Inquérito Policial e, posteriormente, ao Processo Judicial. Em seu texto, Fabíula Magalhães ressaltou:

> *Na primeira consulta, a paciente declarou que seu noivo era um homem ciumento, irritado, explosivo e imprevisível, sendo agressivo no tom de voz e com palavras, e que isso a deixava com medo.*

Quando falou sobre o segundo atendimento que teve com Beatriz, realizado em 21 de novembro – três dias antes do assassinato –, a psicóloga mencionou o incômodo que sua paciente disse sentir pelo fato de "Fernando estar ingerindo bebidas alcoólicas em excesso, todos os dias". Destacou, ainda, que a veterinária externou grande insegurança diante dessas circunstâncias, já que "ele ficava mais alterado quando bebia". Nessa consulta, Beatriz chegou a definir o noivo como "uma bomba-relógio prestes a explodir". Fabíula Magalhães concluiu seu depoimento acrescentando uma informação contundente, reveladora, desconhecida por muitas pessoas próximas a Beatriz e que tinha a ver com a gravidez:

> *Nesse segundo dia, a paciente encontrava-se fragilizada emocionalmente e um pouco chorosa. Principalmente, quando expôs que se sentia sozinha, longe da família, e*

que Fernando não demonstrava muito interesse por sua gravidez. Especialmente, quando tocava no assunto do enxoval, que ela planejava fazer.

A cada testemunho coletado, Jorge Damante ficava mais convicto de que estava no caminho certo para provar a culpa de Fernando de Carvalho pela morte de Beatriz Milano. As peças coletadas até então já começavam a formar o quebra-cabeças daquele crime hediondo. E um outro depoimento seria tão proveitoso quanto os demais. Com um elemento em especial: a emoção. Aproveitando a viagem que fez a Rondonópolis, em meados de dezembro, para pegar alguns pertences pessoais da filha na casa onde ela morava, dona Nazaré fez questão de relatar ao promotor tudo o que sabia sobre o relacionamento de Beatriz e Fernando. Contou, também, dos problemas já enfrentados pela jovem ao lado do médico, além dos fatos mais recentes, ocorridos em Mato Grosso, e que a levavam a reclamar do noivo à família e aos amigos mais próximos.

Foi assim que Damante soube, por exemplo, que Beatriz já terminara o namoro devido a uma agressão de Fernando e que ela confessara à mãe ter medo dele. Chegando muitas vezes a chorar durante seu testemunho ao promotor, dona Nazaré demonstrava profundo arrependimento por não ter conseguido convencer a filha a romper de vez com o namorado e ir morar sozinha, por mais que tenha tentado por incontáveis vezes. Não se conformava com aquela tragédia em sua família. Mormente, pela angústia que Beatriz demonstrara estar sentindo nos dias que antecederam a sua morte. Em seu depoimento, dona Nazaré relembrou algumas conversas que tivera com a filha, quando ela já estava morando com Fernando, em Rondonópolis. Olhos marejados e voz trêmula, a mãe desabafou:

– Várias vezes, ela me disse: “Mãe, ele é ruim. Ele é uma pessoa ruim”. Eu pedia pra ela me explicar melhor a situação, o que ele fazia pra ela estar falando aquilo, mas ela não me contava.

— E o que mais ela lhe dizia? — perguntou Damante.

— Também acontecia bastante de ela falar que tinha medo dele, que ele era estranho. Quando ela me dizia essas coisas, eu sempre falava pra ela ir embora. Teve um dia que eu falei pra ela: "Minha filha, você não precisa passar por isso. Você tem seu trabalho, seu dinheiro, sua família. Você não precisa se submeter a essas coisas". Mas ela não me ouviu — respondeu, rosto lavado pelas lágrimas.

O promotor ouvia a tudo atentamente, comovido pela dor daquela mãe desesperada. Imaginava que suas próprias filhas não estavam incólumes a sofrer algum tipo de violência num relacionamento. E que não suportaria ter uma das suas meninas assassinada por quem quer que fosse. Muito menos por um sujeito que deveria amá-la. Absorto em seus pensamentos, ouviu mais um trecho forte e eloquente do testemunho de Nazaré.

— Certa vez, percebi que ela estava com muito medo dele. Daí, falei pra ela: "Minha filha, se você sentir que sua vida está em perigo, pegue o seu carro, saia dessa casa e vá dormir num hotel. No dia seguinte, você pega um avião e vem embora pra São Paulo". Mas ela sempre tentava me acalmar, dizendo que eu não precisava me preocupar. Nunca vou entender por que ela não saiu logo desse relacionamento.

— E o que mais Beatriz lhe dizia a respeito de Fernando? Tem algo mais que a senhora ache importante registrar?

— Teve uma ocasião em que ela me disse: "Mãe, eu não quero mais viver com ele. Porque ele é ruim". Isso ocorreu mais ou menos uma semana antes da desgraça acontecer. Eu falava tanto pra ela terminar esse namoro, meu Deus!

Ao término do depoimento de dona Nazaré, Jorge Damante estava quase tão emocionado quanto a declarante. Não fora fácil passar mais de uma hora vendo e ouvindo a mãe de Beatriz falar da filha, com tanto amor e sofrimento. Ele via os olhos marejados de dona Nazaré e transformava aquela tristeza imensa em determinação para fazer o melhor trabalho que estivesse ao seu alcance. Se dependesse dos seus esforços, Fernando seria devidamente punido pelo assassinato da jovem veterinária. Para tanto, um passo fundamental seria encaminhar a denúncia à Justiça, o que o promotor já decidira fazer no primeiro dia útil de 2019 – 2 de janeiro. Tudo para agilizar o processo o máximo possível. Cumprir esse cronograma exigiria dedicação intensa. Na última semana de 2018, enquanto sua família e seus amigos se divertiam com os eventos de fim de ano, como churrascos e confraternizações de empresas, ele se dedicava a elaborar um texto suficientemente claro e incisivo. Sabia da importância de fazer o Judiciário perceber a gravidade do caso que tinha em mãos e determinar a instauração do Processo Judicial.

O escritório que montara num dos quartos da sua casa havia se transformado numa espécie de bunker. Passava horas confinado ali dentro. Manhãs, tardes, noites. Estava sempre mergulhado nos documentos, fotos, vídeos e depoimentos que coletara de quase dez pessoas. Perdeu as contas de quantas vezes sua esposa entrou no cômodo para dar-lhe um beijo de boa-noite, antes de ir dormir, enquanto ele continuaria trabalhando. O esforço valeu a pena. No dia 2 de janeiro de 2019, enviou, como havia planejado, a denúncia ao Judiciário. Encaminhada à magistrada Maria Mazarelo, a peça destacava os pontos considerados mais incisivos pelo promotor. Já nas primeiras linhas, o texto fazia uma afirmação contundente:

> *Pouco depois de pedir Beatriz em casamento, Fernando matou-a com perversidade e torpeza, desferindo, contra a sua cabeça, golpes com objeto contundente, que lhe causaram traumatismo cranioencefálico.*

A denúncia seguia apontando um fato observado e fotografado pela equipe da Polícia Técnica (Politec), no momento da chegada à casa na qual o crime ocorrera. Sobre a cama do quarto, o corpo de Beatriz estava deitado e coberto por um edredom de listras em tons de rosa e azul. Como as evidências indicavam que ela fora morta pelo noivo, a conclusão óbvia era de que ele, depois de assassiná-la, havia colocado o cadáver na cama. A Promotoria acreditava que, com essa atitude, Fernando tinha o objetivo de fazer parecer que ela morrera de causas naturais, enquanto dormia. Seria essa a versão defendida pelo suspeito, até as provas derrubarem tal possibilidade. Em seu texto, Jorge Damante destacou:

> *Após o ato, Fernando teve a frieza de arrumar o corpo de Beatriz na cama do casal, além de permanecer o restante da noite bebendo e assistindo televisão na sala, até o amanhecer. Amanhecido o dia, Fernando, à maneira do seu natural jeito dissimulado de ser, deu notícia do falecimento da noiva ao serviço médico e às autoridades policiais, induzindo-os (e também depois à família de Beatriz) a concluir que houvera uma mera morte natural.*

Já na parte conclusiva da denúncia, o promotor ressaltou que o homicídio fora cometido por motivo fútil – segundo o próprio Fernando, a briga começou pela falta de crédito no seu cartão, para a compra do carrinho de bebê. E acrescentou que o médico havia agredido "violentamente a vítima, uma mulher jovem, de 27 anos, e que estava grávida, causando-lhe múltiplas lesões cranianas, que determinaram a sua morte". Antes de finalizar o texto, Damante ainda pontuou outros fatores que considerava relevantes, como o fato de o acusado ser médico – podendo, portanto, usar seus conhecimentos técnicos para cometer o crime – e de ter assassinato a noiva "mediante recurso que tornou impossível a defesa da ofendida". Também salientou que "o homicídio foi cometido contra a mulher por razões da condição de sexo feminino", o que configura o feminicídio. O texto sublinhava outros dois pontos que chocavam a todos: Beatriz estava grávida de quatro meses e meio, e o pai do bebê era o próprio denunciado. Tendo exposto tudo isso, o promotor concluiu seu texto pedindo a instauração do Processo Judicial.

Assim, o Ministério Público denuncia Fernando Veríssimo de Carvalho pelo crime de homicídio, com as qualificadoras (1) por motivo torpe, (2) usando recurso que tomou impossível a defesa da vítima e (3) contra a mulher por razões da condição de sexo feminino (feminicídio). Há, ainda, o crime de ter provocado um aborto, contra a vontade da vítima. Requer, pois, que, após recebida e autuada esta Denúncia, seja instaurado o devido processo legal, para a final responsabilização penal do denunciado.

Rondonópolis, 2 de janeiro de 2019

A juíza Maria Mazarelo, responsável pela Vara da Violência Doméstica da Comarca de Rondonópolis, recebeu a denúncia e não tardou a dar prosseguimento. Dois dias depois — na sexta-feira, 4 de janeiro —, ela ordenou a instauração do Processo Judicial contra Fernando. Ele passava, assim, a ser considerado oficialmente réu pelo assassinato de Beatriz Soares Milano. Era uma pequena, porém importante vitória para todos os que esperavam ver o médico punido pela morte da noiva. Por mais provável que fosse, a notícia causou satisfação ao promotor e à família de Beatriz. Sabiam que o caminho até uma eventual condenação de Fernando no julgamento ainda seria longo. Mas os primeiros passos tinham sido dados, com firmeza e solidez. Os meses que se seguiram foram de trâmites e etapas normais de um processo. A audiência de instrução, por exemplo, fase na qual são coletados depoimentos das testemunhas de ambas as partes — defesa e acusação — e apresentadas provas à Justiça, foi realizada em 25 de fevereiro. Houve, também, vários pedidos de habeas corpus por parte dos advogados de Fernando, solicitando que ele respondesse ao processo em liberdade. Foram todos rejeitados.

À medida que o tempo passava, a ansiedade e o nervosismo da família de Beatriz em relação ao julgamento aumentavam. Em novembro de 2019 — um ano após a morte da veterinária —, a Justiça ainda não havia marcado a data para a realização do Tribunal do Júri. Uma alteração de enorme importância aconteceria no fim daquele ano. No dia 19 de dezembro, o promotor Jorge Damante foi transferido de Rondonópolis para a sede do Ministério Público na capital mato-grossense, Cuiabá. Com isso, um profissional cuja atuação fora fundamental em todo o processo e imprescindível para que Fernando estivesse preso deixava o caso. Ao receber essa informação, dona Nazaré e Bárbara ficaram apreensivas. Temiam que o promotor que assumisse o lugar de Damante não empregasse o mesmo desvelo ao assunto. A preocupação não era infundada. Sabiam que, se o substituto de Damante não se dedicasse ao processo com empenho similar ao do seu antecessor, tudo poderia se complicar ainda mais.

Durante mais de um ano, o caso se arrastou no Judiciário sem muita evolução, elevando ainda mais a tensão na família de Beatriz. Nesse intervalo de tempo, outros dois promotores assumiram o posto de Jorge Damante, mas não chegaram a dar nenhuma contribuição notável ao processo. E nada de relevante acontecia. Até que, em abril de 2021, a Justiça divulgou a data do julgamento: 20 de setembro daquele ano. O anúncio foi feito apenas um mês após a chegada ao MP de Rondonópolis de uma pessoa que teria enorme importância para a conclusão do caso. Em agosto de 2021, a promotora Luciana de Freitas assumia o processo, após ser transferida da Promotoria do município de Jaciara, também no interior de Mato Grosso. Aos 38 anos, casada com o também servidor público Diogo Ferreira, 41, e com dois filhos pequenos – João, 5, e Ignacio, 8 meses –, Luciana recebeu as mais de 2 mil páginas do processo sob grande pressão da sociedade e dos próprios colegas do MP de Rondonópolis.

Como a história do médico que assassinara a própria noiva – grávida e dentro de casa – tivera uma enorme repercussão na imprensa local, todos davam como certa a condenação de Fernando de Carvalho. A olhos e ouvidos leigos, seria uma tarefa fácil. Ao se inteirar melhor do processo, no entanto, Luciana percebeu que não era bem assim.

A promotora estudou minuciosamente o caso e concluiu que, apesar de tudo o que se falava sobre a morte de Beatriz, as evidências da autoria do crime não eram tantas nem tão sólidas quanto se imaginava. O laudo do IML, assinado pelo perito Márcio Landi, era, sem dúvidas, um documento fortíssimo contra Fernando. Mas Luciana acreditava que poderia não ser suficiente para condená-lo. Afinal, por mais elementos que houvesse indicando o médico como responsável pela morte de Beatriz, não existia nenhuma prova irrefutável da autoria do crime.

Outra questão incomodava a promotora: qual teria sido o motivo que levara Fernando a matar a noiva? As teorias eram muitas. Nesse sentido, as mensagens trocadas por Beatriz com amigos e familiares abriam espaço a inúmeras possibilidades. Uma delas seria o próprio comportamento violento do acusado, que, como se sabia, já havia agredido a veterinária. Tanto que ela declarara, várias vezes – inclusive poucos dias antes de morrer –, que tinha medo do noivo. Além disso, ele já demonstrara desconfiar de Beatriz, ao ponto de questionar a paternidade do bebê que ela tinha no ventre. Essa suspeita também poderia ser o motivo. Para a irmã da vítima, havia, ainda, outra hipótese. Considerando a mensagem que recebeu de Beatriz – se mostrando mais assustada do que feliz –, poucos minutos depois de Fernando pedir sua mão em casamento, na noite em que seria assassinada, Bárbara concluiu que sua irmã poderia ter respondido negativamente à proposta do noivo. E isso teria gerado a briga durante a qual o médico a agredira na cabeça, provocando diversos pontos de hemorragia no cérebro e, consequentemente, sua morte.

Sem descartar nenhuma dessas possibilidades, Luciana de Freitas passou a dedicar a maior parte do seu tempo ao caso. À medida que avançava na leitura do processo e entendia melhor tudo o que acontecera até ela assumir a Promotoria de Rondonópolis, percebia o grande trabalho que Jorge Damante fizera e se comovia com o drama da família de Beatriz. Chegou a emocionar-se enquanto lia o depoimento que dona Nazaré prestara a Damante. Por ser mulher e mãe, sentia-se tocada como nunca ocorrera em sua carreira. Decidiu empenhar todos os seus conhecimentos e esforços para provar a culpa de Fernando pelo assassinato da própria noiva. Sabia, no entanto, que precisaria correr contra o relógio. Já era meados de agosto, e ela tinha pouco mais de um mês para se preparar para o Tribunal do Júri. Sua entrega ao caso foi tamanha, que chegou a se sentir culpada por não estar dedicando à própria família o tempo que achava ideal. Nesse sentido, um episódio em especial ficaria para sempre gravado em sua memória.

Faltavam cerca de duas semanas para o dia do julgamento. Após deixar o filho mais velho na escola, Luciana levou o marido ao trabalho. Apressada para chegar ao Ministério Público o quanto antes, deu um beijo protocolar em Diogo, que, antes de sair do carro, segurou em suas mãos, olhou nos seus olhos e falou, com a voz mansa que lhe é peculiar:

— Estou com saudade de você.

A promotora não sabia o que responder. Num primeiro momento, achou estranho ouvir essa frase do homem com quem dividia a vida, dormia todos os dias na mesma cama e tomava café da manhã; quando possível, até jantavam juntos. Logo percebeu a razão das palavras do esposo. Reconheceu que, em muitas dessas ocasiões, estava presente apenas fisicamente. Sua mente ia longe. Só conseguia pensar no julgamento, nos argumentos que usaria no tribunal, nas evidências mais sólidas que tinha em mãos para condenar Fernando. Sentiu um aperto profundo no coração. O homem a quem amava estava ali, ao seu lado, dentro do carro, dizendo — de forma carinhosa e sem cobranças — que sentia falta da sua presença genuína. Da sua atenção. Do seu afeto. Ocorreu-lhe que, se Diogo passava por isso, era quase certo que o mesmo acontecia com seus filhos. Abraçou o marido, deu-lhe um beijo de verdade e disse que aquela fase mais complicada estava perto de acabar. Em menos de 15 dias, Fernando de Carvalho seria julgado, o caso do assassinato de Beatriz Soares Milano estaria encerrado, e tudo voltaria a ser como antes. Naquele momento, porém, precisava seguir totalmente focada no trabalho.

Tão logo Diogo saiu do carro, Luciana chorou. As lágrimas escorriam dos seus olhos como que por vontade própria. Sentia-se triste e culpada. Adoraria conseguir agir de outra maneira, mas não enxergava como. Com as competências, as virtudes e as fraquezas que tinha, precisava dedicar-se totalmente ao processo. Quando tudo aquilo acabasse, se empenharia ao máximo para compensar o marido e os filhos pelo tempo que passara ausente, mesmo fisicamente ao lado deles. Os pensamentos viajavam em sua mente, enquanto as lágrimas seguiam lavando-lhe o rosto. Não foi a primeira nem seria a última vez que chorou durante o tempo em que trabalhou naquele caso. Havia chorado de dor pelo sofrimento da família de Beatriz, pela pressão da sociedade para que Fernando fosse condenado, pelo receio de não conseguir condená-lo, pela culpa por sentir-se uma mãe e esposa ausente. A derradeira ocasião em que choraria no processo seria justamente no dia do julgamento, enquanto tentava convencer o júri de que Fernando matara a própria noiva com diversas pancadas na cabeça.

Naquela quarta-feira, 10 de novembro de 2021, a promotora Luciana Fernandes de Freitas saiu de casa pouco antes das 8h da manhã, decidida a retornar com a condenação de Fernando Veríssimo de Carvalho no currículo. O julgamento estava marcado para começar às 9h, no Fórum de Rondonópolis. Por acontecer em plena pandemia de covid-19, o Tribunal do Júri seria realizado on-line. Apenas o acusado, a equipe da Promotoria, os advogados de defesa, o juiz, os seguranças e os sete jurados estavam fisicamente presentes. A primeira pessoa a prestar depoimento, na condição de testemunha da acusação, foi a mãe da vítima. Arguida pelo juiz Wagner Plaza, dona Nazaré falou da personalidade amorosa da filha, da sua dedicação à profissão, do seu sonho de ser mãe. Lembrou, ainda, o episódio no qual Fernando agredira Beatriz, com um golpe de estrangulamento, e ressaltou o medo que sua menina já declarara, diversas vezes, sentir do noivo. Num certo momento, dona Nazaré foi incisiva:

– Minha filha não se sentia segura ao lado de Fernando. Ela temia que ele a matasse.

O julgamento prosseguiu com os depoimentos das demais testemunhas de ambas as partes. Uma das falas mais contundentes foi a do médico-legista Márcio Landi, do IML. Responsável por examinar o corpo de Beatriz, poucas horas após o óbito, o especialista destacou o fato de ela ter morrido em consequência de várias pancadas na cabeça, que causaram traumatismos em áreas diversas do cérebro e do crânio. Conforme o perito relatou no tribunal, os ferimentos evidenciavam a ação criminosa, já que não poderiam ter sido provocados por uma queda ou alguma causa natural, como um derrame, um aneurisma ou um acidente vascular cerebral. Foi justamente contra o laudo técnico assinado por Landi que a defesa de Fernando concentrou todas as suas forças. Advogados do réu, Alexandro Faleiros e Tiago Machado procuraram desqualificar a análise técnica do perito do IML, levando para depor um legista que rebateu a tese da acusação. Seria essa a única argumentação da defesa na tentativa de convencer os jurados de que o acusado não assassinara a própria noiva.

Sentado numa cadeira de madeira, a cerca de três metros do juiz, Fernando de Carvalho assistia a tudo passivamente. Sua aparência estava bem diferente de quando começou o namoro com Beatriz, pouco menos de quatro anos antes. A barba farta e os cabelos compridos não mais existiam. O júri tinha diante de si um homem de rosto sem pelos e cabelo cuidadosamente cortado, rente à cabeça. E parecia bastante tranquilo durante o julgamento. Em São Paulo, Bárbara, irmã de Beatriz, assistia a tudo e lembrava de quando Fernando disse, certa vez, que um indivíduo como ele jamais seria preso, por ser branco, heterossexual e, principalmente, médico. Era assim que ele parecia sentir-se naquela manhã. Mesmo sentado diante do juiz e dos jurados, acusado de assassinato, não demonstrava medo nem muita preocupação com o que poderia lhe acontecer. Isso mudaria a partir do momento em que a promotora iniciou sua argumentação.

Luciana de Freitas aproximou-se do réu, ficando a apenas um metro de distância. Olhou fixamente dentro dos olhos dele e começou elogiando Fernando. Voz mansa e compassada, a promotora frisou que o júri estava diante de um indivíduo muito inteligente, sagaz, bem articulado e formado em Medicina. Tratava-se de um profissional competente, que nunca enfrentara dificuldades para arrumar um bom emprego como médico. Enquanto falava, Luciana percebeu que Fernando deixou escapar um leve sorriso de canto de boca. Sua postura na cadeira também estava mais elevada, com a coluna ereta. Ao notar que conseguira deixar o réu ainda mais seguro e com o ego inflado, a promotora passou a acusar o sujeito a quem continuava encarando. Lembrou dos telefonemas e mensagens que Beatriz havia trocado com amigos e familiares, afirmando que tinha medo do noivo, e citou a declaração da psicóloga Fabíula Magalhães, segundo a qual a vítima afirmara que Fernando era "ciumento, explosivo, agressivo e imprevisível". Luciana reforçou a importância e a solidez técnica do laudo do perito do IML e concluiu, com palavras que comoveram os jurados e deixaram o réu inquieto na cadeira:

> *Este homem usou de toda a sua inteligência, sagacidade e conhecimentos médicos para assassinar a própria noiva, que estava indefesa e grávida. E ainda matou a própria filha. O único direito que essa criança teve foi o de ser enterrada com a mãe.*

Foi o bastante para Fernando abandonar sua postura de sobriedade. De imediato, seu olhar ganhou uma expressão de agressividade, com a qual encarava a promotora. Até sua respiração mudou, ficando mais pesada e um pouco ofegante. Luciana chegou a sentir certo receio de estar sozinha com o réu naquele momento. Tinha certeza de que ele seria perfeitamente capaz de agredi-la ou até mesmo de matá-la, como fizera com Beatriz. Naquele instante, todavia, no meio do julgamento, o que realmente importava era o fato de haver conseguido arrancar do rosto de Fernando a aparência de um rapaz calmo e cordato. A promotora acreditava, ainda, que, se ela percebera o olhar de ódio que ele usou para encará-la, os jurados também haviam notado a fisionomia agressiva do acusado. Mas o golpe que considerava mais forte só seria usado no momento de exibir as imagens do laudo do IML.

Após explicar, minuciosamente, como, segundo o médico-legista, Fernando havia matado a própria noiva, Luciana mostrou as fotografias de Beatriz morta, bem como as imagens do seu cérebro com diversas fraturas, em locais distintos. Os jurados, sem exceção, demonstraram desconforto diante do que viam. Alguns franziram a testa. Outros levaram as mãos à boca, horrorizados. E ficaram ainda mais chocados quando a promotora exibiu a foto do bebê que estava no ventre de Beatriz e cuja vida fora arrancada pelo próprio pai. Dois jurados – um homem e uma mulher – chegaram a chorar naquele momento. A própria Luciana precisou segurar as lágrimas. Como mãe, foi acometida por uma angústia profunda ao imaginar a dor que Helena – o nome escolhido por Beatriz para batizar a filha – sentira ao ser assassinada, aos quatro meses e meio. Ainda emocionada, a promotora finalizou sua argumentação, certa de que fizera tudo o que estava ao seu alcance para convencer os jurados de que Fernando era culpado. A partir dali, o destino do réu estava nas mãos do Conselho de Sentença.

A decisão do júri seria anunciada pouco antes das 23h daquela quarta-feira. Mãos dadas, na sala do seu apartamento, em São Paulo,

Bárbara e dona Nazaré mantinham os olhos fitos na tela do computador. No tribunal, em Rondonópolis, a promotora Luciana sentia a mesma ansiedade. Seu coração estava acelerado, como se quisesse saltar boca afora. Até que o juiz Wagner Plaza declarou que o médico Fernando Veríssimo de Carvalho havia sido considerado culpado, por unanimidade. Pelo assassinato de Beatriz Soares Milano e da própria filha, ele foi condenado a 41 anos e oito meses de prisão: 34 anos e oito meses por homicídio quadruplamente qualificado (motivo fútil, usar recursos que impediram a defesa da vítima, motivo torpe e feminicídio) e mais sete anos por ter causado um aborto sem o consentimento da gestante. Dona Nazaré não conseguiu se conter. Deu um pulo do sofá e começou a caminhar pela sala e a gritar: "Justiça! Justiça! Justiça!". Gritava de alívio, por ver que a morte da sua caçula não ficaria impune, e de dor, por saber que a condenação de Fernando não traria sua menina de volta. Sentia, contudo, que a justiça havia sido feita. E seguia gritando – "Justiça! Justiça! Justiça!" –, lágrimas a banhar-lhe o rosto.

No mesmo instante, no fórum em Rondonópolis, a promotora Luciana de Freitas celebrava com suas duas assistentes: Aline Bedim e Jaqueline Tosta. Abraçadas, elas choravam um choro carregado de diversas emoções. Choravam por todas as brasileiras assassinadas, estupradas, agredidas, xingadas, vilipendiadas. E choravam de satisfação, por verem que seu trabalho tivera contribuição crucial para condenar um feminicida. A mesma palavra que parecia jorrar da boca de dona Nazaré, em São Paulo, saiu com suavidade dos lábios de Luciana, encarando suas auxiliares com afeto e convicção: "Justiça. Hoje, a justiça foi feita aqui". A promotora sentia, também, um profundo alívio, por constatar que todo o esforço que empregara naquele caso não havia sido em vão. Todas as horas que passara longe do marido e dos filhos, as noites em claro, as muitas lágrimas derramadas por se culpar por não dar à família o tempo que acreditava ser o ideal. Todos os sacrifícios tinham valido a pena.

Naquela noite, ela saiu do fórum por volta das 22h30, mais de 13 horas após chegar ao local. Foi para casa sozinha, dirigindo o próprio carro. No trajeto, permitiu-se dar um ou outro sorriso. Sentindo uma leveza na alma que há muito não experimentava, agradeceu a Deus pelo desfecho que o julgamento tivera e enviou uma mensagem de texto ao celular de Diogo, seu marido. Dizia, apenas, que tudo tinha acabado, que Fernando havia sido condenado e que estava indo para casa. Ao chegar, foi recebida pelo esposo com sorrisos, beijos e abraços. Ele lhe deu os parabéns e disse que se sentia imensamente orgulhoso por sua vitória num processo tão complexo e sofrido. O sono tranquilo foi como um presente por todas as noites mal dormidas que tivera nos últimos meses, em virtude do caso. A 1.300 quilômetros dali, dona Nazaré sentia algo semelhante. A mãe de Beatriz Milano também dormia serenamente, como não fazia desde a morte da filha, quase três anos antes. A condenação de Fernando de Carvalho proporcionara um pouco de paz à família e aos amigos de Beatriz, assim como à promotora Luciana de Freitas. Esse sentimento, no entanto, não duraria muito.

No dia 3 de março de 2022 — apenas quatro meses após o julgamento —, a irmã de Beatriz recebeu de um amigo, via WhatsApp, uma reportagem que voltaria a causar dor e indignação à família e a todos os que lutam contra a violência feminina no Brasil. Publicada no portal *G1*, do Grupo Globo, a matéria tinha o título "Dez presos são aprovados no Enem e irão estudar em universidades públicas em Mato Grosso". Formado em Medicina, Fernando tinha larga vantagem em relação aos demais detentos do Estado, dos quais cerca de 75% eram analfabetos ou semianalfabetos. Bárbara Milano não se surpreendeu quando leu na reportagem que o ex-cunhado, um homem inteligente e culto, alcançara a maior nota entre os 1.107 presos de Mato Grosso que participaram do exame naquele ano, ficando com média total de 711. Parte de um projeto do Governo Federal para ressocialização de detentos, a modalidade do Exame Nacional do

Ensino Médio (Enem) para Pessoas Privadas de Liberdade (PPL) foi instituída em 2010, com o propósito de oferecer oportunidades de educação aos presos. A iniciativa é vista com bons olhos pelos especialistas em sistema carcerário, mas duramente criticada ao tratar da mesma forma criminosos de diferentes calibres.

Logo que souberam da notícia, Bárbara e dona Nazaré sentiram uma revolta amarga. Ambas acreditavam ser importante permitir que detentos possam estudar e se preparar para o retorno à sociedade. Não conseguiam entender, todavia, como o programa do governo podia tratar igualmente, por exemplo, um indivíduo que estava preso por roubar um relógio e um homem que fora condenado por assassinar a própria noiva, de forma torpe e covarde. O sentimento era compartilhado pela promotora Luciana de Freitas, que se indignou ao saber que Fernando ganhara o direito de cursar a faculdade de Psicologia, na Universidade Federal de Mato Grosso (UFMT), em Rondonópolis.

Depois de todo o esforço que empenhara para condenar um homicida à prisão, ela resistia em aceitar o fato de que Fernando passaria ao menos quatro horas, de segunda a sexta-feira, em liberdade — pelo programa, o detento sai do presídio para ir à aula e retorna em seguida. Havia, ainda, algo que a promotora considerava pior e mais preocupante. Na universidade, o médico voltaria a conviver com várias mulheres. Luciana chegaria a comentar com o marido e os colegas do Ministério Público sobre seu receio de que ele se aproveitasse da situação para voltar a agredir ou até mesmo a matar outras mulheres. Em relação a isso, no entanto, não havia nada que a promotora ou a família de Beatriz pudessem fazer. Teriam de suportar o que consideravam mais uma agressão. Não seria a última.

No dia 13 de dezembro de 2022 — um ano e um mês após o julgamento —, o Tribunal de Justiça de Mato Grosso (TJ-MT) acatou um recurso dos advogados de defesa de Fernando de Carvalho e reduziu a sua pena. O texto, assinado pelo desembargador Marcos Machado, foi aprovado no TJ por unanimidade, fixando a nova pena do médico em 24 anos e quatro meses de reclusão, em vez dos 41 anos e oito meses que ele pegara quando da condenação. No total, a Justiça mato-grossense devolvia 17 anos e quatro meses de liberdade ao assassino de Beatriz. Essa informação abateu fortemente a família Milano. Dona Nazaré e Bárbara choraram juntas, abraçadas, num misto de dor, cólera e repulsa. Sentiam como se Beatriz tivesse sido assassinada novamente. Jamais voltariam a ver, abraçar e beijar Bia. Dona Nazaré seria capaz de tudo no mundo para ter ao menos mais um dia ao lado da sua caçula. Enquanto isso, o homem que a matara havia acabado de ganhar 17 anos e quatro meses de vida em liberdade. Os números ficavam martelando a mente daquela mãe desconsolada. 17 anos e quatro meses eram bem mais do que metade do pouco tempo de vida que Beatriz tivera — ela foi morta aos 27 anos. Vida que lhe fora arrancada pelo próprio noivo.

Em junho de 2024, outra notícia afligiria a família de Beatriz Milano. No dia 26 daquele mês, o jornal *A Gazeta*, periódico de Mato Grosso, publicou uma manchete que causaria ainda mais dor e revolta a dona Nazaré, a Bárbara e aos amigos da veterinária. Em letras garrafais, o texto dizia:

> *Feminicida atua como médico menos de três anos após condenação*

Abaixo da manchete, havia uma foto de Fernando dentro do camburão — feita no dia em que foi preso — e, ao lado, uma de Beatriz sorrindo, de óculos escuros, durante um passeio de barco. A reportagem, assinada pela jornalista Silvana Ribas, relatava o caso do médico que assassinara a noiva e que, mesmo condenado a pouco mais de 24 anos de detenção, estava trabalhando numa Unidade de Pronto Atendimento (UPA) e prestando serviços à Cooperativa de Desenvolvimento de Rondonópolis (Coder). E tudo isso menos de três anos após ser condenado pela Justiça.

A matéria explicava, ainda, que Fernando havia transferido, em agosto de 2023, seu registro profissional do Conselho Regional de Medicina (CRM) de São Paulo para o Mato Grosso.

Com isso, conseguira autorização da Justiça para atuar como médico na cidade, sendo monitorado por meio de tornozeleira eletrônica e obrigado a retornar ao presídio às 20h. A solicitação para ter o médico na sua lista de colaboradores partira da própria Coder. Assim, Fernando podia sair todos os dias da prisão – com exceção dos sábados e domingos – e levar uma vida praticamente comum. Além disso, estava convivendo com outras mulheres, muitas delas pacientes das quais ele próprio tratava, numa relação de confiança e cuidado. Considerando que o médico em questão havia sido condenado por matar a própria noiva, essa situação preocupava a família de Beatriz e os promotores Jorge Damante e Luciana de Freitas, que tinham trabalhado arduamente para punir Fernando. Para todos eles, era enorme o risco de o assassino de Beatriz tirar a vida de outra mulher.

A situação, de tão grave, levaria o Ministério Público de Mato Grosso (MP-MT) a tomar uma atitude severa. O promotor Reinaldo Vessani Filho enviou à Justiça um requerimento, solicitando a revogação da autorização de trabalho externo que havia sido concedida a Fernando Veríssimo de Carvalho. No dia 20 de agosto de 2024, a Justiça respondeu positivamente ao requerimento do promotor. Fernando perdia, assim, o direito de sair da prisão para exercer a medicina. A família de Beatriz Milano celebrou o fato como uma pequena vitória no meio de tanta desgraça. Pouco mais de um mês antes, ativistas de direitos da mulher, familiares e amigos da veterinária já tinham comemorado outra conquista. Em 10 de julho, a Câmara Municipal de Rondonópolis havia aprovado um Projeto de Lei (PL) de autoria da vereadora Kalynka Meirelles e que representaria um marco na luta contra a violência de gênero.

Ao saber do caso de Beatriz Milano e dos privilégios que Fernando recebera, mesmo após ser condenado por feminicídio, Kalynka decidira trabalhar para que situações como aquela não voltassem a acontecer. Batizado de Projeto Beatriz Milano, o PL fora elaborado com o objetivo de proibir a contratação de condenados por feminicídio pela administração pública de Rondonópolis. O projeto foi aprovado pela Câmara, mas vetado pelo prefeito do município, José Carlos do Pátio, duas semanas após a votação em plenário. Naquela noite, Kalynka, aos 40 anos, quase não conseguiu dormir. Estava triste, indignada, revoltada. Acordou no meio da madrugada com o coração apertado. Muito religiosa, foi até a sala da casa na qual mora com o marido – Thiago Meirelles, 41 – e a filha – Fiorella, 10.

Dobrou os joelhos sobre o tapete, apoiou os cotovelos no sofá e pediu a Deus que a ajudasse a derrubar aquele veto que lhe parecia absurdo e desumano. Implorou ao Criador que lhe desse sabedoria para conduzir o processo e habilidade para conseguir os votos necessários na Câmara Municipal para aprovar o seu PL, apesar do veto do prefeito de Rondonópolis. Conseguiu. No dia 28 de agosto – um mês e meio após a primeira votação –, os vereadores derrubaram o veto de José Carlos do Pátio e aprovaram, por unanimidade, a Lei Beatriz Milano. Tão logo a votação foi concluída, Kalynka Meirelles fez um pronunciamento emocionado na Câmara:

– Hoje, nós demos uma resposta aos feminicídios do Estado de Mato Grosso e da cidade de Rondonópolis, pela não contratação no serviço público de feminicidas já condenados pela Justiça. Quando nossas mulheres chegarem num posto de saúde da prefeitura ou num hospital público, elas vão saber que não serão atendidas por um feminicida. Isso é uma resposta não apenas para a família de Beatriz Milano, que foi covardemente assassinada, ainda grávida. É uma resposta para todas as mulheres de Mato Grosso.

A aprovação do projeto de Kalynka ainda iria gerar um fato relevante no caso do médico que assassinara a própria noiva. Motivada pelo fato de a Lei Beatriz Milano ter sido aprovada, sua irmã decidiu retomar uma luta que deixara para trás: anular o registro profissional de médico de Fernando de Carvalho. Bárbara já tentara algo nesse sentido, mas nunca obtivera êxito. No fim de agosto de 2024, ela fez algo simples, mas que surtiria um grande efeito. Enviou, pelo Instagram, uma mensagem ao médico Diogo Leite Sampaio, presidente do Conselho Regional de Medicina de Mato Grosso (CRM-MT). Graduado pela Faculdade Souza Marques, no Rio de Janeiro, e especializado em Anestesiologia, Sampaio já conhecia o caso de Beatriz Milano e comoveu-se ao sentir a dor e a indignação da família da veterinária, por saber que Fernando continuava atuando como médico, apesar de estar preso.

Ao receber a mensagem de Bárbara, ele respondeu, dizendo que tinha conhecimento do assunto e que estava "analisando a questão". Ressaltou, ainda, que não poderia dar mais detalhes por se tratar de "algo sigiloso". Bárbara e sua mãe, dona Nazaré, não precisariam esperar muito para saber a conclusão do processo no CRM. Menos de dois meses depois – no dia 8 de outubro –, saiu a decisão da entidade em relação ao caso do médico que assassinara a própria noiva grávida. Numa atitude que representaria enorme vitória à família e aos amigos de Beatriz Milano – e a todos os que lutam em defesa das mulheres no Brasil –, os conselheiros do CRM-MT decidiram, por unanimidade, suspender o registro profissional de Fernando Veríssimo de Carvalho. Assim, ele não poderia mais exercer a atividade médica em nenhum local do Brasil. Em sua decisão, os conselheiros do CRM destacaram:

> *O envolvimento de Fernando Veríssimo no crime resulta em um dano irreparável ao prestígio e ao bom conceito da profissão médica, circunstância que autoriza a aplicação da interdição cautelar, conforme prevê o art. 30 do*

Código de Processo Ético-Profissional. Fica determinada, assim, a interdição cautelar total do exercício profissional do médico. A decisão passa a valer imediatamente.

Com isso, Fernando continuaria preso, na Penitenciária da Mata Grande, em Rondonópolis, mas sem o privilégio de prestar seus serviços de médico no próprio presídio e em outras instituições públicas, como já chegara a fazer. E mais: a partir daquele momento, o assassino de Beatriz jamais poderia voltar a exercer a profissão de médico. A notícia causou em Bárbara e em dona Nazaré uma alegria como há muito não experimentavam. Era um misto de alívio, felicidade e satisfação com um forte sentimento de paz e, sobretudo, justiça. Havia, ainda, a convicção de que o caso de Bia mostraria aos familiares e amigos de outras vítimas de feminicídio que vale a pena manter a esperança e seguir lutando para punir devidamente os criminosos. A decisão do CRM era prova concreta disso.

Ainda assim, estando Fernando preso ou em liberdade, o fato é que a revolta, a tristeza e a saudade para sempre acompanhariam dona Nazaré, Bárbara e toda a família Milano. Jamais voltariam a experimentar a paz plena e a alegria genuína que sentiam quando estavam reunidos, com Beatriz sempre contagiando a todos com o seu sorriso largo. Restava-lhes suportar a dor e alimentar as boas lembranças. Usariam o amor que tinham por ela para aplacar um naco daquela angústia dilacerante. E nunca deixariam de lutar para, por meio da história de vida de Beatriz, combater a violência contra as mulheres. Artista plástica, Bárbara começou a produzir trabalhos tendo como tema central o feminicídio. Ela e a mãe passaram a marcar presença em eventos e passeatas pelos direitos das mulheres e contra a violência de gênero. Nessas ocasiões, sempre levavam cartazes e faixas com fotos de Beatriz.

Em mais uma decisão motivada pela dor e pelo amor à filha, dona Nazaré definiu que, enquanto vida tivesse, todos os anos celebraria o aniversário da sua caçula. Desde 2019, ela e Bárbara comemoram o dia 17 de maio, exatamente como faziam antes de toda a tragédia acontecer. Dona Nazaré prepara o bolo de doce de leite com nozes que Beatriz tanto adorava. Arrumam a mesa com toalha e pratos especiais. Preparam tudo como se uma festa fosse acontecer, mesmo que apenas mãe e filha estejam na casa. O propósito é que seja algo o mais íntimo e particular possível. Depois de cantarem "Parabéns pra você", cortam o bolo e comem, lembrando episódios engraçados da vida de Bia, as travessuras que ela fazia quando criança, veem fotos antigas. E se emocionam.

A dor, todavia, ainda machuca. Por mais que tentem, mesmo nesses dias dona Nazaré e Bárbara não conseguem evitar o pensamento de que o homem que matou Beatriz, cedo ou tarde, estará novamente em liberdade. Procuram, porém, valorizar mais a vida de Bia do que a sua morte. Aos amigos mais próximos, dona Nazaré sempre fala que seu desejo é honrar a memória da filha com paz, amor, comunhão. Diz, também, ter certeza de que sua menina recebe aquela singela festa com alegria. Todos os anos, quando celebram o aniversário de Beatriz, dona Nazaré e Bárbara terminam a noite comendo o bolo preferido de Bia. Invariavelmente, as fatias chegam às suas bocas molhadas pelas lágrimas.

Aos 27 anos, Beatriz Milano foi morta em Rondonópolis, em Mato Grosso, pelo próprio noivo, o médico Fernando de Carvalho. Ela estava grávida de quatro meses e meio. FOTO: ACERVO DA FAMÍLIA

Após a morte de Beatriz, em novembro de 2018, Bárbara e Nazaré Milano (de cabelo solto) – respectivamente sua irmã e sua mãe – celebram todos os anos o seu aniversário, no dia 17 de maio. Abaixo, Fernando e Beatriz, quando ainda moravam em São Paulo.

FOTOS: ACERVO DA FAMÍLIA

Exemplar R$ 3,00
Interior R$ 3,50

A GAZETA

Caderno A | Cuiabá, Quarta-feira, 26 de Junho de 2024 | ANO 35 | Nº 11.494

VLT A DÉCADA ENTERRADA

BRT não reaproveita 81% dos serviços pagos

Com o fim de uma década de promessas para o transporte coletivo em Cuiabá e Várzea Grande, o Veículo Leve Sobre Trilhos (VLT), 81% dos serviços que foram pagos para execução do modal não serão reaproveitados na implantação do BRT. Trincheiras, viaduto, obras de arte especiais são algumas das obras que não servem para o BRT. Segundo relatório de Medições e Aproveitamento, realizado pela Secretaria de Estado de Infraestrutura e Logística (Sinfra), apenas 18,93% de serviços que foram pagos serão incorporados ao novo modal. 1B

MATOU A NAMORADA GRÁVIDA

Feminicida atua como médico menos de três anos após condenação

Médico condenado a mais de 24 anos por assassinar a namorada grávida de cinco meses e provocar o aborto da própria filha, está atuando em atendimento in loco de acidentes de trânsito, visitação de pacientes no Hospital Regional, Unidade de Pronto Atendimento (UPA) e consultas domiciliares a colaboradores e eventos da Cooperativa de Desenvolvimento de Rondonópolis (Coder). O clínico geral Fernando Veríssimo de Carvalho, 33, atua sem qualquer restrição como médico na cidade. 4B

CRISE POLÍTICA DO ARROZ

Diretor indicado por Geller perde o cargo

O diretor de Operações da Companhia Nacional de Abastecimento (Conab), Thiago José dos Santos, indicado por Neri Geller (PP), foi exonerado na terça-feira (25) após a suspensão do leilão de arroz importado. Thiago afirmou que 'colocaram uma casca de banana no meio do caminho e ele escorregou'. Thiago Santos é o segundo integrante da administração federal a cair por conta da anulação do leilão do arroz. 10A

CASO MARCREAN

'Passei humilhação'.

Em 26 de junho de 2024, o jornal *A Gazeta*, de Mato Grosso, publicou reportagem com uma denúncia que causaria revolta à família e aos amigos de Beatriz.

FOTO: REPRODUÇÃO

Dona Nazaré entre as duas filhas. Ela soube da morte da sua caçula por meio de um telefonema que recebeu de um delegado de Rondonópolis: “Sua filha está morta”. Dona Nazaré negava-se a aceitar. Pensava, repetidamente: “Não pode ser verdade. Não pode ser verdade”.

FOTO: ACERVO DA FAMÍLIA

A promotora Luciana de Freitas assumiu o caso apenas seis meses antes do julgamento, marcado para 20 de setembro de 2021. Sob enorme pressão, ela conseguiu que Fernando de Carvalho fosse condenado a 41 anos e oito meses de prisão.

FOTO: DIVULGAÇÃO

A vereadora Kalynka Meirelles (acima), de Rondonópolis, conseguiu importante vitória na luta contra a violência de gênero. Motivada pelo caso de Beatriz Milano, ela criou uma lei que proíbe o município de contratar condenados por feminicídio. O promotor Jorge Damante (ao lado), por sua vez, teve atuação fundamental para a prisão de Fernando de Carvalho, em Ribeirão Preto, interior de São Paulo, para onde o médico tinha fugido.

FOTOS: DIVULGAÇÃO

ÓDIO MORTAL

5

O corpo da advogada Maria Eduarda Lacerda era sacudido com assombrosa violência. Com as duas mãos lhe envolvendo o pescoço, seu agressor bradava ao mesmo tempo em que a esganava. Fez isso por quatro vezes, num intervalo de um minuto e 20 segundos. Na terceira, os solavancos foram tão fortes, que fizeram Maria Eduarda cambalear e precisar se apoiar numa mesa para não ser jogada ao chão. E o homem que continuava apertando-lhe o pescoço, já marcado de vermelho pelas mãos do seu algoz, gritava: "Estou matando a mulher". Era 10 de maio de 2021, e a cena grotesca acontecia diante de cerca de cem testemunhas, todas estupefatas. Estavam perplexas por presenciarem algo tão torpe e pelo fato de que tudo aquilo acontecia num ambiente em que a Justiça deveria prevalecer. Para tornar o episódio ainda mais deplorável, as mãos que apertavam o pescoço de Maria Eduarda pertenciam ao seu colega de profissão, o advogado Claudio Dalledone Júnior.

Tendo como palco o Tribunal do Júri de Guarapuava – município paranaense com 190 mil habitantes e a 250 quilômetro de Curitiba –, a cena fazia parte das argumentações finais de Dalledone Júnior, durante o julgamento de um caso de feminicídio que se tornara conhecido em todo o Brasil. O homem sentado na cadeira do réu e a quem o advogado tentava defender era Luis Felipe Manvailer, de 34 anos. Biólogo, professor universitário e nascido em Curitiba, ele era acusado pelo assassinato da própria esposa, Tatiane Spitzner, morta havia quase três anos, em 22 de julho de 2018. No dia do crime, Tatiane, advogada, nascida em Guarapuava e com a carreira em ascensão, tinha 29 anos. O homicídio foi divulgado por veículos de imprensa de todas as partes do país. Revistas, jornais, portais de notícias, emissoras de TV. Todos falavam do caso da advogada morta depois de cair do apartamento em que morava com o marido, no quarto andar de um prédio em Guarapuava.

Pelas circunstâncias nas quais Tatiane falecera – estavam apenas ela e Luis Felipe dentro de casa, e eles haviam brigado minutos antes –, tudo levava a crer que o assassino era seu marido. O Processo Judicial, instaurado em 27 de setembro – pouco mais de dois meses após o episódio –, era repleto de evidências que apontavam o professor de biologia como responsável pela morte da esposa. O caso, no entanto, precisava ser analisado por um júri formado pela Justiça e que teria a responsabilidade de decidir se Luis Felipe Manvailer era culpado ou inocente. E naquela tarde de segunda-feira, 10 de maio de 2021, o advogado Dalledone Júnior fazia de tudo para convencer os sete jurados de que seu cliente deveria ser absolvido. Até simular que estava esganando sua assistente. De tão absurda, a atitude levaria a Ordem dos Advogados do Brasil no Paraná (OAB-PR) a divulgar, no dia seguinte, uma nota sobre o fato, na qual afirmava:

> *O processo e as estruturas do Sistema de Justiça, incluindo a atuação da advocacia, não podem ser usados, sob nenhum pretexto, para propagar a violência que deveriam enfrentar e combater, sendo inaceitável a utilização do corpo feminino para a reprodução de atos de violência.*

A OAB declarou, ainda, que iria "apurar a conduta dos advogados de defesa do biólogo Luis Felipe Manvailer, após simularem uma agressão durante julgamento realizado nesta segunda-feira (10), em Guarapuava, sobre a morte da advogada Tatiane Spitzner". A instituição abriu um processo para investigar a atitude de Dalledone Júnior e informou que o caso seria analisado pelo seu setor ético e disciplinar, "que poderá tomar medidas, se comprovado o excesso na atuação da defesa" – o processo passou a correr em segredo de Justiça. Não seria a primeira situação polêmica em que o advogado se envolvia. Conhecido por atuar em ações de grande repercussão na mídia, Dalledone Júnior havia defendido, por exemplo, o médico e ex-vereador do Rio de Janeiro Jairo Santos Júnior, conhecido como Doutor Jairinho, no caso do assassinato do menino Henry Borel, de 4 anos. Jairo foi acusado de matar o garoto, em cumplicidade com a mãe da própria criança, a professora Monique Medeiros, com quem ele namorava à época do crime, ocorrido em março de 2021 – até agosto de 2025, o julgamento não havia sido realizado.

Para defender o professor Luis Felipe Manvailer, o advogado Dalledone Júnior acreditou que simular estar esganando sua assistente seria uma boa ideia. Como seu cliente era acusado de matar a própria esposa após esganá-la, ele pretendia, com aquilo, convencer os jurados de que um agressor pode apertar o pescoço de alguém sem que isso leve à morte. Era uma tentativa de tirar o peso do laudo necroscópico – documento com as conclusões de um exame médico realizado num cadáver –, segundo o qual Tatiane tinha os chamados estigmas ungueais, marcas de unhas ou dedos no pescoço de uma vítima por esganadura. Como não podia apagar esse dado científico, Dalledone Júnior encenou esganar sua assistente, com a tese de que, apesar de ter feito o mesmo à sua esposa, Luis Felipe não era um feminicida. O advogado protagonizou tudo isso durante sua argumentação final, no último dia de um julgamento que já durava uma semana. Todos no recinto aguardavam ansiosos pela conclusão.

Advogados de defesa e de acusação, o promotor Pedro Papaiz, testemunhas, moradores da cidade, familiares e amigos da vítima e do réu. Uma das pessoas mais afetadas pela morte de Tatiane não estava no Tribunal do Júri de Guarapuava: seu pai.

Jorge Spitzner decidira não acompanhar presencialmente o julgamento do homem que ele acreditava ter assassinado sua filha mais velha. Também advogado e aos 56 anos, ele tinha plena convicção, a partir dos fatos apurados no Inquérito Policial, de que Luis Felipe matara Tatiane. Conhecia a si mesmo o suficiente para admitir que não conseguiria manter o controle de suas ações se ficasse no mesmo ambiente que seu ex-genro. Temia que alguma atitude mais violenta de sua parte, contra o algoz de Tatiane, acabasse por prejudicar o julgamento. Ficou em casa. Sozinho. Pedindo a Deus que o júri chegasse à conclusão que lhe parecia irrefutável e condenasse o homem sentado no banco dos réus. Naquele mesmo momento, sua mulher – a contadora Dolores Weyand, 54 – e sua filha caçula – a dentista Luana Spitzner, 25 – esperavam, tensas, o anúncio do veredito. Enquanto aguardava que alguém lhe telefonasse para dar notícias do júri, Jorge sentia uma saudade esmagadora da sua primogênita. Um sentimento amargo e que nunca daria sossego ao seu coração.

Para ele, era insuportavelmente doloroso aceitar que sua menina estava morta. Pior, que ela tinha sido assassinada pelo próprio marido. Seriam muitas as lembranças que guardaria da filha enquanto vida tivesse. Para sempre, lembraria da garota muito ativa, carinhosa e inteligente que Tatiane fora quando criança. Não passava um dia sem dar diversos beijos e abraços nos pais e na irmã, Luana, oito anos mais nova. Divertida e extrovertida, adorava ser o centro das atenções, fazendo graça, dançando e conversando com todos. Não foram poucas as vezes em que, aos 5, 6 anos, saía com os pais e puxava papo com estranhos em lojas e restaurantes. Para os parentes, amigos, colegas da escola e vizinhos, era apenas "Tati", a menina linda e sorridente que encantava com seu jeito doce e alegre. No colégio, fazia amizades facilmente e sempre figurava entre os alunos com melhores notas.

Gostava de estudar, mas nunca foi do tipo obcecada pelos livros. Conseguia conciliar bem os estudos com as brincadeiras. Normalmente, fazia as tarefas escolares assim que chegava em casa vindo da escola e logo depois ia se divertir, com suas bonecas, vendo TV ou com os cachorros da família. Ela amava aqueles bichos. Uma de suas paixões na adolescência era Scoth, um yorkshire de olhos negros e pelo castanho, com mechas brancas no focinho. Cuidava dele, a quem costumava chamar de "Amorzinho", com admirável carinho. Não descuidava da ração, levava ao veterinário, dava banho. Era seu xodó. Sua paixão pelos animais também ficava evidente na casa de campo da família, no município de Mangueirinha, a cerca de 120 quilômetros de Guarapuava. Ali, havia toda espécie de bichos. Tartarugas, peixes, pássaros, cachorros, cavalos. Tatiane adorava a todos. Passava horas brincando com os animais. Gostava tanto deles, que chegava ao ponto de não montar a cavalo, por considerar uma agressão ao bicho.

Ainda criança, já mostrava espírito de liderança e aptidão para agregar pessoas em torno de suas ideias. Por volta dos 10 anos, ela organizava pequenas apresentações com sua irmã, Luana, suas primas e suas amigas. Em algumas dessas ocasiões, as meninas montavam teatrinhos, nos quais encenavam episódios do dia a dia. Em outras, faziam desfiles de moda, com todas elas maquiadas e usando roupas coloridas. Os pais, os tios e os avós eram obrigados a assistir a tudo atentamente, como se estivessem diante de verdadeiras estrelas. À frente desses eventos pueris, estava sempre Tatiane. Os aplausos, que invariavelmente se seguiam às apresentações, deixavam-nas felizes e orgulhosas. Ainda mais orgulhosos ficaram seus pais quando a garota, aos 11 anos, teve a ideia de organizar uma feira de livros. Pegaram todos os livros que havia dentro de casa – dos adultos e das crianças – e que já tinham sido lidos, montaram uma banca na rua e colocaram à venda por preços simbólicos. Não sobrou nenhum dos mais de 30 exemplares. Ao fim do dia, ela estava feliz da vida, dizendo que aqueles livros iriam levar cultura a outras pessoas.

Além da sua inteligência, sua desenvoltura e sua paixão pelos animais, a beleza física era frequentemente destacada por amigos e familiares. Sempre foi uma menina linda. O nariz afilado e longo harmonizava com a boca larga e os grandes olhos verdes. Mas tinha uma reclamação recorrente: se achava magra demais para sua altura. Em casa, vivia dizendo que era a mais magrela da turma do colégio. Em sua opinião, uma garota de 1,72 metro precisava ter um pouco mais de corpo. Até que isso aconteceu. A partir dos 15 anos, a menina franzina deu lugar a uma moça de 62 quilos, corpo atlético, cabelos longos e negros. Do tipo que chama a atenção por onde passa. Sempre cuidadoso, o pai fazia questão de levá-la às festas e aos encontros com amigos. E também ia buscá-la. A mãe, por sua vez, a orientava a respeito de como se comportar nos lugares, de forma a nunca abrir espaço a rapazes mais atrevidos. Os ensinamentos paternos, somados à personalidade centrada de Tatiane, deram resultado.

Até conhecer Luis Felipe Manvailer, ela nunca havia se queixado de ter sofrido nenhum tipo de assédio ou agressão. Se algum sujeito se aproximava de forma que considerasse inadequada, cortava de imediato. Antes de se casar com o homem que seria acusado de matá-la, só tivera um namoro sério, que começara aos 18 anos. O relacionamento durou cerca de seis anos – de 2006 a 2012. O término, apesar de deixar Tatiane triste, foi tranquilo e sem atritos. Tanto que o rapaz continuou amigo da família Spitzner. Ela passaria quase um ano sem namorar ninguém. Até que, no início de 2013, durante uma viagem a Curitiba, conheceu Luis Felipe. Àquela altura, Tatiane já havia concluído a faculdade de Direito, que fez no Centro Universitário Campo Real, em Guarapuava. Decidira seguir a carreira do pai, a quem sempre foi muito ligada. Durante os cinco anos do curso, costumava conversar com Jorge sobre os trabalhos acadêmicos, as aulas, os processos analisados em sala.

Quando começou o namoro, Tatiane já tinha até o próprio escritório de advocacia, que abrira em sociedade com três grandes amigos: Marcelo Cavagnarim, Renan Neves e Ricardo Brustolin. Batizaram a empresa com a primeira letra dos sobrenomes de cada: CSBN Advogados. Os negócios iam bem, com o escritório conquistando cada vez mais reconhecimento e clientes em toda a região — em 2025, a CSBN já havia atuado em cerca de mil processos e tinha dez funcionários. Aos 24 anos, Tatiane se firmava como uma conhecida advogada do interior paranaense, especializada em questões trabalhistas e cíveis. Foi quando ela conheceu o professor universitário de biologia bonitão, de olhos azuis, 1,85 metro de altura e quase 100 quilos, músculos esculpidos pelas artes marciais e muita musculação.

Obcecado pelo próprio corpo, Luis Felipe Manvailer chegava a passar até duas horas na academia e se orgulhava em dizer que era faixa roxa de jiu-jítsu. Tinha alimentação extremamente regrada. Levava sua marmita fitness para todos os lugares e cumpria os horários das refeições com disciplina jesuítica. Para continuar ganhando massa muscular, tomava suplementos e anabolizantes. Se não conseguia fazer algum tipo de exercício com a carga programada, se irritava, ficava agressivo, chegando a jogar halteres ao chão. Quando o conheceu, Tatiane não sabia de nada disso. Percebeu, apenas, que se tratava de um rapaz educado e dedicado aos estudos e à carreira. Formado em Ciências Biológicas, pela Universidade Federal do Paraná (UFPR), tinha mestrado em Genética, pela mesma instituição, e se preparava para fazer doutorado na Alemanha. Nada sugeria que aquele homem seria capaz de assassinar a própria mulher. E foi justamente o doutorado que fez o casal acelerar as coisas.

Em meados de 2013, Luis Felipe conseguiu uma bolsa de estudos para fazer doutorado no Hospital Universitário de Essen, cidade alemã com 600 mil habitantes e a 530 quilômetros da capital, Berlim.

Tatiane estava apaixonada. Confiante de que poderia passar o resto da vida ao lado daquele homem. Aceitou seu convite para ir com ele para a Alemanha. Queria, no entanto, a aprovação do pai. A princípio, Jorge não gostou muito da ideia. Achou cedo demais. Afinal, eles estavam namorando havia menos de seis meses. Mas Tatiane, prestes a completar 25 anos, demonstrava maturidade suficiente para fazer suas escolhas. Além do mais, era melhor que sua filha fosse para a Alemanha com um rapaz estudioso, dedicado à carreira e a quem ela afirmava amar do que ficar em Guarapuava e acabar se relacionando com um sujeito qualquer. Jorge acabou por autorizar a viagem. Havia outro detalhe importante. A bolsa que Luis Felipe ganhara garantia benefícios à sua companheira, desde que a união fosse oficial. Decidiram se casar apenas no civil, sem festa, nem pompa, no dia 3 de dezembro de 2013.

No fim daquele mesmo ano, o casal embarcou para Essen. Jorge e Dolores sentiram um aperto no peito ao ver a filha entrando na sala de embarque do aeroporto de Curitiba. Acreditavam, contudo, que Tatiane seria feliz na nova vida. Não foi o que aconteceu. Na Alemanha, começaram os problemas no relacionamento. Luis Felipe passou a ter comportamento grosseiro em relação à mulher, usava apelidos pejorativos em relação a ela, como "bosta albina", em referência à sua pele alva. A própria irmã de Tatiane presenciaria um desses episódios. Em 2016, Luana foi visitar Tatiane em Essen e passou algumas semanas no apartamento do casal. Vez ou outra, ela via o cunhado tratar a esposa de forma indelicada. Ficava constrangida, mas deixava passar, para não tornar a situação ainda mais tensa.

Nada, porém, que se comparasse ao dia em que, por um motivo fútil, Luis Felipe gritou com Tatiane. "Deixa de ser burra", esbravejou, voz áspera. Luana sentiu-se profundamente mal pela irmã mais velha, que ficara sem reação diante da estupidez do marido. Decidiu, todavia, não comentar nada com Tatiane nem contar aos pais o ocorrido, para não preocupá-los. O fato é que esse tipo de situação se tornava cada vez mais constante, à medida que o tempo passava. E ela tentava assimilar as agressões, sem conversar sobre o assunto com a família, temendo que isso pudesse piorar ainda mais as coisas. Sabia que, naquelas circunstâncias – com a filha vivendo em outro país e na mesma casa que um homem violento –, seus pais seriam perfeitamente capazes de irem buscá-la na Alemanha. Dos familiares e das amigas do Brasil, a advogada conseguia esconder as agressões de Luis Felipe. Mas havia uma pessoa com a qual ela se sentia à vontade para desabafar.

Tatiane conheceu Rosenilda Bielack no início de 2014, poucas semanas após sua chegada a Essen. Baiana de Salvador, Rosenilda já vivia na Alemanha havia quase cinco anos. Trabalhava como esteticista e estava matriculada num curso de alemão, para aprimorar o idioma. Seu primeiro encontro com Tatiane se deu justamente numa sala de aula desse curso. A empatia foi imediata. Em pouco tempo, já se tratavam por "Tati" e "Rose" e nutriam enormes carinho e respeito mútuos. À época aos 50 anos, Rosenilda era mais velha do que Dolores, mãe de Tatiane, que tinha 48. A diferença de idade, no entanto, não foi impedimento para o surgimento de uma amizade sólida e sincera. Falavam sobre tudo, sem barreiras nem receios. Foi nesse ambiente de confiança que a advogada paranaense começou a desabafar com Rosenilda sobre seus problemas no casamento. Era raro passar uma semana sem que ela fizesse algum tipo de reclamação a respeito de Luis Felipe. Podia ser um xingamento, uma ofensa, uma atitude de grosseria. O fato é que sempre havia algo.

Rosenilda já conhecera o marido da amiga e percebera que ela era outra pessoa quando ele estava por perto. Da moça divertida, espirituosa e extrovertida que encantava a todos à sua volta, Tatiane ficava tensa, calada e fechada na presença de Luis Felipe. Foi o que aconteceu numa noite de karaokê que Rosenilda organizou na sua casa e para a qual convidara o casal. Pela primeira vez, ela notou que sua amiga mal olhava para os lados quando o esposo estava próximo. Evitava até mesmo conversar com outras pessoas, especialmente com os homens. A noite acabou sem maiores problemas, mas Rosenilda ficara incomodada e preocupada com tudo o que vira. Dias depois, numa conversa a sós, Tatiane desabafou. Contou do ciúme extremo e descabido do marido. Lembrou que já haviam brigado pelo simples fato de olhar para o lado numa praça. De imediato, Luis Felipe acusara a mulher de estar paquerando, por mais que ela jurasse que isso não tinha fundamento algum.

As coisas só pioravam. Houve épocas em que, mesmo em dias de calor, Tatiane aparecia usando blusas de manga longa ou casacos. Rosenilda falava para a amiga tirar o casaco ou vestir algo mais leve, mas não adiantava. E Tatiane usava essas roupas em dias quentes, justamente nas semanas em que tinha queixas a respeito do marido. Rosenilda concluiu o que lhe parecia óbvio: ela era agredida por Luis Felipe e tentava esconder eventuais marcas. O tempo passava, e a cumplicidade entre elas aumentava. Até chegar o dia em que, chorando, Tatiane afirmou que não aguentava mais ser humilhada pelo esposo. Disse que ele a diminuía, a humilhava e usava os xingamentos mais chulos para ofendê-la, como "filha da puta" e "vagabunda". Mesmo sem que ela tivesse feito nada que o irritasse. Bastava uma contrariedade no trabalho ou uma chateação na academia para Luis Felipe culpá-la por tudo. Ele chegava até mesmo a dizer que ela era feia, burra e desinteressante. Ao ouvir esse relato da amiga, Rosenilda rebateu:

— Tati, te olha no espelho. Você é uma mulher linda!

— Não sei, Rose. Acho que ele tá certo. Ele é muito mais bonito do que eu.

— Não fala bobagem. Você é belíssima, inteligente, batalhadora, talentosa. Ele tá falando um monte de bobagem. Esse homem não te merece!

Por mais que argumentasse, Rosenilda percebia que suas palavras não surtiam efeito. Não conseguia entender como uma mulher inteligente, advogada de sucesso e fisicamente linda poderia não enxergar o próprio valor, simplesmente pelo comportamento tóxico do homem que tinha a seu lado. Não importava o que falasse, sua amiga continuava se sentindo inferior ao marido. E foi assim até o fim da temporada do casal na Alemanha. Em dezembro de 2016, Tatiane e Luis Felipe retornaram a Guarapuava. A questão profissional não seria problema. Ela voltaria a trabalhar no escritório de advocacia que havia aberto com três amigos e do qual nunca deixara de ser sócia. E ele não teria dificuldades para conseguir uma vaga de professor no Centro Universitário Guairacá. A vida conjugal, por outro lado, permanecia difícil. Na verdade, só piorava.

Rosenilda continuava sendo a principal confidente de Tatiane. A distância geográfica não afetara a amizade entre elas. Longe disso. Seguiam conversando com frequência de duas ou três vezes por semana. Falavam-se por ligações de WhatsApp e também por vídeo e mensagens de texto. Certo dia, Tatiane, olhos marejados e voz abatida, contou à amiga que ela e o marido não tinham relações sexuais havia meses. Disse mais. Sempre que tomava a iniciativa para criar uma situação romântica, Luis Felipe a evitava, chegando ao ponto de dizer que sentia nojo da esposa. Mesmo passando por episódios assim, Tatiane não compartilhava seus problemas conjugais com a família. Preferia poupá-los dessa dor de cabeça. Da Alemanha, Rosenilda não conseguia deixar de pensar na amiga e no sofrimento por que ela estava passando. Sua preocupação ficaria ainda maior.

Na tarde do dia 6 de março de 2018 – pouco mais de um ano após a advogada paranaense e o marido voltarem a viver em Guarapuava –, Rosenilda recebeu, pelo WhatsApp, mensagens enviadas pela amiga e que a deixaram ainda mais angustiada quanto à segurança de Tatiane. Encaminhadas num intervalo de três minutos – entre 13h33 e 13h36 –, diziam:

> *Não conheço a pessoa que tenho do meu lado. Grosseiro, estúpido. Falou que tem ódio mortal de mim, que não sabe quando vai passar essa raiva, que não quer nem falar comigo.*

As palavras "ódio mortal" causaram grande impacto em Rosenilda. Como um marido é capaz de dizer algo assim à própria mulher? E se ler isso lhe fizera tão mal, como estaria Tatiane, vendo o homem com quem trocara juras de amor eterno afirmar que sentia "ódio mortal" por ela? Concluiu que precisava alertar a amiga com firmeza. Telefonou para a advogada e disse tudo o que considerou ser necessário e apropriado diante da gravidade da situação. Do outro lado da linha, Tatiane respondia de forma monossilábica ou com frases curtas.

— Tati, você não pode continuar vivendo na mesma casa que esse homem — disse, voz firme.

— É — ela respondeu, sem força, quase inaudível.

— Estou falando sério. Se ele disse que tem ódio mortal de você, é porque ele sente vontade de te matar.

— Tá.

— Tati, tua vida tá correndo perigo. Você tem noção disso? Esse cara é capaz de te matar.

— Não sei o que fazer.

— Sai desse apartamento agora. Vai pra casa dos teus pais. Aliás, você mostrou essas mensagens à sua família?

— Não.

— Você tem de mostrar isso a eles. Teus pais e tua irmã precisam saber o tipo de coisa que o Luis Felipe tá fazendo e falando.

— Sei.

Rosenilda continuou insistindo para que a advogada relatasse tudo à família. Sentia, no entanto, que ela manteria a postura de não repassar suas dores aos parentes. Estava certa. Tatiane jamais informaria seus familiares a respeito das agressões que vinha sofrendo por parte do marido. Muito menos, do fato de ele ter dito que sentia "ódio mortal" dela. Não demorou para que Rosenilda descobrisse que o professor de biologia não falava da boca para fora. Do dia em que Tatiane enviou as mensagens à amiga ao momento da sua morte se passaram apenas quatro meses e meio. E, mesmo vivendo ao lado de um homem que a fazia se sentir tão desrespeitada e apavorada, ela escondera sua angústia da família. Se houvesse contado tudo o que estava passando aos seus pais, talvez a tragédia tivesse sido evitada. Caso soubessem o tipo de comportamento que o genro tinha para com sua filha, certamente Jorge e Dolores não a teriam deixado sozinha ao lado dele. Muito menos, naquela noite. Afinal, poucas horas antes de ser morta, Tatiane estava com seus familiares.

Era para ser um dia de celebração à vida. Naquele sábado, 21 de julho de 2018, Luis Felipe estava completando 32 anos. Ele e Tatiane tinham acabado de retornar de uma viagem em família. Haviam passado alguns dias em Goiás, com os pais dela e sua irmã, Luana. Ainda durante o passeio, Dolores e Luana perceberam um clima de tensão entre o casal. Eles não trocavam carinhos, sorrisos nem brincadeiras. Em qualquer conversa do grupo, Luis Felipe encontrava alguma forma de rebaixar a esposa. Se ela fazia uma piada, ele demonstrava não ter achado graça. Ela elogiava a comida, ele dizia que estava sem gosto. Chegou ao ponto de Luana e sua mãe conversarem entre si a respeito das grosserias repetitivas e inconvenientes de Luis Felipe em relação a Tatiane. Sentiam-se, ambas, incomodadas. Mas acharam melhor não comentar nada abertamente, para não piorar ainda mais o clima. A viagem acabou sem maiores problemas. Voltaram para Guarapuava, todos no mesmo carro — a picape Chevrolet S10, prata, de Jorge.

Pouco antes das 18h, ele deixou Tatiane e o marido no prédio em que o casal morava, na região central da cidade, e foi para sua casa, a apenas uma quadra de distância. Cansados da viagem, Jorge e Dolores haviam decidido não ir ao Bar Box Lounge, onde parentes e amigos iriam celebrar o aniversário de Luis Felipe. Deixaram a filha e o esposo e foram embora. Antes, porém, despediram-se de Tatiane com beijos e abraços. Seria a última vez que a veriam com vida. Por volta das 22h30, Tatiane, Luis Felipe e seus convidados já estavam no bar. A atmosfera jovem e descontraída do lugar, com música eletrônica e DJ, não mudara o comportamento do aniversariante em relação à esposa. Ele continuava frio e distante. Bruna e Luana – prima e irmã de Tatiane, respectivamente – perceberam que eles mal se falaram durante toda a noite. Beijos e carinhos, nem pensar. Pareciam dois estranhos.

Incomodada com um desconforto estomacal, Luana decidira não beber naquela noite, o que a ajudou a perceber com clareza o comportamento condenável do cunhado. Luis Felipe nunca foi de beber muito. Tomou apenas duas ou três taças de vinho. Mas fumou bastante, coisa que raramente fazia. Acendia um cigarro e saía do bar, para fumar num local aberto. Trocava meia dúzia de palavras com algum amigo, voltava para a mesa e seguia calado, cara fechada. E sem sequer tocar na esposa ou dirigir-lhe palavra. Luana via tudo isso com mais preocupação do que estranheza. Já havia meses que as coisas entre Luis Felipe e Tatiane não estavam muito boas. Constantemente, ele era rude com a mulher, mesmo diante de amigos e familiares – como acontecera na viagem a Goiás que haviam acabado de fazer.

Tatiane até desconfiava de que poderia estar sendo traída. Professor universitário, bonito e com corpo atlético (1,85 metro de altura e quase 100 quilos), Luis Felipe tinha diversas fãs entre suas alunas de Biologia no Centro Universitário Guairacá, em Guarapuava. Já havia ocorrido, inclusive, de Tatiane flagrar mensagens que considerara inadequadas entre o marido e algumas estudantes. Numa delas, professor e aluna combinavam de irem a um bar. Sempre que ela reclamava desse tipo de coisa, Luis Felipe invertia a situação. Acusava a esposa de não confiar nele e dizia que ela estava maluca. Na noite do seu aniversário, todavia, Bruna e Luana imaginavam que Luis poderia ser menos frio e seco com Tatiane. Não foi o que aconteceu. E tudo ficou ainda mais claro para Luana quando ela falou para a irmã que se sentia cansada, enjoada e, por isso, iria para casa. Era por volta das 2h da madrugada. Tatiane segurou no braço da irmã mais nova e, voz baixa, falou algo que deixaria Luana triste, porém aliviada.

— Vou pedir o divórcio, Lu.

— Sério, Tati?

— Sim. Não tá dando mais. Não consigo mais suportar essa situação.

— Tá certo. Acho que você tem de fazer o que é melhor pra você.

Beijaram-se, trocaram um abraço apertado e se despediram. Uns 15 minutos mais tarde, Luana já estava na casa dos pais, com quem morava. Sentia-se exausta, pelo dia agitado que tivera, desde a viagem de volta de Goiás à festa do cunhado no bar. Sem falar naquele desconforto no estômago. Tomou um banho rápido e foi se deitar. Seu descanso durou menos de duas horas. Acordou por volta das 4h30, com um barulho estranho vindo do quarto dos pais. Levantou-se e, pé ante pé, foi averiguar o que se passava. Jorge e Dolores estavam no closet do casal, confusos, andando de forma desnorteada e passando o telefone celular um para o outro. Não falavam coisa com coisa. Pareciam não entender o que a pessoa do outro lado da linha dizia. Luana pegou o celular das mãos do pai e tomou as rédeas da situação.

Sua mente não guardou o nome da pessoa que se apresentou dizendo que era da Polícia Militar. Mas a frase que ouviu jamais seria esquecida. "Tatiane está morta", disse uma voz tão grave quanto a notícia que acabara de dar. O primeiro pensamento de Luana, que seu cérebro formulou em milésimos de segundos, foi de que aquilo não poderia ser verdade. Como Tati poderia estar morta, se havia poucas horas ela estava se despedindo da irmã com beijos e abraços no Bar Box Lounge? Só podia ser uma brincadeira de imensurável mau gosto. Retrucou com rispidez.

— Isso não é hora pra passar trote! — reclamou.

— Não é trote, senhora. A dona Tatiane está morta.

— Como assim?

– Ele a jogou da sacada do apartamento.

– Não estou entendendo.

– O marido de Tatiane a matou. O corpo já está no IML. Precisamos que alguém da família faça o reconhecimento.

Era insólito o sentimento que abalava Luana naquele momento. Aparentemente, seus pais estavam no mesmo estado de total atordoamento. Não trocavam palavras. Não choravam. Sabiam, apenas, que tinham uma tarefa extremamente árdua pela frente. Foram para o IML no mesmo carro que haviam feito a viagem a Goiás poucos dias antes: a picape S-10 de Jorge. O silêncio dentro do veículo era absoluto. Ninguém falava nada. Tampouco choravam. A dor que sentiam era tão descomunal, que seus corpos não conseguiam expressar em reações visíveis. Apenas sofriam. Calados. O amanhecer daquele dia terrível começava a iluminar as ruas de Guarapuava, quando a família chegou ao IML. Dolores seguia desnorteada. Passava alguns minutos em silêncio, olhando para o teto. Quando falava alguma coisa, eram frases desconexas. Luana nunca vira a mãe daquele jeito. Era mais uma dor que ela, aos 22 anos, precisaria abafar, para dar ao menos um pouco de suporte emocional aos pais.

Observando a esposa em total estado de choque e querendo poupar a filha caçula de um sofrimento que nem ele mesmo sabia como iria assimilar, Jorge tomou para si a responsabilidade de reconhecer o corpo de Tatiane. A dor que sentiria naquele instante jamais daria descanso à sua alma. Sobre a mesa fria do IML, sua primogênita tinha os olhos verdes abertos, assim como os lábios, como se estivesse viva, querendo falar algo ao pai desesperado. O nariz, outrora longo e afilado, estava torto, em consequência da queda ou da briga com o seu algoz. Aos 53 anos, Jorge experimentava uma sensação que lhe era estranha. Um vazio imensurável ocupava seu ser por completo. Como viveria com a certeza de que nunca voltaria a ouvir a voz doce e a gargalhada solta de Tatiane? Como suportaria a vida, sem os carinhos e as brincadeiras da menina que o tornou pai pela primeira vez?

Era sofrimento demais. Tristeza demais. Angústia demais. Chorou. Tomado por um desespero inexprimível, sentiu o que passaria a definir como "a dor mais profunda do mundo". Tipo de dor que só um pai ou uma mãe que perde um filho ou uma filha é capaz de dimensionar. Seu coração era invadido por amargura tão avassaladora, que chegou a pensar em desistir de tudo. Inclusive, da própria vida. Lágrimas a lhe lavarem o rosto, lembrou que precisava voltar para o lado de Dolores e Luana. Encontrou forças que nem sabia ter e foi falar com a mulher e a filha. Ao vê-las, percebeu que tinha de se manter vivo, para cuidar de ambas e ajudá-las a suportar aquela agonia miserável. Saiu da sala mórbida do IML com a alma igualmente fria, como se tivessem arrancado de dentro de si a capacidade de sentir algo que não fosse tristeza. Encarou Luana, que respondeu com um olhar ansioso por informações. Perguntou, sem palavra pronunciar, como estava sua irmã. No tom mais sereno que foi capaz de expressar, Jorge disse apenas que Tatiane tinha o aspecto de uma pessoa morta por asfixia – o que o laudo assinado pelos legistas viria a comprovar.

Enquanto Jorge enfrentava a angústia mais lancinante que já sentira, Luana providenciava um calmante para sua mãe e conversava, ao telefone, com amigos da polícia – um deles, delegado –, para saber o paradeiro de Luis Felipe. Nada. O suspeito de ter assassinado Tatiane continuava desaparecido. Naquele momento, porém, a família tinha outra prioridade. Era preciso organizar tudo para o velório e o enterro. Alguém teria, por exemplo, de ir ao apartamento no qual o crime que seria destaque na imprensa de todo o país acabara de acontecer. Quem se encarregasse dessa tarefa deveria buscar documentos de Tatiane e as roupas com as quais ela seria sepultada: calça cinza, blusa branca e blazer salmão. Luana assumiu a missão. Cerca de uma hora depois, ela entrava no apartamento no qual sua irmã vivera com Luis Felipe. Não estava sozinha. Além de uma das melhores amigas de Tatiane — Juliane Santos —, sua prima Bruna e o marido, Caetano Dalla Vecchia, a acompanharam.

A situação carregava, como era de se esperar, enorme tensão. Ninguém ali se sentia confortável com a ideia de entrar no ambiente no qual Tatiane fora assassinada havia menos de sete horas. Uma pessoa que amavam tinha sido morta naquele apartamento, num episódio carregado de violência, dor, desespero. Receavam ver algo que remetesse ao crime. Uma mesa quebrada, uma cadeira jogada ao chão, marcas de sangue no piso. Até que Caetano deu uma sugestão que agradou a Bruna, a Juliane e a Luana. Não deveriam olhar para nada. Ele iria na frente e elas o seguiriam até o quarto do casal, mantendo os olhos fitos no teto. Pegariam os documentos e algumas peças de roupa de Tatiane e iriam embora, do mesmo jeito: olhando para cima. Assim fizeram. O fato de desviarem o olhar dos ambientes, todavia, não diminuiria o tormento de estar ali dentro. Havia um peso amargo na atmosfera. Um silêncio sofrido, que em nada lembrava os momentos de alegria que tinham vivido ao lado de Tatiane naqueles cômodos. Fizeram o que tinham de fazer e foram embora.

O alívio que sentiram ao sair do apartamento duraria pouco. Cerca de três horas mais tarde, chegavam à Capela Mortuária Municipal Santa Cruz, onde seria realizado o velório. Às 13h daquele domingo caliginoso, o local já estava lotado. Mais de quatrocentas pessoas foram se despedir de Tatiane. Havia amigos, parentes, colegas de trabalho, jornalistas e moradores de Guarapuava comovidos com o caso. Numa cidade de 180 mil habitantes, no interior do Paraná, o assassinato de uma jovem local, de família tradicional e supostamente morta pelo próprio marido causara enorme abalo. Todos comentavam sobre o assunto. Assim que o caixão chegou, Luana saiu correndo ao encontro da irmã. Coração acelerado e respiração ofegante, queria ver o rosto daquela com quem compartilhara, desde a infância, tantos momentos de felicidade, brincadeiras, sorrisos. Sentiu uma dor aguda no peito, ao ver a face da irmã desfigurada.

O rosto estava inchado. O nariz, que tanta gente apontava como uma das partes mais belas do seu rosto, parecia quebrado. As mãos, cruzadas sobre o peito, tinham vários arranhões. O crânio apresentava afundamentos. Marcas das agressões sofridas por ela, infligidas pelo homem que lhe prometera amor eterno. As sequelas eram tantas, que Luana e Bruna tiveram de conseguir um cachecol para cobrir o pescoço de Tatiane e esconder os hematomas causados pelas mãos de Luis Felipe enquanto a enforcava. Luana olhava para sua irmã e sentia enorme dificuldade em aceitar que aquele corpo sem vida, massacrado pela violência, era o de Tati. Intuiu, porém, que precisava se manter lúcida, para dar suporte emocional a uma pessoa que parecia mais transtornada do que ela própria: sua mãe.

Dolores estava desolada. Em choque absoluto. Chegava perto do caixão, passava alguns minutos imóvel, olhando para o rosto da filha, e retornava à cadeira. Chorava lágrimas que nenhuma mãe jamais deveria chorar. Seguia – como fizera no IML – falando frases sem nexo. As únicas palavras que pronunciava e que tinham a ver com aquele momento de dor extrema remetiam ao mesmo pensamento que Luana tivera ao ver a irmã na urna funerária. "Não pode ser a Tati ali dentro", repetia incontáveis vezes. Havia, no entanto, uma diferença. Luana tinha plena consciência de que era a sua irmã que estava no caixão. E Dolores parecia realmente não acreditar que sua primogênita jazia numa caixa de madeira. Não foram poucas as vezes em que, durante o velório, ela foi flagrada encarando o nada e repetindo as mesmas palavras: "Não pode ser a Tati ali dentro. Não pode ser a Tati ali dentro". Jorge estava igualmente abalado, chorando gotas amargas. Mas se esforçava para ao menos demonstrar algum equilíbrio emocional, na intenção de passar um pouco de força à mulher e à sua caçula.

Naquele momento, ninguém da família Spitzner poderia imaginar que ainda haveria tanta dor a ser sentida em relação à morte de Tatiane. Não tinham como conceber as revelações assombrosas que o Inquérito Policial traria à tona. O fato é que os investigadores da polícia não teriam muita dificuldade para desvendar o crime. Câmeras de segurança do edifício Golden Garden, no qual o casal morava, haviam gravado cada minuto dos acontecimentos, desde a chegada de Luis Felipe e Tatiane ao prédio. A primeira imagem registrada no vídeo que consta do Inquérito Policial mostra o carro dela, um Chevrolet Cruze, branco, estacionando a 2 metros da calçada, na frente do edifício. O relógio da câmera de segurança marcava 2h34 da madrugada do dia 22 de julho de 2018 – menos de dez minutos após eles saírem do bar onde comemoraram o aniversário de Luis Felipe. A imagem captada pelo equipamento mostra o professor no assento do motorista, desferindo dois golpes na esposa, ainda dentro do veículo. É impossível identificar se são murros ou tapas, mas as agressões foram fortes o bastante para fazer o corpo de Tatiane ser sacudido na direção da porta do carro.

No mesmo instante, ela tenta sair do automóvel, mas é impedida pelo marido, que a agarra e usa o cinto de segurança para prendê-la ao assento. Às 2h35, Tatiane abre a porta do carro. Com a mão direita, Luis Felipe segura os cabelos da esposa e dá seis puxões violentos e seguidos, sacudindo intensamente a cabeça dela. Tatiane, então, parece desistir de sair do veículo. O professor dá partida no carro, faz a volta no quarteirão e entra no prédio pela garagem. A partir desse momento, as cenas são registradas pelas câmeras do circuito interno do edifício. Às 2h36, ele sai do automóvel nitidamente nervoso. Deixa a porta aberta e, a passos rápidos, caminha até o outro lado. Abre a porta do lado de Tatiane e a arranca bruscamente de dentro do veículo.

Ela cai no chão e é levantada pelo marido, de forma violenta. Tatiane parece atordoada, sem saber o que fazer. Fica parada, em pé, ao lado da porta, enquanto Luis Felipe pega alguma coisa dentro do carro. Em seguida, às 2h37, ele a agarra pelos cabelos, imprensando a mulher contra a lateral do automóvel. Tatiane está imóvel, apavorada.

Ela não demonstra nenhuma reação diante das agressões do marido, que entra no veículo e dirige até a vaga na garagem. Enquanto isso, Tatiane caminha em direção ao elevador. A imagem seguinte já mostra Luis Felipe correndo atrás da esposa, ainda na garagem. Ela tenta fugir e consegue entrar no elevador, às 2h41. Aterrorizada, a advogada aciona o botão do térreo. Como o casal morava no quarto andar, os investigadores da polícia que atuaram no caso deduziram que Tatiane intentava sair no térreo e pedir socorro a alguém.

Se foi realmente isso, ela não teve tempo. Antes da porta do elevador se fechar, Luis Felipe entra no equipamento. Com expressão de pavor no rosto, Tatiane tem os braços apertados pelo marido, que a imprensa contra a parede. Ele aperta o botão do quarto andar e, com calma, arregaça as mangas da camisa. O elevador para no térreo, e Tatiane tenta fugir. Ela chega a sair do aparelho, mas Luis Felipe a agarra com força e, puxando-a pelos cabelos e pelo braço direito, coloca a mulher de volta dentro do elevador. Ela cai no chão, se debatendo, com expressão de dor no rosto, dentes trincados. Desesperada, Tatiane tenta se desvencilhar do homem de quem esperava receber amor e cuidado. Ela esperneia, dá tapas nas paredes do elevador, implorando por algum tipo de socorro que nunca chegaria.

Luis Felipe segura a mulher com as duas mãos e a sacode de um lado a outro, até ela cair sentada no piso. Quando Tatiane se levanta, ele dá um chute na perna esquerda da esposa e a encara com firmeza. O elevador para no quarto andar, mas ela não sai. Pelo contrário. Como que pressentindo que algo pior poderia lhe acontecer, a advogada abre os braços e pressiona as paredes do aparelho, se esforçando para permanecer dentro do elevador. Muito mais forte do que a mulher, Luis Felipe não tem dificuldades para, com apenas um golpe nos braços de Tatiane, forçá-la a sair do equipamento, com um forte empurrão. Já no corredor do quarto andar, ela cai no chão, mas logo se levanta e sai da área de filmagem da câmera. Ele pega a bolsa e o casaco branco da esposa, que haviam caído no piso do elevador durante a confusão, e também sai do aparelho. São 2h42 da madrugada.

As imagens que o circuito interno de segurança do prédio gravaria a seguir deixariam chocados todos os envolvidos no caso. Amigos do casal, familiares, advogados, funcionários do prédio, policiais, jurados que participariam do julgamento de Luis Felipe. Todos passariam a se dizer chocados com a frieza demonstrada por ele nos instantes que se seguiram à queda de Tatiane do apartamento do casal, a quase 20 metros de altura. Pouco mais de dez minutos após obrigar a esposa a sair do elevador, Luis Felipe aparece entrando novamente no aparelho, no quarto andar. Dessa vez, ele está sozinho. Ainda usando a mesma roupa com a qual chegara – calça preta, camisa social azul, de manga longa, e sapato social preto –, o professor de biologia desce até o térreo e sai do prédio.

O relógio da câmera do circuito interno marcava 3h01 quando Luis Felipe aparece arrastando o corpo de Tatiane, já sem vida, pelo hall do edifício. Expressão de esforço no rosto – lábios e olhos apertados –, ele a puxa pelo tórax, fazendo com que os pés da esposa deslizem pelo piso de porcelana branca. Assim que entra no elevador, o professor solta Tatiane no chão e pressiona o botão do quarto andar. Em seguida, ele tira a esposa do aparelho, novamente arrastando-a. Quatro minutos depois, às 3h05, Luis Felipe entra no elevador. Ele havia trocado a camisa social azul por uma camiseta branca. Com um pano branco, limpa o chão do corredor do andar e o piso e as paredes do elevador. As imagens registradas pelas câmeras do prédio revelariam, ainda, um fato de insólita curiosidade.

No mesmo instante em que Luis Felipe usava o pano para limpar o elevador, dois carros da Polícia Militar paravam na entrada principal do prédio – a PM havia sido acionada por vizinhos que ouviram gritos de Tatiane pedindo por socorro. Enquanto a câmera do elevador mostrava o professor limpando o piso às 3h05m45s, a câmera direcionada para a entrada do prédio registrava a chegada do segundo carro da PM naquele exato momento: às 3h05m45s. Um minuto mais tarde, Luis Felipe estava na garagem, caminhando na direção do carro de Tatiane. A essa altura, já havia três veículos da PM estacionados na frente do edifício, todos iluminando a rua com as luzes azuis e vermelhas dos seus sinalizadores visuais, chamados de giroflex. Às 3h08, no instante em que quatro policiais saíam do prédio, o professor fugia da cena do crime, dirigindo o automóvel da mulher que acabara de assassinar. A câmera que mostra a entrada principal do edifício registra o Cruze branco de Tatiane passando pela rua lateral, a menos de cinco metros de distância dos carros da PM. Assim, Luis Felipe conseguia escapar do local do crime. Sua liberdade, no entanto, não duraria muito.

Pouco mais de três horas depois, quando os primeiros raios solares do dia aqueciam o asfalto da BR-277, que liga o interior do Paraná ao Paraguai, o professor sofreu um acidente. Ele capotou o Chevrolet Cruze ao fazer uma curva a mais de 100 quilômetros por hora. O fato ocorreu num local ermo do município de São Miguel do Iguaçu, a cerca de 300 quilômetros de Guarapuava e a apenas 40 quilômetros de Ciudad del Leste, no Paraguai. No atendimento à ocorrência, a polícia constatou que o condutor do veículo se tratava de Luis Felipe Manvailer, que, àquela altura, já era considerado um foragido da Justiça, sob suspeita de ter assassinado a própria esposa. Para os policiais, não havia dúvidas: o professor sofrera o acidente quando tentava fugir para o país vizinho. E certamente teria conseguido, se não tivesse capotado o carro por estar dirigindo em alta velocidade e de forma imprudente. Por volta das 6h30 da manhã daquele domingo, 22 de julho de 2018, Luis Felipe estava preso, acusado de ter matado Tatiane Spitzner.

À polícia, ele alegou inocência. Declarou que não assassinara a mulher e que, na verdade, ela tinha cometido suicídio, ao saltar da sacada do apartamento no qual o casal morava. Afirmou, ainda, que, quando sofreu o acidente na estrada, a poucos quilômetros de entrar no Paraguai, não tentava fugir do Brasil. Queria, segundo seu depoimento, apenas ficar sozinho, após ver a esposa tirar a própria vida. E tentou convencer os policiais de que perdera o controle do carro porque a imagem de Tatiane pulando da sacada não saía da sua cabeça. Seu depoimento não surtiu o efeito desejado. Ele ficaria detido na delegacia de São Miguel do Iguaçu até a tarde da terça-feira, dia 24.

Um dia antes, seu advogado, Claudio Dalledone Júnior,, havia solicitado sua remoção ao Complexo Médico-Penal de Pinhais, na Região Metropolitana de Curitiba, sob o argumento de que seu cliente estava com a sanidade mental abalada e que, por isso, não deveria ser levado a um presídio comum. Dalledone Júnior, inclusive, atribuía o fato de Luis Felipe ter retirado o corpo de Tatiane da rua, levado de volta ao apartamento do casal e fugido de Guarapuava a um suposto "trauma psicológico" que sofrera devido à morte da mulher. Com isso, o advogado pretendia evitar que seu cliente fosse enviado para um presídio em Guarapuava, onde o caso gerara enorme comoção social, e, ao mesmo tempo, fazer com que ele ficasse perto dos seus familiares, que moravam na capital paranaense. Sua articulação seria frustrada.

Responsável por conduzir as investigações, o delegado Bruno Maciozek, da Delegacia da Mulher, já tinha solicitado à Justiça o encaminhamento do acusado a um presídio comum. Maciozek declarara, em entrevistas à imprensa, que havia várias evidências apontando Luis Felipe como responsável pela morte de Tatiane. Ele destacou, por exemplo, que as imagens do circuito interno de segurança do prédio no qual o casal vivia mostravam o professor agredindo a esposa, minutos antes de ela ser morta. O delegado ressaltou, também, que "diversas testemunhas relataram uma grave briga entre eles, com gritos e pedidos de socorro por parte de Tatiane". Com base nesses e em outros argumentos, Maciozek, que já tratava o caso como suspeita de feminicídio, enviou ofício à Justiça, pedindo que o professor de biologia fosse encaminhado para a Penitenciária Industrial de Guarapuava (PIG).

O delegado alegava ser fundamental que o acusado ficasse detido no município no qual o fato ocorrera e as investigações estavam sendo realizadas, pelo menos até a conclusão do Inquérito Policial, previsto para ser finalizado em 31 de julho. Sublinhava, também, a importância de Luis Felipe estar em Guarapuava, para o caso de haver a necessidade de novas diligências. Deu certo. Na manhã da terça-feira, dia 24, a juíza Paola Gonçalves Mancini, da 2ª Vara Criminal de Guarapuava, atendeu ao pedido de Maciozek e autorizou a transferência de Luis Felipe para a PIG, onde ele seria colocado numa ala reservada a presos com curso superior. Em sua decisão, a magistrada escreveu: "Com efeito, razão assiste à autoridade policial, ao afirmar que a permanência de Luis Felipe Manvailer nesta Comarca se mostra imprescindível para a conclusão das investigações e produção de provas, em especial devido ao exíguo tempo para encerramento do Inquérito Policial".

Parte crucial desse trabalho seriam os laudos do Instituto Médico Legal, que levariam cerca de dois meses para ser concluídos e dariam contribuição robusta à elucidação do caso. Devido às circunstâncias nas quais a morte de Tatiane aconteceu – sobretudo, as agressões que sofreu do marido minutos antes de cair da sacada do seu apartamento –, tudo levava a crer que Luis Felipe havia atirado a mulher do quarto andar do prédio Golden Garden. Ele, porém, negava firmemente ter assassinado a esposa. Desde o momento em que foi preso até o instante em que se sentou no banco dos réus para ser julgado, o professor de biologia sempre afirmou que Tatiane cometera suicídio ao pular da sacada, após uma briga de casal. E que a queda, de uma altura de cerca de 20 metros, teria causado a sua morte. Não foi o que o laudo técnico do IML constatou.

De acordo com o perito Guilherme Ribas Taques, encarregado de examinar o cadáver, Tatiane tinha sido "morta por asfixia mecânica, provocada por esganadura e com sinais de crueldade". Ou seja, a morte da advogada não fora causada pelo impacto do seu corpo com o chão. Quando caiu da sacada, ela já estava sem vida. O laudo assinado pelo legista do IML apontava, ainda, que havia lesões nos dois lados do pescoço da vítima e que esses ferimentos tinham sido produzidos quando Tatiane ainda estava viva. Taques se referia aos chamados estigmas ungueais, marcas de unhas ou dedos presentes no pescoço de uma vítima por esganadura. Em relatório divulgado no dia 20 de setembro – quase dois meses após o crime –, o diretor do IML, Paulino Pastre, destacou que o trabalho dos médicos legistas de Guarapuava constatara que Tatiana havia sofrido "uma morte violenta, em consequência de esganadura".

Pastre afirmou, em entrevista à imprensa, que todo o procedimento pericial – incluindo o exame necroscópico, feito em Guarapuava, e as análises complementares, realizadas em Curitiba – concluíra que Tatiane Spitzner já estava morta quando caiu do prédio, exatamente como mostrava o laudo assinado pelo perito Guilherme Ribas Taques. Tudo parecia muito claro para Paulino Pastre e sua equipe. Aos jornalistas, o diretor do IML explicou que diversos elementos ajudavam a comprovar a esganadura. Além dos hematomas no pescoço da vítima – em formato similar a marcas de dedos –, havia a fratura do hioide, pequeno osso localizado na parte anterior do pescoço, entre a base da língua e a laringe. Os laudos do IML eram esclarecedores. Primeiro, Luis Felipe assassinara a esposa por asfixia, esganando-a com as próprias mãos. Em seguida, arremessara o corpo de Tatiane pela sacada, muito provavelmente já pensando em usar em sua defesa o argumento de que ela se suicidara.

A promotora de Justiça responsável pelo caso, Dúnia Rampazzo, reforçaria as revelações trazidas pelos peritos do IML. Em nota à imprensa, divulgada na mesma semana do relatório do instituto, ela afirmaria que os laudos científicos não deixavam dúvidas quanto à causa da morte de Tatiane e à identidade do seu assassino. Seu texto dizia:

> *Os laudos comprovam que o acusado (Luis Felipe Manvailer) matou a vítima dentro do apartamento, mediante esganadura, porque a morte da vítima foi produzida por asfixia mecânica, e posteriormente jogou o corpo da vítima pela sacada do apartamento.*

Nota nesse mesmo sentido seria divulgada à imprensa pelo escritório Dotti Advogados, contratado pela família Spitzner para auxiliar a Promotoria na tarefa de condenar Luis Felipe pela morte de Tatiane. Sob a coordenação do advogado Gustavo Scandelari, a equipe do escritório era formada por mais três profissionais. Eles elaboraram uma declaração sucinta, mas contundente. Em pouco mais de duas linhas, atacava a versão de Luis Felipe – segundo a qual sua esposa cometera suicídio –, destacava as agressões registradas pelas câmeras do circuito interno do prédio e ressaltava o fato de ele ter fugido do local do crime. Afirmava, ainda, que se tratava de um caso de feminicídio:

> *Ele a matou dentro do apartamento, submetendo-a a um período prolongado de violentas agressões físicas. Não houve suicídio, mas feminicídio e fuga do criminoso.*

A defesa do acusado, por seu turno, agarrava-se à tese de que Tatiane havia saltado da sacada do apartamento do casal, após uma discussão com o marido. E que Luis Felipe tinha retirado o corpo da mulher da rua, levado para dentro de casa e fugido do local da ocorrência por ter ficado "em estado emocional bastante traumático", em virtude de ter visto a esposa tirar a própria vida. Apesar de todas as evidências científicas elencadas no laudo do IML, indicando que a advogada fora assassinada pelo próprio marido, por ter sido esganada por ele, a defesa do professor manteria sua declaração de inocência até o dia do julgamento. Antes disso, no entanto, ainda havia passos importantes a ser tomados. Um deles seria a formação do corpo de jurados, as pessoas que teriam a responsabilidade de decidir se Luis Felipe era culpado ou inocente. Surgia mais um embate entre acusação e defesa.

Essa etapa precisaria seguir um rito claramente definido no Artigo 447 do Código de Processo Penal. Primeiro, é realizado um sorteio entre os cidadãos alistados para compor o júri. Dessa fase, saem os 25 nomes dentre os quais serão escolhidos os sete indivíduos que formarão o Conselho de Sentença encarregado de proferir o veredito. É exatamente nesse momento que tem início a disputa entre acusação e defesa, na tentativa de formarem o júri que, pelo perfil de cada integrante, pode ser mais favorável aos seus interesses. Dos 25 nomes selecionados, os advogados de defesa e de acusação podem fazer três recusas cada, sem a necessidade de apresentar justificativas. Podem, ainda, pedir a exclusão de outros três jurados, desde que apresentem razões para tal. Os defensores de Luis Felipe Manvailer usaram desse artifício para conseguir o que seria considerada uma grande vitória por seu cliente: todas as mulheres foram rejeitadas.

O júri que iria decidir o futuro de um homem acusado de matar a própria esposa seria, assim, formado integralmente por homens. O fato preocupou a promotora Dúnia Rampazzo e os advogados do escritório Dotti, que a auxiliariam em todo o processo. Mas não havia nada que pudessem fazer a esse respeito. Só lhes restava elaborar a melhor e mais sólida tese possível, a partir das evidências que tinham em mãos, para convencer os jurados de que Luis Felipe havia esganado Tatiane Spitzner até a morte e, em seguida, atirado seu corpo do apartamento em que viviam. Até a conclusão do julgamento, porém, muita coisa ainda iria acontecer. Inúmeras polêmicas, discussões e até mesmo cenas constrangedoras seriam vistas no Tribunal do Júri de Guarapuava. Inclusive, o adiamento do próprio julgamento por três vezes. A batalha judicial estava apenas começando.

O TRIBUNAL

A princípio, o julgamento teria início no dia 3 de dezembro de 2020 — pouco mais de dois anos e quatro meses após a morte de Tatiane. Naquele momento, todavia, o mundo enfrentava uma tragédia que causaria a morte de mais de 13 milhões de pessoas em todo o planeta: a pandemia de covid-19. E um dos advogados de defesa foi diagnosticado com o coronavírus, poucos dias antes. Como os demais profissionais contratados pelo réu haviam tido contato direto com o infectado, o juiz Adriano Scussiato Eyng, que presidia o Tribunal do Júri, decidiu adiar o julgamento. O magistrado concluiu que, com milhares de mortes registradas diariamente no Brasil em virtude da pandemia, não poderia colocar em risco a vida dos demais participantes do processo, como testemunhas, advogados de acusação e de defesa, promotor de Justiça, familiares das partes. A nova data para a realização do tribunal seria 25 de janeiro. Seria.

Os defensores de Luis Felipe, alegando incompatibilidade de datas — o que ficaria comprovado pela Justiça —, pediram ao juiz um novo adiamento. Foram atendidos. A terceira data marcada para o início do julgamento foi fixada em 10 de fevereiro de 2021. Tudo indicava que, finalmente, os trabalhos correriam sem atropelos. Ledo engano. Já no primeiro dia, os advogados do réu abandonaram a sessão, por volta de 12h40, alegando terem sua atuação cerceada pelo juiz. Ocorre que Claudio Dalledone Júnior e seus assistentes queriam apresentar um vídeo que não constava dos autos do processo, o que foi negado pelo magistrado. Diante da resposta negativa, os defensores de Luis Felipe simplesmente se levantaram e, no meio do julgamento, abandonaram o Tribunal do Júri de Guarapuava. Todos os presentes — inclusive o promotor Pedro Papaiz, que assumira o caso em substituição à promotora Dúnia Rampazzo, e os advogados do escritório Dotti —, ficaram atônitos diante daquela atitude.

O juiz Adriano Scussiato, por sua vez, se mostrou indignado. Disse que se tratava de uma "enorme falta de respeito". Ele classificou o ato como "abandono injustificado de plenário" e aplicou multa de cem salários-mínimos a cada advogado de defesa. Em entrevista à imprensa, Scussiato declararia que a ação representava "uma afronta ao processo, ao réu e à Justiça". Já o advogado Gustavo Scandelari, do escritório Dotti, afirmaria, também aos jornalistas, que "o ocorrido foi uma manobra da defesa, uma postura lamentável e que gera prejuízo aos cofres públicos com toda a movimentação de servidores, jurados, testemunhas e demais envolvidos". O imbróglio causado pelos advogados de Luis Felipe levaria à dissolução do júri e à consequente necessidade de que uma nova data fosse definida para o julgamento. O juiz Scussiato não queria perder mais tempo. Menos de um mês depois, determinou que o Tribunal do Júri do caso Tatiane Spitzner seria realizado no dia 4 de maio de 2021 – quase três anos após a data do crime.

Dessa vez, não haveria mais adiamentos. Embates pesados e atitudes condenáveis por parte dos defensores do réu, por outro lado, marcariam o julgamento, como jamais se vira em Guarapuava. A sessão começou às 9h20 daquela terça-feira fria, com os termômetros marcando 12 graus. Cerca de 80 pessoas ocupavam os assentos do auditório, que tinha o total de 120 lugares. Era grande a tensão no ambiente. Parentes e amigos de Tatiane dividiam espaço com o promotor Pedro Papaiz, advogados de defesa e de acusação, jornalistas, curiosos, testemunhas, policiais militares que faziam a segurança do lugar. E, claro, o réu: Luis Felipe Manvailer. No comando do Tribunal do Júri, permanecia o juiz Adriano Scussiato Eyng, que conduzira o processo desde o início e conhecia o caso como poucas pessoas.

Dois interrogatórios seriam realizados no dia de abertura do julgamento. A primeira testemunha a falar foi o delegado Bruno Maciozek, responsável pela investigação do crime. Ele destacou, ao ser questionado pela acusação, que não havia nenhum registro de que o réu tinha telefonado para algum órgão público com a intenção de pedir ajuda. O policial ressaltou, também, que o fato de Luis Felipe fugir do local da ocorrência não refletia a atitude de um inocente. O segundo depoimento foi o de uma vizinha do casal, no edifício Golden Garden. À época do crime, Camila Gibran morava num apartamento ao lado do de Tatiane e Luis Felipe. No dia do julgamento, todavia, estava vivendo em Curitiba. Por isso, daria seu testemunho por videoconferência. Contou que ela e seu marido ouviram os gritos desesperados de Tatiane, pedindo por socorro, enquanto era agredida pelo esposo. Seu marido estava ao telefone, denunciando o fato à polícia, quando Camila escutou um forte barulho na rua. Assustada, foi até a sacada e, ao olhar para baixo, viu o corpo de Tatiane na calçada. Após essa fala, o juiz deu por encerrada a sessão às 21h.

Os trabalhos recomeçariam menos de 12 horas depois. Às 8h30 da quarta-feira, dia 5, todos já estavam novamente no Tribunal do Júri de Guarapuava. A primeira testemunha a ser arguida pelo promotor e pelos defensores de Luis Felipe seria justamente o marido de Camila Gibran. José Ivo confirmou o relato da sua esposa, sobre ter ouvido Tatiane gritar por socorro e, em seguida, telefonado à polícia. Declarou, ainda, que vira o professor de biologia retirar o corpo da própria mulher da calçada do prédio em que moravam e carregá-la para dentro do edifício. O médico-legista Guilherme Ribas Taques, perito do IML, seria a próxima testemunha a depor. Era dele a assinatura no laudo apontando que Tatiane fora morta por asfixia mecânica. O perito ressaltou que a vítima tinha lesões nos dois lados do pescoço, com marcas inquestionáveis de esganadura – os chamados "estigmas ungueais" – e que essas lesões haviam sido causadas quando ela ainda estava viva.

O relatório apresentado pela Promotoria, com base no laudo científico, ofereceria informações contundentes aos sete homens sentados no banco do júri. O documento do IML continha 25 tópicos, cada um discriminando lesões verificadas no corpo de Tatiane. O tópico 10, por exemplo, pontuava que ela apresentava "escoriações em dorso da mão esquerda", causadas pela briga que teve com o marido, quando lutava pela própria vida. O tópico 17 traria mais força – ao lado das evidências de fratura no osso do pescoço – para comprovar que a advogada já estava morta quando foi jogada da sacada do apartamento. Nele, os peritos do IML destacaram que Tatiane sofrera uma "fratura exposta da perna direita, sem reação vital macroscópica nas bordas cutâneas". A um leigo, isso poderia não dizer muita coisa. A um especialista, indicava, sem espaço para dúvidas, que a vítima já estava morta quando sofreu a referida fratura.

Se Tatiane estivesse viva quando ocorreu a lesão em sua perna direita, causada pelo impacto do seu corpo no chão após a queda, a fratura teria causado as chamadas "reações vitais", como hemorragias e hematomas. Não havia nada disso. Prova irrefutável de que ela já estava morta quando caiu. E, se já estava morta, seria impossível que a própria Tatiane tivesse pulado da sacada do apartamento no qual vivia com o homem que a assassinou. Deixar esse ponto perfeitamente claro e compreensível aos jurados era uma das estratégias traçadas pela acusação. Juntos, o promotor Pedro Papaiz e os advogados do escritório Dotti haviam alinhado tudo sobre os caminhos e argumentos que levariam ao Tribunal do Júri de Guarapuava. Estavam seguros de que tinham provas e testemunhos suficientemente robustos para comprovar a tese de que Luis Felipe matara sua mulher. Aquele, porém, era apenas o segundo dia de um julgamento que ainda estava longe de ser concluído. E ninguém sabia como iria terminar.

Os dias no tribunal seguiriam cumprindo os ritos estabelecidos pela lei. Primeiro, seriam chamadas para depor as testemunhas da acusação e só depois as da defesa. A acusação faria suas perguntas inicialmente, dando vez à defesa após sua conclusão. Dessa forma, o julgamento prosseguia, com testemunhos mais ou menos contundentes e momentos de tensão igualmente inconstantes. No terceiro dia (quinta-feira, 6), por exemplo, houve o depoimento do policial civil Marco Aurélio Jacó, um dos responsáveis por fotografar o apartamento do casal, um dia depois do crime. Foi dele também a missão de analisar as imagens das câmeras de segurança que haviam registrado tudo. O policial prestou o depoimento mais longo do julgamento até aquele instante, com duração de oito horas. Arguido pela acusação e pela defesa, Marco Jacó atestou a legitimidade e a força dos vídeos que mostram Luis Felipe agredindo Tatiane poucos minutos antes da sua morte. E afirmou que, em sua visão de especialista, o fato de o réu ter fugido do local da ocorrência e o laudo da criminalística apontavam que se tratava de um caso de feminicídio, e não de suicídio — que era a tese da defesa.

Outro depoimento de imensa solidez e importância seria dado no quarto dia do julgamento. Na sexta-feira, 7 de maio, o administrador Antônio Marcos Machado contou coisas que só ele viu naquela noite fúnebre. Morador de uma casa que fica praticamente em frente ao edifício Golden Garden, ele disse que estava assistindo a uma série na TV, quando deu uma pausa para fumar. Eram cerca de 2h30 da madrugada. Como sempre faz, pegou seu cigarro e foi para o terraço. Nesse momento, Antônio Machado viu Luis Felipe e Tatiane discutindo na sacada do apartamento. Perguntado pelo advogado Gustavo Scandelari se conhecia o casal ou se já havia, ao menos, conversado com um deles, respondeu que só tinha visto Luis Felipe uma vez, na rua, mas nem chegaram a trocar palavra. Contou que, na noite da ocorrência, não conseguia ouvir o que eles falavam durante a discussão na sacada, mas que dava para perceber que o clima era de briga.

Ele afirmou ter visto quando o professor de biologia agarrou a esposa com violência, fazendo com que os dois caíssem no chão. Em seguida, eles entraram no apartamento. Antônio Machado estava preocupado em relação à integridade física da mulher que acabara de ser agredida pelo marido. Continuou fumando e olhando na direção do apartamento do casal. Cerca de um minuto depois, viu Luis Felipe aparecer novamente na sacada. Dessa vez, estava sozinho e tinha uma expressão de pavor no rosto. Em seu depoimento no tribunal, Antônio contou que o professor balançava a cabeça para os dois lados, como quem, inconformado, não consegue aceitar algo que acabou de acontecer. Logo depois, Luis Felipe voltou para dentro do apartamento. Antônio, que já acabara de fumar, fez o mesmo. Retornou para a sala, deitou no sofá e retomou a série que estava assistindo.

Não demorou mais de 15 minutos para que ele escutasse um barulho muito forte vindo da rua. Chegou a pensar que se tratasse de um acidente automobilístico. Deu um salto do sofá e foi ver que diabos era aquilo, àquela hora da madrugada. Não havia nada. A não ser várias casas e apartamentos da rua acendendo suas luzes. Deduziu o óbvio: era gente que, assim como ele, ouvira o estrondo. A curiosidade fez com que ficasse um pouco mais no terraço, tentando descobrir o que acontecera. Foi quando ouviu a porta do prédio da frente sendo aberta. Luis Felipe saiu, afobado, a passos rápidos. Celular na mão, Antônio caminhou na direção do professor. Viu uma cena que ficaria gravada em sua memória e que contaria, em detalhes, no Tribunal do Júri, ao ser questionado pela acusação. Luis Felipe estava segurando o corpo de Tatiane por baixo dos braços, tentando levantá-la.

Antônio ficou confuso, atordoado. Não sabia o que fazer. Decidiu tomar a atitude que lhe pareceu mais sensata. Precisava ligar para o socorro. Enquanto discava para o Corpo de Bombeiros, falou com o homem que seguia arrastando o corpo daquela mulher, toda vestida de preto e com os longos cabelos negros deslizando pelo chão.

— Deixa ela aí. Eu já estou ligando para os Bombeiros — ele disse.

— Não adianta. Ela já tá morta — respondeu Luis Felipe.

A ligação para os Bombeiros não foi atendida. De imediato, Antônio telefonou para o Serviço de Atendimento Móvel de

Urgência, imaginando que a mulher ainda poderia estar viva. E o professor de biologia continuava arrastando o corpo da esposa para dentro do prédio. Antônio chegou a subir alguns degraus da escadaria que dá acesso ao edifício, vendo Luis Felipe carregando Tatiane nos braços. A porta da entrada do prédio se fechou, e ele seguiu observando o casal, que havia poucos minutos estava discutindo na sacada. Ficou ali, até ver Luis Felipe entrar no elevador, agora arrastando a mulher, com as mãos sob suas axilas. Desceu a escadaria do prédio e só então percebeu a balbúrdia que já tinha tomado conta da rua. Gente por todo lado, pessoas conversando ao pé do ouvido, vizinhos com os olhos arregalados. Chegou, então, a primeira viatura da Polícia Militar, que havia sido chamada pelo vizinho do casal, José Ivo. Terminava, assim, o depoimento de Antônio Machado, confirmado por vídeos exibidos pela acusação, de imagens gravadas pela câmera de segurança instalada na parte externa do edifício Golden Garden.

O quarto dia do julgamento chegou ao fim às 23h, com o promotor Pedro Papaiz e os advogados do escritório Dotti otimistas. Os depoimentos que tinham levado ao tribunal, somados às evidências – sobretudo, os laudos do IML e os vídeos –, pareciam ter impactado os jurados. Muitos deles reagiram com expressão de assombro ao ver, por exemplo, as fotos do pescoço de Tatiane repleto de hematomas e marcas de dedos. Ainda mais impressionados ficaram diante dos vídeos que mostravam Luis Felipe agredindo a esposa dentro do carro, na garagem do prédio, no elevador. A acusação sabia tanto da força dessas imagens, que as exibiu várias vezes durante o julgamento, para ilustrar diversos depoimentos. E a cada ocasião em que eram mostradas, os jurados reagiam com o mesmo desconforto.

A defesa, evidentemente, também tinha total consciência do impacto daquelas imagens. Tanto que tentou proibir sua divulgação por parte da mídia. Os defensores de Luis Felipe chegaram a entrar com um pedido de habeas corpus, solicitando que os vídeos ficassem em segredo de Justiça. Não foram atendidos. Graças a isso, veículos de imprensa de todo o país puderam divulgar as imagens das agressões de Luis Felipe a Tatiane. Programas de TV de enorme alcance nacional, como *Fantástico* e *Jornal Nacional*, da Rede Globo, *Jornal da Record* e *Domingo Espetacular*, da Record, e *Jornal da Band*, da Bandeirantes, exibiram os vídeos sem parcimônia. O mesmo fizeram os principais portais de notícias do Brasil, como *UOL*, *Terra* e os sites de jornais e revistas, como *Estado de S. Paulo*, *Folha de S. Paulo*, *Veja* e *IstoÉ*. Milhões de pessoas, em todas as regiões do país, ficaram horrorizadas com o caso da advogada supostamente assassinada pelo próprio marido. E, agora, aqueles sete homens sentados nas poltronas dos jurados estavam a poucos dias de decidirem se Luis Felipe era culpado ou inocente.

Quanto mais o tempo passava, maior era a ansiedade dentro do Tribunal do Júri de Guarapuava. O quinto dia do julgamento (sábado, 8) seria um dos menos tensos. Os trabalhos foram iniciados às 9h e concluídos às 22h. Uma das testemunhas convocadas pela acusação era o médico cardiologista Rodrigo Crema, com quem Tatiane se consultava já havia anos. Crema fora escalado para rebater um argumento dos defensores de Luis Felipe, segundo o qual a advogada havia cometido suicídio, em consequência de um surto de depressão. O advogado Dalledone Júnior e sua equipe se apegaram ao fato de a polícia ter encontrado um remédio antidepressivo no apartamento do casal, para afirmar que Tatiane sofria desse transtorno mental. Em depoimento gravado por vídeo, no entanto, o médico Rodrigo Crema declarou que ele mesmo havia receitado o medicamento e que ela nunca tivera problemas de depressão. No caso da advogada, o remédio fora indicado para tratar de dores musculares.

O depoimento do cardiologista foi seguido pelo de Fernanda Ayres, vizinha do casal à época do crime. Em sua declaração, também exibida por vídeo, ela disse que, naquela madrugada, acordou com os gritos de Tatiane pedindo por socorro e que chegou a ouvir o barulho do corpo da advogada ao cair no chão. Foi basicamente o mesmo que disse a testemunha seguinte, Roberta Kelly, que também morava no prédio do casal. Os dois últimos depoimentos daquele sábado seriam técnicos. Primeiro, foi arguido, pela acusação e pela defesa, o especialista em inteligência pericial Leocadio Casanova, que havia estado no apartamento do casal. Não acrescentou nada de novo ao julgamento. O legista Luiz Airton de Paiva seria o próximo a falar e também não daria nenhuma grande contribuição ao processo. Todos os olhos, ouvidos e corações se voltariam, assim, ao penúltimo dia do tribunal, no qual seria interrogado o réu, Luis Felipe Manvailer.

Fazia um domingo frio em Guarapuava, com temperaturas em torno dos 15 graus e céu azul, limpo de nuvens. Típico fim de semana de maio. Mas não era um domingo qualquer. Era Dia das Mães. E enquanto mulheres de todo o Brasil celebravam ao lado dos seus filhos e filhas, uma mãe se preparava para ir ao Tribunal do Júri, assistir ao julgamento do homem que lhe tirara a alegria de comemorar aquela data. Para Dolores Weyand, o Dia das Mães jamais seria o mesmo. Jamais teria o prazer de receber os abraços e beijos da sua primogênita. No lugar dos sorrisos e das brincadeiras, ficariam eternas lágrimas e saudades. O peso da morte de Tatiane, especialmente pela maneira como tudo aconteceu, era tamanho em Guarapuava, que a data comemorativa dividia as atenções com o julgamento de Luis Felipe. Naquele 9 de maio, a cidade estava parada.

Todos aguardavam notícias do depoimento do professor de biologia que, segundo a polícia, matara a advogada nascida e criada ali, conhecida como uma menina inteligente, educada e de boa família. Nos bares, nos restaurantes, nas praças e nas ruas, não se falava em outra coisa. O que Luis Felipe diria diante dos jurados e do juiz? Manteria sua declaração de inocência ou confessaria o crime? Essas e outras perguntas seriam respondidas a partir das 13h50, horário em que começaria o interrogatório do réu. No plenário do tribunal, parentes de Tatiane esperavam e pediam a Deus para que o professor fosse condenado. Estavam presentes a mãe da vítima, Dolores, sua filha caçula e o marido – Luana Spitzner e Marcos Seitz –, uma prima de Tatiane – Bruna Spitzner – e seu tio, Emílio Weyand. O pai da advogada, Jorge, decidira ficar em casa. Ele acreditava não ter forças para se controlar ao encarar Luis Felipe e que poderia acabar agredindo o homem que, em sua opinião, assassinara a sua menina. Era melhor evitar mais esse transtorno.

O réu chegou vestindo uma calça jeans, camisa azul-clara de manga longa e casaco preto. Tinha o cabelo curto e a barba cuidadosamente feita. Como todos os presentes no plenário, usava uma máscara protetora, que lhe cobria o nariz e a boca, em virtude da pandemia de covid que afligia o mundo à época. Assim que o juiz Adriano Scussiato Eyng declarou aberta a sessão, os defensores de Luis Felipe trataram logo de orientá-lo a não responder a nenhuma pergunta dos seus acusadores. E deixaram claro que essa recomendação deveria ser seguida tanto para questionamentos do promotor Pedro Papaiz quanto a perguntas elaboradas pelos assistentes da Promotoria, os advogados do escritório Dotti. Diante disso, o promotor e seus auxiliares decidiram que não perderiam tempo fazendo indagações para as quais não teriam respostas. Seriam meros ouvintes durante o depoimento que o réu daria aos advogados por ele contratados e cuja missão era absolvê-lo da acusação de ter matado a própria mulher. Luis Felipe passaria exatamente 8 horas e 57 minutos respondendo a questões levantadas por seus defensores – eram sete advogados na equipe – e comentando fotos, vídeos e mensagens de celular exibidas nos dois monitores de TV do auditório – ambos com 51 polegadas.

Em suas respostas, o réu deu declarações já esperadas – como negar que matara Tatiane – e apresentou versões que contrariavam evidências incontestáveis. Disse, por exemplo, que, na madrugada do crime, quando ele e a esposa chegaram ao prédio em que moravam, pedira para ela sair do carro, porque "gostaria de dar uma volta sozinho para esfriar a cabeça". Segundo Luis Felipe, ele e a mulher haviam discutido no bar Box Lounge, onde celebravam o seu aniversário, e que, por isso, queria ficar um pouco só. O professor seguiu respondendo ao interrogatório, enquanto os vídeos das câmeras da garagem e do elevador eram exibidos. Afirmou que, já na garagem do edifício, tirou Tatiane do automóvel e tentou ir embora, mas que ela correu atrás dele e o impediu de sair. Por mais preparados que estivessem para a enorme possibilidade de o professor mentir a respeito dos fatos, o promotor e os advogados de acusação ficaram pasmos diante dessas declarações.

Era-lhes difícil entender os motivos que haviam levado os defensores de Luis Felipe a orientar o seu cliente a negar evidências implacáveis. Era o caso das imagens gravadas pelas câmeras do circuito interno de segurança do edifício Golden Garden. Exibidas exaustivamente durante os dias do julgamento, elas mostravam uma realidade totalmente diferente da versão oferecida pelo homem sentado no banco dos réus. E poucas coisas podiam ser mais nocivas a um sujeito que está sendo julgado, sob a acusação de ter assassinado a própria mulher, do que dar aos jurados a quase certeza de que está mentindo. Ao ouvir tais declarações saírem da boca do professor de biologia, o promotor e seus assistentes ficavam cada vez mais seguros de que tudo caminhava para que vencessem aquele caso. Parecia-lhes pouquíssimo provável que os jurados acreditassem num depoimento que contrariava as imagens exibidas no plenário.

Uma das estratégias da defesa era convencer os sete homens que formavam o Conselho de Sentença de que os fatos ocorridos minutos antes da morte de Tatiane eram diferentes de tudo o que eles já tinham observado nos vídeos. A outra era manchar a imagem de algumas testemunhas e até mesmo da própria vítima. Melhor amiga de Tatiane durante o tempo em que ela e o marido viveram na Alemanha, a esteticista Rosenilda Bielack seria um dos alvos dos defensores e de Luis Felipe. Àquela altura do julgamento, a acusação já mostrara a mensagem que Tatiane enviara a Rosenilda pelo WhatsApp, em março de 2018 – quatro meses antes do crime –, na qual ela dizia que seu marido afirmava sentir "ódio mortal" dela. E acrescentava: "Não conheço a pessoa que tenho do meu lado. Grosseiro, estúpido. Falou que não quer nem falar comigo".

Como quem tenta jogar uma cortina de fumaça sobre algo que pretende encobrir, a defesa de Luis Felipe quis macular o caráter de Rosenilda. Seus advogados perguntaram a respeito da vida pessoal da esteticista em Essen, cidade alemã na qual viviam. O réu respondeu, em tom jocoso, que Tatiane comentara com ele que a amiga reclamava de traições do marido e que a própria Rose – como Tatiane e Luis Felipe a chamavam – também era infiel ao esposo. Vizinhos do casal e até um investigador foram acusados pelo professor de biologia de mentir no tribunal. Nada, no entanto, se compararia à tentativa de construir para a própria vítima uma personalidade questionável. Sempre respondendo aos seus defensores, o réu declarou que sua mulher fazia chantagens emocionais para "conseguir tudo o que queria". A descrição apresentada por Luis Felipe sugeria que Tatiane era uma garota mimada, que tinha todos os seus caprichos atendidos pelo pai.

Em dado momento, ele afirmou que sua esposa fazia questão de ter sempre tudo do melhor. Se iria comprar um computador, tinha de ser o mais novo e potente do mercado. Na hora de adquirir o carro, após voltarem ao Brasil, "ela só queria se fosse com banco de couro". Esses comentários levariam um dos seus advogados a emendar mais uma pergunta:

– Então, havia essa preocupação dela de ostentar um padrão de vida?

– Constantemente – respondeu Luis Felipe, num tom de irritação.

Sentados nas duas últimas fileiras do Tribunal do Júri, os familiares de Tatiane ouviam a tudo e faziam esforço tremendo para se manterem calados, como o juiz já avisara que todos na plateia deveriam ficar. A mãe da advogada, diversas vezes, apertava as próprias mãos para suportar, em silêncio, aquelas ofensas à sua menina. O desconforto era compartilhado por todos os outros parentes de Tatiane ali presentes. Estavam, todavia, decididos a obedecer à ordem do magistrado. Além disso, não queriam tumultuar o júri. Permaneceriam em silêncio, engolindo tudo aquilo a seco. Provavelmente teriam conseguido, não fosse uma declaração de Luis Felipe que abalaria a todos de uma forma inesperada e que levaria a uma reação incontrolável. Depois de seu cliente pintar a própria esposa como uma mulher mimada, superficial e materialista, um dos advogados de defesa indagou-lhe:

– Você amava essa mulher?

– Eu amava muito Tatiane. Era a mulher da minha vida. E eu perdi a mulher da minha vida. Com todos os seus erros, com todos os seus charmes, com todas as suas manhas. Eu perdi a mulher da minha vida. Eu ainda a amo.

Foi demais para os parentes de Tatiane. Dita pelo homem que, para todos da família havia assassinado a própria esposa, de forma covarde, aquela declaração soava como mais uma agressão. Mais uma falta de respeito. Mais uma ofensa à memória da advogada. Emílio Weyand, tio da advogada, não se conteve. Resmungou algo, da penúltima fileira do auditório. Educadamente, o juiz Adriano Scussiato Eyng pediu para que não houvesse "manifestações em plenário". O advogado Dalledone Júnior, numa tentativa de atenuar o clima pesado que pairava no ambiente, amenizou as críticas que seu cliente acabara de fazer à falecida mulher.

– Não estamos aqui querendo dizer que a Tatiane era a pior mulher do mundo – disse o defensor de Luis Felipe, que, de imediato, foi confrontado pelo promotor.

– Doutor, mas há pessoas na plateia relacionadas com a vítima. Mãe, prima, tio. O senhor pode demonstrar um pouco de respeito aos presentes.

Um pouco de respeito. Era tudo o que os familiares de Tatiane esperavam receber por parte dos advogados de defesa e do réu. Não foi o que aconteceu. O tio de Tatiane, mais uma vez, não conseguiu se controlar. Fez outro comentário, inaudível ao juiz, por estar a cerca de 20 metros de distância. Mesmo assim, foi o suficiente para que Adriano Eyng ordenasse que Emílio se retirasse do plenário, ao que foi prontamente atendido. E novamente, com polidez, o magistrado observou:

— Peço a gentileza aos parentes de ambas as partes que não se manifestem.

O julgamento prosseguiu noite adentro, sempre com os advogados contratados por Luis Felipe fazendo as perguntas para as quais ele estava devidamente preparado a responder. Já era quase 1h da madrugada da segunda-feira, dia 10, quando o juiz leu os questionamentos que os sete membros do júri gostariam de fazer ao réu. Era a última parte do interrogatório de Luis Felipe Manvailer. Não seriam fáceis as perguntas às quais o réu teria de responder. Das questões que poderiam ter sido levantas pela Promotoria e pelos advogados de acusação, ele conseguira se esquivar. Teria, no entanto, de enfrentar a lista enviada pelos jurados ao magistrado. Voz mansa e compassada, Adriano Scussiato Eyng lia as perguntas e o réu respondia, sem que seus advogados pudessem interferir.

— Qual o motivo de o senhor ter limpado as marcas de sangue do elevador? — indagou o juiz, dando voz à pergunta do primeiro jurado.

— Porque eram marcas de Tati. Eram marcas de uma pessoa que eu amava e ainda amo. E que ela tava morta e que eu vi perdendo a vida. Aquilo me afligia. Eu queria me livrar daquilo — respondeu Luis Felipe.

— Por que o senhor saiu do local (após a morte dela)?

— Eu tava com Tati morta, dentro do nosso apartamento. Eu simplesmente não conseguia ficar no mesmo lugar. Tentava sair, ir pra outro cômodo. E tudo isso com o estado emocional totalmente acabado. Eu não queria mais ver aquela cena. De repente, quando percebi, eu já estava dentro do carro.

– Ontem foi o Dia das Mães. O que o senhor diria à sua mãe?

– Eu diria que eu a amo muito, mais do que tudo. E que vai dar tudo certo.

– O que o senhor falaria para a mãe de Tatiane?

– Que eu compartilho da dor que ela sente. E nunca vai deixar de sentir. Pra ela manter a fé e que Tati de alguma forma tá conosco.

As palavras de Luis Felipe agrediram a alma dos familiares da advogada de forma esmagadora. Sobretudo para Dolores, ouvir aquilo era um golpe demasiadamente duro e cruel. Convicta de que o homem sentado no banco dos réus assassinara sua filha, considerava uma desfaçatez que ele tivesse a capacidade de dizer que compartilhava da sua dor. Como um homicida poderia sentir a dor de uma mãe cuja filha lhe fora arrancada com tamanha violência e de forma tão torpe? Se havia uma certeza em seu coração, era a de que seu ex-genro matara Tatiane. E que, por isso, teria de pagar por crime tão horrendo. Queria acreditar que os jurados dariam o veredito de "culpado" no epílogo do julgamento. Faltava pouco para aquele tormento chegar ao fim. A sessão derradeira do processo que começara havia quase três anos seria realizada naquele mesmo dia, 10 de maio de 2021.

Por volta das 13h30, já estavam todos de volta ao Tribunal do Júri de Guarapuava. Seria o dia dos debates entre acusação e defesa. As partes exporiam ao júri seus argumentos, a partir de tudo o que fora mostrado e discutido em plenário nos seis dias anteriores. Primeiro, a Promotoria teria uma hora e meia para convencer os jurados de que Luis Felipe, de fato, havia assassinado Tatiane, por esganadura. O motivo? Ele não aceitara o pedido de divórcio que a esposa provavelmente fez pouco antes de morrer – como ela havia dito à irmã que faria. Os defensores do réu falariam em seguida e também teriam uma hora e meia para fazer o júri acreditar que seu cliente era inocente. Insistiriam na versão de que a advogada cometera o suicídio, num surto de depressão extrema. Ao fim desse duelo de teses, os sete jurados votariam para condenar ou absolver Luis Felipe. O juiz leria o veredito e anunciaria a pena do réu – no caso de condenação – ou determinaria que ele fosse colocado imediatamente em liberdade – se absolvido. Havia cerca de cem pessoas no plenário. Entre elas, moradores da cidade, jornalistas, amigos e parentes do professor de biologia e da vítima.

O primeiro a discursar seria o promotor Pedro Papaiz. Falando com tranquilidade e firmeza, ele começou prestando solidariedade à família de Tatiane Spitzner, especialmente à sua mãe. Olhou na direção de Dolores e, voz suave e compassada, disse que não conseguia imaginar o quão difícil era para ela passar por tudo aquilo. Antes de iniciar sua exposição de ideias, colocou uma foto de Tatiane na tela de um monitor à frente do plenário. A imagem mostrava Tatiane sorrindo, ao lado de Napoleão, cachorro da raça australian shepard, comprado na Alemanha e levado a Guarapuava quando o casal voltou ao Brasil. O cão era uma das paixões da advogada e, após a sua morte, passaria a ser considerado pelos familiares uma parte dela que teriam consigo. A foto não permaneceria mais do que cinco minutos na tela. Logo, Papaiz começaria a mostrar laudos, documentos, vídeos e imagens da cena do crime. Sua voz seguia serena, em contraponto à força do material que estava exibindo e das afirmações que fazia. O promotor destacou o que chamou de "diversas evidências" e "provas consistentes" da culpa do réu na morte da vítima. E foi enfático:

– Vamos provar que Luis Felipe matou Tatiane. E vamos fazer isso a partir das provas. Não vou pedir a condenação dele porque alguém acha que ele era mau marido. Vou pedir a condenação dele porque ele matou Tatiane, porque ele cometeu homicídio.

Dito isso, Papaiz começou a traçar o passo a passo do crime. Relembrou os depoimentos dos vizinhos que ouviram os gritos de socorro da advogada. Falou do laudo do IML, comprovando que ela havia sido morta por "asfixia mecânica". Mencionou até a chegada da polícia, que arrombou a porta do apartamento e encontrou o corpo de Tatiane no chão da sala. A argumentação do promotor seguiu com ele mostrando os vídeos dos minutos anteriores à morte da advogada, do início das agressões, com o casal ainda dentro do carro. Fez questão de destacar – enquanto o vídeo era exibido – os dois chutes que Luis Felipe desferiu contra a esposa, quando ela estava caída no chão da garagem. E chamou a atenção dos jurados para o fato de Tatiane ter apertado o botão do térreo no elevador e tentado sair do equipamento, sendo violentamente impedida pelo marido.

– Ela estava desesperada. Ela tentou sair do elevador porque sabia que sua vida estava em risco – afirmou o promotor.

Antes de finalizar, Papaiz ainda trouxe novamente à tona o laudo do IML, constatando, a partir da ausência de traumas vitais, que Tatiane já estava sem vida quando caiu da sacada do apartamento.

"Seria impossível ela saltar da sacada, se já estava morta. E foi morta ao ser esganada pelo próprio marido", declarou o promotor.

Jogava, assim, por terra a tese da defesa, segundo a qual a advogada cometera suicídio. Observou que o depoimento prestado por Luis Felipe no dia anterior era "totalmente incompatível com as imagens". E concluiu sua argumentação:

– Espero que, ao fim, os senhores do júri respondam que Luis Felipe matou Tatiane por esganadura. Caso contrário, ele vai sair daqui hoje, livre e solto.

Pedro Papaiz apresentou todo o seu raciocínio sem alterar a voz em momento algum. A atmosfera mudaria quando o promotor passou a palavra a um dos assistentes da acusação. Tão logo chegou à frente do palco, o advogado Roberto Brzezinski já começou a falar num tom muito mais alto do que Papaiz. Com uma foto de Luis Felipe usando uma camiseta regata exibida na tela, músculos à mostra, o advogado, aos gritos, destacou a enorme diferença física entre Tatiane e o homem acusado de matá-la.

— Tatiane tinha 1 metro e 72 centímetros de altura e 62 quilos, senhores jurados. Luis Felipe Manvailer tem 1,85 metro e 96 quilos. Olha o tamanho do braço do acusado. E luta jiu-jítsu. É um monstro!

Brzezinski ressaltou o comportamento por vezes agressivo de Luis Felipe observado um dia antes, durante seu interrogatório. Especialmente, o momento no qual o réu, narrando a discussão que tivera com a esposa no dia do crime, declarou, com a voz alterada, que estava "puto". E listou os adjetivos pejorativos que ele usara para se referir a Tatiane no plenário.

— Ele disse que ela era a mulher da sua vida. Mas se referiu a ela como chantagista, depressiva, mimada, com mania de soberba.

Sempre gritando, dedo em riste, braço esquerdo em movimento, o advogado de acusação relembrou que, naquele exato instante em que falara tudo isso da sua falecida mulher, Luis Felipe havia batido na mesa, irado.

— Ele disse essas coisas a respeito de Tatiane e bateu na mesa. Chamou a atenção de todos nós. Esse é o homem que os senhores estão julgando aqui hoje.

Foram mais cerca de 30 minutos, com Brzezinski sublinhando o comportamento violento que o réu demonstrara durante o próprio julgamento e usando os vídeos gravados pelas câmeras do prédio para tentar triturar tudo o que a defesa de Luis Felipe levantara um dia antes. Principalmente, a versão de que ele vira Tatiane se jogar da sacada e ficara apavorado, razão pela qual havia recolhido o corpo dela da rua. O advogado exibiu, então, o vídeo em que o réu aparece limpando as paredes e o piso do elevador com um pano. Brzezinski continuava falando aos gritos:

— Vejam isso, jurados. Olhem a cara dele! Ele está limpando o elevador, com calma. Se ele realmente tivesse visto a mulher se jogar da sacada, não estaria assim tão tranquilo. Isso é a cara de um homem que acabou de ver a mulher se jogar da sacada? Não tem nenhum sofrimento.

O advogado aproveitou o próprio raciocínio para tocar num ponto que ainda não fora falado. Observou que, nos seis primeiros dias de julgamento, Luis Felipe não derramara uma lágrima sequer. "Isso é comportamento de um homem que se diz arrasado por ter perdido a mulher que amava?", indagou os jurados. Por fim, Roberto Brzezinski exibiu, mais uma vez, o vídeo que mostra o professor de biologia levando o corpo de Tatiane, depois de retirá-la da rua, já morta. E bradou:

– Se a versão dele fosse verdade, ele gritaria por socorro ao ver a mulher caindo da sacada. Pelo contrário, ele carregou o corpo da esposa, como se fosse um pedaço de carne.

Em sua argumentação final, o advogado pontuou que, em todas as imagens captadas pelas câmeras de segurança, em nenhum momento Tatiane reage às agressões do marido. Salientou que Luis Felipe não telefonara para a polícia nem para o Samu, pedindo ajuda. E que ainda tentou fugir para o Paraguai. Terminou voltando a um detalhe levantado pelo promotor: o fato de o corpo da advogada ter sido encontrado no chão da sala do apartamento do casal.

– Depois de matar a própria esposa, este homem não teve nem a atitude de colocar o corpo dela no sofá. Deixou jogado no chão. É inacreditável, jurados! Este homem é dissimulado! É por tudo isso que nós pedimos a condenação do acusado – vociferava Brzezinski.

Não seria fácil o trabalho dos advogados de Luis Felipe. Os defensores do réu, que assumiram a palavra após a acusação concluir, iriam digladiar contra o que o promotor adequadamente chamara de "provas consistentes". Teriam de convencer os jurados de que, a despeito de todas as evidências apresentadas – vídeos, laudos científicos, mensagens de celular, relatos de testemunhas –, seu cliente era inocente. O primeiro a falar a favor do réu seria o advogado Adriano Bretas. Ele reforçou a tese do suicídio e colocou em dúvida a veracidade do depoimento de algumas testemunhas, como já fizera nos dias anteriores do julgamento. Em seguida, a argumentação passou para as mãos do chefe do time da defesa: Claudio Dalledone Júnior. Começou sua exposição chamando a promotora Dúnia Rampazzo, que assumira o caso no início do processo, de "carreirista", por ela ter dado entrevistas sobre o assunto. E, principalmente, porque, em suas declarações à imprensa, ela fizera afirmações que complicavam ainda mais a situação de Luis Felipe. Numa dessas falas, Dúnia Rampazzo, ao citar os laudos do IML, salientara:

> *Os laudos comprovam que o acusado matou a vítima dentro do apartamento mediante esganadura, porque a morte da vítima foi produzida por asfixia mecânica, e posteriormente jogou o corpo da vítima pela sacada do apartamento.*

Não era de se estranhar, portanto, que Dalledone tentasse atacar a índole da promotora, repetindo estratégia já empregada pela defesa em relação a diversas outras testemunhas e especialistas. Bradando e com gestos largos, o advogado caminhava de um lado a outro. Adjetivou de "sensacionalistas" reportagens publicadas e veiculadas sobre o caso e afirmou que muitas das provas e evidências apresentadas durante o julgamento tinham sido "fraudadas". Pouco antes de finalizar, Dalledone lançou mão de um artifício utilizado em profusão em filmes e séries de tribunal: atribuir defeitos e falhas de caráter ao réu, reconhecer o inegável (como algumas cenas mostradas em vídeos), mas rejeitar a acusação principal. Fitando os jurados e com a voz mais calma, ele afirmou:

— Sim. Luis Felipe bateu em Tatiane. E está preso há quase três anos. Ele já pagou pelas atrocidades que fez. Mas ele não é um feminicida. Ele é um professor universitário.

Poderia ter parado aí e entregue a palavra ao juiz. Mas Dalledone queria mais. Intentava dar o que poderia ser sua cartada final. Com o objetivo de convencer o júri de que as diversas marcas no pescoço de Tatiane haviam sido resultado apenas de agressões infligidas por Luis Felipe, mas que, diferentemente do que afirmava o laudo do IML, não eram a causa da morte da advogada, o defensor do réu protagonizou uma cena que causaria imenso mal-estar no tribunal. Chamou à frente do plenário sua assistente, a advogada Maria Eduarda Lacerda, e deu início a uma encenação medonha. Como se ele fosse Luis Felipe, e sua auxiliar, Tatiane, Dalledone agarrou o pescoço da moça com as duas mãos e simulou que a estava esganando. Fez isso por quatro vezes, num intervalo de um minuto e 20 segundos. Apertando-lhe o pescoço, ele sacudia o corpo de Maria Eduarda. Um dos solavancos foi tão forte, que levou a advogada a cambalear e ser obrigada a se apoiar na mesa central do plenário para não cair no chão.

Enquanto fazia essa interpretação dantesca, Dalledone esbravejou: "Estou matando a mulher". Tudo isso para embasar sua tese, segundo a qual Tatiane havia morrido ao se jogar da sacada do apartamento, e não por ter sido esganada pelo próprio marido. Antes de concluir sua argumentação, ele acalmou a voz e aproximou-se dos jurados. À sua esquerda, a 1 metro de distância, estava a sua assistente, com o pescoço completamente avermelhado das agressões, ainda que combinadas, que acabara de sofrer. Dalledone voltou a criticar a conduta da Promotoria e dos advogados de acusação, que, segundo ele, haviam utilizado provas fraudulentas durante o julgamento. E, voz gentil, finalizou, olhando para o júri:

– Em nome da lei, absolvam Luis Felipe Manvailer. Deus os abençoe.

Estava cumprida, assim, a etapa de argumentações da acusação e da defesa. A Promotoria poderia falar por mais 30 minutos, como réplica aos comentários dos advogados do réu. Se o fizesse, daria à outra parte o direito à tréplica, também de 30 minutos. A avaliação do promotor e de seus assistentes, no entanto, era de que o desempenho dos defensores de Luis Felipe havia sido tão pífio, que não seria necessário retrucar. Para o advogado Gustavo Scandelari, assistente da Promotoria, a cena de Dalledone Júnior simulando esganar sua auxiliar demonstrava o desespero da defesa. Os acusadores do réu estavam tranquilos e seguros da vitória. Havia, sim, a possibilidade de os jurados votarem pela absolvição do professor de biologia. Num Tribunal do Júri, tudo pode acontecer. Mas essa hipótese era considerada remotíssima pelo promotor Pedro Papaiz.

O juiz Adriano Scussiato Eyng anunciou um intervalo de dez minutos, durante os quais os jurados iriam votar. Nesse período, todas as pessoas que estavam na plateia deveriam sair do auditório. Só ficariam no plenário, além dos sete integrantes do Conselho de Sentença, dois policiais militares que faziam a segurança do local, o juiz e seu assistente, o réu e seus sete advogados, o promotor, seu auxiliar e os quatro advogados assistentes da Promotoria. Os familiares de Tatiane deixaram o recinto e foram para uma sala anexa. Parecia que aqueles dez minutos nunca chegariam ao fim. Dolores, Luana, Bruna e os demais parentes da advogada – dez pessoas, ao todo – só pediam a Deus que Luis Felipe fosse condenado. Nada traria Tatiane de volta. Mas, se ele recebesse uma pena realmente severa, ao menos pagaria de forma justa por ato tão abominável e que para sempre causaria dor e lamento ao coração daquela família.

Quando o juiz autorizou o retorno de todos ao plenário, a tensão no recinto era quase palpável. Batimentos cardíacos acelerados. Mãos geladas. Pernas inquietas balançando nas poltronas. Pouco antes das 8h da noite, todos ficaram de pé para ouvir o veredito a ser anunciado pelo magistrado. Dolores e Luana – respectivamente, mãe e irmã de Tatiane – deram as mãos. Adriano Scussiato Eyng anunciou que Luis Felipe Manvailer havia sido condenado das duas acusações às quais estava respondendo: homicídio qualificado e fraude processual. Da primeira, os jurados consideraram, por unanimidade, que o professor assassinara a esposa com quatro qualificadoras: cometera o crime com emprego de asfixia, por meio cruel, por motivo fútil e pelo fato de ter matado Tatiane em virtude de ela ser mulher – configurando o feminicídio.

Os sete homens do júri concluíram, também, que Luis Felipe era culpado da acusação de ter cometido fraude processual. Os jurados entenderam que havia evidências suficientes de que ele tentara ocultar provas, ao remover o corpo de Tatiane da rua e ao limpar eventuais vestígios do elevador. Diante disso, só faltava o juiz anunciar a punição a ser aplicada ao, agora, condenado. Adriano Eyng, ao ler a sentença, frisou alguns pontos que avaliara como cruciais na conduta do professor de biologia ao longo de todo o processo. O magistrado destacou "a extrema frieza do réu" na execução do crime e observou que Luis Felipe tentara "simular o suicídio" da própria esposa. Salientou, ainda, o que chamou de "predisposição agressiva do réu, descontrole emocional, comportamento hostil em relação à vítima e índole subversiva". E concluiu, afirmando que se tratava de um "delito de natureza hedionda".

Por tudo isso, o juiz sentenciou Luis Felipe Manvailer a 31 anos, nove meses e 18 dias de prisão em regime fechado, sendo 30 anos por homicídio qualificado e um ano, nove meses e 18 dias por fraude processual. Condenou-o, também, a pagar a quantia de R$ 100 mil à família de Tatiane, pelos danos morais e psicológicos que provocara. O magistrado ainda anunciaria que o criminoso não teria o direito de recorrer da sentença em liberdade. A condenação era uma vitória para a família Spitzner e a todos os que trabalham para combater a violência contra a mulher no Brasil. O assunto foi noticiado em todos os grandes veículos da imprensa nacional. Ainda no Tribunal do Júri de Guarapuava, os parentes de Tatiane se abraçaram. Lágrimas amargas lavavam o rosto de Dolores. Não havia alegria naquele momento. Nada a se comemorar. Sim. O assassino da sua filha fora condenado e receberia merecida pena. Mas sua menina estava morta. E nada mudaria isso. O sentimento de que a justiça havia sido feita existia, mas não se comparava à dor lancinante que jamais deixaria de lhe esmagar o peito. A morte de Tatiane fizera nascer em seu coração uma saudade que nunca seria resolvida.

Em casa, Jorge sentia o mesmo. Como decidira não ir ao tribunal — com o receio de não se controlar ao encarar o assassino da sua primogênita e agredi-lo –, recebeu a notícia por meio de uma ligação telefônica, feita por um amigo da família que acompanhara o julgamento. A mesma tristeza combinada com uma sensação de justiça, experimentada por Dolores, tocava sua alma. Havia mais um sentimento em comum a todos os parentes de Tatiane. Alívio. Ao menos, aquele tormento de passar quase três anos entre idas e vindas à polícia, entrevistas à imprensa, batalhas jurídicas chegara ao fim. Não seriam mais obrigados a ouvir os defensores de um assassino agredindo com palavras a memória de Tatiane. Na saída do Tribunal do Júri, Bruna Spitzner – prima da advogada – deu uma rápida declaração aos jornalistas que se apertavam na porta. Disse, resumidamente, que Luis Felipe fora justamente condenado e que o caso de Tatiane deveria servir de exemplo para que o Brasil combatesse com veemência o feminicídio.

A sobriedade da família Spitzner diante do veredito contrastava com a reação das pessoas nas ruas de Guarapuava. Moradores passariam a falar daquela noite mencionando que a cidade parecia estar "em clima de Copa do Mundo". Carros passavam buzinando. Gente gritava o nome de Tatiane nas esquinas. Muitos bradavam apenas a palavra "condenado" e levantavam os braços, como se comemorassem um gol. Atmosfera semelhante seria sentida pelos quatro advogados do escritório Dotti, contratados pelos Spitzner para auxiliar a Promotoria durante o processo. Quando chegaram ao Hotel Kuster, no qual estavam hospedados, já por volta das 21h e exaustos pelo dia intenso de trabalho, eles foram recebidos pelos funcionários do local com abraços e aplausos. Gerentes, recepcionistas, garçons, camareiras, cozinheiros, faxineiros. Todos queriam cumprimentar os advogados que haviam ajudado a condenar um feminicida.

Alguns deles – tanto homens quanto mulheres – choravam, enquanto parabenizavam o grupo. Para o advogado Gustavo Scandelari, chefe da equipe naquele caso, seria um dos momentos mais emocionantes da sua carreira e que representava o desfecho perfeito para um processo longo e complexo. À época aos 37 anos, casado com a arquiteta Marta Scanderali, de 33, e pai de uma menina de 8, ele sabia da importância de ter colaborado para a condenação de um homem que assassinara a própria esposa. Gostaria de imaginar que sua filha iria crescer numa sociedade menos insegura e violenta para as mulheres. A recepção dos funcionários do hotel e a empolgação das pessoas nas ruas não o deixaram apenas comovido. Sentiu-se, também, feliz e grato por receber reconhecimento tão legítimo e genuíno. Voltaria para Curitiba, onde morava com a família, após quase duas semanas longe de casa. Poderia, enfim, descansar e celebrar a vitória com pessoas amadas.

Aquele cansativo e delicado processo chegara ao fim. A história de Tatiane Spitzner, todavia, não terminaria ali. 11 meses após sua morte, seu nome seria eternizado em forma de lei estadual. Na manhã de 25 de junho de 2019, o então governador do Paraná, Ratinho Júnior, sancionou a Lei nº 19.873, que instituiu 22 de julho – data da morte de Tatiane – como o Dia Estadual de Combate ao Feminicídio. A lei havia sido elaborada pela deputada estadual Cristina Silvestri, conhecida por sua atuação em defesa das mulheres. Nascida em Guarapuava, a parlamentar acompanhara, com tristeza e indignação, o caso da sua conterrânea desde o início. Aos 61 anos à época do crime, Cristina recebera a notícia da morte de Tatiane com enorme pesar. A deputada conhecia a família da advogada e já tinha inclusive cruzado com ela e Luis Felipe em alguns locais da cidade. Jamais poderia imaginar que uma tragédia daquelas iria afligir a família Spitzner.

Para a deputada, o assassinato de Tatiane era mais uma prova de que, no Brasil, qualquer mulher pode ser agredida, violentada e até mesmo morta simplesmente por ser mulher. Em entrevista à imprensa, Cristina chegou a afirmar: "Somos todas vulneráveis". Ainda tocada e indignada pela morte da jovem advogada, decidiu trabalhar na criação de uma data que marcasse a luta contra o massacre de mulheres no Paraná. À época da elaboração da lei, ela justificou seu projeto argumentando que o caso de Tatiane havia ampliado, no Estado e em todo o Brasil, o debate em relação à violência de gênero. Destacou, também, que a nova legislação estabelecia a realização de seminários, congressos e outros eventos sobre o assunto. Durante uma entrevista coletiva a jornalistas, Cristina Silvestri relembrou a morte da advogada de Guarapuava e afirmou:

– A definição de uma data que marque de maneira efetiva o enfrentamento à violência de gênero é fundamental para que a sociedade preste mais atenção a esse assunto. Esse é um problema gravíssimo do nosso tempo e requer trabalho diário e constante. Todos e todas precisam se conscientizar e envidar esforços para reverter esse quadro. Não podemos aceitar que casos como o de Tatiane Spitzner voltem a acontecer.

Com uma data oficialmente instituída como Dia Estadual de Combate ao Feminicídio, o Paraná passou a ter eventos anuais, em todo o Estado, realizados no dia da morte de Tatiane. Um dos mais emblemáticos acontece sempre na Praça Nove de Dezembro, a mais conhecida de Guarapuava. Ali, cruzes são colocadas no chão, em referência à quantidade de vítimas por feminicídio registradas no Paraná no ano anterior: uma cruz para cada morte. No dia 22 de julho de 2024, 109 cruzes foram encravadas no solo. O número representava uma alta de 34% em relação ao total de feminicídios ocorridos no Estado em 2023 (82). Naquela ocasião, a deputada Cristina Silvestri lamentou o aumento nos casos e destacou que, mesmo com várias políticas públicas já implantadas para combater o problema – como Procuradorias da Mulher e um programa de educação para homens agressores –, ainda havia muito a ser feito.

Mesmo diante de tamanho problema e ainda enfrentando a dor pela morte de Tatiane, a família da advogada considerava uma grande honra ter uma lei estadual em homenagem a ela. Era um sólido reconhecimento à sua vida, tão precocemente interrompida. Haveria outro fato igualmente importante e comovente. Em junho de 2024, o Governo Federal anunciou a criação do Centro de Referência da Mulher Brasileira, em Guarapuava. O local serviria para realizar atendimento jurídico e psicológico a mulheres vítimas de violência. Diante dessa informação, o vereador Pedro Moraes elaborou o Projeto de Lei nº 56/2024, propondo que o centro recebesse o nome de Tatiane. Foi aprovado por unanimidade na Câmara de Vereadores de Guarapuava e sancionado pelo então prefeito da cidade, Celso Góes. A construção do Centro de Referência da Mulher Brasileira Tatiane Spitzner – prevista para ser concluída em 2026 – ainda teria a participação de uma pessoa muito próxima à advogada.

À época da aprovação do PL de Pedro Moraes, uma prima de Tatiane era vereadora em Guarapuava. Com forte atuação nas pautas de combate à violência doméstica, Bruna Spitzner conseguiria, por meio de emenda parlamentar, R$ 1,5 milhão para a construção do prédio no qual ficaria a sede do centro. Ver as obras do local sendo iniciadas e progredindo dia após dia seria uma enorme emoção para Bruna e todos os familiares e amigos de Tatiane. Além de ser um lugar de acolhimento e ajuda a mulheres vítimas de violência, aquele edifício representava uma homenagem concreta e perene à sua memória. Todos os que a amavam tinham a convicção de que Tatiane se sentiria feliz e honrada diante de tudo aquilo.

Sua vida, marcada por tanta força, coragem, amor e alegria, fora interrompida por uma atitude torpe e covarde do homem que jurou amá-la eternamente. Mas essa mesma vida jamais seria esquecida. E não seria lembrada apenas por seus pais, sua irmã, seus primos, tios, colegas de trabalho. Com a criação do Dia Estadual de Combate ao Feminicídio no Paraná e a construção do Centro de Referência da Mulher Brasileira Tatiane Spitzner, em Guarapuava, sua trajetória e sua luta estavam para sempre marcadas em mentes e corações de todas as partes do Brasil. Seu nome se tornaria a própria mensagem que ela tanto pregava: que as mulheres possam viver sem o medo de terem suas vidas interrompidas simplesmente por serem. Mulheres.

A advogada paranaense Tatiane Spitzner tinha 29 anos quando foi assassinada pelo marido, o professor universitário Luis Manvailer. Com 1,85 metro de altura e quase 100 quilos, Luis matou Tatiane com as próprias mãos, esganando-a. O crime aconteceu no apartamento do casal, na cidade de Guarapuava, no dia 22 de julho de 2018.

FOTOS: ACERVO DA FAMÍLIA

Tatiane sempre teve ótima relação com seus pais, Jorge e Dolores, e com a irmã, Luana (à esquerda). Outra pessoa muito próxima a ela era sua prima Bruna (abaixo). Indignada com a morte de Tatiane, Bruna tornou-se vereadora, tendo como principal bandeira a luta contra a violência de gênero.

FOTOS: ACERVO DA FAMÍLIA

O assassinato de Tatiane foi assunto na imprensa de todo o Brasil, com reportagens em sites, jornais, revistas e emissoras de TV. Acima, seus pais e sua irmã em entrevista ao programa *Fantástico*, da Rede Globo. FOTO: REPRODUÇÃO

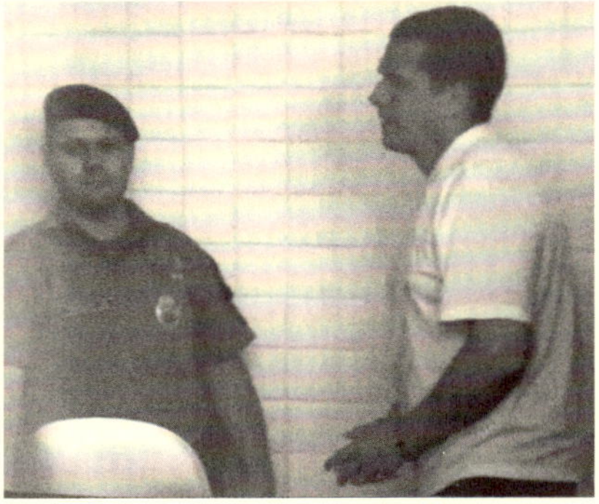

Luis Manvailer foi preso poucas horas após o crime (acima). Seu julgamento terminou no dia 10 de maio de 2021 (à direita). Ele foi condenado a 31 anos, nove meses e 18 dias de prisão.
FOTOS: DIVULGAÇÃO

Em Guarapuava, no Paraná, familiares e amigos de Tatiane, assim como moradores da cidade, participaram de protestos, clamando por justiça e pelo fim do feminicídio. FOTO: ACERVO DA FAMÍLIA

O caso de Tatiane levou a deputada estadual Cristina Silvestri (à esquerda) a criar o Dia Estadual de Combate ao Feminicídio no Paraná. Acima, a parlamentar e Bruna, prima da vítima. FOTO: DIVULGAÇÃO

Passeata no Dia Estadual de Combate ao Feminicídio no Paraná (acima), celebrado em 22 de julho, data da morte de Tatiane.

FOTO: ACERVO DA FAMÍLIA

À esquerda, a deputada Cristina Silvestri entregando à mãe de Tatiane – Dolores (à direita) – a lei que instituiu a data como marco na luta contra a violência de gênero.

FOTO: DIVULGAÇÃO

POSFÁCIO

É URGENTE TRANSFORMAR ESSA REALIDADE

LUIZA HELENA TRAJANO
Presidente do Conselho de Administração do Magazine Luiza e do Grupo Mulheres do Brasil

A cada página deste livro, fomos lembrados de que o feminicídio não pode ser estatística: são vidas arrancadas, sonhos interrompidos e famílias devastadas por uma violência que, muitas vezes, se esconde sob a aparência de afeto. Klester Cavalcanti nos ofereceu, com precisão jornalística e sensibilidade, relatos que expõem a brutalidade de um crime que insiste em se repetir todos os dias no Brasil. *Matou Uma, Matou Todas* não é apenas uma coletânea de histórias trágicas, e sim um grito coletivo, uma denúncia e, principalmente, um convite à reflexão e à ação.

Sempre digo que o feminicídio é um total "perde perde", pois, para as famílias da esposa e do marido, os filhos, os amigos, é uma situação em que ninguém ganha, e, ao narrar casos de todas as regiões do país e de diferentes realidades sociais, o autor revela a face nacional de um problema que atinge mulheres de todas as idades, cores e classes. E faz isso sem sensacionalismo, mas com o compromisso de honrar as vítimas e suas famílias, dando-lhes voz e humanidade. Klester vai além dos relatos das mortes: investiga, questiona, percorre inquéritos e processos, ouve especialistas e mostra como a negligência, o machismo estrutural e a impunidade formam um terreno fértil para que tantos casos de feminicídio sigam acontecendo.

Este livro também cumpre um papel essencial ao valorizar quem luta para mudar essa realidade: policiais, promotores, médicos-legistas, assistentes sociais e profissionais que enfrentam, todos os dias, a difícil missão de combater a violência de gênero. É um reconhecimento necessário, pois a mudança não depende apenas de leis mais duras ou de comoção social momentânea, e sim de trabalho sério, políticas públicas efetivas, educação e mobilização permanente de toda a sociedade.

A escolha do título *Matou Uma, Matou Todas*, sintetiza o que este livro representa, que cada feminicídio é um ataque a todas as mulheres. Cada morte é um recado cruel de que nenhuma mulher está imune enquanto a cultura do machismo persistir. Por isso, este livro é também uma convocação: precisamos falar sobre feminicídio, precisamos nomear esse crime e lutar para que ele seja prevenido e punido, em vez de naturalizado ou silenciado.

Você, que finalizou esta leitura, concorda que fica impossível permanecer indiferente? As histórias contadas aqui são duras, mas absolutamente necessárias para despertar consciências, ampliar debates e impulsionar mudanças. Que as páginas desta obra cheguem às mãos de quem tem poder de decisão, mas também ao coração de cada pessoa que, ao conhecer essas histórias, se comprometa a não fechar os olhos para essa tragédia cotidiana. E que este livro sirva de memorial e alerta, para que possamos, juntos, construir um país em que ninguém tenha sua vida interrompida apenas por ser mulher.

Porque, enquanto houver feminicídios, todos nós, como sociedade, estaremos falhando. E cada uma dessas vidas perdidas nos lembra que é urgente transformar essa realidade.

Este livro foi composto com as fontes Bebas Neue e Antonia, impresso na gráfica Ipsis em papel pólen natural 80g/m² no miolo e cartão supremo 250g/m² na capa, e publicado em setembro de 2025, dez anos após a criação da Lei nº 13.104, que alterou o Código Penal e a Lei de Crimes Hediondos para prever o crime de feminicídio. Apesar da lei, os índices de feminicídio seguem aumentando ano a ano no Brasil.